Die SED und der „Prager Frühling“ 1968

Studien des Forschungsverbundes SED-Staat
an der Freien Universität Berlin

herausgegeben von
Klaus Schroeder und Manfred Wilke

Lutz Prieß, Václav Kural, Manfred Wilke

Die SED und der „Prager Frühling“ 1968

Politik gegen einen „Sozialismus mit menschlichem Antlitz“

Akademie Verlag

Die Deutsche Bibliothek – CIP-Einheitsaufnahme

Die **SED und der „Prager Frühling" 1968** : Politik gegen einen „Sozialismus mit menschlichem Antlitz" / Lutz Priess ; Václav Kural ; Manfred Wilke. – Berlin : Akad. Verl., 1996
(Studien des Forschungsverbundes SED-Staat an der Freien Universität Berlin)
ISBN 3-05-002796-7
NE: Prieß, Lutz; Kural, Václav; Wilke, Manfred

ISSN 0946-9052

Gedruckt auf chlorfrei gebleichtem Papier.
Das eingesetzte Papier entspricht der amerikanischen Norm ANSI Z.39.48 – 1984 bzw. der europäischen Norm ISO TC 46.

Satz: Akademie Verlag, Hans Herschelmann
Druck: GAM Media GmbH, Berlin
Bindung: Verlagsbuchbinderei Mikolai GmbH

Printed in the Federal Republic of Germany

Inhalt

Abkürzungsverzeichnis

ADN	Allgemeiner Deutscher Nachrichtendienst
Anm.	Anmerkung
Aufl.	Auflage
Bd.	Band
BKP	Bulgarische Kommunistische Partei
BRD	Bundesrepublik Deutschland
BStU	Der Bundesbeauftragte für die Unterlagen des Staatssicherheitsdienstes der ehemaligen Deutschen Demokratischen Republik
CDU	Christlich-Demokratische Union
CIA	Central Intelligence Agency
ČSR	Československá republika
ČSFR	Československá federalistichká republika
ČSLA	Československá lidová armáda
ČSSR	Československá socialistichká republika
ČSM	Československý svaz mládeže
ČTK	Československá tisková kancelář
DDR	Deutsche Demokratische Republik
DEFA	Deutsche Film Aktiengesellschaft
ders.	derselbe
DSF	Deutsch-Sowjetische Freundschaft
FDJ	Freie Deutsche Jugend
FDP	Freie Demokratische Partei
FITES	Filmoví a Televizní Umělci
GRU	Glavnoe rasvedyvatel'noe upravlenie
GSSD	Gruppe der Sowjetischen Streitkräfte in Deutschland
Hg.	Herausgeber

hrsg.	herausgegeben
HVA	Hauptverwaltung Aufklärung
IM	Informeller Mitarbeiter
Kčs	Koruna československa
K 231	Klub 231
KAN	Klub angažovaných nestraníků
KGB	Komitet Gosudarstvennoj Bezopasnosti
kHz	Kilohertz
KP	Kommunistische Partei
KPČ	Kommunistische Partei der Tschechoslowakei
KPD	Kommunistische Partei Deutschlands
KPdSU	Kommunistische Partei der Sowjetunion
KPS	Kommunistische Partei der Slowakei
KPTsch	siehe KPČ
KSÜ	Kommandostabsübung
kW	Kilowatt
MdI	Ministerium des Innern
MfAA	Ministerium für Auswärtige Angelegenheiten
MfNV	Ministerium für Nationale Verteidigung
MfS	Ministerium für Staatssicherheit
MSD	Motorisierte Schützendivision
MZAP, VA	Militärisches Zwischenarchiv Potsdam, Volksarmee
NATO	North Atlantic Treaty Organization
ND	Neues Deutschland
NKFD	Nationalkomitee „Freies Deutschland"
NL	Nachlaß
NÖS	Neues Ökonomisches System
NÖSPL	Neues Ökonomisches System der Planung und Leitung
NVA	Nationale Volksarmee
NVR	Nationaler Verteidigungsrat
OIRT	Organisation Internationale de Radiodiffusion et Télevision
PD	Panzerdivision
PVAP	Polnische Vereinigte Arbeiterpartei

RBI	Radio Berlin International
RGW	Rat für Gegenseitige Wirtschaftshilfe
RKP	Rumänische Kommunistische Partei
SAPMO-BArch, ZPA	Stiftung der Parteien und Massenorganisationen der DDR im Bundesarchiv, Zentrales Parteiarchiv
SdM	Sekretariat des Ministers
SED	Sozialistische Einheitspartei Deutschlands
SP	Sozialdemokratische Partei
SPD	Sozialdemokratische Partei Deutschlands
TASS	Telegravnoe Agenstvo Sovetskovo Sojuza
tov.	tovarič
u.a.m.	und anderes mehr
UdSSR	Union der Sozialistischen Sowjetrepubliken
USA	United States of Amerika
USAP	Ungarische Vereinigte Arbeiterpartei
ÚSD-SK	Ústav pro soudobé dějiny-Sbírka Komise ČSFR pro analýzu událostí let 1967–70
Verf.	Verfasser
Vgl.	Vergleiche
VR	Volksrepublik
VSK	Vereinigte Streitkräfte (des Warschauer Pakts)
ZA	Zentralarchiv
ZAIG	Zentrale Auswertungs- und Informationsgruppe
ZDF	Zweites Deutsches Fernsehen
zit.	zitiert
ZK	Zentralkomitee

Einleitung

Das Jahr 1968 hat sich unauslöschlich in das Gedächtnis seiner Zeitgenossen eingeprägt. Weltweit, insbesondere in Westeuropa, kündeten Studentenproteste von einem neu erwachten politischen Bewußtsein der jungen Generation. Der „schmutzige Krieg“ in Vietnam vereinte Kriegsgegner aller Kontinente in einer immer breiter werdenden Solidaritätsbewegung gegen das militärische Engagement der USA in diesem Konflikt. In der Tschechoslowakei setzte sich erstmals eine machtausübende Kommunistische Partei in einem Staat des realen Sozialismus an die Spitze einer Reformbewegung gegen das gültige stalinistisch-sowjetische Gesellschaftsmodell. Die Idee von einem „Sozialismus mit menschlichem Antlitz“ vereinte Reformkommunisten und Nichtkommunisten in einer Bewegung mit dem Ziel, eine moderne Zivilgesellschaft zu schaffen. Der 21. August 1968 zerstörte dieses Experiment gewaltsam.

Im Gedächtnis haften die Bilder vom gewaltsamen Ende des „Prager Frühlings“. Auf dem Wenzelsplatz in Prag standen junge Tschechen und Slowaken fassungslos mit aufgerissenem Hemd vor sowjetischen Panzern und schrien: „Warum?“

In der Nacht vom 20. zum 21. August 1968 überschritten sowjetische Truppen und Soldaten der Staaten der Antireform-Koalition im Warschauer Pakt die Grenze und besetzten innerhalb von sechsunddreißig Stunden das gesamte Territorium der Tschechoslowakei. Die seit dem Ende des Zweiten Weltkrieges größte militärische Operation in Europa diente politischen Zielen. Dem „Prager Frühling“ folgte politischer „Nachtfrost“. Das Wort vom „Prager Frühling“ wurde zum Synonym für den Reformversuch, das sowjetische Sozialismusmodell von innen durch einen Sozialismus mit menschlichem Antlitz zu überwinden. Sowjetische Panzer zerstörten diese Hoffnung nicht nur in der damaligen ČSSR.

Die Führung der KPdSU sah in der Reformbewegung in der ČSSR und dem damit perspektivisch möglich werdenden Systemwandel in einem sozialistischen Staat eine unmittelbare Bedrohung ihrer Sicherheitsinteressen und der Hegemonialmacht des Ostblocks. Auch bei den verbündeten Parteiführungen in Bulgarien, Polen, Ungarn und in der DDR gab es blockübergreifende und eigene Interessen, die sie und damit ihre Staaten an der Seite der UdSSR zu aktiven Gegnern von politischen Reformen in der Tschechoslowakei werden ließen.

In der langen Kette von Krisen, Aufständen und unterdrückten Reformversuchen in den Ländern des sowjetisch beherrschten Teil Europas nahm der „Prager Frühling“ 1968 einen besonderen Platz ein. Beim tschechoslowakischen Reformprozeß handelte es sich um einen von der Spitze der kommunistischen Partei eingeleiteten Versuch einer friedlichen Systemreform, die an nationale Traditionen eines demokratischen Sozialismus anknüpfte. Anders als 1956 in Ungarn, wo ein nationaler Aufstand das kommunistische Regime binnen Tagen zum Einsturz brachte, und im Unterschied zur polnischen Solidarność-Bewegung 1980/1981, die nur durch die außenpolitische Konstellation daran gehindert wurde, offen die Machtfrage zu stellen, um die kommunistische Parteiherrschaft abzulösen, wollte die Prager Parteiführung mit einschneidenden Reformen die Krise des sowjetischen Systems in der ČSSR überwinden. Vor allem sollte die Ökonomie modernisiert und die zentrale Planung effizienter gestaltet werden. Die radikale Trennung der Macht- und Führungsinstitutionen der kommunistischen Partei von der zivilen Gesellschaft, wie sie aus der Transformation der bürgerlichen Gesellschaftsordnung nach der kommunistischen Machtübernahme 1948 entstanden war, sollte nun durch ein neues System von Partizipationsmöglichkeiten gesellschaftlicher Interessengruppen ersetzt, die Autonomie von Kultur und Wissenschaft garantiert, die Zensur aufgehoben und durch eine Föderation das Verhältnis der Tschechen und Slowaken staatsrechtlich neu geordnet werden. Außenpolitisch sollte die ČSSR mehr nationale Eigenständigkeit gewinnen, die Außenbeziehungen des Landes sollten entideologisiert und auf Zusammenarbeit statt Konfrontation mit dem Westen umgestellt werden. Mit der programmatisch verankerten Ablehnung von Gewalt und politischer Verfolgung als legitimer Mittel der Innenpolitik ermöglichten die Reformkommunisten die Entstehung einer unabhängigen Öffentlichkeit und damit die Reaktivierung von unterschiedlichen Interessenbekundungen einer sich differenzierenden zivilen Gesellschaft. Diese wiederum sich schnell artikulierende und zu einer politischen Kraft wachsende neue politische Öffentlichkeit beeinflußte im Gegenzug maßgeblich die politischen Inhalte der Reformen und drängte die Parteiführung, bald weiter zu gehen, als sie ursprünglich plante. In dieser Wechselwirkung lag eine der wesentlichen Antriebskräfte des „Prager Frühlings“. Die politischen Gegensätze, die sich in der tschechoslowakischen Gesellschaft bereits zwischen den Reformkommunisten und politischen Kräften außerhalb der Partei – die sozialistischen Konzeptionen ablehnend gegenüberstanden – andeuteten, konnten sich durch die Okkupation im August 1968 nicht mehr entfalten.

Die tschechoslowakischen Reformkommunisten trafen den totalitären Nerv des Sowjetkommunismus. Sie akzeptierten die Vertreter des sowjetischen Systems als loyale Partner, konfrontierten sie jedoch unmißverständlich mit den demokratischen Grunddefiziten des Sowjetsystems sowie mit der Kluft zwischen dem ideologischen Anspruch und der Wirklichkeit in allen zentralen Bereichen der Gesellschaft. Da die Reformer ihr Modell als exemplarischen Weg für die Gestaltung einer modernen sozialistischen Industriegesellschaft verstanden, der geeignet schien, die Probleme der wissenschaftlich-technischen Revolution zu lösen, stellte dieser Anspruch die Führungsautorität der KPdSU ideologisch und politisch in Frage. Die tschechoslowakischen Reformkommunisten taten dies zu diesem Zeitpunkt nicht allein: Die chinesische KP-Führung bezichtigte die KPdSU der revisionistischen Entartung, aus den Studentenbewegungen in Westeuropa wurde das sowjetische Modell mit linksradikaler Kritik überzogen, und in den westeuropäischen kommunistischen Parteien entwickelte sich der „Eurokommunismus". Alle diese Faktoren beeinflußten nicht unerheblich die sowjetische Entscheidung zur Intervention und zum Abbruch der Reformen in der ČSSR.[1]

Um das Zustandekommen der tschechoslowakischen „Abweichung" vom Marxismus-Leninismus vor und während des „Prager Frühlings" zu erklären, ist die nationale Spezifik der Situation nicht zu übersehen, die sich aus einer Reihe von Faktoren zusammensetzte:

- Die tschechoslowakische Republik wurde 1938 das erste Opfer der nationalsozialistischen Expansionspolitik. Im Münchener Abkommen von 1938 billigten Großbritannien und Frankreich Hitlers Forderung, die deutschbesiedelten Sudetengebiete an das Reich abzutreten; sie taten das über den Kopf ihres Verbündeten hinweg. Der tschechoslowakische Außenminister mußte im Vorzimmer auf die Entscheidung der Großmächte warten.
  1939 setzte sich Hitler über das Münchener Abkommen hinweg, das immerhin noch die Existenz des tschechoslowakischen Rechtsstaates garantierte. Die Wehrmacht besetzte Böhmen und Mähren und zwang ihnen den Status eines Protektorats des Reiches auf, die Slowakei wurde in einen Satellitenstaat des Dritten Reiches verwandelt.[2]
- Der Vertrag zwischen Edvard Beneš, dem Chef der tschechischen Exilregierung[3], und Josef Stalin vom Dezember 1943 war eine außenpolitische Weichenstellung für die tschechoslowakische Nachkriegsentwicklung. Das Bündnis mit der Sowjetunion wurde zu einer Grundlage der neu entstandenen Tschechoslowakei und gehört zu den Voraussetzungen für die Ausweisung der

1 Vgl. Pauer, Jan: Die sowjetische Intervention in der Tschechoslowakei 1968, Dissertation, Hamburg 1993, S. 2.

2 Vgl. Brandes, Detlef: Die Politik des Dritten Reiches gegen die Tschechoslowakei, in: Funke, Manfred (Hg.): Hitler, Deutschland und die Mächte, Düsseldorf 1978, S. 508ff.

3 Beneš, Edvard: Staatspäsident der Tschechoslowakei von 1935 bis 1948, davon 1939 bis 1945 im Exil in London.

deutschen Bevölkerung aus Böhmen und Mähren, die Beneš als Präsident am 19. Mai 1945 durch Dekret verfügte.[4]

- Die Herrschaft der tschechoslowakischen Kommunisten beruhte nicht allein auf dem militärischen Sieg der Sowjetarmee, wie in den anderen Volksdemokratien außer Jugoslawien. Durch den slowakischen Aufstand im August 1944 und das Abschneiden der KPČ bei den Parlamentswahlen im Mai 1946 besaß die Partei eine gewisse nationale Legitimation. Die KPČ wurde mit 38 Prozent aller gültigen Stimmen stärkste Partei, zusammen mit den Sozialdemokraten gab es eine sozialistische Mehrheit im Parlament, die die von Klement Gottwald, dem Vorsitzenden der KPČ, geführte Regierung stützte.[5] Und auch die kommunistische Machtübernahme im Februar 1948 erfolgte ohne Anwesenheit sowjetischer Truppen im Land.
- Entgegen den Absprachen während des Krieges und nach dem Krieg beanspruchte die tschechische Zentrale in Prag nach 1945 die unbedingte Suprematie über die Slowakei. Der föderale Aufbau der Republik, der den nationalen Interessen der Slowaken gerecht werden sollte, wurde zu einem zentralen innenpolitischen Problem der ČSSR. Seine Lösung war verknüpft mit der Frage des Umgangs mit den Opfern der stalinistischen Umformung der tschechoslowakischen Gesellschaft Anfang der fünfziger Jahre. Gehörten doch zu den Opfern der Repression auch die „slowakischen Nationalisten", unter ihnen Gustav Husák.
- Ausmaß und Umfang der Repressalien in den fünfziger Jahren, die sich auch gegen Kader der KPČ richteten – erwähnt sei nur der Schauprozeß gegen Rudolf Slánský[6] 1952 –, ließen die Fragen der Rehabilitierung und Wiedergutmachung ebenfalls zu einem vordringlichen Problem der tschechoslowakischen Innenpolitik werden.
- Die Wahl des Ersten Sekretärs der slowakischen KP, Alexander Dubček, im Januar 1968 zum Ersten Sekretär der KPČ symbolisierte einen Generationswechsel an der Spitze der kommunistischen Partei. Seine Generation kommunistischer Funktionäre glaubte erstmals, daß im Rahmen des sozialistischen Lagers die Tschechoslowakei eine gesicherte souveräne staatliche Existenz besäße, und da sie mit der persönlichen Verantwortung für die Repressalien der fünfziger Jahre nicht belastet war, glaubte sie, den Sozialismus modernisieren zu können, auch im Interesse der Sowjetunion.

---

4 Vgl. Seibt, Ferdinand: Deutschland und die Tschechen, München 1993, S. 349ff.

5 Vgl. Kaplan, Karel: Tschechoslowakische Sozialdemokratie und Tschechoslowakische Kommunisten 1944–1948, in: Staritz, Dietrich/Weber, Herrmann (Hg.): Einheitsfront, Einheitspartei, Kommunisten und Sozialdemokraten in Ost- und Westeuropa 1944–1948, Köln 1989, S. 280ff.

6 Slánský, Rudolf: 1945 bis 1951 Generalsekretär des ZK der KPČ, 1951 verhaftet, 1952 zum Tod verurteilt, Rehabilitierung 1963 und 1968.

– In den sechziger Jahren erlebte die tschechoslowakische Wirtschaft eine Wachstumskrise, in der der Modernisierungsrückstand zu den westlichen Industriestaaten für die Wirtschaftsfunktionäre und die Bevölkerung unübersehbar wurde. Durchaus parallel zu Überlegungen der SED zur Modernisierung der Volkswirtschaft und einer flexibleren Gestaltung der staatlichen Planung erarbeiteten tschechoslowakische Ökonomen ein Reformkonzept, das zu mehr wirtschaftlicher Rationalität und im Rahmen der sozialistischen Eigentumsordnung zu mehr Wettbewerb führen sollte.
– Die Rücknahme der parteilichen Reglementierung der Kultur in den sechziger Jahren führte zum Aufblühen tschechoslowakischer Literatur und Kunst, die international beachtet wurde. Diese Anerkennung stärkte wiederum das Selbstbewußtsein der Künstler und Schriftsteller, so daß sie zur Avantgarde der zivilen Gesellschaft gegen das Machtmonopol des Parteiapparates wurden. Kulturelle und wissenschaftliche Freiheit vertrugen sich aber nicht mit der parteilichen Reglementierung des geistigen Lebens und der Öffentlichkeit, somit wurde die Abschaffung der Zensur zu einem der wichtigsten Kampfziele der Reformkräfte im Prager Frühling.

In der DDR löste 1968 der „Prager Frühling" unterschiedliche Reaktionen aus. In der Bevölkerung gab es nicht wenig Hoffnung auf einen Sozialismus mit menschlichem Antlitz, das heißt, auf einen Sozialismus mit mehr Freiheit, mit mehr Demokratie und mit pluralistischen Strukturen. In der politischen Machtzentrale der DDR, in der Parteiführung der SED, wurde der Versuch der ČSSR, einen eigenen Weg bei der Gestaltung des Sozialismus zu gehen, jedoch von Anfang an kritisch, mißtrauisch und letztendlich feindlich betrachtet. Die SED-Führung war 1968 der Meinung: „Wir sind ein oder zwei Stufen höher in der sozialistischen Demokratie, als das gegenwärtig in der Tschechoslowakei der Fall ist."[7]

Bereits Ende Januar 1968, wenige Wochen nach dem Führungswechsel an der Spitze der KPČ, äußerte das Zentralkomitee der SED erste Zweifel an der unter Dubček eingeleiteten neuen Politik. Die für die SED-Führung grundlegende Frage war die Haltung der KPČ „zu den Prinzipien des Marxismus-Leninismus über den sozialistischen Aufbau von Staat und Gesellschaft". Hermann Axen, ZK-Sekretär für internationale Beziehungen, bezweifelte in einer internen Rede auf der 4. Tagung des ZK der SED (29./30. Januar 1968), ob der Marxismus „konkret auf die Situation in der ČSSR angesichts ihrer Besonderheiten konsequent und schöpferisch angewendet"[8] würde. Auf dieser Tagung hielt Axen für das „Schwerwiegendste", daß das Mitglied des ZK der KPČ und Direktor des Öko-

7 Stiftung Archiv der Parteien und Massenorganisationen der DDR im Bundesarchiv, Zentrales Parteiarchiv der SED (SAPMO-BArch, ZPA), IV 2/1/219.

8 Ebenda, IV 2/1/210.

nomischen Instituts der Akademie der Wissenschaften, Ota Šik, angeblich schon auf dem Dezemberplenum 1967 „die Plattform einer bürgerlichen Liberalisierung der ČSSR entwickelt hat".[9] Axen polemisierte: „Es geht nicht nur etwa um die Rolle der Ware-Geld-Beziehungen, [...] es geht um die Grundfrage der Diktatur des Proletariats, um die führende Rolle der Arbeiterklasse und ihrer Partei, um die Rolle des sozialistischen Staates und des demokratischen Zentralismus, um die sozialistische Planwirtschaft [...]."[10] Auch Ulbricht sah in Dubček nicht den Garanten für einen erfolgreichen gesellschaftspolitischen Reformkurs der KPČ, wie ihn sich die SED-Führung in der DDR vorstellte. Die SED hatte bereits 1963/64 eine umfassende Wirtschaftsreform eingeleitet. Mit dem Neuen Ökonomischen System der Planung und Leitung (NÖS) sollten Industrie und Landwirtschaft der DDR mehr an Wachstum und Effektivität gewinnen, am Markt und an den Bedürfnissen der Menschen orientiert werden. Voraussetzungen, um den Herausforderungen der wissenschaftlich-technischen Revolution besser begegnen zu können, denen das bisherige starre Planungs- und Wirtschaftssystem nicht entsprachen. Die Wirtschaftsreform sollte nach dem Willen der Parteiführung die bestehenden politischen Machtverhältnisse in der DDR stabilisieren und dauerhaft sichern, jedoch nicht das bisherige Sozialismusmodell in Frage stellen. In der ČSSR kamen die Reformkommunisten um Dubček zu anderen Ansichten.

Die SED-Führung bewertete die Ereignisse in der ČSSR besonders aus ideologischer Sicht. Immer wieder richtete die SED die Forderung an die KPČ, die „revisionistischen" Kräfte zu eliminieren, womit alle Reformbefürworter gemeint waren, und den Einfluß sogenannter „gesunder" bzw. „positiver" Kräfte zu stärken. Nach Ulbrichts Ansicht war eines der größten Versäumnisse der KPČ, mehr als zehn Jahre lang keinen ideologischen Kampf geführt zu haben. Er schlug Dubček vor, in der ČSSR, so wie in der DDR nach 1953, ganz systematisch und schrittweise vorzugehen, „immer von einer Stufe zur anderen, immer dann, wenn die Mehrheit des Volkes die Maßnahmen, die auf der bisherigen Stufe notwendig waren, verstanden hatte und bereit war, die nächste Stufe zu gehen, d.h., wenn die Bevölkerung ideologisch die Probleme verdaut hatte."[11] In der DDR fühlte sich die SED von der Richtigkeit ihres Weges durch die Annahme der sozialistischen Verfassung der DDR durch einen Volksentscheid am 6. April 1968 bestärkt. Sie trat gegenüber der KPČ immer stärker in der Rolle eines sozialistischen Lehrmeisters auf und versuchte, mit verschiedenen Mitteln und Methoden einen direkten Einfluß auf die KPČ und deren Reformkurs auszuüben. Über die Massenmedien der DDR, über Kontakte zwischen Betrieben, Massenorganisa-

9 Ebenda.

10 Ebenda.

11 Siehe: Anmerkung 5.

tionen und zwischen Partei- und Staatsfunktionären aller Ebenen propagierte sie ihre „endgültigen Wahrheiten" über den Sozialismus. Dazu gehörten die „Gesetzmäßigkeit" von der führenden Rolle der marxistisch-leninistischen Partei und die „Rechtmäßigkeit" ihrer Herrschaft in allen Sphären der Gesellschaft. Für die SED hieß das vor allem die Sicherung des Parteieinflusses in den Macht- und Sicherheitsorganen des Staates und die Beherrschung der Massenmedien, also der Presse, des Rundfunks und des Fernsehens. Sie richtete wiederholt „Vorschläge" und auch direkte Forderungen an die KPČ zur personellen Veränderung in den Leitungsgremien und Redaktionen der Massenmedien der ČSSR, mit der Begründung, die Gefahr bürgerlicher, sozialdemokratischer und konterrevolutionärer Einflüsse zum Schaden des Sozialismus abzuwenden. Noch auf dem letzten Treffen der Parteiführungen von SED und KPČ vor der Invasion in der ČSSR am 12. August 1968 in Karlovy Vary[12] bedrängte Ulbricht die KPČ-Führung, die Leitung der Massenmedien konsequent in die Hand zu nehmen. Das sei die wichtigste Frage, dadurch würde die ganze Atmosphäre geändert werden. Doch es kam nicht mehr dazu. Dubček hatte nicht die Absicht, dem politischen Druck von außen nachzugeben. Die KPdSU und ihre Verbündeten kamen nur wenige Tage später zu der Einschätzung, daß sich ihre politische Einflußnahme auf die KPČ erschöpft habe und nun mit „äußersten" Mitteln die Führungsrolle der kommunistischen Partei in der ČSSR gesichert werden müsse.

Jahrzehntelang wurde das Bild vom „Prager Frühling" und seinem Ende vor allem von den „rollenden Panzern" der Interventen dominiert. Die Frage nach dem Anteil der NVA der DDR am Truppeneinmarsch am 21. August, der nachfolgenden Besetzung der ČSSR und der militärischen Niederschlagung der Prager Reformen stand bei allen Betrachtungen stets im Vordergrund.[13] Diese vor allem

---

12 Karlovy Vary: Karlsbad.

13 Die Bundesregierung hatte bereits in einer Stellungnahme vom 22. August 1968 die Intervention der Staaten des Warschauer Paktes zurückgewiesen und sich gegen den Vorwurf verwahrt, sie gehöre zum Kreis der „äußeren Urheber dieser Aktion" und zugleich darauf verwiesen, daß ihre Politik der Zurückhaltung im Gegensatz stehe „zu den dauernden Pressionen und Interventionsankündigungen des anderen Teils Deutschlands", in: Völkerrechtswidrige Aktionen in der ČSSR, Stellungnahme der Bundesregierung zur Intervention der Staaten des Warschauer Paktes vom 21. August 1968 in: Auswärtiges Amt (Hg.): 40 Jahre Außenpolitik der Bundesrepublik Deutschland. Eine Dokumentation, Stuttgart 1989, S. 201.
Am 1. Dezember 1989 hielt es die Volkskammer auf ihrer 13. Tagung für geboten, „in Übereinstimmung mit Willensäußerungen von Bürgern unseres Landes [...] zu erklären, daß sie die Beteiligung der DDR an militärischen Aktionen in Staaten des Warschauer Vertrages im Zusammenhang mit innenpolitischen Auseinandersetzungen in der ČSSR im August des Jahres 1968 aufrichtig bedauert und im Namen des Volkes der DDR bei den Völkern der ČSSR um Entschuldigung bittet." Vgl. Neues Deutschland, 2. 12. 1989; Deutschland Archiv, Heft 1, 1990, S. 137.

medial erzeugte Verkürzung verzerrte jahrelang die Rezeption der SED-Politik gegen den tschechoslowakischen Reformversuch. Dabei blieb oftmals unberücksichtigt, daß die NVA als eine „reine Koalitionsarmee“ ihre Einsatzbefehle vom Oberkommandierenden der Vereinten Streitkräfte des Warschauer Vertrages, das heißt, vom sowjetischen Generalstab, erhielt. Vergleichsweise war aber der politische Spielraum der SED für eigenes Handeln im Bündnis der Staatsparteien des Ostblocks größer als der der DDR-Armee.

Die zentralen politischen und militärischen Entscheidungen wurden jedoch vom Politbüro des Zentralkomitees der KPdSU getroffen. Allerdings bestand die sowjetische Führung darauf, daß diese Entscheidungen im Einverständnis mit den „Bruderparteien“ und verbündeten Staaten „kollektiv“ sanktioniert wurden. Auf internationaler Ebene besaß die SED-Führung somit nur ein „Beratungsrecht“, aber keine Entscheidungsgewalt.

Die sowjetische Führung bekräftigte in ihrer Auseinandersetzung mit den tschechoslowakischen Reformkommunisten die Gültigkeit ihrer großmachtpolitischen Interpretation der Prinzipien des „proletarischen Internationalismus“. Sie galten in den sozialistischen Ländern und namentlich in ihren Beziehungen zur sowjetischen Führungsmacht als ein ideologisches Fundament der Beziehungen zwischen den kommunistischen Parteien. Prüfstein in Theorie und Praxis des „proletarischen Internationalismus“ war die Einstellung zur aktuellen Politik der KPdSU und zur führenden Rolle der Sowjetunion in der weltweiten Auseinandersetzung mit Kapitalismus und Imperialismus. Durch die Herausbildung des sozialistischen Lagers, das sich als sozialistisches Weltsystem verstand, gewann der „proletarische Internationalismus“ als Grundlage für die Beziehungen der kommunistischen Parteien eine neue Qualität. Er wurde zum „sozialistischen Internationalismus“ und sollte die Basis für die zwischenstaatlichen Beziehungen der sozialistischen Länder abgeben. Realpolitisch diente das Prinzip der sowjetischen Hegemonie im sozialistischen Lager und rechtfertigte den Einsatz militärischer Gewalt seitens der Sowjetunion 1953 in der DDR, 1956 in Ungarn und 1968 in der ČSSR. Die sowjetische Parteiführung bekräftigte 1968 angesichts der tschechoslowakischen Entwicklung dieses Grundprinzip in der sogenannten Breshnew-Doktrin noch einmal. Danach besaßen im Falle des Abweichens eines sozialistischen Staates von der gültigen Linie, die von der KPdSU vorgegeben wurde, die anderen sozialistischen Staaten nicht nur das Recht, sondern sie waren

---

In der Besprechung des sowjetischen Staats- und Parteichefs Gorbatschow mit den Vertretern der Mitgliederstaaten des Warschauer Paktes am 3. 12. 1989 stellten diejenigen Staaten des Warschauer Paktes, die sich 1968 am Einmarsch in die Tschechoslowakei beteiligt hatten, gemeinsam fest, daß dies eine „Einmischung in die internen Angelegenheiten der souveränen Tschechoslowakei“ war und somit zu verurteilen sei. Vgl. Neues Deutschland, 5. 12. 1989.

auch verpflichtet, durch „brüderliche Hilfe“ – notfalls mit militärischen Mitteln – den Sozialismus in einem anderen Land zu schützen.

Die SED-Führung opponierte nicht gegen die Verkündung der Breshnew-Doktrin, befand sich aber gegenüber der Sowjetunion ebenfalls in einem Zielkonflikt zwischen Bündnistreue und Eigeninteresse.

Mit dem Bau der Berliner Mauer 1961 waren in Europa die Einflußsphären des Westens und des Ostens endgültig zementiert. „Nach dem Bau der Berliner Mauer im August 1961 verschwand die Frage der deutschen Wiedervereinigung allmählich von den Tagesordnungen der Ost-West-Verhandlungen. Die deutsche Einheit wurde auf unbestimmte Zeit zurückgestellt.“[14] Das Zeitalter der Entspannungspolitik begann in der europäischen Diplomatie, die damit auch eine neue Beweglichkeit erhielt. Zäsur und Katalysator für diese Politik war in den sechziger Jahren die Kuba-Krise. Damals versuchte die Sowjetunion, atomare Mittelstreckenraketen auf Kuba zu installieren und mußte sie auf amerikanischen Druck abziehen – der Konflikt zwischen den USA und der Sowjetunion eskalierte bis an den Rand des nuklearen Krieges. Es war ein Wendepunkt des Kalten Krieges. Die Krise demonstrierte nachhaltig, daß die direkte militärische Konfrontation der beiden Weltmächte das Risiko der nuklearen Vernichtung heraufbeschwor. Sowohl die Sowjetunion als auch die Vereinigten Staaten hatten ein elementares Interesse, ihre Großmachtrivalitäten den Spielregeln des Nuklearzeitalters zu unterwerfen. Die wesentlichste Konsequenz bestand darin, die Konfrontation durch Elemente der Kooperation zwischen den beiden Weltmächten zu entschärfen, den Ost-West-Konflikt schrittweise in ein Beziehungsgeflecht zwischen Übereinkünften und Verträgen auf der Basis gemeinsamer Interessen zu überführen.

Die neue sowjetische Führung unter Leonid Breshnew wollte nach 1964 durch den Dialog mit dem Westen sowohl die europäischen Grenzen ihres Imperiums festschreiben, als auch durch Entwicklung wirtschaftlicher Beziehungen die ökonomischen Probleme im sozialistischen Lager eindämmen. In diesem Zusammenhang bekamen die Beziehungen der Sowjetunion zur Bundesrepublik eine besondere Bedeutung, zumal die sozialdemokratische Konzeption der neuen Ostpolitik nicht nur die Aufnahme diplomatischer Beziehungen zu den osteuropäischen Satellitenstaaten der Sowjetunion vorsah, sondern auch das Verhältnis zur Führungsmacht deutlich verbessert werden sollte. Seit Februar 1967 führte die Sowjetunion mit der Regierung der Großen Koalition diplomatische Gespräche über eine Vereinbarung des wechselseitigen Gewaltverzichts. Die ersten

14 Kissinger, Henry A.: Die Vernunft der Nationen. Über das Wesen der Außenpolitik, Berlin 1994, S. 810.

Schritte der Annäherung zwischen Moskau und Bonn waren getan.[15] Nachdem im Januar 1967 Rumänien diplomatische Beziehungen mit der Bundesrepublik aufgenommen hatte, bewahrte die Sowjetunion die DDR vor der Isolierung im eigenen Lager durch die neue Ostpolitik der Großen Koalition, indem der Politische Beratende Ausschuß des Warschauer Paktes festlegte, kein Mitglied des Warschauer Vertrages dürfe diplomatische Beziehungen zur Bundesrepublik aufnehmen, bevor nicht die DDR als gleichberechtigter deutscher Teilstaat von der Bundesrepublik anerkannt würde. Gleichwohl war der SED-Führung die Differenz zwischen ihrer und der sowjetischen Interessenlage gegenüber der Bundesrepublik Deutschland deutlich.

Ulbricht hatte gute Gründe, den tschechoslowakischen Reformprozeß mit der neuen Ostpolitik der Bundesregierung und namentlich der Sozialdemokraten zu verknüpfen; das diente der deutschlandpolitischen Interessenlage der DDR. Egon Bahr hatte den „Wandel" der Verhältnisse im sozialistischen Lager durch eine Politik der „Annäherung" versprochen.

Anzeichen für ein neues Herangehen der ČSSR an die Regelung ihrer Beziehungen zur BRD, schienen diese These zu bestätigen. Erwies sich die neue Ostpolitik in den Augen der SED nun als Instrument zum Sturz der sozialistischen Ordnung von innen durch die „Sozialdemokratisierung" der regierenden kommunistischen Parteien, so mußte dies zwangsläufig den sowjetischen Widerstand gegen die Politik der Bundesrepublik heraufbeschwören, und eine Konfrontation zwischen Moskau und Bonn konnte Ostberlin nur nützen. Diese Konstruktion eines direkten Zusammenhangs zwischen der „neuen Ostpolitik" der Bundesregierung und dem tschechoslowakischen Reformprozeß gehört zu den spezifischen Beiträgen der SED für die Interventionspolitik des Warschauer Paktes. Ein weiterer Beitrag der SED zum Gelingen der sowjetischen Okkupationspolitik bestand in einer, bis zur Öffnung der Akten nicht vorstellbaren, Kaderüberprüfung der tschechoslowakischen Kommunisten durch die SED im Jahre 1968. Gerade die systematische Ausforschung über den politischen Standort der tschechoslowakischen Kommunisten in Schlüsselpositionen des gesellschaftlichen Lebens und der Partei- und Staatsverwaltung unterstreicht noch einmal die Rolle des Machtmonopols des kommunistischen Parteiapparates in den Gesellschaften sowjetischen Typs. Verfolgte doch die SED in ihrem Kampf gegen den Prager „Revisionismus" die Linie, daß man alles tun müsse, um den „Marxisten-Leninisten" in der tschechoslowakischen „Bruderpartei" zu helfen, die als „Konterrevolution" diffamierte Reformbewegung aus eigener Kraft zu unterdrücken.[16]

---

15 Vgl. Wettig, Gerhard: Die Sowjetunion, die DDR und die Deutschland-Frage 1965–1976, Stuttgart 1976, 2. Auflage 1977, S. 41ff.

16 In der polnischen Systemkrise 1980/81 greift die SED gegenüber der PVAP auf diese Praktiken

Ulbricht gehörte aber nicht zu den politischen Führern, die frühzeitig die militärische Besetzung der Tschechoslowakei forderten. Manöver und militärischer Druck – ja, aber bei der Forderung nach der Okkupation überließ Ulbricht den sowjetischen, bulgarischen und polnischen Parteiführern den Vortritt.

Im Mittelpunkt unserer Studie stehen die Aktivitäten der Parteiführung der SED, ihres Politbüros, des Sekretariats des Zentralkomitees und des zentralen Parteiapparates im Kampf gegen die tschechoslowakische Reformbewegung in der Zeit des „Prager Frühlings". Der zeitliche Rahmen der Darstellung konzentriert sich auf die Zeit von der Wahl Dubčeks zum neuen KPČ-Chef im Januar bis zur Intervention im August 1968 und auf deren unmittelbare Ergebnisse. Die Entwicklung in der Tschechoslowakei nach der Intervention ging in die Geschichte unter dem Begriff „Normalisierung" ein.

Der direkte und indirekte Einfluß der SED im Bündnis mit den anderen „Bruderparteien" auf die innere Entwicklung der ČSSR bis zur Ablösung Dubčeks im April 1969 und zur Stärkung der Positionen der neuen KPČ-Führung unter Husák[17] ist noch unerforscht, dürfte aber nicht minder gewichtig gewesen sein wie der SED-Beitrag vor und während der Intervention. Absicht unser Untersuchung war es, die Politik der SED-Führung im Rahmen des sozialistischen Lagers gegen die Prager Reformer im einzelnen darzustellen.

Die Führungen der kommunistischen Parteien in der Sowjetunion, Polen, der DDR, Ungarn und Bulgarien wurden von dem einsetzenden Reformprozeß in der Tschechoslowakei überrascht. Die Politik der Interventionsparteien vom August 1968 entwickelte sich somit als reaktiver Prozeß auf die tschechoslowakische Entwicklung. Allein schon der Verlauf der tschechoslowakischen Krise bedingte einen komparativistischen Ansatz. Will man die SED-Politik gegenüber dem tschechoslowakischen Reformprozeß analysieren und bewerten, so gilt es eine Grundvoraussetzung ihrer Politik zu beachten: Die SED handelte immer mit Blick auf die sowjetischen Entscheidungen, und dieses Dreiecksverhältnis zwischen Berlin-Moskau-Prag läßt sich nur komparativistisch untersuchen. Anzumerken ist, daß uns in den Akten der SED eine entscheidende Lücke auffiel: die alltäglichen Abstimmungen der SED-Führung mit der sowjetischen Seite scheinen nicht überliefert zu sein. Da uns obendrein die Akten des Ministeriums für Auswärtige Angelegenheiten der DDR, die heute das Archiv des Auswärtigen

zurück. Vgl. Kubina, Michael/Wilke, Manfred (Hg.): „Hart und kompromißlos durchgreifen". Die SED contra Polen 1980/81, Berlin 1994, insbesondere S. 33ff.

17 Husák, Gustav: 1968 stellvertretender Ministerpräsident der ČSSR, seit August 1968 Erster Sekretär der Kommunistischen Partei der Slowakei.

Amtes der Bundesrepublik Deutschland verwaltet, nicht zugänglich waren, bleiben auf diesem zentralen Feld offene Fragen.

Seit Beginn unserer Forschung suchten wir den Kontakt zu tschechoslowakischen Kollegen, um unsere komparativistischen Überlegungen in Arbeitsbeziehungen zu überführen. Es gelang uns, solche Arbeitsbeziehungen aufzubauen. Nach dem Sturz der kommunistischen Herrschaft in der Tschechoslowakei im Herbst 1989 berief die tschechoslowakische Nationalversammlung eine Kommission, die den Reformprozeß der Jahre 1967/68 und seine Unterdrückung durch die Okkupation des Landes und die Restaurationspolitik des kommunistischen Parteiapparates nach 1968 untersuchen sollte. Diese Kommission, deren stellvertretender Vorsitzender unser Co-Autor Václav Kural war, hat bis zur Auflösung des tschechoslowakischen Staatsverbandes existiert und einen umfänglichen Bericht vorgelegt. Die Kommission hat mit ihrer Arbeit außerdem einen großen Fond von Dokumenten und Materialien über die tschechoslowakische Krise zusammengetragen. Ein Ergebnis unserer Kooperation mit den tschechischen Kollegen in Prag bestand darin, daß wir diese Archivalien einsehen konnten. Somit war es erstmals möglich, Entscheidungsprozesse zwischen den Parteien der Antireformkoalition teilweise aus sowjetischen Akten zu rekonstruieren, die sich als Kopien im Archiv des Instituts für Zeitgeschichte der Tschechischen Akademie der Wissenschaften befinden. Wir wollten die Politik der SED-Führung und ihre mittelbare und unmittelbare Beteiligung an der Entscheidung für eine Intervention erforschen, somit ergab sich die Arbeitsteilung mit unserem tschechischen Kollegen Kural von selbst. Kural hat es im Rahmen dieser Studie unternommen, gestützt auf die Ergebnisse der tschechoslowakischen Parlamentskommission, den Reformprozeß und seine Vorgeschichte in seinen Grundzügen darzustellen. Zum Verständnis der internationalen Entscheidungsprozesse im sowjetischen Lager hat auch Jan Pauer beigetragen, der während seiner mehrmonatigen Mitarbeit an diesem Projekt seine Dissertation zum Thema „Die sowjetische Intervention in die Tschechoslowakei 1968" abschloß.

Vorliegendes Buch ist ein erstes Ergebnis gemeinsamer Forschung, es symbolisiert auch die neuen politischen Realitäten nach dem Wandel in der ČSSR und in Deutschland 1989/1990 zu dessen Vorgeschichte auch der „Prager Frühling" gehört. Der Botschafter der tschechischen Republik Jiří Gruša schrieb rückblikkend, „es war kein Frühling, sondern eine Götterdämmerung."[18] Václav Kural (geb. 1928), ein tschechischer Historiker, war während des „Prager Frühlings" Mitarbeiter von Josef Smrkovský[19], einem der populärsten Reformkommunisten, und wurde ein Opfer der „Normalisierung". Lutz Prieß (geb. 1951) war Histori-

18 Das Parlament, Nr. 34, 20. 8. 1993, S. 17; Jiří Gruša war einer der Mitbegründer der Charta 77.

19 Smrkovský, Josef: Minister für Forst- und Wasserwirtschaft, seit April 1968 Mitglied des Präsi-

ker in der DDR und widmete sich nach November 1989 der Erforschung stalinistischer Verbrechen und Deformationen im realen Sozialismus. Manfred Wilke (geb. 1941), Soziologe und Politologe aus der BRD, sympathisierte 1968 mit dem „Prager Frühling" und befaßte sich politisch und wissenschaftlich mit der Opposition im sozialistischen Lager.

Unser Bestreben, neue Erkenntnisse über den „Prager Frühling" und den Beitrag der SED zu seiner Unterdrückung zu gewinnen und zu publizieren, förderte die Volkswagen-Stiftung im Rahmen ihres Schwerpunktes „Diktaturen im Europa des 20. Jahrhunderts: Strukturen, Erfahrungen, Überwindung und Vergleich". Damit ermöglichte die Volkswagen-Stiftung diese grenzüberschreitende Forschungskooperation zwischen deutschen und tschechischen Historikern zu diesem Kapitel jüngster europäischer Zeitgeschichte. Sachverständige Archivare in der Stiftung „Archiv der Parteien und Massenorganisationen der ehemaligen DDR im Bundesarchiv", Berlin, und im Archiv des tschechischen Instituts für Zeitgeschichte, Prag, haben unseren Recherchen zum Erfolg verholfen. Der Dank gilt dem Direktor des Instituts, Dr. Vilém Prečan, der unsere Forschungen auch persönlich mit Rat und Tat beförderte. Autoren spezifischer Studien zu diesem Themenkomplex, wie Stefan Bollinger, Monika Tantzscher, Rüdiger Wenzke und Stefan Wolle, vermittelten unserer Arbeit wesentliche Impulse. Unser Dank gilt Frau Cornelia Wassmann und Frau Marion Oploh für die kleinen und großen Leistungen im Sekretariat des Forschungsverbundes „SED-Staat". In Frau Kruschwitz vom Akademie Verlag hatten wir jederzeit eine einfühlsame und fordernde Beraterin bei der Fertigstellung des Manuskriptes. Ebenso unterstützten uns Horst Laude, Monika Deutz-Schroeder und Otto Matthies mit redaktionellem Rat. Nicht zuletzt muß der Pressestiftung Tagesspiegel gedankt werden; sie hat mit ihrer Förderung die Aufnahme der Forschung zu dem Thema „Die SED und der Prager Frühling" ermöglicht und mit ihrer Hilfe werden nach Abschluß des von der Volkswagen-Stiftung geförderten Projekts erstmals die Protokolle aller internationalen Konferenzen im Warschauer Pakt zur ČSSR 1968 von uns ediert.

---

diums des ZK der KPČ und Vorsitzender der tschechoslowakischen Nationalversammlung (Parlamentspräsident).

Kapitel 1

ČSSR 1968: politische Reformen im realen Sozialismus

Der „Prager Frühling" und seine historischen Voraussetzungen

Das Phänomen, mit dem sich diese Studie beschäftigt, wird in der Geschichtsschreibung „Prager Frühling" genannt.[1] Hinter dieser Bezeichnung verbirgt sich der tschechoslowakische Versuch, einen „Sozialismus mit menschlichem Antlitz" durchzusetzen. Es ging um eine Umwandlung einer Staats- und Gesellschaftsordnung poststalinistischen sowjetischen Typs in eine Ordnung, die eine Synthese von Sozialismus und Demokratie herbeiführen sollte.

In der tschechoslowakischen, genauer: in der tschechischen Geschichte handelte es sich dabei bereits um den zweiten Versuch, eine solche Gestaltung der Gesellschaft zu realisieren. Der erste Versuch wurde – kurz gesagt – theoretisch vom linksgerichteten antifaschistischen Widerstand und von Edvard Beneš während des Zweiten Weltkrieges konzipiert und war eine unmittelbare Reaktion auf den kampflosen Untergang der bürgerlichen Republik 1938 und auf die Okkupation der böhmischen Länder durch die deutschen Nationalsozialisten. Bis zu einem gewissen Zeitpunkt und Grad wurde dieses Konzept auch von der Führung der KPČ aus taktischen Gründen unterstützt, so daß die Tschechoslowakische Republik (ČSR) die ersten zwei Jahre nach der Befreiung im Mai 1945 den Versuch seiner praktischen Anwendung erlebte.

Dieser Versuch eines demokratischen Sozialismus stützte sich auf den Sieg der sozialistischen Parteien bei den Wahlen im Mai 1946. Es waren die einzigen freien Wahlen in ganz Ostmitteleuropa, die den damaligen Willen des Volkes zum Ausdruck brachten.

---

1 „Der Prager Frühling war ein dreifacher Prozeß. Eine Selbsttransformation der Machtsphäre, eine soziale Bewegung, die die Demokratisierung und Modernisierung der Gesellschaft anstrebte, und eine Bewegung für nationale Emanzipation in der Slowakei.", Pauer: Die sowjetische Intervention, S. 49. Alle drei Bestrebungen mündeten in dem Versuch, sich von dem sowjetischen Modell des Sozialismus zu befreien, was 1968 national und international gesehen, die wohl entscheidende Komponente war.

Das Ende des demokratisch legitimierten Sozialismus kam mit dem Kalten Krieg und Stalins Bestreben, die totale Macht der kommunistischen Parteien in den durch die Rote Armee von deutscher Okkupation befreiten Ländern zu installieren. In der Tschechoslowakei wurde die Parteiherrschaft der KPČ mit dem Umsturz im Februar 1948 errichtet. Damit war dem stalinistischen Modell des Sozialismus der Weg geebnet. Diese Staatsform trat proklamatorisch als Diktatur des Proletariats auf, de facto handelte es sich jedoch um die Diktatur der kommunistischen Oligarchie in Gestalt des zentralen Parteiapparates. Er installierte seine Macht endgültig in den unrühmlich bekannten fünfziger Jahren, einer der bittersten Epochen in der ganzen tschechoslowakischen Geschichte.

Was geschah in jenen Jahren, für die sich in der Tschechoslowakei die Bezeichnung „die fünfziger Jahre" einbürgerte?

Vor allem wurde ein allumfassendes totalitäres System der politischen Macht der KPČ errichtet, die sich auf die Polizei, die Armee und die Volksmilizen stützte sowie auf ein System sogenannter Transmissionshebel. Das politische System der bürgerlichen Gesellschaft mit Mehrparteiensystem, funktionierender Opposition und Pluralismus wurde damit faktisch liquidiert. Die demokratische Phase der „Zwischenkriegszeit" von 1918 bis 1938 und die der Jahre 1945–1947 war damit beendet. Von Moskau angeleitet, erzwang die KPČ einen grundlegenden und blitzartigen Strukturwandel der tschechoslowakischen Gesellschaft, in dem im Laufe nur weniger Jahre praktisch die Mittelschichten verschwanden, Gewerbetreibende und Einzelbauern enteignet wurden, ganz zu schweigen von der Großbourgeoisie. Sie wurde im Zusammenhang mit der Bestrafung von Kollaboration mit der deutschen Besatzungsmacht sowie mit der ersten Welle der Nachkriegsnationalisierung der Großindustrie und der Banken aus der Gesellschaft ausgemerzt. Laut der Volkszählung von 1961 bildeten „nach den fünfziger Jahren" Arbeiter 55 Prozent der Erwerbstätigen, die übrigen Arbeitnehmer 27,4 Prozent und Genossenschaftsbauern 10,5 Prozent; Einzelbauern dagegen nur noch 3 Prozent und sonstige Privatunternehmer/Gewerbetreibende und freie Berufe 0,3 Prozent.[2]

Die Auflösung des privaten Sektors wurde bis in die sechziger Jahre fortgesetzt. Das machte aus nahezu allen Bürgern in dieser oder jener Form Angestellte des Staates, materiell von seinem Willen abhängig – der in letzter Instanz vom Willen der Parteiorgane bestimmt wurde, sei es auf unterer oder höherer Ebene.

Außenpolitisch wurde die Tschechoslowakei zu einem Bestandteil des mitteleuropäischen Blocks des Sowjetimperiums, gewissermaßen sein „westliches Grenzgebiet". Im Zusammenhang damit gab es in der Tschechoslowakei (ČSR)

---

2 Vgl. zur gesamten Charakteristik der sozialen Struktur der sozialistischen Gesellschaft, in: Machonin, Pavel: Sociální struktura socialistické společnosti, Praha 1966, S. 126.

in den fünfziger Jahren eine Welle politischer Prozesse. Dabei wurden einerseits Gegner des Regimes verurteilt – von Widerstandskämpfern mit westlicher Orientierung über Geistliche bis hin zu den Gegnern der Kollektivierung des Dorfes –, aber andererseits auch unbequeme Mitglieder der führenden Nomenklatura der KPČ wie Rudolf Slánský, Gustav Husák, Vlado Clementis, Marie Švermová, Josef Smrkovský und andere. Insgesamt wurden über 200.000 Personen in Haft genommen, 190 Todesurteile gefällt und davon 148 vollzogen![3] Die sogenannten „Kulaken" wurden von ihren Wirtschaften vertrieben und umgesiedelt, in den Städten regimekritische Bürger aus ihren Wohnungen gewiesen. Betroffen waren auch die Kinder von Verfolgten, indem man ihnen zum Beispiel ein Studium verweigerte oder sie anderen Repressalien aussetzte. Mehr als zwei Millionen Menschen wurden in diesen Jahren in der Tschechoslowakei Opfer von Willkürakten.

Obwohl diese Repressionen nicht so lange währten und nicht so umfassend waren wie in der UdSSR, verletzten sie aufs gröbste elementare Menschenrechte und gruben sich tief ins Bewußtsein der Bevölkerung ein. Von nun an war der Name der KPČ untrennbar mit diesen Ereignissen verbunden, und sie wurde von einem großen Teil der Tschechen und Slowaken dafür aufrichtig gehaßt.[4] Bei den Slowaken spielte die Verurteilung einer ganzen Reihe ihrer nationalen Politiker aus den Reihen der Demokratischen Partei sowie der Kommunistischen Partei der Slowakei (KPS) eine besondere Rolle für ihre Unzufriedenheit.

Die „fünfziger Jahre" wurden sowohl zu einem Stimulus für Reformversuche des Systems in den Jahren 1956 und 1968 als auch zu einem Stigma, von dem sich die KPČ nicht mehr befreien konnte – weder bei den angeführten Reformversuchen noch nach dem Jahr 1989.

Das „historische Gedächtnis" an die Ära der Demokratie vor dem Münchener Diktat von 1938 und an den demokratischen Sozialismus um das Jahr 1945 – wie das negative Syndrom der „fünfziger Jahre" – wurden zu wichtigen Triebkräften für den „Prager Frühling" von 1968.

Das „Gedächtnis" allein war jedoch für die Realisierung dieses Prozesses nicht ausreichend. Die Veränderungen wurzelten vor allem in der Unzufriedenheit mit dem aktuellen Zustand der Gesellschaft. Diese befand sich nach den „fünfziger Jahren" zunächst in einem Zustand tiefer Depression, insbesondere,

---

3 Die gerichtliche Persekution politischer Art in der Tschechoslowakei von 1948–1989. Statistische Übersicht, hrsg. von Gebauer, František/Kaplan, Karel/Koudelka, František/Vyhnálek, Rudolf in: Sešity ústavu pro soudobé dějiny, díl 12, Praha 1993, S. 223ff.

4 Vgl. Pelikán, Jiří: Das unterdrückte Dossier. Bericht der Kommission des ZK der KPTsch über politische Prozesse und „Rehabilitierungen" in der Tschechoslowakei 1949–1968, Wien/Frankfurt/Zürich 1970.

als es der Führung um Antonín Novotný[5] gelang, die Korrekturversuche nach dem XX. Parteitag der KPdSU 1956 abzuwehren. Dieser Zustand dauerte bis zum Jahr 1962 und wurde einerseits durch die zwar schon begrenzte, aber andauernde Repression aufrechterhalten, andererseits durch eine gewisse Steigerung der Lebenshaltung, durch soziale Korruption und Illusionen über die wirkliche Position der Tschechoslowakei unter den Industrieländern und über das in ihr vorherrschende Lebensniveau. Der fehlende Vergleich mit den fortgeschrittenen Ländern Europas infolge des Verbots von Reisen in kapitalistische Staaten und der Informationsbarriere half bei der Eindämmung der Unzufriedenheit beziehungsweise Neutralisierung großer Teile der Gesellschaft. Die Konsolidierung der Landwirtschaft auf Genossenschaftsbasis, deren Erträge seit den fünfziger Jahren stiegen, trug ebenfalls zu einer Verbesserung der Lebensbedingungen bei. Auf dieser Grundlage kam es auch zu einer gewissen Abstumpfung der negativsten Auswüchse des Regimes und zu einer gewissen Lockerung.

Diese „Pluspunkte" des Regimes trugen jedoch Keime neuer Widersprüche und Schwachstellen in sich. Der übertrieben hohe Grad der Sozialisierung (im Jahre 1963 betrug der Anteil von Arbeitern und Angestellten in der Bevölkerungsstruktur schon 82,4 Prozent, in der UdSSR nur 73,6 Prozent) war vom Gesichtspunkt des poststalinistischen Regimes zwar ein Erfolg, führte allerdings – zusammen mit den ungeheuren Ausgaben der Tschechoslowakei für Rüstungszwecke, wie sie Moskau befahl – zu riesigen Problemen im Bereich der Dienstleistungen und zum Teil auch der Versorgung, wo chronische Schwierigkeiten eine ständige Unzufriedenheit der Bevölkerung hervorriefen. Der Umstand, daß ein erheblicher Teil der Bevölkerung finanziell vom Staat abhängig war, hatte bei der gleichmacherischen Philosophie der „Führung von Partei und Staat" zur Folge, daß die Nivellierung der tschechoslowakischen Gesellschaft vergleichsweise wohl die stärkste in ganz Europa war. Ein Vergleich mit der BRD, dem damals entwickeltstem Land Westeuropas, zeigte, daß die Reallöhne in der ČSR der sechziger Jahre nur ungefähr ein Viertel der deutschen ausmachten.[6]

Bei der Festsetzung von Gehältern wurde allgemein der Gesichtspunkt der Bildung unterschätzt, was im Zeitalter der beginnenden wissenschaftlich-technischen Revolution ernsthafte wirtschaftlich-politische Folgen mit sich brachte. Wohl gab es eine Tendenz der Erhöhung der Reallöhne, die sich in der Steigerung des Kleinhandelsumsatzes widerspiegelte (er war im Jahre 1960 um die Hälfte größer als im Jahre 1953 und stieg weiter an), die Diskrepanz gegenüber den Ländern Westeuropas wurde jedoch nicht ausgeglichen, sondern vertiefte sich

5 Novotný, Antonín: 1953 bis 1968 Erster Sekretär des ZK der KPČ und 1957 bis 1968 Präsident der ČSSR.

6 Machonin: Sociální struktura, S. 37.

noch. Zudem gab es noch eine Reihe besonders brennender Probleme, die Unzufriedenheit hervorriefen. Neben den bereits erwähnten Problemen im Dienstleistungsbereich gab es einen ständigen Mangel an bestimmten Waren, insbesondere fehlten langlebige Konsumgüter – eine Folge des unzureichenden Angebotes. Das größte Problem war jedoch die chronische Wohnungsnot, die scharf mit der prahlerischen Erklärung Novotnýs über die Lösung des Wohnungsproblems bis zum Jahre 1970 (in Prag sogar schon bis 1965!) kontrastierte.

Eine tschechoslowakische Spezialität war der wohl höchste Beschäftigungsgrad von Frauen auf der ganzen Welt. Das ermöglichte den Frauen einerseits ihre Emanzipation im Beruf und trug zu einem relativ steigenden Lebensstandard der Familie bei (oder bedingte ihn sogar), andererseits wurde die Leistungsfähigkeit der Frau bis an die Grenze des Erträglichen belastet, auch bedingt durch die angeführten Mängel in den Dienstleistungen und der Versorgung. Diese „Konsum"-Probleme belasteten und erregten die Bevölkerung natürlich. Aber noch schwerer wogen die tieferen Ursachen, die in den strukturellen Problemen der Volkswirtschaft lagen. Die Industrie des Landes litt an der Überdimensionierung der Schwerindustrie, was einerseits eine Folge des hartnäckig praktizierten Dogmas von der „Priorität der Abteilung I vor der Abteilung II" (das heißt, des Vorrangs der Schwer- vor der verarbeitenden Industrie) war, andererseits des ständigen Drucks von seiten Moskaus, die Tschechoslowakei müsse die industrielle und Rüstungsbasis des sowjetischen mitteleuropäischen Blocks werden. Aber noch mehr fiel ins Gewicht, daß die Volkswirtschaft durch ein rigides Planungssystem gelenkt wurde, das sie knebelte und ihre Uneffektivität direkt „organisierte". Nach der Nichterfüllung von zwei vorangegangenen beschleunigten Fünfjahrplänen erfolgte im dritten Jahr des dritten Planjahrfünfts geradezu ein Zusammenbruch des Plans. Überdies vertiefte sich die Ineffektivität der Wirtschaft. Wenn im Jahre 1950 für ein Anwachsen des Nationaleinkommens um eine Krone (Kčs) noch 1,33 Kčs benötigt wurden, so waren es im Jahre 1960 schon 2,41 Kčs, im Jahre 1961 bereits 3,41 Kčs und im Jahre 1963 sogar 18,22 Kčs.[7]

All dies bewies die Unhaltbarkeit einer zentralistischen ökonomischen Leitung der Volkswirtschaft unter Kuratel des KPČ-Parteiapparates und stellte die Führungsrolle dieser Partei in Frage. Parallel zum wirtschaftlichen Desaster kam es 1963 zu teilweisen, jedoch schon bemerkenswerten Enthüllungen von Verbrechen aus den fünfziger Jahren. Damit wurde es zum Schnittpunkt ökonomischer und politischer Kritik am Novotný-Regime sowie zum Ausgangspunkt des Weges zu den Reformen des Jahres 1968.

7 Šik, Ota: Jarní probuzeníluse a skutečnost, Zürich 1990, S. 61; 95. Gleichlaufend damit kam das Anwachsen der Reallöhne zum Stillstand, die in den Jahren 1962/63 sanken, ebenso das des Nationaleinkommens, ebenda, S. 93; 101.

Im Licht der negativen wirtschaftlichen Entwicklung sowie unter dem Eindruck des Vergleichs mit den westeuropäischen Staaten, in die ein Teil der Bürger nun reisen konnte, insbesondere nach dem Durchsickern der Wahrheit über die jüngste Vergangenheit, begann sich in der kritischen Intelligenz, aber auch in einem Teil des Parteiapparates das Bewußtsein zu verbreiten, daß die Tschechoslowakei einem Vergleich mit dem Westen nicht standhält. Als Ursache für diese ungünstige Entwicklung wurde das bestehende politische und ökonomische System bezeichnet. Es war dies eine Art verspäteten Bedauerns, denn die in Opposition gegen den Sozialismus respektive die KPČ eingestellten Kräfte waren sich dieser Tatsache längst bewußt. Wichtig war aber, daß dieses Bewußtsein in die „oberen" Schichten einzudringen begann, die politisch aktiv waren und wenigstens mit einem Teil der machthabenden und intellektuellen Kräfte kommunizierten; denn damit erschloß sich der Weg zu einer Veränderung, die für den Anfang des Jahres 1968 kennzeichnend sein wird – der Veränderung „von oben".

Das Regime wehrte sich allerdings, die Dinge so anzuerkennen, wie sie waren, und suchte sowohl eine ideologisch konforme Bezeichnung für die Probleme als auch einen Lösungsweg im System. So entstand die Losung von der ungenügend realisierten wissenschaftlich-technischen Revolution, die im Westen schon jahrelang erfolgreich verlief. Obwohl es sich hier um ein Verschleiern des Wesens der Sache handelte, hatte die Proklamation dieser Losung dennoch eine positive Folge: Im Interesse einer „wissenschaftlichen Lösung" kam unter führenden Parteifunktionären die Wissenschaft „in Mode", und die wissenschaftliche Intelligenz gewann die Möglichkeit, auf die Machthaber einzuwirken und auf diesem Weg wenigstens in einem gewissen Maße den Gang der Dinge zu beeinflussen. In zentrale Fragen der inneren wie äußeren Machtpolitik ließ sich die Parteinomenklatura freilich nicht hineinreden. Hier galten nach wie vor die ehernen dogmatischen Grundsätze des Marxismus-Leninismus, oftmals sogar in ihrer stalinistischen Lesart. Die „führende" Rolle der Partei blieb unangetastet. Die wissenschaftliche Intelligenz konnte jedoch wenigstens Probleme „am Rande" aufgreifen, wenn es Fragen der politischen Ökonomie, der Theorie der Lenkung der Gesellschaft, der Nationalitätenpolitik und der Kultur betraf. Für die Gesellschaftswissenschaften ergaben sich Betätigungsfelder für die Analyse der realen Situation und die Suche nach neuen Wegen, die von der Zentrale geduldet oder gar direkt unterstützt wurden. So konnten mit Duldung der Partei oder gar durch ihre Vermittlung wissenschaftliche Studien und Erkenntnisse veröffentlicht werden und verschiedene Arbeitsteams wenigstens teilweise und quasi aus dem Hintergrund die Diskussion vorwärts treiben. Gleichlaufend damit setzte auch eine gewisse Lockerung in der Kultursphäre ein, was einen außerordentlichen Aufschwung in der Literatur, dem Theater – einschließlich der Kleinkunstbühnen – und insbesondere in der tschechischen Filmschule ermöglichte, deren internationale Erfolge auch dem Regime einen gewissen Glanz verliehen und ihm auf diese Weise ein gewisses Ansehen sicherten. All das wurde vom Aufschwung einer kritischen und nach Unabhängigkeit strebenden Publizistik begleitet. In allen genannten Sphären und Disziplinen wurden schöpferische Gruppen oder Teams gebildet, die zum Teil aus eigener Initiative arbeiteten oder aufgrund eines Auftrags durch die Partei (die sie zu „überlisten" versuchten); daraus entwickelten sich schnell Kristallisierungspunkte eines Prozesses, der von 1963 direkt zum „Prager Frühling" führte. Analog zu den böhmischen Ländern verlief dieser Prozeß auch in der Slowakei, wo er allerdings vor allem um die nationale Frage oszillierte.

Das Zentrum der Geschehnisse war freilich Prag. Hier arbeitete ein Team um Ota Šik das Konzept einer tiefgreifenden ökonomischen Reform aus. Das rigide System der zentralen Zuteilungswirtschaft sollte aufgehoben und ein System auf der Basis des Wertgesetzes eingeführt werden, das auf rationaler, nichtdirigistischer Planung und zumindest auch der Akzeptanz einer gewissen Konkurrenz und des Marktes beruhte.[8]

Das politologische Team unter der Leitung von Professor Zdeněk Mlynář wiederum rief das Projekt eines politischen Systems ins Leben, das den Rechtsstaat respektieren, die Bürgerrechte sichern und ein gewisses Modell pluralistischer Demokratie enthalten sollte. Es war nicht das Konzept demokratischer Pluralität westlichen Typs oder des tschechoslowakischen in der Zwischenkriegszeit, basierend auf der Konkurrenz gleichberechtigter politischer Parteien, sondern ein Konzept, das die Elemente einer möglichen Pluralität im gegebenen System ausnützen wollte (KPČ, Parteien der Nationalen Front, eigenständige Gewerkschaften, Jugendorganisationen, Kulturverbände, Redefreiheit, Machtaufteilung usw.).[9] Auch verschiedene Teams von Historikern spielten eine Rolle (Komitee für die Geschichte des antifaschistischen Widerstandskampfes, Kommission für die Rehabilitierung der slowakischen „bourgeoisen Nationalisten" und andere). Sie rehabilitierten die aus der Historiographie ausgemerzte Richtung des Beneš-Widerstandes sowie die verfolgten Teile des kommunistischen, vor allem des slowakischen, Widerstandes und offerierten als Lehre aus der Geschichte das Problem eines demokratischen, nichtsowjetischen Modells des Sozialismus.

All dies heizte an der ideologischen Front einen Siedekessel an. Das Feuer wurde vor allem von der Publizistik angefacht, und die Schriftsteller waren die „Oberheizer". Von allen Aktionen muß hier vor allem die Konferenz über das Werk von Franz Kafka in Liblice 1963 erwähnt werden.[10] Die Hauptaktion der

---

8 Ebenda, S. 114ff., 121 f., 127ff.

9 Mlynář, Zdeněk: Československy pokus o reformu 1968. Analysa jeho teorie a praxe, Köln 1975, S. 54ff., 62ff.

10 Walter Ulbricht soll Prag gedroht haben, er werde es nicht zulassen, „faule Eier in die DDR zu importieren".

Schriftsteller fand jedoch im Jahre 1967 statt. Der IV. Kongreß des Verbandes der tschechoslowakischen Schriftsteller verknüpfte unverhüllte, harte Kritik an den Verhältnissen mit einer offenen Konfrontation gegen die sowjetische Kulturpolitik. Pavel Kohout verlas den „Offenen Brief" von Alexander Solshenizyn an den sowjetischen Schriftstellerkongreß, in dem der Autor die Aufhebung der Zensur forderte und der in der Sowjetunion nicht veröffentlicht worden war.[11]

Gleich nach dem Kongreß versuchte Novotný, die in Gang gesetzte öffentliche politische Diskussion wieder einzuschränken. Den Impuls hierzu lieferten nicht nur innere Ursachen – Novotný war der Ansicht, nicht nur die Emanzipation der kritischen Intelligenz beginne bereits sein Regime zu gefährden –, sondern auch äußere Faktoren. Die Verhältnisse in den internationalen Beziehungen waren nämlich für ein Experimentieren mit einem demokratischen Modell des Sozialismus keineswegs günstig. Die UdSSR, deren Haltung für die Tschechoslowakei bestimmend war, orientierte sich unter Leonid Breshnew, dem Nachfolger des 1964 gestürzten Nikita S. Chruschtschow, auf das Erreichen einer nuklearen Parität mit den USA. Nach der Kuba-Krise waren auch die USA verstärkt an stabilen Beziehungen mit der UdSSR interessiert – für John F. Kennedy und Lyndon B. Johnson die außenpolitische Priorität in ihren Beziehungen zum Ostblock. Überdies befanden sich die beiden Supermächte in einem ernsthaften Konflikt mit dem erstarkenden China (die USA in bezug auf Vietnam, aus dem sie sich 1975 zurückziehen mußten, die UdSSR über die führende Position in der internationalen kommunistischen Bewegung). Beide Mächte waren in einer gewissen Pattsituation: Washington wollte nicht riskieren, in die inneren Verhältnisse im sowjetischen Block einzugreifen, vor allem auch, um die Verhandlungen über den SALT I-Vertrag nicht zu gefährden; Moskau bestand auf „Nichteinmischung" in seinen Machtbereich, den ihr die Westmächte der Antihitlerkoalition seit der Jalta-Konferenz von 1945 zugebilligt hatten, und forderte, diese müsse von den übrigen Staaten des Atlantischen Paktes gleichfalls eingehalten werden.

Dabei beunruhigte den Kreml am meisten die Position Bonns, das lange auf der sogenannten Hallstein-Doktrin bestand, die DDR völkerrechtlich nicht anerkennen wollte und mit der Forderung nach deutscher Einheit den Status quo in Europa in Frage stellte. Mit dieser Politik geriet die Bundesrepublik Deutschland freilich in eine gewisse Isolation und befand sich in einem speziellen Konflikt mit der UdSSR und den übrigen Staaten ihres mitteleuropäischen Blocks. Diesen Konflikt hielt wiederum Walter Ulbricht allseitig „in Gang", der eine mögliche Vereinigung Deutschlands fürchtete wie der Teufel das Weihwasser. Moskau beabsichtigte allerdings nicht, Konflikte mit dem Westen zu eskalieren, sondern

11 Reden zum IV. Schriftstellerkongreß des Tschechoslowakischen Schriftstellerverbandes, Prag, Juni 1967, Nachwort von Pavel Kohout, Frankfurt am Main 1968, S. 35ff.

man bemühte sich angesichts der Risiken, die sich aus der sowjetisch-chinesischen Rivalität ergaben, die Lage gegenüber dem Westen zu stabilisieren. Um dies zu ermöglichen, wollte Moskau wiederum die ideologische und militärische Festigkeit seines Blocks erhöhen. Hierfür mußte es vor allem die Position der DDR stärken, deren Stabilität nach dem Dezember 1966 von Willy Brandts „Ostpolitik" abermals untergraben wurde. Sie zersetzte Ulbrichts traditionelle Argumentation, nämlich die These von der Notwendigkeit einer Verteidigung der DDR angesichts der Gefahr von seiten des westdeutschen Imperialismus und Revanchismus. Die erwähnte Orientierung des Kremls forderte stabile Verhältnisse innerhalb ihres mitteleuropäischen Blocks, gesichert sowohl durch ein starkes inneres Regime als auch durch die Hegemonie der sowjetischen Macht. In diesem Zusammenhang sollten die sowjetischen Streitkräfte, deren Rolle im Zusammenhang mit dem israelisch-arabischen Krieg im Juni 1967 noch gewichtiger wurde, die letzte und verläßlichste Garantie sein.

Novotný paßte sich diesem Kurs bereitwillig an. Er tat dies um so lieber, da er eine Zuspitzung der Auseinandersetzungen über seine weitere Politik in der Tschechoslowakei zu fürchten begann. Deshalb verschärfte er etwa in der Hälfte des Jahres 1967 seinen Kurs. Dazu gehörte ein hartes Vorgehen gegen die Schriftsteller. Das Erscheinen ihrer Verbandszeitschrift „Literární noviny" wurde verboten, die aufsässigen kommunistischen Schriftsteller Ludvík Vaculík, Antonín Liehm und Ivan Klima wurden aus der Partei ausgeschlossen, und Pavel Kohout, Milan Kundera und Jan Procháska erhielten Parteistrafen. Des weiteren wurden die Gewerkschaften und der Jugendverband direkt dem ZK der KPČ unterstellt, die Zensur gestrafft und die vom XIII. Parteitag angenommenen Prinzipien einer ökonomischen Reform zurückgenommen. Abermals ging man zu einer direkten Lenkung der Ökonomik durch die „Partei" über. Gleichzeitig regierte Novotný mit administrativen Maßnahmen und begann die Rolle der Streitkräfte als seine Hauptstütze und „letzte Instanz", in den Vordergrund zu rücken. Er wollte „die Schrauben anziehen". Sollte es zu Reformen kommen, mußte man „den Stier an den Hörnern fassen", ehe es zu spät sein würde.

Aber im Unterschied zu früher stieß dieser Versuch auf den Widerstand der Intelligenz und sogar auch einiger Parteispitzen, die die Tiefe der gesellschaftlichen Krise zu begreifen begannen, die mit den herkömmlichen Machtmitteln nicht mehr zu bewältigen war. Im Oktober 1967 kam es auf einer Tagung des ZK der KPČ (31. Oktober) zu einem heftigen Zusammenstoß Novotnýs mit dieser Opposition, deren unerschrockener Sprecher Alexander Dubček war, der Generalsekretär der KP der Slowakei. Allein diese Tatsache zeigte schon, daß nun der slowakische Faktor größeres Gewicht gewann. Obwohl sich die KPČ bei Kriegsende nach dem Slowakischen Volksaufstand 1944 im Regierungsprogramm von

Košice[12] für eine bessere Position der Slowakei und der Slowaken als in der Tschechoslowakei vor dem Münchener Diktat ausgesprochen hatte (Anerkennung als eine eigenständige und gleichberechtigte Nation, eine gewisse Autonomie mit eigener Regierung und eigenem Parlament – dem Slowakischen Nationalrat), baute sie diese Verbesserung später Schritt für Schritt wieder ab (die drei sogenannten Prager Vereinbarungen, das Vorgehen gegen die slowakische Demokratische Partei im November 1947, in den fünfziger Jahren dann die Prozesse gegen die slowakischen kommunistischen Führer Karol Šmidke[13], Gustav Husák[14], Ladislav Novomeský[15] u.a.). Diese „Beschränkung und Veränderung" – um einen bekannten Terminus Stalins zu paraphrasieren – erreichten ihren Höhepunkt in der sogenannten sozialistischen Verfassung von 1960, die die Kompetenz der slowakischen nationalen Organe stark reduzierte, ja sogar die slowakische Regierung – die Körperschaft der Vertrauensleute – auflöste.

Gegen diese Entwicklung formierte sich in der Slowakei einerseits eine Opposition innerhalb der KPS, angeführt von ihrem Generalsekretär Dubček (der gehörte in jener Phase auch der Sekretär Vasil Bil'ak[16] an), andererseits in den Reihen der slowakischen Intelligenz, bei der insbesondere in der Mitte der sechziger Jahre der Einfluß des inzwischen formal rehabilitierten Husák zu überwiegen begann. Er wollte eine Föderalisierung der ČSSR. Die slowakische nationale Bewegung wurde zu einem der mächtigsten Faktoren, die das Regime Novotnýs destabilisierten und wesentlich zur Beschleunigung seiner Krise beitrugen. Diese brach offen in der schon erwähnten Tagung des ZK der KPČ im Oktober 1967 aus, und zwar aufgrund des Konfliktes Novotnýs mit Dubček.

Im Hintergrund Novotnýs stand zwar das Bestreben, die slowakische nationale Bewegung zurückzudrängen; die Krise brach jedoch auch im Streit um die Beurteilung des Zustandes der Gesellschaft und der KPČ aus. Dubček forderte – wobei er gleichzeitig den Dogmatismus und das Sektierertum als Hauptgefahr bezeichnete und sich für eine demokratische Auffassung von der „führenden Rolle" der Partei aussprach – die allzu große Machtbefugnis abzubauen, die Novotný durch die Kumulation der Funktion des Generalsekretärs der KPČ und als Präsi-

12 Košice: Kaschau.

13 Šmidke, Karol: 1948 bis 1950 Präsident des Slowakischen Nationalrates, 1949 Mitglied des ZK der KPČ, 1950 aller Funktionen enthoben.

14 Husák, Gustav: 1951 verhaftet, 1954 zu lebenslangem Gefängnis verurteilt, 1960 freigelassen 1963 rehabilitiert.

15 Novomeský, Ladislav: slowakischer Dichter, Funktionär der KPČ, 1951 verhaftet und 1954 zu zehn Jahren Gefängnis verurteilt, 1963 rehabilitiert.

16 Bil'ak, Vasil: Erster Sekretär der KP der Slowakei (KPS), Nachfolger von Dubček in dieser Funktion. Auf dem Parteitag der KPS vom 26. bis 29. 8. 1968 in Bratislava wurde Gustáv Husák zum Ersten Sekretär gewählt.

dent der ČSSR in seinen Händen konzentrierte. Die slowakischen Forderungen nach Erhöhung der Machtbefugnisse der slowakischen Organe (nicht auf der Basis der Föderalisierung!) fügte Dubček in diesen Forderungskatalog nach demokratischen Reformschritten ein.

Novotný reagierte sehr aufgebracht, er bezeichnete Dubček de facto als slowakischen Nationalisten (ein Terminus, dessentwegen man in den fünfziger Jahren vor Gericht gestellt wurde). All dies führte in der Parteiführung zu einer Krisensituation. Die Prager Studentendemonstrationen unter der scheinbar unpolitischen Losung „Wir wollen mehr Licht!", aber eindeutig mit politischem Charakter, spitzten die Situation noch weiter zu. Die Demonstration wurde durch die Polizei am 31. Oktober 1967 brutal unterdrückt. Es wurde beschlossen, die Krise auf der Tagung des ZK der KPČ im Dezember 1967 zu lösen, bei der Novotný mit Dubček „Kehraus" machen wollte.

In der Zwischenzeit kam ein Teil der Mitglieder des Präsidiums und der ZK-Sekretäre der KPČ zu der Auffassung, daß es mit Novotný an der Spitze nicht mehr weitergehe. Als dieser versuchte, Dubček mit einer Untersuchungskommission wegen dessen „nationalistische Abweichung" einzuschüchtern[17], stellte der sich energisch gegen Novotný. Dieser versuchte, die Lage dadurch zu retten, daß er Breshnew als Schiedsrichter nach Prag einlud. Der kam zu der Ansicht, daß die Lage ernst sei. Nach außen bemühte er sich, Neutralität und Nichteinmischung vorzutäuschen. Sein berühmter Ausspruch hinsichtlich der Abwahl Novotnýs lautete damals: „Eto wasche delo" – „Das ist eure Sache".

Gleichlaufend mit dieser Entwicklung begann im ZK der KPČ und der KPS sowie auch außerhalb derselben, eine ausgedehnte Konspiration unter den Oppositionellen (den Mitgliedern des Präsidiums Dubček, Kolder[18], Hendrych[19], Černík, Bil'ak, den Mitgliedern des ZK Šik, Kriegel[20], Smrkovský und weiteren Unzufriedenen auch aus der Slowakei) und den Mitgliedern verschiedener „Teams" des ideologischen Aktivs der Partei. Die Tagung des Plenums des ZK vom 19. bis 21. Dezember 1967 verlief im Zeichen eines scharfen Zweikampfes, der von dem abzusehenden „Remis" im Präsidium mit einem Verhältnis von fünf zu fünf Stimmen bestimmt wurde. Die Opposition gewann dabei jedoch ein gewisses Übergewicht, insbesondere dank des konzeptionellen Auftretens von Šik, der scharfen polemischen Äußerungen Smrkovskýs und weiterer Redner, die entweder das Abtreten oder die Abberufung Novotnýs verlangten – zumindest in

17 Dubček, Alexander: Leben für die Freiheit. Übertragen aus dem Amerikanischen von Andrea Galler, Birgit Kaiser und Ursel Schäfer, München 1993, S. 178 f.

18 Kolder, Drahomir: seit 1961 Mitglied des Präsidiums und Sekretär des ZK der KPČ.

19 Hendrych, Jiří: Sekretär des ZK der KPČ, „rechte Hand" von Novotný bis zu dessen Ablösung.

20 Kriegel, František: Vorsitzender der Nationalen Front in der ČSSR.

Form einer „Beschränkung" seiner Funktionen (so lautete die Losung jener Tage). Unter diesem Druck stellte Novotný wenigstens seine Funktion als Parteichef zur Verfügung, ohne jedoch endgültig zu resignieren. Eine Ruhepause sicherten ihm seine Anhängerinnen im ZK, als sie vorschlugen, die Tagung zu unterbrechen, „damit die Genossinnen ihre Weihnachtsstollen backen können".

In der auf diese Weise gewonnenen „Auszeit" versuchten einige Novotný-Leute (wie General Šejna und sein Umkreis im Verteidigungsministerium) mit einem Eingreifen der Armee zu drohen und bei der erneuten Tagung am 3. Januar 1968 zum Gegenangriff überzugehen. Das wurde jedoch von der Mehrheit des Plenums zurückgewiesen. Novotný wurde gezwungen, seine Funktion als Erster Sekretär aufzugeben (noch nicht als Präsident), und nach einer Konsultation mit dem Kreml wurde am 5. Januar Dubček zum Nachfolger in diesem Amt gewählt. Außer ihm waren mögliche Kandidaten für die höchste Parteifunktion der Vorsitzende des Ministerrates und Mitglied des Präsidiums der KPČ, Oldřich Černík, der Vorsitzende der Nationalversammlung der ČSSR, Josef Smrkovský, und der ZK-Sekretär Alois Indra. Schon in dieser Januarsitzung wurde die Ausarbeitung einer Lageeinschätzung und eines Aktionsprogramms der Partei beschlossen.

Damit ging der „Januar" in die tschechoslowakische Geschichte ein. Seine Bedeutung wurde später unterschiedlich interpretiert. Die Tagung an sich formulierte nämlich noch keine neue Politik. Ihr größter Beitrag lag in „Kaderveränderungen" und der Öffnung der Tür für die weitere Entwicklung, die im Laufe der acht Monate des „Prager Frühlings" folgte. Die Art dieser Entwicklung war aber im Januar noch eine offene Frage (es ist kein Zufall, daß sich später sowohl Anhänger Dubčeks als auch Bil'aks auf den „authentischen Januar" berufen konnten). Freilich, schon dieses Aufstoßen der Tür war von ungeheurer Bedeutung: gewährte es doch von Anfang an den progressiven Kräften ein leichtes Übergewicht. Doch noch war es eine Art „Negativbündnis" gegen Novotný, das anfangs widersprüchlich zusammengesetzt war, sich aber bald zu differenzieren begann.

Die weitere Entwicklung des „Prager Frühlings" wurde seit 1968 in unzähligen Abhandlungen dargestellt.[21] Die Phase vom Beginn des Erneuerungsprozes-

21 Vgl. Hoffend, Andrea, Tessmer, Carsten: 25 Jahre nach dem „Prager Frühling". Eine Auswahlbibliographie der im Westen erschienenen Literatur zum „Sozialismus mit menschlichem Antlitz" und seiner Zerschlagung, in: Jahrbuch für Historische Kommunismusforschung 1993, Berlin 1993, S. 324ff.; Kramer, Mark: New Sources on the 1968 Soviet Invasion of Czechoslovakia, in: Cold War International History Project Bulletin, Woodrow Wilson International Center of Scholars, Washington, D.C., Issue 2, Fall 1992 und Issue 3, Fall 1993; Valenta, Jiří: Sovětská intervence v Československu 1968, Anatomie rozhodnuti, Praha 1991; Československo roku 1968, 1. díl: obrodný proces, 2. díl: počatky normalizace, Praha 1993; Sbornik studií a dokumentu o nekapitulantských postojích v československé společnosti, Brno 1993.

ses im Januar bis zur Intervention im August ist auch die Zeit, in der die SED-Führung in der DDR ihren eigenen „Beitrag“ zur Niederschlagung der kommunistischen Reformbewegung in der Tschechoslowakei leistete.

Kader- oder Kurswechsel? – Die Reaktion der SED nach der Wahl Dubčeks

Für die DDR war der parteiamtliche Festkalender des Jahres 1968 bereits frühzeitig durch die SED vorgeprägt: es war das erste Jahr der Verwirklichung der Beschlüsse des VII. Parteitages der SED[22] und das Jahr der Annahme der neuen, sozialistischen Verfassung der DDR[23]. Der 150. Geburtstag von Karl Marx[24], der 75. Geburtstag von Walter Ulbricht[25] und der 50. Jahrestag der Novemberrevolution sollten ganz im Zeichen der erfolgreichen Gestaltung des Sozialismus auf deutschem Boden stehen und langfristig auf den 20. Jahrestag der Gründung der DDR im Oktober 1969 orientieren. Ulbricht, der erste Mann in Partei und Staat, stand im Zenit seiner politischen Laufbahn. Er war nicht nur einer der dienstältesten Führer in der kommunistischen Bewegung, sondern er zählte sich selbst zu den erfolgreichsten. Das „Modell DDR“ betrachtete er als sein Lebenswerk![26]

Auch im Verhältnis zu den anderen Bruderparteien und Staaten der sozialistischen Gemeinschaft war in der SED-Führung vieles vorausgeplant und abgestimmt. So zum Beispiel das für 1968 vorgesehene Welttreffen der kommunistischen und Arbeiterparteien in Moskau, die regulären Arbeitstreffen zwischen den Partei – und Staatsführungen im sowjetischen Block, auch gemeinsame Militärmanöver der Truppen des Warschauer Pakts.

Der Januar 1968 brachte mit orkanartigen Schneestürmen, vor allem im Norden der DDR, den Plananlauf in Schwierigkeiten. Die meteorologischen Vorzeichen des Monats Januar ließen jedoch noch nicht auf ein stürmisches Frühjahr und einen heißen Sommer in der Politik der SED im Zusammenhang mit der Entwicklung in der ČSSR schließen.

Die Beziehungen zwischen der SED und der KPČ waren in den sechziger Jahren nach außen hin relativ stabil. Davon kündete auch der am 17. März 1967 in

22 Vgl. Protokoll des VII. Parteitages der Sozialistischen Einheitspartei Deutschlands, 17. bis 22. April 1967 in der Werner-Seelenbinder-Halle zu Berlin, Band I–IV, Berlin 1967.

23 6. April 1968: Volksentscheid über die sozialistische Verfassung in der DDR.

24 Karl Marx: geb. 5. 5. 1818 in Trier.

25 Walter Ulbricht: geb. 30. 6. 1893 in Leipzig.

26 Vgl. Podewin, Norbert: Das „deutsche Modell“ – erdacht und gescheitert, in: ders. Walter Ulbricht. Eine neue Biographie, Berlin 1995, S. 387ff.

Prag abgeschlossene Vertrag über Freundschaft, Zusammenarbeit und gegenseitigen Beistand zwischen der DDR und der ČSSR. [27]

Doch andererseits waren gewisse Entwicklungen im geistigen und kulturellem Leben der ČSSR seit Anfang der sechziger Jahre den Gralshütern der reinen marxistisch-leninistischen Lehre im ZK der SED ein ständiger Dorn im Auge. Seit der internationalen Kafka – Konferenz von 1963 in Liblice[28] hatte die SED dem undogmatischen Umgang mit dem Marxismus den Kampf angesagt.[29] Die Auseinandersetzung mit Kritik und Kritikern am realen Sozialismus verband die SED bereits in einem frühen Stadium mit dem Verweis auf revisionistische Tendenzen in der Tschechoslowakei. Dem DDR-Systemkritiker Robert Havemann warf Politbüromitglied Horst Sindermann auf der 5. Tagung des ZK der SED im Februar 1964 vor: „Es kann bei den Auffassungen des Genossen Havemann nicht übersehen werden, daß ein Zusammenhang zu einigen seiner revisionistischen Theorien mit Auffassungen besteht, die von Prag aus zu uns drangen."[30]

Insbesondere die Diskussionen unter Philosophen, Schriftstellern und anderen Künstlern in der ČSSR und anderswo über die Anforderungen an eine moderne Industriegesellschaft forderten immer wieder Kritik an der politischen und ideologischen Praxis heraus. Bürokratismus, Personenkult, von der Partei beherrschte Machtstrukturen und Fehlentwicklungen im Sozialismus waren auch in der DDR seit dem XX. Parteitag der KPdSU 1956 wiederholt Themen der Auseinandersetzung von und mit Intellektuellen. All diesen Diskussionen in der DDR-Kultur setzte die SED mit dem 11. Plenum ihres Zentralkomitees 1965 ein vorläufiges Ende. Ulbricht betonte ausdrücklich, es gehe nicht um Literatur, sondern um Politik. Wörtlich sagte er: „Es handelt sich um den Kreis Havemann, Heym, Biermann und – ich möchte jetzt die weiteren Namen nicht nennen, das kann man später nachholen. Es handelt sich also nicht um den Dichter Biermann als solchen oder um eine Frage der Dichtkunst, sondern es handelt sich um eine Grup-

27 Vgl. Vertrag über Freundschaft, Zusammenarbeit und gegenseitigen Beistand zwischen der Deutschen Demokratischen Republik und der Tschechoslowakischen Sozialistischen Republik (in Kraft getreten am 26. Juni 1967), in: Gesetzblatt der DDR 1967, Teil I, S. 53; Beistands- und Kooperationsverträge der DDR, herausgegeben und eingeleitet von Hans-Heinrich Mahnke, Köln 1982, S. 107ff.

28 Vgl. Franz Kafka aus Prager Sicht 1963, Prag 1965. Die Kafka-Konferenz war eine Zäsur in der Kulturpolitik des gesamtem sowjetischen Blocks, unter anderem traten langjährige kommunistische Parteiideologen (u.a. Ernst Fischer, Paul Reiman) als „Revisionisten" auf.

29 Vgl. Gysi, Klaus: Für die Größe, die Schönheit und die Entwicklung des realen Humanismus, in: Sonntag, 1968, Nr. 44, S. 11. Erwähnenswert ist jedoch die Herausgabe der 1. Auflage des Buches „Franz Kafka: Erzählungen, Der Prozeß, Das Schloss" im Rütten & Loenig Verlag (Ost-) Berlin im Jahr 1965.

30 Aus dem Bericht des Politbüros an das 5. Plenum des ZK der SED, in: Neues Deutschland, 13. 2. 1964, S. 4.

pe, die einen politischen Kampf gegen die Arbeiter-und-Bauern-Macht geführt hat und führt."[31]

Politisch und ökonomisch hatten die DDR und die ČSSR trotz vieler Unterschiede auch eine Reihe gemeinsamer Interessen. Beide Länder waren als entwickelte Industriegesellschaften in das sowjetische Wirtschaftssystem integriert. Dabei wurde ihnen von der UdSSR in den fünfziger Jahren das eigene Konzept der extensiven Wirtschaftsentwicklung, insbesondere der Schwerindustrie, mit allen daraus resultierenden Folgen für das teilweise absinkende Entwicklungsniveau anderer Wirtschaftszweige aufgezwungen. Beide Länder standen in den sechziger Jahren vor der Aufgabe, Wege zur Modernisierung der Volkswirtschaft zu suchen. Die DDR realisierte seit 1963 ein „Neues ökonomisches System der Planung und Leitung" (NÖSPL – häufiger nur NÖS).[32] Damit gehörte die SED auf dem Gebiet ökonomischer Reformen im Ostblock durchaus zu den Wegbereitern einer Modernisierung der sozialistischen Produktionsverhältnisse. Das war aber keineswegs ein von der Sowjetunion und den anderen Staaten allgemein akzeptierter Versuch. Vielmehr sahen die anderen kommunistischen Parteien darin eine spezielle Variante der Entwicklung in der DDR. Die anderen Parteien erkannten noch nicht die Notwendigkeit der Erneuerung im internationalen Maßstab, sondern suchten noch nach nationalen Wegen aus den jeweiligen ökonomischen Schwierigkeiten. Der Prozeß der Wirtschaftsintegration war wie der Begriff „Integration" überhaupt bis dahin „vor allem mit der staatsmonopolistischen Praxis, besonders in Westeuropa, verbunden".[33] Die Reformvorstellungen der SED hätten bei der Führung der KPdSU und der anderen „Bruderparteien" leicht in den Verdacht des Revisionismus geraten können, wenn diese nicht selbst mit wachsenden ökonomischen Problemen zu tun gehabt hätten. Die eigene Suche der ČSSR nach wirtschaftlichen Modernisierungskonzepten stand der politischen Kooperation der DDR mit dem Nachbarland zunächst einmal prinzipiell nicht im Wege. Aber das Nachbarland im Süden hatte für die DDR nicht nur eine ökonomische, sondern auch eine wichtige außenpolitische Bedeutung. Für die

---

31 Walter Ulbricht, zit. nach: Agde, Günter: Kahlschlag. Das 11. Plenum des ZK der SED 1965. Studien und Dokumente, Berlin 1991, S. 349.

32 Ulbricht, Walter: Das Programm des Sozialismus und die geschichtliche Aufgabe der Sozialistischen Einheitspartei Deutschlands. VI. Parteitag der Sozialistischen Einheitspartei Deutschlands, Berlin, 15. bis 21. Januar 1963, Berlin 1963, S. 82; Brus, Wlodzimierz: Geschichte der Wirtschaftspolitik in Osteuropa, Köln 1987; Roesler, Jörg: Zwischen Plan und Markt. Die Wirtschaftsreform in der DDR zwischen 1963 und 1970, Freiburg/Berlin 1990; ders.: Das Neue Ökonomische System – Dekorations- oder Paradigmenwechsel?, hefte zur ddr-geschichte, Berlin 1993; Bollinger, Stefan: Die DDR kann nicht über Stalins Schatten springen. Reformen im Kalten Krieg – SED zwischen NÖS und Prager Frühling, hefte zur ddr-geschichte, Berlin 1993.

33 Politische Ökonomie des Sozialismus und ihre Anwendung in der DDR, Berlin 1969, S. 473.

Hauptziele der SED, nämlich internationale Anerkennung der DDR und Durchbrechen des Alleinvertretungsanspruchs der BRD, war die ČSSR sogar ein sehr gewichtiger Partner. Sie und die DDR waren die einzigen Staaten des Warschauer Pakts, die eine gemeinsame Grenze mit der BRD und damit zur NATO hatten. Auf Grund der Weigerung der bundesdeutschen Regierung, das Münchner Abkommen von Anfang an als nichtig zu erklären, gab es noch keine normalen diplomatischen Beziehungen zwischen der ČSSR und der BRD. Die DDR und die ČSSR unterstützten sich in der internationalen Arena wechselseitig bei der Vertretung ihrer Forderungen gegenüber der BRD. Die SED war an einer stabilen ČSSR als zuverlässigem Nachbar, Handelspartner und Stütze im Kampf gegen den westdeutschen Klassenfeind äußerst interessiert. Diese Stabilität mußte natürlich von der Kommunistischen Partei des Landes gewährleistet werden.

Ein Kaderwechsel an der Spitze der KPČ und mögliche Folgen für die Zusammenarbeit zwischen der DDR und der ČSSR waren von der SED für 1968 nicht erwartet worden. Doch es ist bisher nicht nachweisbar, daß Walter Ulbricht und andere Spitzenfunktionäre der SED, einen personellen Wechsel in der Führung der KPČ fürchteten, wie das Josef Lenárt[34] auf dem Januarplenum der KPČ 1968 zum Ausdruck gebracht hatte.[35] Die Neuwahl Dubčeks zum Ersten Sekretär auf dem Januarplenum des Präsidiums des ZK der KPČ 1968 löste bei der SED keine besondere Reaktion aus. Die Abwahl Novotnýs stand seit einigen Wochen auf der Tagesordnung der „Bruderpartei". Auch in den Führungskreisen der SED wußte man von der Zurückhaltung in der KPdSU gegenüber dem amtierenden KPČ-Chef. Hatte doch Novotný 1964 die Ablösung von Chrustschow öffentlich bedauert.[36] Weiterhin hatte er sich 1965 der Stationierung sowjetischer Truppen in der ČSSR widersetzt.[37] Die Führer im Kreml hatten bisher immer noch die entscheidende Stimme, wenn es um Kaderveränderungen an der Spitze einer Staatspartei in ihrem Einflußbereich ging. Für Breshnew war es aber eine noch ungewohnte Situation nach seiner eigenen intrigenhaften Inthronisation, nun bei einer anderen Partei die Rolle des „Königsmacher" zu übernehmen. Die inoffizielle Visite des Generalsekretärs der ZK der KPdSU am 8. Dezember 1967 in Prag brachte Novotný nicht die erhoffte Unterstützung für ein weiteres Verbleiben an der Spitze der eigenen Partei.

---

34 Lenárt, Josef: bis April 1968 Ministerpräsident der ČSSR, 1968 Sekretär des ZK der KPČ und Kandidat des Präsidiums.

35 Vgl. Mencl, Vojtêch: Historické lednové plénum, Praha 1968, S. 14.

36 Vgl. Pelikan, Jiří: Ein Frühling der nie zu Ende geht. Erinnerungen eines Prager Kommunisten, Frankfurt am Main 1976, S. 195ff.

37 Vgl. Mencl: Die Unterdrückung des „Prager Frühlings" im Lichte der neuesten Archivforschungen, in: Jahrbuch für Historische Kommunismusforschung 1995, Berlin 1995 S. 15.

Die sowjetische Entscheidung, die tschechoslowakischen Genossen scheinbar unbeeinflußt die Wahl ihres Ersten Sekretärs treffen zu lassen, signalisierte der SED-Führung den Vertrauensverlust von Novotný bei der KPdSU.[38] Breshnew hatte Ulbricht über seine Prag-Visite bei Novotný am 12. Dezember 1967 informiert.[39]

Für die SED war die Wahl Dubčeks somit eine nicht weiter zu kommentierende Tatsache.[40] Dementsprechend schloß man sich auch den allgemeinen Glückwünschen an Dubček an.[41] Außerdem informierte das sowjetische Führungstrio Breshnew, Alexej Kossygin und Nikolai Podgorny während seiner kurzen Besuche vom 12. bis 14. Januar in Polen und am 15. und 16. Januar 1968 in der DDR die Partei- und Staatsführungen dieser beiden Länder auch über die Entscheidungen in der KPČ und die Haltung der KPdSU dazu.

Dubček war in der DDR unbekannt und außerdem für die Funktionäre der SED ein unbeschriebenes Blatt. Ulbricht mit seinen Kominternerfahrungen, der aus allen stalinistischen Säuberungsaktionen und innerparteilichen Flügelkämpfen der dreißiger, vierziger und fünfziger Jahre gestärkt hervorgegangen war, dürfte von Anfang an für den „Jüngling" in der internationalen Führungsriege der kommunistischen Parteien, Alexander Dubček, keine besonderen Sympathien gehegt haben. Aber darauf kam es politisch gar nicht an. Der SED schlugen wegen ihrer Rolle als ewiger „Musterschüler" des Kremls in der ČSSR auch keine überschwenglichen Freundschaftsgefühle entgegen.

Die SED-Führung nahm im Januar noch eine zwiespältige Haltung zu den beginnenden Veränderungen in der KPČ ein. Der Grund dafür lag auch darin, daß über das Januarplenum nicht nur die tschechoslowakische Öffentlichkeit, sondern selbst die Funktionäre und Mitglieder der KPČ nur wenig erfuhren. Aufgrund eines Beschlusses war die offizielle Berichterstattung knapp und verschleierte die Tiefe der Spaltung. In gewohnter Manier wurde sogar die „verdienstvolle und aufopfernde Arbeit" Novotnýs an der Spitze der Partei

38 Vgl. Wolkow, Wladimir K.: Sowjetische Parteiherrschaft und Prager Frühling 1968, in: Aus Politik und Zeitgeschichte, B 36/92, 28. 8. 1992, S. 12.

39 Vgl. Ústav pro soudobé dějiny, Sbírka Komise ČSFR pro analýzu událostí let 1967–70 (nachfolgend ÚSD-SK), Z/M 1.

40 Von Władisław Gomułka, Erster Sekretär des ZK der PVAP, ist von einem Treffen mit allen politischen Mitarbeitern des Apparats des ZK der polnischen Partei im Januar 1968 der Ausspruch überliefert: „Sie können sich nicht vorstellen,wie weit die Tschechen gegangen sind, sie haben ihren ersten Sekretär gestürzt." Zit. nach: Vortrag von Felix Tych, Polen, auf der internationalen Konferenz „Die Tschechoslowakische Entwicklung des Jahres 1968 und ihre internationalen Zusammenhänge", Liblice, 2.–6. 12. 1991 (Mitschrift von Lutz Prieß). Laut Tych führte Gomułka damit den Beweis, daß die Lage im Januar 1968 schon zeigte, wie gefährlich das tschechische Beispiel für Polen sein kann.

gewürdigt. Das wirkte auf die Öffentlichkeit in der ČSSR abstoßend, und sie wurde in ihrer Ansicht bekräftigt, es gehe hier nur um einen Kleinkrieg der da „oben". Die Wahl Dubčeks, der in den böhmischen Ländern nahezu unbekannt war, änderte diese Meinung nicht.

Der sowjetische Botschafter in Prag, Stepan W. Tscherwonenko, versicherte Dubček bei einem Treffen in der sowjetischen Botschaft, daß er Breshnews Vertrauen genieße und die KPdSU-Führung von ihm ein konsequentes Vorgehen gegen „antimarxistische" Kräfte in der KPČ erwarte.[42]

Die ersten Äußerungen Dubčeks nach seiner Wahl zum Ersten Sekretär der KPČ an die Adresse der sozialistischen Nachbarländer ließen in Inhalt und Diktion keine Unterschiede zu den bisherigen Grundsätzen der Außenpolitik der ČSSR erkennen. Das SED-Zentralorgan titelte dann auch als Quintessenz der tschechoslowakischen Bekundungen zur Bündnistreue: „Dubček: ČSSR steht fest an der Seite der DDR"[43].

Doch es war schon bemerkenswert, daß der neue KPČ-Chef, außer dem obligatorischen Antrittsbesuch in Moskau am 29./30. Januar, sich mit János Kádár[44] schon am 20. Januar[45] und nochmals am 4. Februar in Komárno[46] und mit Władisław Gomułka [47] am 7. Februar in Ostrava[48] traf.[49] Beiden Parteiführern erläuterte er die beabsichtigten tschechoslowakischen Reformen. Doch bei Gomułka stieß er auf „eine Mauer der Ablehnung und einen Mangel an Verständnis".[50] Ein Treffen mit Ulbricht kam erst im Rahmen der Feierlichkeiten zum 20. Jahrestag der Machtergreifung der KPČ im Februar in Prag zustande.

Dem Botschafter der DDR, SED-Funktionär Peter Florin, verblieb die Ehre, mit den Amtskollegen aus Bulgarien, Polen, Rumänien und Jugoslawien am 18. Januar an einem Empfang Dubčeks teilzunehmen. Schon kurze Zeit später kam es am 5. Februar zu einer gesonderten Zusammenkunft mit den Botschaftern aus den sozialistischen Staaten, in der der sowjetische Botschafter in Prag, Step-

41 Vgl. Neues Deutschland, 8. 1. 1968, S. 1.

42 Pauer: Die sowjetische Intervention, S. 52.

43 Vgl. Neues Deutschland, 2. 2. 1968, S. 7.

44 Kádár, Janos: Erster Sekretär der Vereinigten Ungarischen Arbeiterpartei (USAP).

45 Kádár informierte noch am Abend des 20. Januar Breshnew telefonisch über sein Treffen mit Dubček, vgl. ÚSD-SK, Z/M 3.

46 Komárno: Komorn.

47 Gomułka, Władisław: Erster Sekretär der Vereinigten Polnischen Arbeiterpartei (PVAP).

48 Ostrava: Ostrau (Mährisch Ostrau).

49 Vgl. Dubček: Leben, S. 198ff.

50 Darstellung von Alexander Dubček auf der internationalen Konferenz „Die Tschechoslowakische Entwicklung des Jahres 1968 und ihre internationalen Zusammenhänge", Liblice, 2.–6. 12. 1991, zit. bei: Tych, Felix: Polens Teilnahme an der Invasion in der Tschechoslowakei 1968, in: Aus Politik und Zeitgeschichte, B 36/92, 28. 8. 1992, S. 22.

an W. Tscherwonenko, „seine Besorgnis über die antisozialistischen und antisowjetischen Ziele der tschechoslowakischen Führung" verkündete.[51]

Doch die Führungsgremien der SED sahen im Januar und Anfang Februar noch keine Veranlassung, sich in den wöchentlichen Sekretariats- und Politbüro-Sitzungen mit tschechoslowakischen Fragen zu befassen. Sie ließen sich wahrscheinlich von der Tatsache beruhigen, daß die Novotný-Leute ungefähr die Hälfte der Positionen im Präsidium und unter den Sekretären des ZK der KPČ besetzt hielten. Dadurch besaß der reformorientierte Teil in der Leitung vorerst kein Übergewicht. Überdies war die Zusammensetzung der Parteiführung differenziert – Bil'ak (am 23. Januar anstelle von Dubček zum Generalsekretär der Kommunistischen Partei der Slowakei gewählt), der Sekretär und das Mitglied des Präsidiums Kolder, der Sekretär und der Kandidat des Präsidiums Indra und andere waren im Grunde für die Erhaltung des Januarzustandes der Partei, bestenfalls mit einigen unwesentlichen Veränderungen, die die führende Rolle der kommunistischen Partei nicht gefährden würden. Allein die Gruppe um Šik, der allerdings nicht ins Präsidium gewählt worden war, besaß ein Konzept für notwendige Reformen, dem auch Dubček und Smrkovský zuneigten, der ebenfalls kein Mitglied des Präsidiums war.

In Unkenntnis der genaueren Hintergründe und Zusammenhänge des Dezember- und des Januarplenums, wohl auch darauf vertrauend, daß die neue Dubček – Führung im Prinzip die traditionelle Politik fortsetzen werde, beschäftigte sich die Abteilung Internationale Verbindungen des ZK der SED im Januar noch mit der Analyse von Materialien des Oktoberplenums 1967 des ZK der KPČ. In einer streng vertraulichen Information für die Mitglieder und Kandidaten des Politbüros vom 25. Januar 1968 unterzog sie die Thesen zur „Stellung und Rolle der Partei in der gegenwärtigen Entwicklungsetappe unserer sozialistischen Gesellschaft" einer Bewertung. Der Wechsel von Novotný zu Dubček an der Spitze der KPČ fand in dieser Analyse keine Erwähnung. Vielmehr kommen Dr. Steltner[52] und Genossen zu der Einschätzung, „die Thesen [bieten] die Möglichkeit, die gesamte Partei zur Leitung und Lenkung der gesellschaftlichen Hauptprozesse stärker als bisher zu aktivieren"[53]. Das erwartete auch Ulbricht von Dubček!

Doch erste Anzeichen sprachen dafür, daß nach dem Januarplenum in der KPČ nicht alles beim alten bleiben würde. Auf der 4. Tagung des ZK der SED am 29./ 30. Januar oblag es dem zuständigem Sekretär für Internationale Verbindungen, Hermann Axen, unerwartet in einem Redebeitrag (unveröffentlicht!) Stellung zu

51 Wolkow: Sowjetische Parteiherrschaft, S. 13.

52 Dr. Steltner, Günter: Instrukteur in der Abteilung Internationale Verbindungen (IV) des ZK der SED.

53 SAPMO-BArch, ZPA, IV A/2/20/1167.

den jüngsten Vorgängen in der Führung der KPČ zu nehmen. Er begründete das Interesse der SED damit, „daß die Entwicklung der tschechoslowakischen Bruderpartei und des tschechoslowakischen Bruderstaates für die SED und die DDR von Lebensbedeutung sind".[54] Zwei Faktoren waren dafür nach Axen ausschlaggebend: erstens die gemeinsame Verantwortung der DDR und der ČSSR für die „Friedenswacht" an der Westgrenze des sozialistischen Lagers, und zweitens die Rolle der BRD. Denn die SED-Führung fürchtete ständig eine bundesdeutsche Infiltration der DDR via Territorium der Tschechoslowakei. Die BRD hatte mit beiden Staaten gemeinsame Grenzen, mit der ČSSR in einer Länge von rund 356 km. Aber noch viel schlimmer war die Tatsache, daß die Fehler und Mängel in der sozialistischen Entwicklung des Nachbarlandes der DDR von den bundesdeutschen Medien der SED wie ein Spiegel ihrer eigenen Politik vorgehalten werden konnten.

Axen argumentierte demzufolge: „Aber wir müssen uns auch deswegen mit diesen Fragen befassen, weil der Klassenfeind, insbesondere der westdeutsche Imperialismus, versucht, nicht nur Schwierigkeiten in der Entwicklung zur Störung der sozialistischen Entwicklung innerhalb der ČSSR auszunutzen, sondern auch Vorgänge in der Tschechoslowakei zum Anlaß nehmen wird, den psychologischen Krieg gegen die Deutsche Demokratische Republik zu verstärken."[55]

Bundesdeutsche Parteien und Politiker hatten sich noch gar nicht zu den innerparteilichen Vorgängen in der KPČ offiziell geäußert, diese Seite der Argumentation konnte vorerst nicht im Vordergrund stehen. Dafür war die Schlußfolgerung über die politischen Inhalte der Diskussionen in der KPČ gravierender. „Es geht offensichtlich nicht in erster Linie um die Frage der Person, so wichtig natürlich die Besetzung der Funktion des Ersten Sekretärs ist. Es geht um die politische Linie der Kommunistischen Partei der Tschechoslowakei und der Tschechoslowakischen Sozialistischen Republik. Es geht um die Frage: Werden die Prinzipien des Marxismus-Leninismus über den Aufbau der sozialistischen Gesellschaft, wird der Marxismus konkret auf die Situation in der ČSSR angesichts ihrer Besonderheiten, auch ihrer nationalen Besonderheiten, konsequent und schöpferisch angewendet?"[56] Für Axen bestand die entscheidende Ursache für den Zustand in der KPČ in der ungenügenden „theoretisch-ideologischen Klarheit" der tschechoslowakischen Führungsorgane.

Die Teilnehmer des ZK-Plenums der SED applaudierten Axen in der Überzeugung, daß ihre Partei den Marxismus-Leninismus nicht nur konsequent und schöpferisch, sondern auch erfolgreich anwendet. Diese Haltung der angeblichen

54 SAPMO-BArch, ZPA, IV 2/1/210.

55 Ebenda.

56 Ebenda.

Überlegenheit in Theorie und Praxis des sozialistischen Aufbaus gewann in allen Äußerungen der SED zu den Vorgängen in der ČSSR 1968 die Oberhand. Axen stellte eine Behauptung in seiner Rede auf, die später als das eigentliche Motto des Verhaltens der SED öffentlich zwar propagiert, aber durch die Tatsachen von Anfang an ad absurdum geführt wurde. Er sagte: „Wir mischen uns natürlich nicht in die inneren Angelegenheiten der ČSSR und der tschechoslowakischen Bruderpartei ein."[57]

Bevor sich Walter Ulbricht im Februar ein erstes persönliches Bild von dem neuen Mann an der Spitze der KPČ machen konnte, erregten eine Reihe von Vorkommnissen in der Tschechoslowakei bereits seinen politischen Unmut.

Für ihn war allein schon die Entscheidung des Januarplemums der KPČ, die Funktion des Ersten Sekretärs des ZK von der des Präsidenten der Republik zu trennen, suspekt. Gerade die Einheit von Parteiführung und Staatsmacht in einer Person, nämlich in der seinen, war ja für Ulbricht die wahre Garantie für die Durchsetzung der führenden Rolle der Partei in der DDR-Gesellschaft. Die überwiegend positive Resonanz auf die Januarbeschlüsse in den Reihen der KPČ dürfte den SED-Beobachtern nicht verborgen geblieben sein. Zu den innerparteilichen Aktivitäten der KPČ nach dem Januarplenum gehörten Tagungen der Zentralen Kontroll- und der Revisionskommission am 8. und der Ideologischen Kommission des ZK am 16. Februar. Beide Gremien befaßten sich mit Grundfragen der Parteiarbeit. Für die SED bedeutete die Forderung nach der Trennung von ideologischen und politischen Aufgaben der Partei von den Funktionen des Staatsapparates bereits ein Alarmzeichen. Denn das berührte einen jener Machtgrundsätze, an denen die SED-Führung unter keinen Umständen rütteln lassen wollte. Doch auch Maßnahmen auf anderem Gebiet ließen aufhorchen. Für die SED-Funktionäre muß es angesichts des kulturpolitischen „Kahlschlags" auf dem 11. Plenum von 1965 eine nicht nachvollziehbare Entscheidung gewesen sein, daß die zuvor unter Novotný in der ČSSR verbotene Wochenzeitung des Schriftstellerverbandes „Literární listy" Ende Januar wieder zugelassen und der Germanist Eduard Goldstücker, Opfer der Schauprozesse der fünfziger Jahre, zum Vorsitzenden des tschechoslowakischen Schriftstellerverbandes gewählt wurde. Die Besorgnis über negative kulturpolitische Tendenzen in der ČSSR, die sich seit dem IV. Schriftstellerkongreß 1967 nach SED-Ansicht verstärkt hatten, schien nunmehr bestätigt.[58]

Es ist eigentlich erstaunlich, daß die bereits erwähnte „streng vertrauliche" Politbüroinformation Nr. 7/68 vom 25. Januar sich noch nicht mit der neuen Si-

57 SAPMO-BArch, ZPA, IV 2/1/210.

58 Vgl. Bericht über den Schriftstellerkongreß der ČSSR, 6. 7. 1967, in: SAPMO-BArch, ZPA, NL 182/1232.

tuation in der KPČ seit Anfang Januar befaßte und somit auch noch nicht auf neue Erscheinungen aufmerksam machen konnte. Es muß jedoch angemerkt werden, daß die Materialien der beiden ZK-Beratungen vom Dezember 1967 und Januar 1968 im Umfang von mehr als 1500 Protokollseiten der SED offiziell auch nicht zugänglich gemacht wurden. Zudem waren die Reformideen auf „kaum 50 Seiten“ zusammengefaßt.[59]

Die offizielle Information des Präsidiums des ZK der KPČ über den Verlauf des Oktober-, Dezember- und Januarplenums[60], die der SED übermittelt wurde, war eine gekürzte und unvollständige Version.

Erst im Zusammenhang mit dem Besuch des Presse- und Informationschefs des Außenministeriums der DDR, Peter Lorf, in der ČSSR Anfang Februar 1968 erhielt auch die SED nähere Informationen über das Januarplenum. Diese stammten sozusagen aus „erster Hand“. Der stellvertretende Leiter der Ideologischen Abteilung des ZK der KPČ, Šimek, informierte den DDR-Vertreter „offen und kameradschaftlich“[61], obwohl von ihrer Seite darum nicht ausdrücklich gebeten worden war. Diese und andere Informationen wurden vor Abreise einer SED-Delegation in die ČSSR am 20. Februar Walter Ulbricht vorgelegt.

Anläßlich des 20. Jahrestages des Sieges der KPČ im Februar 1948[62] veranlaßte Leonid Breshnew eine demonstrative Zusammenkunft der Partei- und Staatsführungen aus der Sowjetunion, aus Polen, Ungarn, Bulgarien, der DDR, Rumänien und sogar aus Jugoslawien in Prag. Das Treffen sollte wohl eine symbolische Geste der Unterstützung für Dubček sein. Tito erschien jedoch nicht, für ihn nahm Velko Vlahovič teil.

Doch am Rande der Feierlichkeiten äußerte Walter Ulbricht gegenüber den Gastgebern seinen Unmut über gewisse Erscheinungen in der Tschechoslowakei. Für ihn war allein schon der öffentliche Umgang mit den „Februarereignissen“ in der ČSSR suspekt. Ulbricht hatte ja in der DDR mit dem „Grundriß der Geschichte der deutschen Arbeiterbewegung“ von 1962 bereits die entscheidenden Grundlagen für ein „parteiliches“ Bild der Eroberung der Macht im Osten Deutschlands festschreiben lassen.[63] Deshalb registrierten er und seine Genossen sehr aufmerksam, daß es in der ČSSR nach dem Januarplenum der KPČ auch

---

59 Mlynář, Zdeněk: Nachtfrost. Erfahrungen auf dem Weg vom realen zum menschlichen Sozialismus, Köln/Frankfurt am Main 1978, S. 119.

60 Vgl. SAPMO-BArch, ZPA, IV A/2/20/1017.

61 Vgl. SAPMO-BArch, ZPA, J IV 2/202/292.

62 Februar 1848: Machtübernahme der Kommunisten in der ČSR, vgl. Hejzlar: Reformkommunismus. Zur Geschichte der Kommunistischen Partei der Tschechoslowakei, Köln/Frankfurt am Main 1976, S. 42ff.

63 Vgl. auch: Geschichte der deutschen Arbeiterbewegung in 8 Bänden, Bd. 6: Von Mai 1945 bis 1949, Berlin 1966.

Äußerungen zu den Ereignissen im Februar 1948 gab, die von der bisherigen Wertung abwichen und ihrer Meinung nach „mehr oder weniger revisionistischen Charakter"[64] trügen. Behauptungen wie, die Kommunisten hätten die Staatsmacht 1948 in der damaligen ČSSR ursupiert, oder: der Februar 1948 bedeute den Übergang von der „Demokratie" zur „Diktatur", beunruhigten die SED besonders im Frühjahr 1968. Sie hatte gerade erst am 31. Januar den Entwurf der neuen, sozialistischen Verfassung der DDR zur öffentlichen Diskussion unterbreitet. Dieser Entwurf sah als die gewichtigste Verfassungsänderung vor, den alleinigen Führungsanspruch der SED für immer festzuschreiben.[65] In den Worten von Ulbricht: „Alle Grundfragen haben wir in der Verfassungskampagne beantwortet, und wir haben den Blick der Bevölkerung nach vorn gerichtet."[66]

Beim abendlichem Bankett am 22. Februar soll Ulbricht die Situation in der ČSSR mit der von Ungarn im Jahr 1956 verglichen haben.[67] Vor allem kritisierte er die Theorien von Šik für die ökonomische Reform.[68] Einen kurz zuvor in der „Rudé Právo" erschienenen Artikel von Václav Slavík[69], Direktor des Instituts für politische Wissenschaften beim ZK der KPČ, nahm Ulbricht zum Anlaß, vor einer Rückkehr der ČSSR zum Kapitalismus und der Verbürgerlichung der Intelligenz zu warnen.[70] Für die SED-Funktionäre war es schon ungewöhnlich, daß in

64 Vgl. SAPMO-BArch, ZPA, J IV 2/202/292.

65 Artikel 1 der Verfassung der Deutschen Demokratischen Republik vom 6. 4. 1968: „Die Deutsche Demokratische Republik ist ein sozialistischer Staat der Arbeiter und Bauern. Sie ist die politische Organisation der Werktätigen in Stadt und Land unter Führung der Arbeiterklasse und ihrer marxistisch-leninistischen Partei."

66 SAPMO-BArch, ZPA J IV 2/1/212.

67 Vgl. ÚSD-SK, Československo 1966–1971 /Přehled událostí/ Chronologie, K. Uriánek, M. Michálková, Listopad, Praha 1991 (nachfolgend: ÚSD-SK, Československo 1966–1971. Chronologie), S. 48.

68 Diese Äußerungen Ulbrichts relativieren die Darstellung von Norbert Podewin in seiner Ulbricht-Biographie, wo er schrieb: „Die ökonomischen Reformen des Nachbarlandes – nur sie, keinesfalls jedoch die Suche nach einem ‚Sozialismus mit menschlichem Antlitz' – fanden in Walter Ulbricht einen hellwachen Beobachter und Befürworter.", in: ders.: Walter Ulbricht, S. 396.

69 Vgl. Rudé Právo, 30.1.1968.

70 Vgl. Janáček, František/Moravec, Jan: Leden 1968 a spor o jeho smysl, in: Československo roku 1968, 1. díl: obrodný proces, Praha 1993, S. 43. Diese Vorwürfe waren von SED-Seite nicht protokolliert worden. Die tschechoslowakische Seite hat sie aber festgehalten, und sie kamen erst 1990/91 im Ergebnis der Untersuchungen zu den Ereignissen von 1968 ans Licht. Von tschechoslowakischer Seite konnte die im Jahr 1992 veröffentlichte diametral entgegengesetzte Reaktion Ulbrichts nicht bestätigt werden: „Nach seiner Rückkehr im Februar 1968 aus Prag äußerte er seine tiefe Befriedigung darüber, daß mit dem Einsatz A. Dubčeks als Erster Sekretär des ZK der KPTsch die Beseitigung der Dogmatiker in der Führung der KPTsch einegeleitet worden wäre. Er selbst habe Dubček, so sagte er, den Vorschlag gemacht, weitere fünf Dogmatiker aus dem Präsidium des ZK der KPTsch zu entlassen und durch junge Kräfte aus der wis-

der tschechoslowakischen Presse Artikel zu politischen Grundsatzfragen erscheinen konnten, die nicht von den obersten Parteigremien genehmigt waren.

Der Geist des Januarplemums der KPČ schien sich aber weniger im veröffentlichten Kommuniqué beziehungsweise in den unveröffentlichten Materialien wiederzufinden, sondern in der Tatsache, daß mit der Neuwahl von Dubček politische und nachfolgend auch weitere Veränderungen ohne vorherige Absprachen mit Moskau gewagt und praktiziert wurden. Das wurde am sichtbarsten auf dem Gebiet der Massenmedien und bei den Personalentscheidungen.

Die Wiederzulassung der zuvor verboten gewesenen Wochenzeitung des tschechoslowakischen Schriftstellerverbandes bedeutete faktisch die Aufgabe des Parteimonopols über die Massenmedien. Die stufenweise Abschaffung der Zensur in der ČSSR[71], insbesondere ab Anfang März 1968, sollte sich innenpolitisch als eine der folgenschwersten Entscheidungen erweisen. Einerseits waren die reformorientierten Kräfte in der KPČ auf die Hilfe der Massenmedien angewiesen. Andererseits öffneten sich die tschechoslowakischen Medien, vor allem und zuerst die Presse, damit allen Stimmen und geistigen Strömungen. Nunmehr bekamen nicht nur Reformbefürworter und Reformgegner aus den Reihen der Partei, sondern auch Regime- und Systemkritiker eine öffentliche Tribüne. Für die Zensoren und Ideologen in der SED war diese Entwicklung in der ČSSR nicht hinnehmbar. Denn die Aufhebung der Zensur berührte in ihren Augen eine der Grundlagen der Parteiherrschaft. Keine Partei könne ungestraft die Macht und die Kontrolle über die Medien aus der Hand geben und wirkliche Pressefreiheit zulassen. Es war daher folgerichtig, daß die zuständigen ZK-Abteilungen der SED mit größter Aufmerksamkeit die Veränderungen in den tschechoslowakischen Redaktionsstuben von Zeitungen, Rundfunk und Fernsehen registrierten. Der Verband der Journalisten und das Staatliche Rundfunkkomitee der DDR wurden neben den Vertretern von ADN, der Parteizeitung „Neues Deutschland", der „Berliner Zeitung" sowie von anderen DDR-Zeitungen zu den wichtigsten Informanten für die Mitarbeiter der Abteilungen Agitation und Propaganda sowie der Abteilung Internationale Verbindungen im ZK der SED. In den darauffolgenden Monaten sollte sich jedoch ihre Rolle als Beobachter und Informanten stark wandeln. Peter Florin, Botschafter der DDR in der ČSSR, unterbreitete dem Chefredakteur der „Berliner Zeitung"[72] bereits in einem Gespräch am 5. März einige Vorschläge, wie die Zeitung „ihre Verbindungen nach Prag ausnutzen kön-

---

senschaftlich-technischen Intelligenz zu ersetzen." in: Otto, Wilfriede: Die Geschichte eines braunen Kalbslederbandes, Neues Deutschland, 29./30. 9. 1992, S. 13.

71 Die rechtliche Aufhebung der Zensur erfolgte durch die Gesetzesnovelle des Pressegesetzes im Juni 1968 durch das Parlament der ČSSR.

72 Lehnert, Ralf: seit 1965 Chefredakteur der „Berliner Zeitung".

ne, um gewisse Einflüsse auszuüben", wovon sie in den folgenden Monaten dann auch reichlich Gebrauch machte.[73]

Im Mittelpunkt des SED-Interesses standen naturgemäß das zentrale Parteiorgan der KPČ, „Rudé Právo"[74], und die Tageszeitung der tschechoslowakischen Gewerkschaft, „Prace"[75]. In beiden Zeitungen veröffentlichte Smrkovský, ZK-Mitglied und Minister für Forst- und Wasserwirtschaft der ČSSR, schon im Januar und Februar seine Forderungen nach Demokratisierung in der Partei und im Staat. Damit gerieten nicht nur beide Zeitungen, sondern auch der Kommunist Smrkovský frühzeitig ins Visier der SED.

Von der SED besonders beargwöhnt wurde das Verhältnis der ČSSR zur Bundesrepublik Deutschland. Die ČSSR hatte neben anderen Ostblockstaaten der DDR solidarische Unterstützung in ihrem Bestreben nach internationaler Anerkennung zugesagt. Dazu gehörte auch der Grundsatz, zur BRD keine diplomatischen Beziehungen aufzunehmen, solange diese entsprechend der Hallstein-Doktrin einen Alleinvertretungsanspruch gegenüber der DDR praktizierte. Doch Rumänien und Jugoslawien ließen sich von ihren eigenen Interessen leiten und tauschten bereits 1967 beziehungsweise Anfang 1968 Botschafter mit der BRD aus. Für die anderen sozialistischen Staaten war es vor allem auch aus ökonomischen Gründen nicht mehr zu akzeptieren, eine Annäherung an die BRD zugunsten der DDR länger hinauszuschieben.

Um so aufmerksamer registrierte die SED nun jede Veränderung in den nichtstaatlichen Beziehungen der ČSSR zur BRD. Anfang Februar übersandte der Vorsitzende des Staatlichen Rundfunkkomitees beim Ministerrat der DDR, Gerhart Eisler, den „Informationsbericht des Genossen Edelmann[76] aus Prag" an den Sekretär des ZK der SED und Leiter der Abteilung Agitation, Werner Lamberz. Darin stellte Edelmann unter anderem alarmierende Veränderungen auf dem Gebiet der Kultur fest. Er informierte weiter: „Hand in Hand damit ist in den letzten Tagen eine merkliche Änderung in der Presse gegenüber den Ereignissen in Westdeutschland zu spüren."[77] Für ihn war eine erweiterte Berichterstattung über die SPD und die westdeutsche Wirtschaft in der tschechoslowakischen Presse besonders bemerkenswert. Im März faßte Edelmann seine Beobachtungen und Einschätzungen schon in deutlichere Worte. In einem Brief an seinen obersten Dienstherrn, der diesen sofort an Erich Honecker, Hermann Axen und Werner

73 SAPMO-BArch, ZPA, IV A 2/902/81.

74 Rudé Právo: „Das rote Recht".

75 Prace: „Die Arbeit".

76 Edelmann, Gerhard: Auslandskorrespondent des Staatlichen Rundfunkkomitees beim Ministerrat der DDR.

77 SAPMO-BArch, ZPA, IV A 2/902/81.

Lamberz im ZK der SED weiterleitete, hieß es: „Der Ruck nach rechts hält weiter an. Eines der Zentren, auf das sich die ‚neuen Leute' stützen, ist der Rundfunk."[78]

Edelmann behauptete (bereits im März), daß der tschechoslowakische Rundfunk „das Hauptzentrum" sei, „von dem aus die Journalisten geleitet werden".[79] Wieder fiel der Name von Smrkovský. Er hatte gemeinsam mit Šik Parteikonferenzen im Prager Rundfunk abgehalten, auf denen „bis in alle Einzelheiten" über die letzte ZK-Tagung der KPČ berichtet worden war. Edelmanns persönliche Charakterisierung Smrkovskýs: Er „badet sich in dem Ruhm, heute als Radikaler zu gelten". Auch den Chef des tschechoslowakischen Fernsehens, Jiří Pelikán, rechnete er zu den „Šik- und Smrkovský-Leuten", der „besonders vorstürmt".

Mit solchen Berichten aus Prag übermittelten die kampferprobten Journalisten ihren Genossen in der Berliner Parteizentrale nicht nur selektive Informationen und Nachrichten. Sie nahmen die ideologischen Dogmen der SED, der sie schon seit vielen Jahren treu dienten, als Grundlage und Raster der Beobachtung und für ihre Beurteilung der innenpolitischen und innerparteilichen Vorgänge in einem anderem Land.

In den zuständigen Abteilungen des ZK der SED fielen diese Berichte auf fruchtbaren Boden und nährten die antireformerische Haltung in der SED-Führung, bevor sich in der KPČ und ČSSR selbst die Reformen Bahn gebrochen hatten.

Die publizistischen Auseinandersetzungen in der ČSSR berührten für die SED solche neuralgischen politischen Themen wie die Demokratisierung der sozialistischen Gesellschaft, die vollständige Trennung von Partei und Staat, die Zulassung einer Oppositionspartei im Parlament, die völlige Presse- und Meinungsfreiheit und die Rehabilitierung der Opfer politischer Prozesse. Darin sahen die SED-Ideologen die Gefahr der „Rückkehr der ČSSR zur bürgerlichen Republik von Masaryk[80] und Beneš".[81]

Es war für die SED beunruhigend, wie öffentlich und frei diese Diskussionen in den Parteiorganisationen der KPČ und außerhalb ihrer Reihen geführt wurden. Und noch beunruhigender war für sie, daß die Medien der BRD begannen, über diese Vorgänge zu berichten. Die zuständigen ZK-Abteilungen analysierten nunmehr mit größter Aufmerksamkeit auch die Berichterstattung der Rundfunk- und Fernsehanstalten der Bundesrepublik über die ČSSR.

Im Februar und März 1968 zeigte sich immer deutlicher, daß die Bedeutung des Januarplenums der KPČ nicht allein im Führungswechsel von Novotný zu

78 SAPMO-BArch, ZPA, IV A 2/902/81.

79 SAPMO-BArch, ZPA, IV A 2/902/81.

80 Masaryk, Tomáš Garrigue: 1918 bis 1935 erster Präsident der Tschechoslowakischen Republik.

81 Vgl. SAPMO-BArch, ZPA, IV A 2/20/1167.

Dubček bestand. Die Partei selbst und die tschechoslowakische Öffentlichkeit ergriffen mehr und mehr die Initiative für grundlegende Reformen ihrer Gesellschaft.

Angesichts der personellen Veränderungen im Partei- und Staatsapparat der KPČ und der ČSSR sowie der öffentlichen Diskussionen fürchteten vor allem die Parteiführungen in Polen und in der DDR die nächsten Schritte der KPČ, stand doch die Ausarbeitung des Aktionsprogramms bevor.

Beim regulären Treffen des Politischen Beratenden Ausschusses der Teilnehmerstaaten des Warschauer Vertrages am 6. und 7. März 1968 in Sofia sah die Tagesordnung keine Debatte über die tschechoslowakische Entwicklung vor. Auch im veröffentlichten Kommuniqué gab es keine Hinweise auf die Situation in der Tschechoslowakei. Es war bereits die zweite Zusammenkunft der Parteichefs der Staaten des Warschauer Pakts seit Dubčeks Wahl zum neuen KPČ-Chef. Von sowjetischer Seite hatte es bisher noch keinerlei öffentliche Meinungsäußerungen zur tschechoslowakischen Entwicklung der letzten zwei Monate gegeben. Für die Sowjets war die Sofioter Tagung außerdem von der Auseinandersetzung mit der Haltung Rumäniens überschattet. Nicolae Ceauçescu[82] brüskierte die KPdSU-Führung und Breshnew persönlich, weil er in fast allen Fragen eine ablehnende Haltung zu den sowjetischen Vorschlägen einnahm. Angesichts des fortwährenden Krieges in Vietnam fand die destruktive Rolle der RKP in den Debatten um die Solidarität mit Nordvietnam auch kein Verständnis bei den anderen Parteien. Die Delegation der ČSSR hatte keinerlei abweichende Meinungen zu den außenpolitischen Positionen der UdSSR und stimmte den Beschlüssen der Beratung zu. Allerdings kritisierte Breshnew die neue Kaderpolitik in der KPČ, wie Bil'ak später berichtete.[83]

Für den Taktiker Ulbricht war es also noch zu früh, im Alleingang eine öffentliche und offizielle Kritik an die Politik Dubčeks zu richten. Er nutzte aber erneut die Gelegenheit für indirekte kritische Meinungsäußerungen an die Adresse der KPČ-Führung.

Doch nicht nur Walter Ulbricht war beunruhigt. Auch in Polen, Bulgarien und Ungarn waren die Parteiführungen über das Schweigen Moskaus zu den jüngsten Ereignissen in der Tschechoslowakei irritiert. Todor Shiwkow, Erster Sekretär des Zentralkomitees der Bulgarischen Kommunistischen Partei (BKP), berichtete auf dem ZK-Plenum seiner Partei, das am 29. März speziell der tschechoslowakischen Problematik gewidmet war, folgendes über die Sofioter Beratung: „Während der Tagung des Politischen Beratenden Ausschusses des Warschauer Vertrages entschlossen wir uns, den sowjetischen Genossen unsere Besorgnis

82 Ceauçescu, Nicolae: Generalsekretär der Rumänischen Kommunistischen Partei (RKP).

83 Vgl. Pauer: Die sowjetische Intervention, S. 54.

über dic Ereignisse in der Tschechoslowakei mitzuteilen. Ich hatte ein gesondertes Treffen mit Genossen Breshnew und mit Genossen Kossygin, bei dem ich unsere Besorgnis erläuterte und die Notwendigkeit begründete, alles nur Mögliche zu unternehmen, dabei auch kein Risiko zu scheuen, um keine konterrevolutionäre Entwicklung in der Tschechoslowakei und ihren Verlust zuzulassen." Shiwkow begründete die Sorge Bulgariens mit der Lage der Tschechoslowakei mitten im Herzen der sozialistischen Gemeinschaft und dem politischen und ökonomischen Gewicht der ČSSR im sozialistischen System. Er berichtete weiter: „Wir haben den Genossen Breshnew und Kossygin kategorisch erklärt, daß sie bereit sein müßten, mit unseren Armeen einzugreifen, daß man mit Risikobereitschaft für unsere Sache handeln muß. Die Ereignisse bestätigen unsere Einschätzung."[84]

In der DDR-Öffentlichkeit wurde Mitte März jedoch noch ein freundliches Bild von den Beziehungen mit der ČSSR verbreitet. Anlaß dafür war der erste Jahrestag der Unterzeichnung des „Freundschaftsvertrages". In der ČSSR-Botschaft in Berlin fand ein Empfang statt, auf dem der Freundschaftsbund beider Staaten in offiziellen Trinksprüchen gewürdigt wurde.[85] Der auf dem Empfang anwesende Hermann Axen hat jedenfalls die Etikette des Empfangs gewahrt und keine Kritik an der Politik in der ČSSR geübt. Hinter den Kulissen formierte sich jedoch allmählich eine Abwehrfront gegen die Veränderungen in der Tschechoslowakei.

Die vielfältigen und von unterschiedlichen Urhebern an die SED-Spitze gerichteten Informationen über die politische Entwicklung in der Tschechoslowakei wurden in der Abteilung Internationale Verbindungen des ZK der SED im Februar und Anfang März aufmerksam analysiert. Das Ergebnis war eine „Information zur gegenwärtigen Lage in der ČSSR", die am 11. März 1968 vom Sekretariat des Zentralkomitees bestätigt und damit in den Rang einer parteiinternen Beschlußvorlage erhoben wurde.

Im zentralen Apparat der SED kam im Zusammenhang mit den Vorgängen in der ČSSR Unruhe auf. Eine der Ursachen lag weniger bei den Anstrengungen der tschechoslowakischen „Bruderpartei", ihre eigenen Angelegenheiten in Ordnung zu bringen. Für die SED war es viel bedeutsamer, daß der westdeutsche „Klassenfeind" die Ereignisse in der ČSSR zum Anlaß nahm, „um den psychologischen Krieg gegen die Deutsche Demokratische Republik zu verstärken".[86] Das

---

84 Vgl. Vortrag von Mito Issusov, Bulgarien, auf der internationalen Konferenz „Die Tschechoslowakische Entwicklung des Jahres 1968 und ihre internationalen Zusammenhänge", Liblice, 2.–6. 12. 1991 (Mitschrift von Lutz Prieß).

85 Vgl. Neues Deutschland, 16. 3. 1968, S. 1.

86 SAPMO-BArch, ZPA, IV A 2/20/1167.

eigene Interesse an einer möglichst ungestörten Politik zur Festigung der eigenen Parteiherrschaft in der DDR ließ die führenden Genossen immer kritischer ins Nachbarland ČSSR blicken. Denn was dort geschah, brach mit dem bisherigem Kodex kommunistischer Politik. Die öffentliche Diskussion und Berichterstattung in den tschechoslowakischen Medien über die aktuellen politischen, wirtschaftlichen, sozialen und kulturellen Probleme des Landes und die Verantwortung der kommunistischen Partei, namentlich der Parteibürokratie von Novotný, traf den Nerv der SED. Denn sie hatte nach dem Mauerbau von 1961 endlich jene notwendige Konsolidierung erreicht, um nunmehr weitergesteckte Ziele anvisieren zu können. Vor allem strebte die Ulbricht-Führung eine Erweiterung ihres innen- und außenpolitischen Spielraums an. Für beide Ziele hatte die SED wichtige Weichen gestellt. Die Beschlüsse des VII. Parteitages vom April 1967 hatten die Fortsetzung des NÖS-Weges in der DDR festgeschrieben. Ulbricht und die Verfechter dieses Kurses waren Anfang 1968 sowohl gegenüber dem „großen Bruder" Sowjetunion als auch gegenüber allen anderen Ostblockstaaten noch der Meinung, daß sie mit ihren ökonomischen Reformen einen entscheidenden Beitrag zur marxistisch-leninistischen Theorie und Praxis des Sozialismus leisten würden. Eine solche Diskussion, wie sie nun von Šik und anderen in der ČSSR geführt wurde, nahm ihrem „Modell" den Nimbus der Einzigartigkeit und damit der Unfehlbarkeit. Der tschechoslowakische Versuch, nicht nur Wirtschaftsreformen zu wagen, sondern auch politische Reformen einzuleiten, barg für die DDR auch die Gefahr in sich, daß die ČSSR außenpolitisch ebenfalls einen stärker selbstbestimmten Kurs wählen würde. Das gefährdete aber die zweite Zielsetzung der SED, nämlich die internationale Anerkennung im Westen. Für dieses Ziel hatte die SED mit Unterstützung der KPdSU alle anderen Bruderparteien auf einen gemeinsamen Kurs einschwören können. Seit der Bukarester Tagung des Politischen Beratenden Ausschusses der Teilnehmerstaaten des Warschauer Vertrages im Juli 1966 galt das Junktim: keine Aufnahme diplomatischer Beziehungen zur BRD, solange diese nicht die DDR und die Oder-Neiße Grenze anerkannt sowie das Münchner Abkommen von 1938 von Anfang an als rechtsungültig erklärt hat. Eine außenpolitische Annäherung zwischen der BRD und der ČSSR hätte die Positionen im Bemühen der DDR um das Durchbrechen des bundesdeutschen Alleinvertretungsanspruchs entscheidend geschwächt. Somit war klar, daß die SED aus „internationalistischer" Verantwortung die tschechoslowakischen Reformer und ihre Vorhaben kritisch von außen begutachtete.

Die „Information zur gegenwärtigen Lage in der ČSSR" war auch aus parteiinternen Gründen notwendig. Die jüngsten Ereignisse im Nachbarland wurden natürlich unter SED-Mitgliedern und von vielen anderen DDR-Bürgern diskutiert. In der auf Hochtouren laufenden „Volksaussprache" und in den Bürgervertreterkonferenzen über den Entwurf der neuen DDR-Verfassung wurden auch Fragen nach dem Verhältnis von Partei und Staat, den demokratischen Grundrechten der Bürger auf Rede-, Versammlungs- und Organisationsfreiheit, nach den Rechten der Gewerkschaften, nach der Pressefreiheit und anderen aktuellen Problemen im Kontext der tschechoslowakischen Vorgänge diskutiert. Doch in der „Information" wollten die Autoren eine solche Verbindung nicht eingestehen. Sie begründeten ihr Vorgehen als Ausdruck der Fürsorge des ZK-Sekretariats: „Die Vorgänge in der ČSSR geben Veranlassung, den Parteiorganisationen eine erste interne Information zu geben."[87] Es wurde die bereits bekannte Argumentation des Interesses an der „positiven Entwicklung" der KPČ und der ČSSR wiederholt. Die Verfasser betonten, daß diese Information „natürlich keine umfassende Analyse dar[stellt]", weil das „selbstverständlich in erster Linie Sache der Kommunistischen Partei der Tschechoslowakei" sei. Welchen Anspruch die vierzehn Seiten Text wirklich erfüllten, war zweitrangig. Viel wichtiger war die Tatsache, daß die SED-Führung frühzeitig begann, ihre eigene Sichtweise zur gültigen Sprachregelung in der ganzen Partei zu machen.

Neben der kurzen Darstellung der Ergebnisse und Erfolge der bisherigen sozialistischen Entwicklung in der Tschechoslowakei wurden ausführlich die Probleme und deren Ursachen behandelt, eine Reihe hemmender und negativer Faktoren bei der Verwirklichung der Generallinie des XIII. Parteitages der KPČ benannt. Zwei waren für die SED-Analytiker besonders wichtig: die mangelhafte wissenschaftliche Leitung der gesellschaftlichen Prozesse in der ČSSR und der ungenügende Kampf gegen den Einfluß der bürgerlichen Ideologie. Das waren genau jene zwei Gebiete der Ideologie, auf denen sich Ulbricht gern mit dem Lorbeer eines erfolgreichen und konsequenten Marxisten-Leninisten schmückte. Doch die für die Zusammenarbeit mit der KPČ verantwortlichen Genossen aus den ZK-Abteilungen der SED waren Sachkenner der tschechoslowakischen Entwicklung und konnten durchaus einige Fehler und Überspitzungen richtig benennen. Dazu zählten sie ein zu forciertes Tempo bei der Entwicklung der Industrie, Disproportionen in der Entwicklung der Landwirtschaft, die übertriebene Verstaatlichungspraxis gegenüber kleinen und mittleren Gewerbetreibenden, Einzelhändlern und Bauern. In der Politik gegenüber den demokratischen Parteien habe es bei der KPČ „eine gewisse Enge" gegeben. An dieser Stelle rühmte sich die SED ihrer erfolgreichen Blockpolitik. Aus innerparteilicher Sicht konnte die SED ebenfalls mit indirektem Verweis auf die eigenen „Verdienste" Versäumnisse der „Bruderpartei" nachweisen. So zum Beispiel „ernste Verletzungen der „Leninschen Normen des Parteilebens und der sozialistischen Gesetzlichkeit", wie sie sich Anfang der fünfziger Jahre in der ČSSR ereigneten (Slánský-Prozeß) und bis in die Gegenwart hinein wirkten. Die inkonsequente und verzögerte Ent-

87 SAPMO-BArch, ZPA, IV A 2/20/1167.

stalinisierung und Rehabilitierung von Opfern der politischen Unrechtsprozesse in der ČSSR habe eine „permanente Fehlerdiskussion" genährt und werde von gegnerischen Kräften ständig ausgenutzt. Für die SED besonders schwerwiegend war der Mangel an theoretischer Klarheit bei der Bestimmung der gesellschaftlichen Perspektiven, weil die KPČ ihre im Juli 1960 verkündeten Thesen vom „Sieg des Sozialismus in der ČSSR und dem allmählichen Übergang zum Kommunismus" 1966 wieder korrigieren mußte. Damit stand die KPČ damals nicht allein da, auch die KPdSU verhieß Anfang der sechziger Jahre den Anbruch der kommunistischen Zukunft. Die SED war angesichts ihrer desolaten Situation vor und nach dem Mauerbau vor einer solchen Deklaration gefeit gewesen. Das führte jedoch in den nachfolgenden Debatten über den erreichten gesellschaftlichen Stand und die Perspektive der weiteren Entwicklung des Sozialismus/Kommunismus zwischen den kommunistischen Parteien im Ostblock zu einer gewissen Überschätzung der eigenen Erkenntnisse in Theorie und Praxis bei Ulbricht und anderen SED-Politikern. Der KPČ wurde weiterhin eine „ungenügende Auseinandersetzung mit revisionistischen Auffassungen" vorgeworfen. Hierbei hatte die SED vor allem die ökonomischen Theorien von Šik und anderen im Blick. Sie kritisierte die „Überbetonung der Rolle des Marktes gegenüber der sozialistischen Planwirtschaft" und die Thesen von der weitgehenden Dezentralisierung von Staat und Wirtschaft in der ČSSR. Die SED verwies auf die Gefahren für die Führungsrolle der kommunistischen Partei und die uneingeschränkte Aufrechterhaltung der sozialistischen Staatsmacht. Darüber hinaus vermerkte sie bürgerliche Einflüsse auf den Gebieten der Philosophie, der Kultur und Kunst, wofür der tschechoslowakische Schriftstellerverband Zentrum dieser Aktivitäten sei. Auch in den tschechoslowakischen Medien, Presse, Rundfunk, Fernsehen und Film, würden „in wachsendem Maße revisionistische, ja offen bürgerliche Auffassungen dominieren, die gegen die marxistisch-leninistischen Prinzipien der Rolle der Partei, der sozialistischen Staatsmacht, der sozialistischen Gesellschaft überhaupt gerichtet sind". Die Zeitung „Mlada Fronta" stelle sogar „ihre Spalten den Extremisten zur Verfügung".

Kurz gesagt, die SED attestierte der KPČ Mängel und Fehler in der Theorie, in der politischen Massenarbeit und bei der ideologischen Klärung neu herangereifter Probleme. Die meisten Forderungen nach „Demokratisierung" und einer „pluralistischen" beziehungsweise „offenen" Gesellschaft seien „dem geistigen Arsenal des Imperialismus direkt entnommen". Als objektive Beeinflussungsfaktoren wurden lapidar und ohne weitere Ausführungen genannt: „verschärfter Druck des Gegners, Zunahme der Kriegsgefahr".

Für die SED-Analytiker war auch zu diesem Zeitpunkt nicht der personelle Wechsel von Novotný zu Dubček das Entscheidende, sondern ungenügende Klarheit und Einheit in der Führung der KPČ. Die Wahl von Dubček war innerhalb der KPČ und wohl auch in den „Bruderparteien“ in zweifacher Art und Weise interpretiert worden: Die einen hofften, daß der noch unverbrauchte und „jugendliche“ Dubček den Novotný-Karren aus dem „Dreck“ zieht, und die anderen befürchteten, daß er und seine Verbündeten nicht bei der Beseitigung der gröbsten Mängel stehen bleiben, sondern mit politischen Reformen das sozialistische Gesellschaftsmodell entstalinisieren und demokratisieren würden.

Für die SED stand aber zu diesem Zeitpunkt schon fest: „...sicherlich gehen oppositionelle und die feindlichen Kräfte von dem Gesichtspunkt aus, daß die Ablösung des Genossen Novotný als Erster Sekretär sozusagen nur den ersten Schritt zu weiteren Veränderungen darstellt und über fortlaufende personelle Veränderungen Zug um Zug dann eine Änderung der Generallinie der KPČ erreicht werden soll“.

Die SED bediente sich in ihrer „Information“ einer Methode, die in den nächsten Monaten noch mehr Gewicht bekommen sollte, sie zitierte nämlich ausgewählte tschechoslowakische Meinungsäußerungen, die sozusagen den „gesunden Kräften des tschechoslowakischen Volkes“ zugeordnet waren und denen das Vertrauen der SED gehörte.

Die SED unterstrich abschließend den Grundsatz der „brüderlichen Zusammenarbeit“ und versicherte, alles zu tun, „um die tschechoslowakischen Genossen beim Voranschreiten auf dem Weg der sozialistischen Entwicklung der ČSSR zu unterstützen“.

Das Informationsmaterial mündete in die Feststellung: „Wir mischen uns natürlich nicht in die inneren Angelegenheiten der KPČ und der ČSSR ein. Wir haben Vertrauen zur tschechoslowakischen Arbeiterklasse, zur kampferprobten Kommunistischen Partei der Tschechoslowakei, zu den gesunden Kräften des tschechoslowakischen Volkes“.[88]

Mit dieser internen ZK-„Information“ gehörte die SED zu den ersten Parteien aus dem Ostblock, die sich kritisch mit den Ereignissen in der ČSSR auseinanderzusetzen begannen. Sie orientierte sich bereits Anfang März darauf, sich mit den gesunden Kräften der KPČ zur Aufrechterhaltung marxistisch-leninistischer Positionen in der „Bruderpartei“ zu verbünden und einen entschlossenen Kampf gegen „revisionistische“ Parteimitglieder zu führen.

Das Sekretariat des ZK der SED verfügte eine sofortige Weiterleitung dieser „Information“ an alle Abteilungen des ZK. Diese wiederum hatten alle ihnen unterstehenden Grundorganisationen der Partei zu informieren. Das geschah auch innerhalb von wenigen Tagen. Das Ministerium für Staatssicherheit (MfS) erwies sich dabei als eine besonders zuverlässige Bastion der Partei. Bereits in der am selben Tag stattfindenden Kollegiumssitzung des Ministeriums stand als zweiter

88 SAPMO-BArch, ZPA, IV A 2/20/1167.

Punkt auf der Tagesordnung: „Information über die gegenwärtige Lage in der ČSSR in Verbindung mit einigen Schlußfolgerungen für die operative Arbeit".[89]

Auch die Genossen im Waffenrock der Nationalen Volksarmee (NVA) reagierten unverzüglich. Zwei Tage später wurden die SED-Mitglieder im Ministerium für Nationale Verteidigung und in den höheren Stäben der NVA mit dem Parteistandpunkt zur Lage in der ČSSR vertraut gemacht.[90]

Welchen Stellenwert hatte diese im Prinzip noch parteigeheime Information für das weitere Verhältnis der SED-Mitglieder im Partei- und Staatsapparat, im DDR-Geheimdienst und bei der NVA zum Reformprozeß in der ČSSR? Mit dieser wie später auch mit weiteren internen Informationen reduzierte die Parteiführung der SED die Analyse der innerparteilichen und innenpolitischen Vorgänge in der KPČ und in der ČSSR auf einige wenige ideologisch fixierte Wahrnehmungsmuster: die mangelhafte theoretische Stärke der Partei, die Verletzung der ehernen Normen des Parteilebens, das Wirken revisionistischer und bürgerlicher Theorien, vor allem auf dem Gebiet der Kultur, den Einfluß des „Gegners". Es erfolgte eine Orientierung auf „gesunde" Kräfte, ohne diese näher zu charakterisieren. Damit schuf das Sekretariat des Zentralkomitees ganz im Geist des „demokratischen Zentralismus" bereits Tatsachen, bevor sich die Vollversammlung der Mitglieder und Kandidaten des Zentralkomitees in einer kollektiven Diskussion eine eigene Meinung hätten bilden können. Aber das war weder beabsichtigt, noch hätte das eine wesentlich andere Einschätzung hervorgebracht. Es war in der SED einfach üblich, daß die Vorgaben „von oben" die Richtschnur für die eigene Meinungsbildung und für das praktische Handeln an der Parteibasis bildeten. Somit mußte sich der zentrale Parteiapparat auch gar nicht darum bemühen, die Vielfalt und Differenziertheit der Vorgänge in der Tschechoslowakei zu erfassen und zu analysieren. Die vielfältigen Parteikontakte zwischen beiden „Bruderparteien" auf allen Ebenen wurden nicht für eine lebensnahe Information aus den Organisationen und Leitungen der KPČ über die wirkliche Lage genutzt.

Der KPČ blieb das Verhalten ihrer „Bruderpartei" vorerst noch verborgen. Während der Genosse Kolář, Botschafter der ČSSR in der DDR, am 13. März auf Wunsch des Genossen Axen[91] noch „einige Informationen zur Auswertung des

---

89 Vgl. SAPMO-BArch, ZPA, IV A 2/12/27; siehe auch Tantzscher, Monika: „Maßnahme Donau und Einsatz Genesung". Die Niederschlagung des Prager Frühlings 1968/69 im Spiegel der MfS-Akten, in: Der Bundesbeauftragte für die Unterlagen des Staatssicherheitsdienstes der ehemaligen Deutschen Demokratischen Republik, Reihe B: Analysen und Berichte Nr. 1/1994, S. 20f.

90 Vgl. Wenzke, Rüdiger: Die NVA und der Prager Frühling: die Rolle Ulbrichts und der DDR-Streitkräfte bei der Niederschlagung der tschechoslowakischen Reformbewegung, Berlin 1994, S. 73.

91 Axen, Hermann: 1963 Kandidat und seit 1970 Mitglied des Politbüros, 1966 Sekretär des ZK der SED für internationale Verbindungen.

Januarplenums des ZK der KPČ übermittelte und über die Vorbereitung des Aktionsprogramms der KPČ" informierte, liefen im MfS der DDR bereits „operative" Maßnahmen für eine gezielte Auslandsaufklärung und Kontrolle aller Kontakte zur ČSSR an.[92] Doch eine der wichtigsten Informationsquellen für den SED-Parteiapparat über die Vorgänge in der ČSSR war nicht das MfS, sondern die Botschaft der DDR in Prag. Peter Florin vertrat seit 1967 die DDR als Botchafter. Er war zweifellos einer der erfahrensten SED-Politiker, die zu jener Zeit im außenpolitischen Dienst der DDR standen. Seine politische Ausbildung begann während der Emigration 1933 bis 1945 in der Sowjetunion. Vor seiner Rückkehr im Mai 1945 nach Deutschland war er Mitarbeiter des Nationalkomitees Freies Deutschland (NKFD). Danach durchlief er in der KPD/SED in verschiedenen Funktionen eine erfolgreiche Karriere. Sie führte ihn bereits bei Gründung der DDR in das Außenministerium und 1953 in die Abteilung Außenpolitik beziehungsweise Abteilung Internationale Verbindungen des ZK der SED. 1958 wurde er Mitglied des Zentralkomitees der SED und 1967 Mitglied der Ausschusses für Auswärtige Angelegenheiten der Volkskammer der DDR, der er als Abgeordneter seit 1954 angehörte. Er war also mit der Denk- und Arbeitsweise des zentralen Parteiapparats und seiner führenden Genossen bestens vertraut. Er kannte die Hierarchie und die „Spielregeln" im „Großen Haus", dem Apparat des ZK der SED, ganz genau. Er wußte, wer an welchen Informationen interessiert war, was von ihm erwartet wurde und welches Gewicht seine Meldungen haben würden. Seine Lageeinschätzungen gingen direkt an Ulbricht, Honecker und Axen.

Der Erste Sekretär des ZK der SED war für die Zusammenarbeit mit den Partei- und Staatsführungen der sozialistischen Staaten verantwortlich. Die Sekretäre des ZK hatten fest umrissene Aufgabengebiete, die internationale Zusammenarbeit auf ihrem jeweiligen Sachgebiet gehörte zwar dazu, aber keiner verfügte über die Kompetenzen wie der zuständige Sekretär für Internationale Verbindungen, Hermann Axen. Eine gewisse Sonderstellung hatte der Sekretär für Sicherheitsfragen, Erich Honecker, die Nummer Zwei in der Hierarchie nach Ulbricht, der de facto weitgehend eigenständig alle Sicherheitsorgane der DDR, einschließlich der Auslandsaufklärung des MfS, „anleitete".

An die genannten ZK-Genossen sowie natürlich an die zuständigen Minister und stellvertretenden Minister für die Beziehungen mit dem sozialistischen Ausland im MfAA sandte Florin regelmäßig seine Informationen. Mit Stand vom 10. März übermittelte er eine Einschätzung „Zur gegenwärtigen Situation in der ČSSR", die nicht mehr in die Sekretariatsinformation vom 11. März einfließen konnte. Sie war deswegen nicht wertlos, im Gegenteil. Denn die Florin-Information besaß jene klassenkämpferische Klarheit, die Ulbricht als Grundlage für sei-

92 Vgl. Tantzscher: „Maßnahme Donau und Einsatz Genesung", S. 21.

ne Kritik an der Dubček-Politik benötigte. Es ist unbekannt, wer die Mitautoren oder die „Zulieferer" dieser „Information" waren. In Prag blieb es jedoch kein Geheimnis, daß unzufriedene Angehörige des KPČ-Parteiapparates begannen, die Botschaften der „Bruderländer", insbesondere der UdSSR und der DDR, zu besuchen und sie mit alarmierenden Informationen über den antisozialistischen Charakter der laufenden Veränderungen zu überhäufen.

In der Florin-Information wird der vermeintliche Charakter der Veränderungen in der ČSSR sofort im ersten Satz klar benannt: „Die Aktivität der oppositionellen Kräfte hat sich in den letzten Tagen verstärkt und erhält zunehmend offene konterrevolutionäre Züge."[93] In dem Material hieß es weiter: „Es wird ein systematischer Angriff gegen die staatlichen Machtorgane, ihre Repräsentanten, gegen die Stützen der sozialistischen Gesellschaft und gegen des Sozialismus geführt." Die in der Tschechoslowakei im Februar und März öffentlich erhobenen Forderungen stammten nach Auffassung Florins aus dem Arsenal der Konterrevolution. Es ging um die Verurteilung der Verantwortlichen für das Einschreiten der Sicherheitsorgane gegen die Studentendemonstration vom Strahov im Oktober 1967, die Absetzung von diskreditierten Funktionären aus dem Partei- und Staatsapparat sowie aus den Massenorganisationen und die Einsetzung von rehabilitierten Parteimitgliedern in deren frühere Ämter, die Aufklärung und öffentliche Information in der „Affäre Šejna"[94], die Kritik an der Arbeitsweise der Nationalversammlung und die Zulassung einer parlamentarischen Opposition bei der Vorbereitung der Neuwahlen für Herbst 1968 sowie die Selbstverwaltung für die Presse.

Über die tschechoslowakischen Massenmedien wurde eine folgenschwere Einschätzung nach Berlin übermittelt: „Die Presse im allgemeinen, zumindestens die zentrale Presse, der Fernsehfunk, der Rundfunk, ČTK[95] und eine Reihe Zeitschriften befinden sich in den Händen der gegnerischen Kräfte." Doch nicht nur das! „Sie tun alles, um oppositionelle Stimmungen zu verbreiten, lassen keine Gegenstimmen zu Wort kommen und organisieren systematisch die Konterrevolution." Mit dieser „Klarstellung" der Rolle der tschechoslowakischen Massenmedien hat die SED-Führung in Berlin eine entscheidende Orientierung erhalten, auf wen sie künftig besonderes Augenmerk zu richten hätte. Denn für sie galten

93 SAPMO-BArch, ZPA, J IV 2/202/292.

94 Šejna, Jan: Generalmajor der tschechoslowakischen Nationalen Volksarmee, Abgeordneter der Nationalversammlung der ČSSR und Sekretär des Hauptausschusses des ZK der KPČ im Verteidigungsministerium, entzog sich staatsanwaltschaftlichen Ermittlungen wegen „Schiebereien mit Futtermitteln" am 25. 2. 1968 durch Flucht in die USA. Die Untersuchung seiner Flucht offenbarte bewaffnete Umsturzpläne Novotnýs vom Januar d. J., in die hohe Militärs eingebunden waren.

95 ČTK: Československa tisková kancelář (Staatliche Nachrichtenagentur der ČSSR).

nach wie vor die „bewährten" Grundsätze von Lenin und Stalin, die Parteipresse als „kollektiven Organisator" der Massen zu sehen und als eine der „schärfsten Waffen der Partei" im Kampf für die Durchsetzung der eigenen „Linie" und im Kampf gegen jeglichen politischen und ideologischen Gegner einzusetzen. In der ČSSR ließ sich die dortige kommunistische Partei diese „Waffe" nicht nur „entschärfen", sondern sogar aus der Hand nehmen. Das war für die SED ein unerhörter Vorgang.

In dem Papier der Prager DDR-Botschaft werden die Einschätzungen jedoch noch konkreter und verkünden in Berlin bisher noch nicht gehörte Neuigkeiten, die in Sprache und Diktion den Verschwörungskonstruktionen der stalinistischen Schauprozesse verhaftet sind: „Eindeutig wird sichtbar, daß die gegnerischen Kräfte zentral gesteuert werden. Wahrscheinlich besteht sowohl ein offenes Zentrum als auch ein illegales Zentrum." Als Vertreter des offenen Zentrums werden wieder genannt: Ota Šik, Eduard Goldstücker, Jiří Pelikán und der Schriftsteller Pavel Kohout. Das illegale Zentrum war personell noch unbekannt, aber „wie aus den Veröffentlichungen der Westpresse ersichtlich ist, [steht es] mit dem kapitalistischen Ausland und dortigen Organen in Verbindung".

Nach Ansicht von Florin und seinen Mitarbeitern hatten die führenden tschechoslowakischen Genossen den Ernst der Lage noch nicht erkannt. Sie „versuchen bis heute, die Tätigkeit der gegnerischen Kreise als extreme Erscheinung zu bezeichnen", wurde nach Berlin gemeldet. Die entscheidende Schlußfolgerung gipfelte in dem Vergleich: „wie am Vorabend des konterrevolutionären Putsches 1956 in Ungarn". Als Unterschied wurde jedoch vermerkt, „daß die Partei in den Bezirken des Landes noch nicht so zersetzt ist und daß eine Reihe Genossen langsam zu verstehen beginnt, daß diese Entwicklung sich unmittelbar gegen die Partei richtet."[96]

Die Florin-Depesche wurde für die führenden SED-Genossen zusätzlich durch eine Reihe von „Schreckensmeldungen" aus der ČSSR in ihrer Aussagekraft bekräftigt. Nachdem der Leiter der Abteilung 8 des ZK der KPČ, Miroslav Mamula, am 14. Februar entlassen worden war[97], folgte ihm zwei Tage später der Leiter der Ideologischen Abteilung des ZK, František Havliček. Am 6. März kündigte die Nationalversammlung eine Untersuchung über die Flucht von Šejna an, am 8. März verlangten Generalstabsoffiziere der Armee den Rücktritt Novotnýs, der im Zusammenhang mit der Untersuchung der Šejna-Affäre schwer belastet wurde.

96 SAPMO-BArch, ZPA, J IV 2/202/292.

97 Abteilung 8 des ZK der KPČ: Abteilung für Sicherheit und Verteidigung. Mamula galt als eine der zuverlässigsten Stützen von Novotný.

Am 10. März fanden öffentliche Gedenkfeiern für den Gründer der ersten tschechoslowakischen Republik, Tomás Garrigue Masaryk, und dessen Sohn Jan Masaryk statt, den ersten tschechoslowakischen Außenminister nach 1945, der am 10. März 1948 einen nicht aufgeklärten plötzlichen Tod fand. Die Schuld an Jan Masaryks Tod lastete die Öffentlichkeit der ČSSR dem sowjetischen Geheimdienst an, was im März 1968 offen ausgesprochen wurde. Daraus entwickelte sich eine publizistische Auseinandersetzung zwischen tschechoslowakischen und sowjetischen Presseorganen. Für demokratische Kräfte in der ČSSR war das Gedenken an Vater und Sohn Masaryk bereits ein Ausdruck der Absage an die sowjetische Bevormundung seit 1948. Das Kaderkarussell erfaßte weiterhin den Vorsitzenden des slowakischen Nationalrates, Michal Chudík (14. März), den Innenminister, Josef Kudrna, und den Generalstaatsanwalt der ČSSR, Jan Bartuška (beide am 15. März). Dazu gehörten aber auch Miroslav Pastýrík, Vorsitzender des Gewerkschaftsbundes, (nachdem am 12. März die beiden Sekretäre des Gewerkschaftsbundes Bedřich Kozelka und Václav Pašek zurückgetreten waren), Miroslav Zavadil, Vorsitzender des Jugendverbandes, und die beiden Sekretäre Josef Neubert und Jindřich Poledník (21. März), Václav Škoda, Stellvertretender Vorsitzender der Nationalversammlung der ČSSR (22. März), Pavel Hron, Vorsitzender der Zentralen Kontroll- und Revisionskommission des ZK der KPČ, einschließlich aller Leitungsmitglieder dieser Kommission: Uhlíř, Tondl, Svoboda, Jerman und Hlína (22. März). Auch in den unteren Parteiebenen – Bezirks- und Kreisleitungen, in Chefredaktionen der Parteipresse, an Universitäten und Hochschulen und in Großbetrieben des Landes begann die Ablösung von alten Führungskadern, die das Vertrauen ihrer Parteigenossen, der Mitarbeiter und der Öffentlichkeit verloren hatten. Durch „freiwilligen" Rücktritt kam mancher Funktionär einer Amtsenthebung zuvor. Selbst Alois Neumann, der Vorsitzende der Sozialistischen Partei der ČSSR, einer Blockpartei der KPČ, legte seine Funktion nieder (23. März).

Höhepunkt dieser Personalveränderungen war jedoch die von Partei- und Gewerkschaftsmitgliedern immer lauter erhobene Forderung nach dem Rücktritt Novotnýs.

Novotný, der in den Wochen und Tagen davor noch etlichen seiner früheren Nomenklaturkader ohne eine Geste der Anteilnahme die Entlassungsurkunde aus ihren Staatsämtern ausgestellt hatte, verlor nun selbst die Reste seiner Macht. Die „Entthronung" des einst mächtigen Novotný war zwar kein blutiger „Prager Fenstersturz", doch darum nicht weniger eindrucksvoll für das Politbüro der SED um Ulbricht. Seine Mitglieder hatten zwar wenig Mitgefühl für Novotný, sahen aber, wohin es führen kann, wenn die ZK-Sekretäre die Macht nicht fest in den Händen hielten. Zwischen den Prager Reformkommunisten und den „Bruderparteien" begann sich immer offener ein Riß aufzutun. Auch in Moskau waren die einstigen Verbündeten von Novotný darüber erschüttert, daß „die Straße“ dessen Entmachtung erzwungen hatte.

Die Gretchenfrage an die Adresse der Reformer lautete nun: Würden mehr Demokratie und Pluralismus den Sozialismus gefährden? Und an die Adresse der Orthodoxen: Welcher Flügel setzt sich innerparteilich durch?

Nachdem hochrangige Gefolgsleute des früheren KP-Chefs ihre Ämter und ihren Einfluß verloren hatten, konnte Novotný nicht länger mit Schonung rechnen. Ausgerechnet das Zentralorgan des ZK der KPČ „Rudé Právo“ machte sich zum Sprachrohr der bereits zuvor erhobenen Aufforderung nach Rücktritt Novotnýs vom Amt des Präsidenten der Republik. Am 22. März nahm das Präsidium der Nationalversammlung den von Novotný nach langer Gegenwehr eingereichten Rücktritt an.

Bei der SED regte sich zunehmend Unverständnis und Unmut über diese Art von Politik der neuen Parteiführung der KPČ unter Dubček. Die Kaderveränderungen, welche sich auch in unteren Ebenen und in anderen Landesteilen fortsetzten, bedeuteten den Verlust von „gesunden Kräften“, mit denen bisher die Zusammenarbeit gepflegt worden war.

Die bevorstehende ZK-Tagung der KPČ ließ in den Reihen der „Bruderparteien“ die Befürchtung anwachsen, nach der ernsthaften Niederlage der dogmatischen Parteikräfte würden die Reformer um Dubček ein Aktionsprogramm ausarbeiten, welches den eingeschlagenen Kurs konsequent und zielgerichtet fortschriebe. Nicht nur Ulbricht hatte erkannt, daß ein weiteres unkontrolliertes Agieren der tschechoslowakischen Kommunisten die Grundfesten der bisherigen Parteiherrschaft im realen Sozialismus erschüttern könnte. Ob sich Walter Ulbricht im März an Breshnew wandte und ihn bedrängte oder ob es die Idee der KPdSU war, einen kollektiven Meinungsaustausch im Rahmen der Partei- und Regierungschefs gemeinsam mit den Vertretern der ČSSR durchzuführen, ist nicht bekannt. Auf jeden Fall gab es in der KPdSU, in der polnischen und in der ostdeutschen Parteiführung Kräfte, die die Zeit für gekommen hielten, nicht mehr länger offiziell zu den Vorgängen in der Tschechoslowakei zu schweigen.

In der Parteipresse der DDR herrschte im März noch Zurückhaltung in der Berichterstattung und Kommentierung zur Entwicklung in der ČSSR. Das „Neue Deutschland“ zitierte ganz im Sinne der Auswertung der ZK-Information vom 11. März dafür stellvertretend besorgte Stimmen aus wesensverwandten tschechoslowakischen Blättern, wie zum Beispiel der Ostraver[98] Zeitung „Nová Svoboda“. Diese kritisierte die neu praktizierte Pressefreiheit im eigenen Land unter anderem mit folgenden Worten: „Rundfunk, Fernsehen und Presse vereinfachen ernste Probleme, legen offizielle Erklärungen willkürlich aus und formulieren

98 Ostrava: Ostrau (Mährisch Ostrau).

Fragen, die gegen grundlegende Werte und Errungenschaften des Landes gerichtet seien."[99]

Die kritischen Äußerungen auf dem 5. Plenum des ZK der SED an die Adresse der tschechoslowakischen Kommunisten drangen noch nicht an die Öffentlichkeit in der DDR.

Am 21. März 1968 trat das Zentralkomitee der SED zu seiner 5. Tagung in Berlin zusammen. Im Kommuniqué wurde unter anderem kurz und knapp mitgeteilt: Das Plenum nahm Berichte von Erich Honecker über das Konsultativtreffen der kommunistischen und Arbeiterparteien in Budapest, von Willi Stoph über die Tagung des Politischen Beratenden Ausschusses der Staaten des Warschauer Vertrages in Sofia, von Klaus Sorgenicht[100] über die Volksaussprache zum Entwurf der sozialistischen Verfassung der DDR entgegen, und Walter Ulbricht hielt das Schlußwort.[101] Kein Wort über die „Verdammung" der tschechoslowakischen Reformkommunisten durch Axen und Ulbricht sowie über das am 23. März überraschend einberufene Treffen der Partei- und Regierungschefs aus der ČSSR, aus Bulgarien, Polen, Ungarn, der UdSSR und der DDR in Dresden!

Vor dem Treffen in Dresden nahm die SED ihre erste grundsätzliche Bewertung des Reformkurses der tschechoslowakischen Partei vor, die Axen, der zuständige Sekretär des SED-Zentralkomitees, vortrug. Sie galt SED-intern als Sprachregelung und markierte aus ihrer Sicht die neuralgischen Punkte im tschechoslowakischen Reformprozeß. Hauptpunkte waren die faktische Beseitigung der Zensur in den tschechoslowakischen Massenmedien und die öffentlich erkennbare Differenzierung der Parteiführung in verschiedene politische Gruppierungen. Axen wandte sich scharf gegen die Reformer an der Spitze der tschechoslowakischen Partei und nannte namentlich Josef Smrkovský, Ota Šik und Eduard Goldstücker. Er nahm damit die Exponenten der von der SED als „Revisionisten" qualifizierten Funktionäre in der Führung der KP der Tschechoslowakei in das Visier. Als Beleg zitierte Axen die Selbsteinschätzung über die Bedeutung des tschechoslowakischen Reformprozesses, die Smrkovský in einem Interview mit dem westdeutschen Fernsehen geäußert hatte: „Zum ersten Mal in der Geschichte und zum ersten Mal innerhalb des sozialistischen Weltsystems (soll) in der ČSSR eine Einheit zwischen Sozialismus und Demokratie herbeigeführt werden."

---

99 Vgl. Neues Deutschland, 15. 3. 1968, S. 7.

100 Sorgenicht, Klaus: Leiter der Abteilung Staats- und Rechtsfragen des ZK der SED.

101 Vgl. Dokumente der Sozialistischen Einheitspartei Deutschlands, Beschlüsse und Erklärungen des Zentralkomitees sowie seines Politbüros und seines Sekretariats, Band XII, Berlin 1971, S. 29.

Für die SED war das ein altbekanntes Ziel, über das nicht weiter zu diskutieren war, lag doch seine Widerlegung durch Lenin seit Jahrzehnten vor. Axen wörtlich: „Es ist nicht erforderlich, daß wir uns auf diesem Plenum etwa mit der theoretischen Widerlegung dieser Losungen beschäftigten – Losungen, die bekanntlich schon von Lenin in der Auseinandersetzung mit dem Renegaten Kautsky, in der Auseinandersetzung mit Otto Bauer, widerlegt wurden und in der ganzen Periode der Entwicklung des Sozialismus immer wieder von sozialdemokratischen Führern oder von linken und rechten Abweichlern gegen den Marxismus-Leninismus, gegen die KPdSU und auch gegen unsere Partei vorgebracht worden sind."[102] Nach dieser parteilichen Ausgrenzung „enthüllte" der ZK-Sekretär den konterrevolutionären Kern, der hinter all diesen Reformbestrebungen in der Tschechoslowakei steckte und der den tschechoslowakischen Reformprozeß mit der Einwirkung aus dem Westen verband und damit in die Blockkonfrontation zwischen „Sozialismus" und „Imperialismus" einordnete. „Natürlich kann der Gegner seinen politischen Angriff gegenwärtig nicht offen und direkt mit der Hauptlosung des Sturzes des Sozialismus, der Arbeiter- und Bauernmacht in der ČSSR, führen. Die unzufriedenen und antisozialistischen Elemente sollen gesammelt werden unter der Losung der Demokratisierung, unter der Losung – wie es Goldstücker in der neu herausgegebenen Literarischen Zeitschrift, Nr. 1, im Leitartikel formulierte – der Ehe des Sozialismus mit der Freiheit."[103] Für die SED stand damit bereits vor dem Treffen mit der neuen tschechoslowakischen Parteiführung fest: In Prag erhebt der alte sozialdemokratische Revisionismus im neuen Gewand ideologisch und politisch sein Haupt.

Ulbricht, der ursprünglich auf dieser Tagung nicht reden wollte, sprach dann doch noch zum Thema und hielt ein Grundsatzreferat über die Ursachen für die Probleme im Nachbarland: „Wir gehen davon aus, daß selbstverständlich in der Periode des Übergangs vom Kapitalismus zum Sozialismus in den verschiedenen sozialistischen Ländern sehr viele komplizierte Probleme zu lösen sind. Sie sind unterschiedlich entsprechend den spezifischen Entwicklungsbedingungen der einzelnen Länder. Die prinzipiellen Fragen sind die gleichen, aber die taktischen Methoden und die Wege sind doch in den einzelnen Ländern unterschiedlich.

Ich möchte hier noch ein Argument unterstreichen, was nicht für die Presse bestimmt ist: Die Tatsache, daß in der Tschechoslowakei bei der revolutionären Machteroberung vor 20 Jahren, 1948, die volle Sozialisierung durchgeführt wurde, hat selbstverständlich bestimmte Konsequenzen für die ganzen nächsten Jahre der Entwicklung gehabt. Es ist klar: Wenn man voll sozialisiert, einschließich der Betriebe des Mittelstands, der Handwerker usw., heißt das, daß die Arbeiter-

---

102 SAPMO-BArch, ZPA, IV 2/1/212.

103 Ebenda.

und Bauern-Macht ihre eigene politische Basis und sogar ihre ökonomische Basis verengt; denn immerhin sind auch die Mittelbetriebe und die Handwerker ein Teil der ökonomischen Basis in dieser Übergangsperiode. Damit hängt zusammen, daß dort die Blockparteien, die formal existieren, politisch wenig Wirkungsmöglichkeiten hatten, genauer gesagt: daß ihre Wirkungsmöglichkeit administrativ eingeschränkt wurde, so daß sie in der Führung des Staates wenig beteiligt waren – ich meine tatsächlich. Formal gibt es einige Erscheinungen des Zusammenwirkens, aber in der Praxis waren sie wenig beteiligt.

Diese Überspitzungen haben sich dann noch fortgesetzt, weil offenkundig führende Genossen der Meinung waren, daß die Tschechoslowakei in der Entwicklung der volksdemokratischen Länder die Spitze übernehmen müsse. Sie haben deshalb 1960 den Sieg des Sozialismus und den Beginn des Übergangs zum Kommunismus verkündet. Sie waren der Meinung, daß sie, weil sie den Mittelstand, die Kleingewerbetreibenden usw. integriert hatten, alle Voraussetzungen besitzen, den Übergang zum Kommunismus zu vollenden. Die komplizierten Probleme der Bewußtseinsentwicklung und Bewußtseinsbildung waren offenkundig aus ihren Berechnungen ausgeschaltet. Das kam auch in der Verfassung zum Ausdruck, die sie damals angenommen haben. Das kam auch in den Bestimmungen der Verfassung zum Ausdruck, die das Verhältnis zwischen Tschechen und Slowaken betreffen. Sie glaubten, sie könnten auch in der nationalen Frage, in der Behandlung der Slowaken, einen solchen Sprung machen, daß sie die nationalen Rechte der Slowaken einschränkten, indem sie praktisch von Prag aus die staatlichen Organe in der Slowakei administrativ leiteten. In Bratislava[104] saß eine Regierung; die hatte bloß nicht viel zu sagen.

Das heißt, aus der Ideologie, alle Voraussetzungen für den Sieg des Sozialismus und den Übergang zum Kommunismus seien erfüllt, ergaben sich alle Überspitzungen. Ich muß das deshalb erklären, weil viele Genossen fragen werden, woher das alles kommt. Ist da jetzt plötzlich jemand auf die Idee gekommen, daß da neuerdings irgend etwas falsch gemacht wird? Nein, es handelt sich um bestimmte Fehler, ich möchte sagen: bestimmte Überspitzungen und eine nicht richtige Einschätzung der Bewußtseinsentwicklung der Bevölkerung.

Liebe Genossen! Die Tatsache der vollen Ideologisierung aller Gewerbetreibenden bedeutete doch, daß es die Partei und die Staatsführung gar nicht notwendig hatten, sich mit der Bewußtseinsentwicklung dieser Schichten zu beschäftigen. Sie brauchten doch nicht mit diesen Unternehmern ideologisch zu arbeiten, denn es waren ja keine Unternehmer mehr, sie waren nicht in einer solchen Lage wie wir. Wir müssen uns mit den halbstaatlichen Unternehmen beschäftigen und sie schrittweise auf dem Weg des Sozialismus vorwärtsbringen. Das hatten sie

104 Bratislava: Preßburg.

gar nicht notwendig, denn sie waren ja alle sozialisiert. Damit war die Frage sozialökonomisch und politisch geklärt.

Die Folge davon war, daß die Partei den ideologischen Kampf und die ideologische Erziehung breiter Massen vernachlässigte und auch die Probleme der Geschichte der Tschechoslowakei, der Abrechnung mit dem kleinbürgerlichen Beneš-Sozialismus vernachlässigt hat und sagte: Das ist ja gar nicht notwendig. Warum? Der Benes-Sozialismus war ja voll sozialisiert. Da war ja nichts mehr da. Wir mußten uns mit allen vergangenen Traditionen auseinandersetzen, die bei uns auftauchten. Wir hatten die Tradition der Weimarer Republik, die hieß Nazismus. Wir hatten es viel schlechter. Bei uns war es viel gefährlicher, aber wir mußten uns mit dieser ganzen Ideologie, mit diesen Traditionen auseinandersetzen. Sie waren jedoch der Meinung, sie hätten die Revolution und damit seien alle Grundlagen geschaffen, jetzt ginge es frisch und fröhlich vorwärts."

Ulbricht sah jedoch nicht die wirtschaftlichen Schwierigkeiten in der Entwicklung der Tschechoslowakei als die Hauptursache für die Auseinandersetzungen um die weitere Politik der KPČ an. In seiner Analyse kam er zu folgenden Einschätzungen: „Gewiß, sie haben bei der Durchführung der ökonomischen Reformen zweifellos einige Schwierigkeiten. Aber das sind Schwierigkeiten, die es in anderen Ländern auch gibt. Sie haben in der Preispolitik im Zusammenhang mit der Selbstverwaltung der Betriebe gewisse Preiserhöhungen durchgeführt, die selbstverständlich von der Bevölkerung nicht als angenehm empfunden wurden. Insofern gibt es Unzufriedenheit. Aber man kann nicht sagen, daß die Versorgung etwa irgendwie Schwierigkeiten bereitete oder schlechter geworden sei.

Der Ausgangspunkt der Auseinandersetzungen ist auf ideologischem Gebiet zu suchen. Als wir am 20. Jahrestag mit den Genossen gesprochen haben, haben wir offen gesprochen, ohne Diplomatie, und gesagt, wir kennen die ganze Geschichte besser als manche von euch, aber wir sind der Meinung, daß die Ursachen theoretischer und ideologischer Natur sind, daß sie nicht in der Ökonomik liegen. Das ist bei einer solchen ökonomischen Reform immer so, daß es zeitweise diese und jene Schwierigkeiten gibt, sogar Fehler können da passieren und passieren auch. Das kann man alles reparieren. Aber jetzt wird ja eine ganze ideologische Kampagne geführt. Es geht um theoretische Grundfragen der kommunistischen Bewegung. Das ist etwas ganz anderes. Alles, was an theoretischen und ideologischen Auseinandersetzungen in der Vergangenheit versäumt wurde, kommt jetzt hoch, wobei die Gegner gegenwärtig eine große Arbeit leisten. Da sind Hunderte von Westjournalisten in der Tschechoslowakei, die nehmen dort alle möglichen Gespräche auf. Das ist so ähnlich wie damals in Ungarn bei der Vorbereitung des Petöfi-Putsches und wie in Polen. Da kamen auch zweihundert Journalisten aus Warschau zu uns, die uns hier bekehren wollten. So ist die Sache.

Man muß sehen, daß der Versuch, mit objektiven Methoden die Schwächen und Fehler, die objektiv vorhanden waren, zu überwinden, selbstverständlich nur zu einer Zuspitzung führen konnten. Deshalb ist es verständlich, daß sich die Parteiorganisationen und ein Teil der Parteifunktionäre gegen die Administration der Partei- und Staatsführung wenden. Man hat mir dort erzählt, daß über ein halbes Jahr lang keine Sekretariatssitzung des ZK stattgefunden habe.

(Paul Verner: Anderthalb Jahre lang!).

Mir sagte man, ein halbes Jahr, das reicht auch. Es ist klar, daß dort gerade der Versuch, mit administrativen Methoden über bestimmte Schwierigkeiten, Widersprüche und Fehler hinwegzukommen, die ganze Sache zugespitzt hat. Jetzt kommen selbstverständlich gewisse Kreise der Intelligenz, einige Kreise der Schriftsteller, Künstler usw. und entwickeln daraus ihre Theorien. Jetzt wird auf diese objektiven Schwierigkeiten die Theorie aufgepflanzt, wenn ich das einmal so einfach ausdrücken soll. Das heißt, wir müssen damit rechnen, daß der Gesundungsprozeß längere Zeit dauern wird.

Ein Teil der leitenden Genossen – jetzt rede ich einmal von denen, die für eine konstruktive Politik sind – ist auch der Meinung, daß sie diese Versäumnisse, die bei ihnen vorliegen, dadurch überwinden wollen, daß sie jetzt eine fortschrittliche, sozialistische Politik eines modernen sozialistischen Staates begründen, eine Politik, wie sie bisher noch in keiner Volksdemokratie existiert. Das ist jetzt wieder eine Neuauflage der Ideologie, die schon 1960 war, als sie einen Sprung zum Kommunismus machen wollten. Jetzt kommt sie in einer anderen Form, nämlich in der Form des Opportunismus wieder hervor, indem sie sagen: Jetzt werden wir aber einmal zeigen, wie wir das auf ganz demokratische, freiheitliche Weise organisieren, so wie das noch in keinem volksdemokratischen Staat Europas der Fall ist! –

Ich kann das verstehen, die Tschechoslowakei ist ein Land, das aus seiner Enge heraus will. Das Volk will aus einer gewissen Enge herauskommen. Sie wollen sich Weltgeltung verschaffen, indem sie ihr Patent des Sozialismus in allen kapitalistischen Ländern anmelden. Ob das nun gerade der richtige Weg ist, das wird sich erweisen.

Ich muß sagen, daß es dabei auch echte Probleme gibt. Das Problem besteht in dem Zusammenfallen dieser inneren Probleme der gesellschaftlichen Entwicklung des Sozialismus mit den Problemen der wissenschaftlich-technischen Revolution. Die Probleme der wissenschaftlich-technischen Revolution kann man um so eher lösen, je besser von der Partei- und Staatsführung und von den Massen die Probleme der gesellschaftlichen Entwicklung beherrscht werden. Aber wenn in dieser Frage der Rolle der Partei, des Staates und der gesellschaftlichen Organisationen Unklarheiten bestehen, dann ist es selbstverständlich schwerer, die Probleme der wissenschaftlich-technischen Revolution zu lösen. Daraus ergibt sich, daß sie die Frage stellen: Wie sollen die Fragen der wissenschaftlich-technischen Revolution gelöst werden? – Die einen sagen: Man muß zur sozialistischen Marktwirtschaft übergehen, wobei das Wort ‚sozialistisch' in Anführungsstrichen zu setzen ist. Die anderen sagen: Man muß das Außenhandelsmonopol weitgehend aufheben! – Wieder andere sagen: Man muß die Selbstverwaltung der Betriebe weitgehend durchführen. – Es gibt also verschiedene ökonomische Theorien. Wieder andere sprechen davon, daß der Staat diese Wirtschaftspolitik nur durchführen kann, wenn die Trennung von Partei und Staat verwirklicht wird.

Da sind wir also an dem Punkt angelangt, wo es um die Theorie des Marxismus-Leninimus, um die Grundfragen der Entwicklung geht. Die führenden Genossen mit dem Genossen Dubček an der Spitze versuchen jetzt, unter der Losung ‚sozialistische Demokratie' vorwärtszukommen und ein Aktionsprogramm auszuarbeiten, um den Weg für die Lösung der Aufgaben zu weisen. Aber die unterschiedliche Auffassungen vertretenden Strömungen und Gruppen, die es dort gibt, machen zum Teil das, was sie für richtig halten, und propagieren in Presse, Rundfunk usw. den Standpunkt, den sie für richtig halten.

Im Zentralorgan der Partei beschließt die Parteiorganisation die Selbstverwaltung der Redaktion des Zentralorgans. Sie sagen statt Selbstverwaltung ‚Selbständigkeit'. Nun gut! Ich muß das ein bißchen deutlicher sagen, damit jeder weiß, worum es geht. Die Selbständigkeit der Redaktion des Zentralorgans kommt darin zum Ausdruck, daß die Redaktion nicht mehr dem Zentralkomitee oder dem Politbüro untersteht. Die laufende Tätigkeit des Zentralorgans wird in keiner Weise von der Parteiführung beeinflußt, sondern die Redaktion bekommt alle paar Monate einmal eine prinzipielle Richtlinie durch die Beschlüsse des ZK. Aber das ist nicht nur dort so.

Auch bei den Gewerkschaften fordern sie die Unabhängigkeit der Gewerkschaften und sagen, daß die alte Formulierung Lenins über die Gewerkschaft als Transmission überholt sei. Über diese Frage haben wir schon vor über einem Jahr in der Konferenz über ‚100 Jahre ‚Das Kapital' von Karl Marx' gesprochen. Wir haben darauf hingewiesen daß man diese damalige Auffassung Lenins, die früher einmal richtig gewesen ist, jetzt nicht mehr so verstehen und anwenden können. Wir haben das offen korrigiert. Aber jetzt kommt die Frage der Unabhängigkeit der Gewerkschaften in extremer Form zum Ausdruck. Jetzt wird auch die Auflösung des Jugendverbandes und die Bildung verschiedener Jugendverbände gefordert, so die Bildung eines Studentenverbandes usw., entsprechend den verschiedenen Interessen des jungen Volkes.

(Zuruf: Sie fordern auch die Selbstverwaltung!)

So ist die reale Lage. Das strömt jetzt alles über den Rundfunk, das westliche Fernsehen und sonstwie auch bei uns in die Republik ein. Das wird noch durch einige Schriftsteller und Künstler unterstrichen, die aus Prag, aus Wien und noch woanders her ihre neuen Geistesprodukte in der Westpresse und im westlichen Rundfunk abladen. Ich möchte sagen: Die programmatische Zusammenfassung der ganzen Konzeption ist in einem Interview des Herrn Fischer, Mitglied des Zentralkomitees der Kommunistischen Partei Österreichs, enthalten, das er dem Westdeutschen Rundfunk gab und wo er die ganze konterrevolutionäre Plattform dargelegt hat. Außerdem hat er Artikel geschrieben für die Hamburger Zeitung ‚Die Zeit', wo das ähnlich ist. Da haben wir jetzt die ganze Konzeption zusammen, und ich hoffe, daß mir niemand entgegnen kann, wenn ich sage, daß es sich dabei zeigt, daß es in der internationalen Arbeiterbewegung eine Gruppe von Revisionisten gibt, die organisiert auftritt. Darum handelt es sich. Die westdeutsche Bourgeoisie ist glücklich darüber, daß solche Aufweichungserscheinungen vorhanden sind.

Wie reagieren wir nun? Wir würden so raten: Wir setzen uns in positiver, in konstruktiver Weise mit den Grundfragen auseinander, indem wir sagen, wie bei uns das Verhältnis von Partei und Staatsorganen ist. Genosse Stoph wird dabei mitwirken, sagen, wie das ist, und auch betonen, daß es Unsinn ist zu glauben, durch vieles Reden über die führende Rolle irgend etwas an der Entwicklung zu ändern, sondern es kommt darauf an, daß die Partei durch ihr ideologisch-politisches Wirken, durch ihre theoretischen Kenntnisse auf dem Gebiet der Prognose, auf dem Gebiet der marxistisch-leninistischen Theorie tatsächlich richtungsgebend wirkt, darauf kommt es an. Wenn sie das tut, hat sie gar keine Zeit, sich administrativ in Einzelheiten einzumischen. Uns reicht gegenwärtig vollständig aus, die Grundfragen zu behandeln. Ich habe wenigstens kein Bedürfnis nach mehr.

Was heißt, die sozialistischen Länder gegenüber der Bevölkerung der kapitalistischen Länder anziehender machen? Eine Reihe tschechischer Genossen haben gesagt, wir wollen nichts anderes, als die Tschechoslowakei sozusagen zum Schaufenster der sozialistischen Länder und anziehender zu machen für die Bevölkerung dieser Länder. Gut, wir sind absolut dafür, die Frage ist nur: Wie macht man denn das? Wie sieht das nun aus? Sieht das so aus, daß wir den westlichen Konvergenztheoretikern nach dem Munde reden oder anders? Nun kommt die Auseinandersetzung über die Konvergenztheorie, die im übrigen auch im Artikel von Fischer enthalten ist. Sie ist sozusagen seine Schlußpointe. Ich hoffe und nehme an, daß auf der Konferenz der Philosophen eine Auseinandersetzung darüber stattfindet, so daß ich mir das jetzt im einzelnen ersparen kann. Wir müssen den Philosophen auch etwas überlassen.

Ich nehme ein anderes Beispiel. Nehmen wir die Frage der Gewerkschaften im Rahmen der Diskussion zur Vorbereitung des FDGB-Kongresses. Unsere Gewerkschaftsfunktionäre sind sehr gesittete und wohlanständige Menschen, die sich bisher in solchen Polemiken nicht eingelassen haben. Aber vielleicht ist es doch nützlich, wenn unsere Gewerkschaftsfunktionäre lernen, frisch und fröhlich die Auseinandersetzung zu führen und das nicht der Partei überlassen, jetzt kommt die Frage der Unabhängigkeit der Gewerkschaften (Heiterkeit), sondern daß sie die theoretische Auseinandersetzung mit den rechten Führern der Gewerkschaften in Westdeutschland und damit jenen Kräften führen, die jetzt etwas Neues entdeckt haben, die entdeckt haben, daß die Gewerkschaften im Rahmen der Beschlüsse des Parteitages und der Volkskammer ihre Politik durchführen. Das darzulegen, ist Aufgabe der Gewerkschaften. Sollen sie sich auseinandersetzen mit den Auffassungen, die jetzt von Prag und sonstwoher kommen. Warum können wir nicht spezielle Artikel schreiben über die Verantwortlichkeit der Genossenschaftsbauern, wie sich ihr Bewußtsein entwickelt hat, wie sie durch ihre eigene Entscheidung auf den Bauernkongressen ihre Statuten beschlossen haben usw. Warum können wir das nicht schildern? Sollen die Bauern gegen jene auftreten, die mit dem Quatsch von der Unabhängigkeit der Bauernverbände kommen. Soll die Jugend sagen, welche schöpferischen Möglichkeiten sie hat und was in der Verfassung in ihrem Interesse verankert ist für die Entwicklung der Jugend. Dasselbe gilt für Kunst und Literatur. Ich überlasse es den anwesenden Mitgliedern des Zentralkomitees, das selber zu entwickeln, wie das alles im Zusammenhang mit unserer Verfassung in solcher Weise entwickelt werden muß, daß die gegnerischen Argumente konstruktiv widerlegt werden, um durch unsere Erfahrung und den Inhalt unserer Verfassung zu beweisen, daß wir den richtigen Weg gegangen sind und gehen. Und daß daran nichts geändert wird. Dann kommen wir wenigstens in die Position, bei der Festigung der Kräfte in den sozialistischen Ländern zu helfen; denn, Genossen, es genügt nicht, daß wir bestimmte falsche Auffassungen widerlegen – das sage ich nicht für die Veröffentlichung. – Man muß sich doch im klaren sein, daß es echte Entwicklungsprobleme gibt. Entweder packt eine Partei- und Staatsführung diese Probleme rechtzeitig an, dann geht es gut, vorwärts, oder sie hinkt hinter der Entwicklung her, dann wird sie einige Male stolpern, und dann kann es Verletzungen geben. Das ist die Frage, um die es geht.

Schaut einmal an, wenn wir nicht im Zusammenhang mit dem Gesetz über das einheitliche sozialistische Bildungssystem die sozialistische Schulordnung und die Hochschulreform durchführen würden und mit Teilmaßnahmen hinterherhinken würden, in welcher Lage wären wir da? Da würden wir uns verteidigen gegen die Angriffe von Westdeutschland oder von andererseits. Aber indem wir die Initiative in der Hochschul- und Universitätsreform haben, geben wir doch den Professoren und den Jugendlichen die Möglichkeit, ihre schöpferischen Kräfte zu entwickeln. Die Jugendlichen haben die schöpferische Aufgabe und können zeigen, was sie können. Wenn sie das nicht können, dann müssen sie Krawall machen. Was sollen sie denn sonst machen? Irgend etwas müssen sie doch tun. Es hat gar keinen Zweck, sich darüber aufzuregen, daß die Jugendlichen in Prag Krawall machen, bei *der* Leitung des Hochschulwesens ist das kein Wunder, sondern ganz normal.

Ein Student in Jena hat kürzlich bei einer Diskussion zu der Frage, womit sich die Studenten beschäftigen, gesagt: Wir sind so mit der Hochschulreform beschäftigt, daß wir für andere Dinge gar keine Zeit haben. – Sie haben selbstverständlich auch noch für andere Dinge Zeit; aber immerhin, sie leisten eine produktive Arbeit, lernen dabei, bilden ihren Charakter und werden tüchtige Menschen. Darauf kommt es auch schließlich an. Das ist unser Vorteil als SED. Das ist der Vorteil der Sowjetunion und der Vorteil der SED in der DDR. In diesem Punkt sind wir in einer anderen Position als andere sozialistische Länder. Deshalb müssen wir diese konstruktive Politik, diese Position benutzen, um die anderen zu überzeugen und einzuwirken auf die ganze Entwicklung sowie diesen Einfluß der Revisionisten zurückzudrängen."[105]

Die 5. Tagung des ZK stellte in der Führung der SED die Weichen für eine Ablehnung der tschechoslowakischen Reformpolitik. Das geschah ohne kollektive Diskussion mit den anderen Parteien und ohne Aussprache mit der Parteispitze der KPČ. Das frei gehaltene Referat von Ulbricht spiegelte das Selbstbewußtsein wider, mit dem die SED der KPČ gegenübertrat. Die SED nahm im sozialistischen Lager immer wieder für sich in Anspruch, sie hätte rechtzeitig alle Probleme erkannt und gelöst. Noch glaubte Ulbricht, das Beispiel der DDR könne für der KPČ helfen, den richtigen Weg aus der Krise der tschechoslowakischen Entwicklung zu finden.

---

105 SAPMO-BArch, ZPA, IV 2/1/212.

Kapitel 2

Die SED und der Ausbruch des Konfliktes mit den Reformern

Das erste Tribunal im Warschauer Pakt – das Dresdner Treffen am 23. März 1968

Der Reisekalender von Dubček sah für den 23. März 1968 keinen Auslandsaufenthalt vor. Neben den laufenden Angelegenheiten wollte er sich eigentlich der Vorbereitung der nächsten Tagung des ZK der KPČ widmen. Diese Tagung sollte entscheidende Weichen für die kommenden tiefgreifenden politischen und ökonomischen Reformen in der ČSSR stellen. Die Reformkommunisten wollten ihre Ziele zu einem Aktionsprogramm bündeln als verbindliche Grundlage für den weiteren politischen Kurs der gesamten Partei. Doch schon die öffentliche Debatte über dieses Vorhaben ließ in den Parteizentralen in Moskau, aber auch in Berlin und Warschau die ersten Alarmglocken schrillen. Ging doch die Diskussion einher mit bemerkenswerten Kaderveränderungen.

Bis zum Vortag des Dresdner Treffens der Parteiführungen der KPdSU, der BKP, der PVAP, der SED und der USAP mit der Parteiführung der KPČ verloren Dutzende „Vertreter des Novotný-Establishments" ihren öffentlichen Einfluß[1].

Die in Gang gekommenen Personalwechsel ließen Breshnew, Ulbricht und Gomułka nicht zu Unrecht befürchten, es handele sich hierbei nicht nur um einen Führungswechsel, sondern um einen politischen Kurswechsel. Es wurde ihnen nahezu schmerzhaft deutlich: In der ČSSR begann sich eine öffentliche Meinung außerhalb der vorgegebenen Parteilinie zu formieren. Für die Parteiführungen Moskaus oder Berlins war es unvorstellbar und darum auch unter keinen Umständen annehmbar, daß sich eine „Volksbewegung" für gesellschaftliche Änderungen von unten entwickeln konnte. Die Unruhen unter Studenten und anderen Jugendlichen, wie Ende 1967 in Prag und nunmehr im März in Polen[2], sorgten für weitere Aufregung.

---

1 Vgl. Hejzlar: Reformkommunismus, S. 150.

2 Unter dem Einfluß der tschechoslowakischen Ereignisse und der Studentenunruhen in aller Welt protestierten polnische Studenten in mehreren polnischen Städten gegen die politischen Zustände in ihrem Land. Anlaß war u.a. das Verbot des antirussischen Nationaldramas von Adam Mickiewicz „Dziady" („Die Totenfeier"). Die demokratische Massenbewegung unter den Stu-

Am 16. März lud Breshnew eine Delegation aus Vertretern der Parteiführung und der Regierung der ČSSR nach Moskau ein, ohne aber einen konkreten Terminvorschlag zu unterbreiten. Gleichzeitig wurden der tschechoslowakische Verteidigungsminister Bohumír Lomský geladen. Sein sowjetischer Amtskollege Marschall Andrej Gretschko forderte ihn auf, mit hochrangigen Generälen die nach Moskau eingeladene Partei- und Regierungskommission der ČSSR zu begleiten. Dubček lehnte die Reise der Militärs einige Tage später ab. Kurz darauf erfolgte eine neue Einladung Breshnews. Diesmal sollten sich die Partei- und Regierungschefs der Warschauer-Pakt-Staaten zum Meinungsaustausch über aktuelle Wirtschaftsfragen treffen. Auch wenn der Termin für den 23. März äußerst kurzfristig anberaumt war und die Wahl von Dresden, einer Bezirksstadt im Süden der DDR, für ein derart hochrangiges Treffen ungewöhnlich schien, willigte Dubček diesmal ein. Die anwachsenden Probleme der wirtschaftlichen Zusammenarbeit zwischen den im Rat für Gegenseitige Wirtschaftshilfe (RGW) zusammengeschlossenen Staaten harrten neuer Lösungen. Außerdem versprach sich die ČSSR von einem „Wirtschaftsgipfel" auch mehr Verständnis und Unterstützung für die ökonomischen Reformen im eigenem Land sowie erweiterten Spielraum für die Außenwirtschaftsbeziehungen in Richtung Weltmarkt. Es stimmte in Prag anscheinend niemanden nachdenklich, daß gerade erst kurz zuvor zwei internationale wirtschaftspolitische Beratungen stattgefunden hatten, vom 27. Februar bis 1. März 1968 die 33. Sitzung des Exekutivkomitees des Rates für Gegenseitige Wirtschaftshilfe in Moskau und am 14./15. März die der Außenhandelsminister aus Bulgarien, der ČSSR, der DDR, der Mongolischen Volksrepublik, Polens, der UdSSR und Ungarns in Budapest. Breshnew beantwortete Dubčeks Nachfrage in einem Telefongespräch nochmals mit der Versicherung, auf der Tagesordnung in Dresden stünden dringende Wirtschaftsfragen.[3]

Der einstige außenpolitische Mitarbeiter in Breshnews Team, Valentin Falin, erinnerte später in einem Interview daran, daß Ulbricht auf diese Zusammenkunft von Repräsentanten der kommunistischen Parteien der UdSSR, Polens, der DDR, Ungarns, Bulgariens und der Tschechoslowakei gedrängt haben soll.[4] Jedenfalls fiel die Entscheidung darüber sehr kurzfristig, denn das Sekretariat des ZK der SED beriet und beschloß erst drei Tage vor dem Termin, am 20. März 1968, einen Maßnahmeplan zur Vorbereitung des Treffens.[5] Die SED fungierte als einladende und gastgebende Partei für die Beratung mit den „Bruderparteien". Doch die Regie in Dresden führte die KPdSU.

---

dentenwurde brutal unterdrückt, und ging als „Märzereignisse" in die jüngste Geschichte Polens ein. Vgl. Eisler, Jerzy: Marzec 1968: Geneza, przbieg, konsekwencje, Warszawa 1991.

3 Dubček: Leben, S. 210.

4 Vgl. Janáček/Moravec: Leden 1968, S. 63.

5 Vgl. SAPMO-BArch, ZPA, J IV 2/3/1384.

Die Konferenz wurde später als Treffen der Nachbarstaaten der ČSSR deklariert, obwohl auch Bulgarien daran teilnahm. Die Kommunistische Partei Rumäniens wurde gar nicht erst zu diesem Treffen eingeladen. Kommentatoren in der internationalen Öffentlichkeit interpretierten das Fernbleiben der rumänischen KP-Führung aus Unkenntnis zum Teil als einen mutigen Schritt von Ceauçescu, gewissermaßen als einen offenen Affront gegenüber Moskau. Doch die sowjetischen Politiker hatten von der „destruktiven" Haltung der RKP in anderen Debatten, wie jüngst in Sofia, offenbar genug und sie wollten der Delegation aus der ČSSR vermutlich keinen hilfreichen „Sekundanten" an die Seite stellen.

Die kurzfristig einberufene Tagung begann am 23. März, um 10.15 Uhr, gleich mit einer Überraschung. Walter Ulbricht eröffnete der tschechoslowakischen Delegation nach der allgemeinen Begrüßung unverblümt das eigentliche Anliegen der Zusammenkunft. Er sagte: „Wir hoffen, daß uns Genosse Dubček als Leiter der Delegation der Kommunistischen Partei der Tschechoslowakei eine Information gibt über die Pläne des Zentralkomitees der Kommunistischen Partei der Tschechoslowakei und über die Vorbereitung ihres Aktionsprogramms."[6]

Dubček schilderte seine Reaktion auf diese „Eröffnung" später in seiner Autobiographie: „Ich wurde so wütend über den Spitzbubenstreich, mit dem Breshnew mich hierher gelockt hatte, daß ich versucht war, aufzustehen und den Saal zu verlassen. Aber dann zwang ich mich doch, ruhig sitzenzubleiben und abzuwarten."[7]

Ulbricht konnte also ungestört in seiner Ansprache fortfahren und seine Begründung für die Zusammenkunft darlegen: „Selbstverständlich – diese unsere Auffassung möchte ich unterstreichen – bestimmen jede Partei und ihr Zentralkomitee ihre Politik selbst. Andererseits aber wissen wir alle, daß keine unserer Parteien allein auf der Welt lebt. Und so können Entwicklungen in einem sozialistischen Land und die Beschlüsse einer Bruderpartei weitgehende Auswirkungen auf jede andere Partei und auch auf die Lage in Europa haben. Unser gemeinsamer Todfeind, der Imperialismus, schläft nicht. Er ist bemüht, alle neuen Probleme, die in einem der sozialistischen Länder auftauchen, für seine psychologische Kriegführung gegen uns alle auszunutzen. Unser Bestreben – so meine ich – sollte es daher sein, uns darüber zu verständigen, wie wir verhindern, daß in diesem oder jenem sozialistischen Land auftauchende neue Probleme vom Imperialismus als Waffen in seiner psychologischen Kriegführung gegen uns alle ausgenutzt werden können." Er ergänzte seine Argumentation noch mit dem Verweis auf die Gefährlichkeit der Bundesrepublik Deutschland: „Teure Genossen! Bestimmte Probleme der Kommunistischen Partei der Tschechoslowakei sind in-

6 SAPMO-BArch, ZPA, J IV 2/201/777 und J IV 2/201/778.

7 Dubček: Leben, S. 211.

zwischen von unserem gemeinsamen Gegner, insbesondere vom westdeutschen Imperialismus, aufgegriffen worden. Die Feinde verstärken den psychologischen Krieg gegen unser Land und auch gegen andere sozialistische Länder. Das macht es erforderlich, daß wir, die wir ja alle unsere Probleme hatten und noch haben, unsere diesbezüglichen Meinungen und Erfahrungen austauschen, daß wir vor allem die Auswirkungen der gegenwärtigen Entwicklung in der ČSSR auf die große internationale Auseinandersetzung zwischen den sozialistischen Ländern und dem Imperialismus sorgfältig prüfen."[8]

Bevor sich die Mitglieder der ČSSR-Delegation von der ersten Überraschung richtig erholen konnten, folgte gleich die zweite. Leonid Breshnew schnitt nach Ulbrichts „Eröffnungssermon" (so Dubček) dem bulgarischen Leiter der Sitzungsrunde, Stanko Todorow (BKP)[9], resolut das Wort ab und verkündete: „Das Gespräch wird sehr ernst sein; aber es wird dennoch ein freundschaftliches Gespräch, ein freundschaftlicher Meinungsaustausch sein. Ich würde daher vorschlagen, keine Protokolle zu führen und auf die Stenogramme zu verzichten. Wir bitten hiermit, die technischen Mitarbeiter zu entlassen." Demzufolge sollte die Aussprache auch nicht protokolliert werden.[10]

Dieser Überrumpelung durch Breshnew vermochten sich weder Dubček noch seine Delegationsmitglieder zu widersetzen. Er erhob trotz Verärgerung über die „Vorschläge" von Ulbricht und Breshnew nur geringe Einwände: „Wir hatten angenommen, daß dies jetzt eine erste Begegnung ist, in der in einem gewissen größeren Rahmen einige Fragen der gemeinsamen Arbeit und der Zusammenarbeit im Rahmen des RGW erörtert werden, und daß einige Fragen in Verbindung mit der Arbeit und der Situation in einigen kommunistischen Parteien behandelt werden."[11]

Dubček beugte sich dem Anliegen der anderen. In seinem improvisierten Redebeitrag informierte er die Anwesenden darüber, „welche Vorstellungen die Kommunistische Partei der Tschechoslowakei hat, welche weiteren Pläne sie hat, auch darüber, wie das Zentralkomitee zur Vorbereitung des Plenums weiterarbeiten" werde. Er konzentrierte sich dabei auf folgende Fragen und Probleme: die Vorbereitung des Aktionsprogramms und des XIV. Parteitages der KPČ, Proble-

---

8 SAPMO-BArch, ZPA, J IV 2/201/777 und J IV 2/201/778.

9 Der Bulgarische Parteichef Shiwkow befand sich in der Zeit zu einem Besuch in der Türkei.

10 Das Protokoll des Dresdner Treffens der Partei- und Staatsführungen aus der ČSSR, Bulgarien, der DDR, Polen, der UdSSR und Ungarn am 23. März 1968 galt als nicht existent, aber die SED ließ eine Stenographische Niederschrift anfertigen. Diese wurde von Lutz Prieß im Bestand des ehemaligen Politbüroarchivs des ZK der SED gefunden. Eine deutschsprachige Veröffentlichung der Dokumente aller Gipfeltreffen zur „tschechoslowakischen Krise" im Warschauer Pakt im Jahr 1968 befindet sich in Vorbereitung.

11 SAPMO-BArch, ZPA, J IV 2/201/777 und J IV 2/201/778.

me der Durchsetzung des neuen ökonomischen Systems der Leitung der Volkswirtschaft, die Entwicklung der Demokratie und Fragen der innerparteilichen Veränderungen. Dabei bekräftigte Dubček wiederholt die Bündnistreue der ČSSR. Er ließ auch nicht unerwähnt, daß die KPČ-Führung gegenüber gewissen extremen politischen Strömungen im Lande wachsam sei.

Nach Dubček, noch vor der Mittagspause, sprach der KPdSU-Generalsekretär Leonid Breshnew. Ihm folgten danach in der Rednerliste für die PVAP Władisław Gomułka, für die USAP Janos Kádár, für die SED Walter Ulbricht und für die BKP Stanko Todorow.

Ulbricht wurde während seiner Ausführungen vom Delegationsmitglied der KPČ Oldřich Černík[12] unterbrochen. Er informierte über ein Telefongespräch mit Prag. Dort trafen fortlaufend Meldungen von westlichen Nachrichtenagenturen über ein „Geheimtreffen" in Dresden ein. Es entstanden auch bei den nichtinformierten KPČ-Mitgliedern in der ČSSR Zweifel und Fragen, was in Dresden passierte, warum Dubček und Genossen dorthin geflogen seien, was das überhaupt für eine Beratung sei? Diese Reaktion in der tschechoslowakischen Öffentlichkeit war schon ein Indiz dafür, daß man von den „Bruderparteien" Widerstand gegen den eigenständigen politischen Kurs befürchtete. Bevor die übrigen Mitglieder der KPČ-Delegation auf die in den fünf Redebeiträgen erhobenen Vorwürfe an ihre Adresse antworten konnten, ergriff der Vorsitzende des Ministerrates der UdSSR, Kossygin, das Wort. Danach sprachen Josef Lenárt, Drahomir Kolder, Oldřich Černík und Vasil Bil'ak.

Am späten Abend gab es noch eine kurze Verständigung über das gemeinsame Abschlußkommuniqué der Dresdner Beratung. Das Treffen dauerte insgesamt mehr als 10 Stunden und endete um 22.50 Uhr. Die Delegationen reisten am nächsten Tag ab, ohne sich noch einmal „kollektiv" zu versammeln.

In Dresden ging es um die Einschätzung der tschechoslowakischen Prozesse im Frühjahr 1968 und die Perspektive ihrer weiteren Entwicklung. Für die KPdSU, die SED, die BKP und die PVAP stand bereits im März 1968 unumstößlich die Bewertung fest: In der KPČ und ČSSR vollziehen sich Prozesse revisionistischen, ja mehr noch, konterrevolutionären Charakters. Insbesondere Breshnew, Ulbricht und Gomułka listeten Vorwürfe um Vorwürfe gegen die KPČ auf. Sie kritisierten vor allem die Kaderveränderungen in Partei-, Staats- und Gewerkschaftsfunktionen, die Informationsfreiheit in den Medien, vor allem in der Presse und sogar in der „Rudé Právo". Heftigste Kritik übten Breshnew und Ulbricht an Meinungsäußerungen von tschechoslowakischen Funktionären, wie zum Beispiel Smrkovský, in Medien der kapitalistischen BRD. Demokratisie-

12 Černík, Oldřich: Mitglied des Präsidiums des ZK der KPČ, stellvertretender Vorsitzender der Regierung der ČSSR, Vorsitzender der Staatlichen Plankommission der ČSSR.

rung und Liberalisierung der Gesellschaft waren für die genannten Parteiführer Reizworte.

Breshnew äußerte dazu: „Übrigens, als Alexander Stepanowitsch bei uns war, wir fuhren einmal zusammen, Genosse Podgorny, ich und er, habe ich gefragt: Also Demokratisierung in der Partei, das verstehen wir, was damit gemeint ist. Da gibt es keine geheime Abstimmung. Vielleicht muß man irgend etwas ändern. Aber erklären wir doch einmal, was du unter Liberalisierung der Gesellschaft verstehst. Bis heute verstehe ich diese These nicht.“

Ulbricht sah eine enge Verbindung zwischen dem Imperialismus und der Entwicklung in der ČSSR, er hatte dabei besonders die BRD im Blick: „Unser gemeinsamer Todfeind, der Imperialismus, schläft nicht. Er ist bemüht, alle neuen Probleme, die in einem der sozialistischen Länder auftauchen, für seine psychologische Kriegführung gegen uns alle auszunutzen. Unser Bestreben – so meine ich – sollte es daher sein, uns darüber zu verständigen, wie wir verhindern, daß in diesem oder jenem sozialistischen Land auftauchende neuen Probleme vom Imperialismus als Waffen in seiner psychologischen Kriegführung gegen uns alle ausgenutzt werden können.“

Gomułka, der sich der von Breshnew gegebenen Analyse der Situation in der ČSSR anschloß, formulierte dann aus seiner Sicht: „Wir sehen alle Gefahren, die realen Gefahren, die vor der tschechoslowakischen Partei, vor dem tschechoslowakischen Volk stehen, und wir sind der Auffassung, daß es heute noch möglich ist, diesen Gefahren zu begegnen, ich würde sagen, auf friedlichem Wege zu begegnen, allerdings mit einer energischen Gegenoffensive, die unserer Meinung nach die Führung der Kommunistischen Partei der Tschechoslowakei gegen die konterrevolutionären Kräfte, gegen die reaktionären Kräfte unternehmen müßte, die sich gezeigt haben und in großem Maßstab in der Tschechoslowakei am Werke sind.“

Kádár, geprägt durch die ungarischen Erfahrungen, argumentierte zwar in die gleiche Richtung, jedoch etwas zurückhaltender: „Das, was sich heute in der Tschechoslowakei vollzieht, glaube ich, wissen die tschechoslowakischen Genossen am besten. Aber der Prozeß, den wir beobachten, das, was wir sehen und hören, und das, was wir heute noch nicht sehen – gestatten Sie mir, das zu erklären –, dieser Prozeß ist äußerst ähnlich dem Prolog der ungarischen Konterrevolution zu der Zeit, als sie noch keine Konterrevolution war. Das heißt, das ist der Prozeß, der sich in Ungarn vom Februar 1956 bis Ende Oktober vollzog. Und wir bitten Sie, darüber nachzudenken.“

Am klarsten hatte Kossygin die Meinung der sowjetischen Delegation zum Ausdruck gebracht, als er wörtlich zu den Vertretern der Delegation der KPČ sagte: „Wir sind überzeugt, sie werden mit dieser Konterrevolution fertig werden, mit diesem Dreck, der jetzt, wie immer in solchen Situationen, an die Oberfläche kommt". Und er setzte fort: „die Sache der Tschechoslowakei ist unsere gemeinsame Sache, und wir überlassen diese Sache nicht unserem Feind, was uns das auch kosten möge!"

Im weiteren Verlauf der Beratung wurde keine weitere Wortmeldung von Dubček im geheim aufgenommenen Stenogramm der SED aufgezeichnet. In seiner Autobiographie widerspricht Dubček: „Als die andern fertig waren, ergriff ich das Wort."[13] Vielleicht hatten ihn jedoch die Lektionen seiner Widersacher in Sachen sozialistischer Internationalismus ermüdet oder sprachlos gemacht.

Lenárt wies dann in seiner Rede das Vorgehen der anderen Parteien und die gegen die KPČ und die ČSSR vorgebrachten Anschuldigungen am konsequentesten zurück. Bezug nehmend auf den ersten Entwurf des Kommuniqués und den Verlauf der Debatte sagte er: „Hier klingt eine solche Charakteristik der Situation in der Tschechoslowakei an, daß bereits ein Zustand der Konterrevolution eingetreten ist. Ich weiß nicht, ob diese Einschätzung richtig ist. Ich meine, daß, soweit ich die Situation kenne, es bei uns im gegenwärtigen Augenblick noch nicht um eine Konterrevolution geht."

Dennoch forderten die anderen Parteien von der KPČ, alles zu tun, ihre führende Rolle in der Gesellschaft mit allen Mitteln zu behaupten und die Redaktionen der Massenmedien fest in ihren Händen zu halten. Eine Hauptforderung bestand darin, das künftige Aktionsprogramm auf den Grundlagen des Marxismus-Leninismus auszuarbeiten. Das konnte nichts anderes heißen, als strikt auf der Moskauer Linie zu bleiben.

Die Vorverurteilung gerade auch aus Moskauer Sicht demonstrierte der Umgang mit dem Kommuniqué der Tagung. Bereits in den Mittagsstunden des 23. März verteilte ein Vertreter der sowjetischen Delegation den Entwurf der vorbereiteten Mitteilung über das Treffen in Dresden. Er enthielt Aussagen, gegen die sich die tschechoslowakische Delegation vehement zur Wehr setzte. So hieß es unter anderem in diesem Entwurf: „Es wurde Besorgnis geäußert über die verstärkte Aktivität der revisionistischen, antisozialistischen Elemente in der letzten Zeit, die versuchen, den Sinn der Beschlüsse der letzten Plenartagungen des ZK der KPČ zu entstellen, um das politische und ökonomische Fundament des Sozialismus in der Tschechoslowakei zu erschüttern, die führende Rolle der KPČ zu untergraben und die Beziehungen der ČSSR zu den sozialistischen Ländern zu schwächen. Die Delegationen der Bruderparteien lenkten die Aufmerksamkeit darauf, daß eine solche Belebung der antisozialistischen, vom Westen unterstützten Kräfte zu ernsten negativen Folgen führen kann, wogegen schon jetzt entschiedene Maßnahmen zu ergreifen sind."[14]

---

13 Vgl. Dubček: Leben, S. 211.

14 SAPMO-BArch, ZPA, J IV 2/201/779.

So wie Lenárt schon aus inhaltlichen Gründen den sowjetischen Kommuniqué-Entwurf abgelehnt hatte, wies ihn auch Kolder entschieden zurück. Obwohl er erstmalig an einer derartigen bedeutsamen Konferenz teilnahm, im Kreis „der Großen“ sozusagen, scheute er sich nicht, offen zu widersprechen: „Genossen! Wenn ihr uns helfen wollt, dann kann ich mich mit dem Kommuniqué um Gottes Willen nicht einverstanden erklären, das ihr uns vorschlagt; denn das ist unser Grab und keine Hilfe, was in diesem Kommuniqué steht.“[15]

Um nicht den Eindruck zu erwecken, das alte 1956 geschlossene Kommunistische Informbüro sei wieder auferstanden, wurde das zur Veröffentlichung freigegebene Kommuniqué „entschärft“ und lediglich als „Mitteilung“ deklariert. Dem im „Neuen Deutschland veröffentlichten Text war mit keinem Wort mehr zu entnehmen, daß die tschechoslowakischen Reformer „Prügel“ von ihren „Bruderparteien“ bezogen hatten. Dafür hieß es: „Es fand ein Meinungsaustausch und eine gegenseitige Information über die Lage in den sozialistischen Ländern statt. Die Vertreter der KPČ und der Regierung der ČSSR informierten über den Stand der Realisierung der Beschlüsse des Januar-Plenums des ZK der KPČ, die die Verwirklichung der Linie des XIII. Parteitages der KPČ zum Ziele haben. Es wurde die Überzeugung zum Ausdruck gebracht, daß die Arbeiterklasse und alle Werktätigen der ČSSR unter der Führung der Kommunistischen Partei der Tschechoslowakei die weitere Entwicklung des sozialistischen Aufbaus im Lande sichern werden.“[16]

Die Analyse der Materialien der Dresdner Tagung offenbart: Die anderen Parteien mißtrauten den politischen Reformen der KPČ, die Veränderungen seit dem Januar wurden bereits als mehr oder weniger offene Konterrevolution bewertet; die Entwicklung in der ČSSR wurde nicht als innere Angelegenheit, sondern von Anfang an als gemeinsame Sache der sogenannten „Fünf“ (so ihre spätere Bezeichnung) betrachtet. Darüber kann auch die Schlußformel der „Mitteilung“ nicht hinwegtäuschen. Dort hieß es in bekannter Protokollmanier: „Das Treffen der führenden Genossen der kommunistischen und Arbeiterparteien und der Regierungen der sozialistischen Länder in Dresden verlief in einer freundschaftlichen Atmosphäre.“ Es wurde verschwiegen, daß es auf eindringlichen Wunsch von Breshnew, ein von allen Teilnehmerdelegationen unterschriebenes Schlußkommuniqué gab. Breshnew erklärte sich zwar damit einverstanden, diese als „Mitteilung“ ohne Unterschriften zu veröffentlichen, aber er wollte den tschechoslowakischen Teilnehmern demonstrieren, daß sie der kollektiven Kontrolle unterliegen.

---

15 SAPMO-BArch, ZPA, J IV 2/201/778.

16 Neues Deutschland, 24. 3. 1968, S. 1.

Die Dresdner Tagung war eine Warnung und zugleich eine Aufforderung an die tschechoslowakischen Reformer: Erstens, das sowjetische Modell des Aufbaus des Sozialismus unter Führung der kommunistischen Partei nicht in Frage zu stellen, und zweitens, die Reformprozesse möglichst zu stoppen. In Dresden wurde erstmals das „Tribunal der Fünf" gegen die tschechoslowakischen Reformer praktiziert.

Über die Dresdner Tagung gab es unter den Tschechen und Slowaken der Delegation schon kurz nach ihrer Rückkehr in die ČSSR und bis heute verschiedene Interpretationen. So schrieb Dubček 1993: „Ich bin immer noch unschlüssig; Tatsache aber ist, daß die Konferenz von Dresden keinerlei Muster festlegte. Es gab kein Tribunal und kein Urteil. Es gab Ankläger, und es gab eine Rüge, nichts mehr und nichts weniger. Ich bin der Meinung, daß dieses Treffen überbewertet wird."[17]

In seiner Analyse widerspricht Jan Pauer dieser Einschätzung: das „Konzil" in Dresden war „für den Charakter und die Form des Konfliktes zwischen der UdSSR samt ihren Satellitenstaaten und der ČSSR während des ganzen Jahres 1968 typisch".[18] Die unveröffentlichten Passagen der „Mitteilung" unterschieden „sich mehr im Umfang denn im Inhalt und Form vom späteren Warschauer Brief vom 15. Juli".[19]

Die Geheimhaltung des Dresdner Treffens, die jedoch alsbald gerade von der SED durchbrochen wurde, war nicht das Charakteristische dieser Tagung. Viel weitreichender war die Tatsache, daß unter Ausschluß von Rumänien in Dresden de facto eine informelle Gruppe im Warschauer Pakt entstand, die sich nach dem März 1968 immer stärker politisch, geheimdienstlich und letztendlich sogar militärisch in die inneren Angelegenheiten eines „souveränen" Mitgliedstaates einmischte. Diese „Antireformkoalition" zeigte bereits „deutliche Umrisse der Rolle einzelner Staaten, die sie bis zur Intervention und über sie hinaus innehatten": „Die Sowjetunion als primus inter pares, begleitet von Polen und der DDR, führte die Gruppe der Hauptakteure an, die von Bulgarien in der Rolle eines Anhängsels unterstützt und von Ungarn als einem partiellen Opponenten gebremst wurde."[20] In Dresden wurde das kollektive Interpretationsparadigma der Lage in der Tschechoslowakei als „Konterrevolution" weitgehend festgelegt. Breshnew ließ es nicht an Deutlichkeit vermissen, wenn er in seiner Rede mehrfach auf die gemeinsame Verantwortung, die gemeinsamen Sicherheitsinteressen und die für alle Beteiligten bindenden Unterschriften unter gültige Verträge zu sprechen

17 Dubček: Leben, S. 211.
18 Pauer: Die sowjetische Intervention, S. 55.
19 Ebenda, S. 61.
20 Ebenda, S. 63.

kam. Die Grundlagen der „Breshnew-Doktrin" waren in Dresden bereits formuliert: das Recht auf Einmischung aus sicherheitspolitischen Gründen und zur Abwehr einer Konterrevolution.

Die von den tschechoslowakischen Teilnehmern mit Verwunderung wahrgenommene außergewöhnlich zahlreiche Präsenz von Offizieren der Sowjetarmee und der NVA in den Tagungsräumen sollte ihnen wohl den „Ernst der Lage" verdeutlichen. Für die Reformer aus Prag zu diesem Zeitpunkt noch unbemerkt, erwies sich in der Folge ein weiterer Aspekt der „kollektiven Nachhilfe" wirksam, nämlich der Zerfall des Januar-Blocks. Nach Dresden begann das Tandem Bil'ak-Kolder die Reformen zu bremsen.

Die Nichtbeteiligung Rumäniens engte den Spielraum der ČSSR ein. Kontakte der ČSSR zu Rumänien und Jugoslawien gerieten nun in den Verdacht, hier könnte eine reformsozialistische „Entente" als Gegenstück zum sowjetisch beherrschten Block in Ost- und Südosteuropa entstehen. Albanien zählte als Verbündeter Chinas ohnehin nicht mehr.

Hager versus Smrkovský: die SED beginnt die öffentliche Kontroverse

Es war Kurt Hager[21] – er gehörte nicht zu den offiziellen SED-Teilnehmern in Dresden – der den tschechoslowakischen Erneuerungsprozeß nur drei Tage später vehement öffentlich kritisierte und einen seiner Hauptprotagonisten, Josef Smrkovský, persönlich angriff. Die Geheimhaltung der Dresdner Zusammenkunft, auf die sich alle tschechoslowakischen Teilnehmer in der Befürchtung geeinigt hatten, der Bericht über die Kritik an Prag könnte die Novotný-Leute aktivieren, war damit gebrochen. Die SED hielt Smrkovský von außen die „Dresdner Linie" vor.

Was war geschehen? Zwischen der DDR und der ČSSR schwelte seit Wochen ein latenter Konflikt auf dem Gebiet der Berichterstattung in den Medien über die Vorgänge im jeweiligen Nachbarland.

Die SED wollte mit allen Mitteln verhindern, daß der „Bazillus" der Demokratisierung, der Liberalisierung und der Erneuerung des Sozialismus kritische Sozialisten und parteilose Bürger in der DDR ansteckte. Die Parteiführung war recht gut über die Reaktion der Bevölkerung der DDR auf die Vorkommnisse in der ČSSR und in Polen informiert. Am 15. März erhielten Erich Honecker und Kurt Hager einen dementsprechenden Bericht der Zentralen Auswertungs- und

---

21 Hager, Kurt: seit 1963 Mitglied des Politbüros des ZK der SED, Sekretär für Wissenschaft, Volksbildung, Kultur.

Informationsgruppe (ZAIG) des MfS, und einen Tag vor dem Dresdener Treffen übersandte der Minister für Staatssicherheit, Erich Mielke, den SED-Politbüromitgliedern eine noch ausführlichere Information.[22] In ihr wurde unter anderem mitgeteilt: „Besonders die Meinungsäußerungen über die Erscheinungen in der ČSSR sind vom Umfang und der Intensität her ständig angewachsen." Und über die negativen und feindlichen Diskussionen" hieß es, daß sie „einen geringen Umfang" einnehmen, jedoch unter Einfluß der „politisch-ideologischen Diversion" stehen. Doch gerade diese so angeblich geringfügigen Diskussionen spiegelten die Grundrichtungen der Meinungen wieder. Im ZAIG-Bericht wurden folgende Punkte festgehalten: „Zustimmung zu den ‚Liberalisierungs- und Demokratisierungsbestrebungen' in der ČSSR, teilweise unter dem Tenor, in der DDR sei eine ähnliche Entwicklung wünschenswert; Forderung nach ‚mehr Freiheit'. Darunter wird u.a. verstanden: Freizügigkeit im Reiseverkehr nach Westdeutschland und bei Einreisen ins Sperrgebiet der Grenzkreise, Erhaltung des ‚Streikrechts' auch in der neuen Verfassung [...]; freie Meinungsäußerung bei Zusicherung von Straffreiheit [...].

Aus den bisher vorliegenden Informationen und Hinweisen geht eindeutig hervor, daß besonders in *Kreisen der Studenten, Kulturschaffenden und Intellektuellen*[23] die Diskussionen über die Ereignisse in der VR Polen und vor allem in der ČSSR einen großen Umfang angenommen haben."[24]

Überraschend war die Tatsache, daß seit Jahresbeginn die deutschsprachigen Sendungen der Rundfunkstation „Radio Prag" und die deutschsprachige Prager „Volkszeitung" in der DDR mit noch nie registriertem Interesse wahrgenommen wurden. Daran konnte auch der eingeschränkte Verkauf tschechoslowakischer Presseerzeugnisse in der DDR nichts ändern. In den DDR-Medien gab es seit dem Januar-Plenum der KPČ kaum eine Berichterstattung über die in Gang gesetzten Veränderungen in der Tschechoslowakei. Teils abwartend, teils abwehrend reagierten die von der SED kontrollierten Medien – dazu gehörten alle außer den nur indirekt kontrollierten kirchlichen Publikationen – auf die Vorgänge im Nachbarland. Auch der Empfang von bundesrepublikanischen Rundfunk- und Fernsehnachrichten über die Ereignisse in Prag in ostdeutschen Wohnstuben konnte bis März die Mauer des Schweigens in den DDR-Medien kaum durchbre-

22 Vgl. Mitter, Armin/Wolle, Stefan: Untergang auf Raten. Unbekannte Kapitel der DDR-Geschichte, München 1993, S. 429f.

23 Hervorhebung im Original.

24 Zentrale Auswertungs- und Informationsgruppe (nachfolgend ZAIG), „Einzelinformation über die Reaktion der Bevölkerung der DDR über die Ereignisse in der ČSSR und in der VR Polen und über damit im Zusammenhang zu sehende Vorkommnisse in der DDR" vom 22. März 1968; BSTU, ZA, ZAIG 1561 Bl. 10, 15ff., zit. nach: Tantzscher: „Maßnahme Donau und Einsatz Genesung", S. 22.

chen. Bis in den Augen von Ulbricht und Genossen dann aber das Ungeheuerliche geschah.

Erstmals in der Geschichte seit 1949 begannen tschechoslowakische Zeitungen und Rundfunkstationen gegen die DDR zu polemisieren. Journalisten der ČSSR erklärten öffentlich, daß die DDR-Presse falsch über die Vorgänge in der Tschechoslowakei informierte, und daß das offenkundig politische Gründe habe. Die DDR befürchte wohl, daß eine genaue Berichterstattung bestimmte Auswirkungen auf das eigene Land habe.

Ulbricht reagierte darauf während der Zusammenkunft in Dresden sehr scharf. Die Vorwürfe aus der Presse des Nachbarlandes, daß die Presse der DDR, namentlich das Zentralorgan der SED „Neues Deutschland" falsch über die Tschechoslowakei berichten würden, wies er wortreich zurück: „Aber, liebe Genossen, wir stehen doch nicht unter der Zensur irgendeines Prager Organs. Wenn die Genossen damit beginnen, eine Zensur über das ‚Neue Deutschland' auszuüben, was soll dann herauskommen? Wir haben geschwiegen."[25] Aus einem Stapel von Zeitungsausschnitten und Informationen reihte Ulbricht Vorwürfe um Vorwürfe an die tschechoslowakischen Medien. Sein Fazit mündete in die Warnung an Dubček und Genossen: „Nun, wir haben bisher auf alle die Dinge nicht geantwortet. Aber ich sage ganz offen, wenn das so weitergeht, sind wir gezwungen zu antworten, können wir nicht weiter schweigen. Also, entweder schaffen die Genossen in Prag in ihren Redaktionen und Rundfunkstationen Ordnung, oder es wird zur öffentlichen Berichterstattung kommen, damit die gegnerische Propaganda widerlegt wird. Denn wir müssen ja die gegnerischen Argumente widerlegen, weil ein großer Teil der Bevölkerung auch die gegnerischen Radiostationen hört."[26]

Hier machte Ulbricht deutlich, welche Auffassung er von der Funktion der sozialistischen Medien in der Gesellschaft hatte. Nach herkömmlicher marxistisch-leninistischer Auffassung waren sie als „kollektive Propagandisten, Agitatoren und Organisatoren" Instrumente der politischen Macht der Partei.[27] Damit durfte

---

25 SAPMO-BArch, ZPA, J IV 2/201/778.

26 Ebenda.

27 Zum Thema: „Die Medien als Herrschaftsinstrument der SED" vgl. Bericht der Enquete-Kommission „Aufarbeitung von Geschichte und Folgen der SED-Diktatur in Deutschland", Deutscher Bundestag, 12. Wahlperiode, Drucksache 12/7820, 31. 05. 94, S. 39f. und die dazugehörigen Expertisen von Diller, Ansgar: Der Rundfunk als Herrschaftsinstrument der SED; Ludes, Peter: Das Fernsehen als Herrschaftsinstrument der SED; Holzweissig, Gunter: Die Presse als Herrschaftsinstrument der SED; Müller, Silvia: Der Rundfunk als Herrschaftsinstrument der SED; vgl. auch Poerschke, Hans: Gedanken zur Journalismus-Konzeption der SED in den fünfziger Jahren, und Selbmann, Erich: Massenmedien in der DDR – die DDR in ihren Massenmedien, in: Ansichten zur Geschichte der DDR, hrsg. von Dietmar Keller, Hans Modrow und Herbert Wolf, Bonn, Berlin 1993, Band I, S. 237ff.; S. 257ff.

nicht gespielt werden, also gehörten diese Instrumente nur in die Hände besonders zuverlässiger und der Partei, sprich ihrer Führung, ergebener Genossen.

Für die SED-Führung gab es auf die Frage: „Wer kann in der kapitalistischen Presse Schreiben?“ (Ulbricht) eine einfache Antwort: keine Mitglieder der Partei, also auch nicht die der tschechoslowakischen KP!

Die SED betrachtete es als eine Einmischung in innere Angelegenheiten der DDR (!), wenn tschechoslowakischen Kommunisten oder Schriftsteller in der westdeutschen kapitalistischen Presse schrieben oder im Rundfunk und Fernsehen auftraten. Denn das wurde ja dann auch in deutscher Sprache in der DDR verbreitet! Diese Sendungen konnten auch in der DDR empfangen werden. Ulbricht verkündete der Delegation aus der ČSSR in Dresden ultimativ, „Wir können nicht weiter schweigen, und wir sind der Meinung, daß die Führung der Kommunistischen Partei bei sich Ordnung schaffen soll, daß ohne Genehmigung niemand in der Westpresse schreiben darf.“ Ulbricht fügte, an Dubček gewandt, hinzu: „Sonst gibt es Diskussionen zwischen uns. Was soll sonst werden? Das ist unangenehm, das wollen wir nicht.“[28]

Ulbricht war nicht der erste und nicht der einzige, der die neue Medienfreiheit in der ČSSR angriff. Der KPdSU-Chef Leonid Breshnew hatte bereits in seinen Auslassungen den Schwerpunkt seiner Kritik auf eine bestimmte Person gelenkt, auf den radikalen Reformer Josef Smrkovský[29], der auch der SED bereits negativ aufgefallen war. Denn er hatte in BRD-Medien, unter anderem in der Fernsehsendung „Weltspiegel“ sowie im Rundfunk, in Interviews seine Ansichten ebenso vertreten wie in der einheimischen Presse und bei öffentlichen Veranstaltungen in der ČSSR. Er verkündete unter anderem: „Wir sind sicher, daß das, was wir unternehmen, ein Beispiel für die Genossen aus anderen sozialistischen Ländern sein wird.“[30] Doch seine Überzeugungen paßten nicht in das Weltbild von Breshnew, Ulbricht und anderen. Dementsprechend fiel auch die Reaktion von Breshnew aus: „In der Parteipraxis ist es nicht üblich, daß irgendein Kohleminister oder Forstminister das ZK ersetzt und für die Bundesrepublik Interviews gibt, und zwar ein antisozialistisches, antikommunistisches Interview.“

Er belehrte seine tschechoslowakischen Genossen: „Wenn er so ein Interview beabsichtigt, dann hätte er ins ZK gehen und sagen müssen: Genossen ZK-Mitglieder, irgendeine Gesellschaft bittet mich um ein Interview für die Bundesrepublik. Kann ich das tun, oder darf man das tun? Wenn ich es tun soll, dann seid so

28 SAPMO-BArch, ZPA, J IV 2/201/778.

29 Smrkovský, Josef: Mitglied der Kommunistischen Partei seit 1934, Vorsitzender und Mitglied des Illegalen Komitees der Partei in der ČSR, Mitglied der tschechischen Volkskammer, war Leiter des Prager Aufstands Mai 1945.

30 Zit. auch in: Der Spiegel, Nr. 13, 25. 3. 1968, S. 133.

nett und helft mir, sagt mir, was ich den Imperialisten sagen soll. – Aber das ist ja nicht geschehen, er hat einfach gesprochen." Hinzu kam, daß Smrkovský „das zum zweiten Mal macht" (Breshnew). Die Reaktion der sowjetischen Seite war auch deshalb so impulsiv, weil Smrkovský weitere schmerzhafte Themen in seinen öffentlichen Auftritten seit Januar und März 1968 berührt hatte. Dazu gehörten das Verhältnis von Sowjetunion und Tschechoslowakei seit 1945 und das Problem der Zusammensetzung und Glaubwürdigkeit der kommunistischen Partei. Breshnew wertete all dies Aussagen von Smrkovský als Verunglimpfung der KPdSU und der KPČ. Sein Urteil lautete: „Das können nur illegale erzreaktionäre Konterrevolutionäre machen." Auch die Aufforderung zur Schaffung eines neuen Typs des Sozialismus, der Verbindung von Sozialismus und Freiheit, sei „eine offene erzreaktionäre Formulierung".

Für Ulbricht war die Breshnew-Schelte, die neben Smrkovský auch noch anderen Prager Reformern galt, Anlaß genug, keine Zurückhaltung in der Auseinandersetzung mit den Auffassungen dieser „Sozialismusfeinde" zu üben. Die BRD-Medien hatten nicht nur die erwähnten Interviews mit Josef Smrkovský ausgestrahlt, die Presse nahm sich ebenfalls dieses Themas an. Am 18. März veröffentlichte „Der Spiegel" ein Interview mit Professor Eduard Goldstücker. Dieser wiederholte die Forderung nach der „Vermählung dessen, was nach unserer marxistischen Überzeugung von Anfang an zusammengehörte, nämlich Sozialismus und Freiheit".[31]

Für die SED-Führung war sozusagen das Faß übergelaufen. Mit dem Breshnew-Verdikt als Rückendeckung übernahm Kurt Hager auf einem scheinbaren „Nebenschauplatz" die Rolle des Angreifers gegen die Prager Reformer.

Am 25. März 1968 wurde in Berlin ein zweitägiger Philosophischer Kongreß der DDR zum Thema „Die philosophische Lehre von Karl Marx und ihre aktuelle Bedeutung" eröffnet. Sein Eröffnungsreferat nutzte Hager[32], Mitglied des Politbüros des ZK der SED, dazu, um prononciert und gezielt den tschechoslowakischen Kommunisten Josef Smrkovský und dessen Reformgedanken zu attackieren.[33]

In seiner Schlußrede setzte sich Hager mit Äußerungen der westdeutschen „Springer-Presse" zum Verfassungsentwurf der DDR auseinander. In diesem Zusammenhang ordnete er Smrkovský der geschmähten „Springer-Presse" zu: „In ihrer Kampagne gegen unsere sozialistische Verfassung berufen sich die westdeutschen Propagandazentralen auf die Ereignisse in der ČSSR. Sie zitieren eifrig die Äußerungen des Forstministers Smrkovský, sie geben in aller Ausführ-

31 Der Spiegel, Nr. 12, 18. 3. 1968 S. 136.

32 Hager, Kurt: seit 1949 Ordentlicher Professor für Philosophie.

33 Vgl. Neues Deutschland, 26. 3. 1968, S. 4 und 27. 3. 1968, S. 7.

lichkeit die Angriffe von Journalisten und Schriftstellern auf die führende Rolle der Partei, auf das Zentralkomitee und seinen Apparat, auf führende Vertreter der Regierung wieder. Sie drücken offen ihre Sympathie mit diesen Äußerungen und Erscheinungen in der ČSSR aus.[34] Hager sagte weiter: „Das Auftreten von Smrkovský und anderen erfüllt sie mit der Hoffnung, daß die ČSSR in den ‚Strudel der Evolution' im Sinne der Springer-Presse hineingezogen wird."[35]

Das war noch kein frontaler Angriff gegen Dubček und seine Politik. Die SED erhoffte sich ja ebenso wie die KPdSU, daß dieser die Dresdner Lektion richtig verstanden hatte. Die Taktik war eine andere: die Front der Erneuerer und Reformer, die sich noch nicht endgültig in der KPČ formiert hatte, schon in der Formierungsphase von außen zu spalten, zu schwächen und ihren Aktionsradius einzudämmen.

Tschechoslowakische Reaktionen

Die Hager-Rede auf dem DDR-Philosophiekongreß löste einen so von der SED-Führung nicht vorhergesehenen Konflikt mit der ČSSR aus. Bis zum 25. März 1968 galt ein ungeschriebenes Gesetz zwischen den kommunistischen Parteien im Ostblock: keine öffentliche Einmischung in die Angelegenheiten der "befreundeten und verbündeten" Staaten. Die Medien der jeweiligen Länder waren damit auf offiziöse Selbstdarstellung festgelegt und an einer kritischen Berichterstattung über die jeweilige Lage und die Probleme in den „Bruderländern" gehindert. Doch die Veröffentlichung der Schelte von Hager an Josef Smrkovský im „Neuen Deutschland" durchbrach dieses Einvernehmen.

Die Auseinandersetzung zwischen den Reformern einerseits und den Reformgegnern andererseits wurde nunmehr zu einer öffentlich ausgetragenen internationalen Angelegenheit. Die Medien in der ČSSR reagierten heftig. Die neu gewonnene Pressefreiheit in der Tschechoslowakei bereitete schon den eigenen Politikern Schwierigkeiten, nach ihrer Rückkehr aus Dresden die verabredete Geheimhaltung einzuhalten. Das nährte unter den Tschechen und Slowaken Gerüchte und Bedenken und ließ die Besorgnis gegenüber Einmischungen in den tschechoslowakischen Reformprozeß von außen wachsen, besonders gegenüber der SED als „Gastgeber" der Dresdner Zusammenkunft und Ulbricht persönlich.

Hagers Auftritt war keine spontane Meinungsäußerung, sondern eine bewußt gewählte Provokation! Die tschechoslowakische Öffentlichkeit reagierte ob der Tatsache, ausgerechnet von deutscher Seite kritisiert und attackiert zu werden,

34 Ebenda, 27. 3. 1968, S. 7.

35 Ebenda.

äußerst empfindsam. Das Unbehagen über Dresden wurde faßbar, und die Gegner der Reformen außerhalb der Grenzen wurden erkennbar.

Es schien fast undenkbar zu sein, daß ein deutscher Politiker, zumal noch ein sozialistischer „Freund" und „Bruder" aus der benachbarten DDR, tschechoslowakische Bürger öffentlich schulmeistert. Doch Hager und auch Ulbricht, als geistige Sachwalter der Lehren des Begründers des Marxismus, schienen dafür überhaupt kein Gespür zu haben. Im Jubiläumsjahr zum 150. Geburtstag von Karl Marx[36] verteidigten sie mit noch mehr Vehemenz die „Reinheit" der Lehre gegen Revisionisten wie Ernst Fischer[37], aber auch gegen die Reformkräfte in der KPČ. Hagers Angriff besaß auch eine politisch-strategische Funktion. Es ging aus Ulbrichts Sicht darum, die „Revisionisten" in der Führung der KPČ zu isolieren, und, um dieses Ziel zu erreichen, war es notwendig, die reale Fraktionierung an der Spitze der KPČ kenntlich zu machen.

Nicht nur die tschechoslowakische Öffentlichkeit empörte sich, auch die zuständigen Staatsorgane der ČSSR wurden aktiv. Bereits am 27. März 1968 gab es einen diplomatischen Protest des tschechoslowakischen Außenministers Václav David gegenüber dem DDR-Botschafter in Prag, Florin. David wies die Attacke von Hager gegen den Minister Smrkovský entschieden zurück.[38] In Berlin ersuchte der Botschafter der ČSSR in der DDR am 28. März im Hause des ZK der SED bei Honecker um eine Richtigstellung seitens der SED-Parteiführung. Sie erfolgte nicht.[39] Der tschechoslowakischen Protestnote folgten zahllose öffentliche Meinungsäußerungen in der Presse sowie im Rundfunk. Vor allem reformorientierte Parteimitglieder forderten nun Aufklärung über das, was sich beim Dresdner Treffen wirklich abgespielt hatte und warum ausgerechnet ein SED-Vertreter diese Töne gegenüber der ČSSR anschlug. Im Gegensatz zum Parteiblatt „Neues Deutschland" unterlag die „Rudé Právo" nicht mehr der Vorzensur durch den Apparat des Zentralkomitees der KPČ. „Rudé Právo" schloß sich in ihrer Berichterstattung dem Grundtenor der anderen tschechoslowakischen Medien an. Die Erklärungen Hagers betrachteten sie alle als eine „unqualifizierte Einmischung" in die inneren Angelegenheiten der ČSSR.[40]

---

36 Sein 150. Geburtstag war nach Ansicht der SED ein Höhepunkt der Arbeiterbewegung.

37 Über Ernst Fischer sprach Hager auf dem DDR-Philosophenkongreß vom 25./26. 3. 1968 im Kontext der These der Einheit von Philosophie und revolutionärer Bewegung der Arbeiterklasse: „Diese Feststellung hat aktuelle Bedeutung. Denn in jüngster Zeit werden unter dem Deckmantel eines angeblich ‚modernen Marxismus' von den österreichischen Publizisten Ernst Fischer und anderen solche Theorien und Konzeptionen vertreten, die weit entfernt sind von den Grundsätzen des Marxismus-Leninismus und seiner Philosophie." In: Neues Deutschland, 26. 3. 1968, S. 4.

38 Vgl. ÚSD-SK, K 1151.

39 Ebenda, K 112.

40 Vgl. Rudé Právo, 28. 03. 1968.

In der DDR bewertete die SED-Spitze einerseits diese Reaktionen als „verzerrte Berichte über die DDR". Die tschechoslowakische Seite wurde aufgefordert, die angeblich „verfälschte Wiedergabe eines Teiles der Rede des Genossen Hager auf dem Philosophenkongreß zu korrigieren".[41] In einer ernsten Unterhaltung des Ministers für Auswärtige Angelegenheiten der DDR mit dem Botschafter der ČSSR in der DDR am 1. April 1968 bezeichnete Otto Winzer[42] das Verhalten der tschechoslowakischen Medien als „nicht zuträglich" für die „freundschaftlichen Beziehungen" zwischen beiden Staaten. Insbesondere der Bericht des Berliner ČTK-Korrespondenten Kraus hätte „die Ausführungen des Genossen Hager entstellt" wiedergegeben. Der Botschafter Václav Kolář fragte Winzer erstaunt: „Sagen Sie das offiziell oder inoffiziell?" Die prinzipielle Antwort von Winzer lautete: „Als Genosse möchte ich darauf aufmerksam machen, daß Sie Ihrer Parteiführung und Regierung mitteilen sollen, daß die gegenwärtigen gegen die DDR und Genossen Hager gerichteten Aktionen nicht zum Nutzen des tschechoslowakischen Volkes sind."

Kolář wandte sich entschieden gegen den Vorwurf der entstellten Wiedergabe der entsprechenden Passagen der Hager-Rede. „Wir verstehen so viel deutsch, um zu verstehen, was Genosse Hager meinte", entgegnete er ziemlich aufgebracht. Er warf im weiteren Gespräch der SED vor, daß ihre Parteiführung sich nicht das erstemal in innere Angelegenheiten der Tschechoslowakei eingemischt hätte. Er bezog sich dabei auf SED-Positionen zu geistig-kulturellen Erscheinungen in der ČSSR vor 1968. Kolář und Winzer stritten sich heftig über die unterschiedlichen Ansichten zur Kulturpolitik. Der tschechoslowakische Botschafter verlangte eine Stellungnahme der Parteiführung der SED zur Hager-Rede. Winzer verteidigte Hager und beschuldigte nun ebenfalls Smrkovský: „Genosse Smrkovský ist im Westfernsehen aufgetreten, hat sich direkt in innere deutsche Angelegenheiten eingemischt mit seiner Bemerkung über das auch für uns gültige Modell. Das hat die Westpresse aufgegriffen und daraus eine Kampagne gegen die DDR entwickelt."[43]

Der unergiebige Streit zwischen beiden „Genossen Diplomaten" gipfelte in Winzers Vorwurf, daß die Zeitung „Rudé Právo" nichts über die Vorbereitung des Volksentscheides über die neue Verfassung in der DDR berichtete. Kolář stellte die DDR-Berichterstattung der Ungarns gegenüber und verwies darauf, daß sich über deren Veröffentlichungen in der ČSSR keiner aufgeregt habe. Abschließend machte er Winzer unverblümt darauf aufmerksam: „Die Verhältnisse sind bei uns

---

41 SAPMO-BArch, ZPA, J IV 2/202/292, Bd. 1.

42 Winzer Otto: 1965–1975 Minister für Auswärtige Angelegenheiten der DDR, Mitglied des ZK der SED.

43 SAPMO-BArch, ZPA, J IV 2/202/292, Bd. 1.

etwas anders als bei Ihnen. [...] Es ist auch ein anderer Zustand als noch vor einem halben Jahr."[44]

Der eigentliche Anlaß dieser Zusammenkunft, die Übergabe einer diplomatischen Note mit der Mitteilung über die Wahl von Armeegeneral Ludvík Svoboda zum Präsidenten der ČSSR am 30. März 1968, geriet völlig in den Hintergrund.

Kolářs Verhalten wurde in einer wenige Tage darauf „vertraulich" angefertigten Niederschrift für das Politbüro des ZK der SED „parteilich" eingeschätzt. Danach hegte er „persönlich Aversionen gegen einzelne frühere Führer des ZK der KPČ und persönlich gegen den Gen. Novotný". Weiter hieß es, daß er „es aus persönlichen Erwägungen für angebracht [hält], die im ZK der KPČ und in der ČSSR vor sich gehenden Veränderungen rückhaltlos zu unterstützen".[45] Václav Kolář war ein alter Kommunist, der unter Novotný aus dem Parteiapparat des ZK der KPČ ausgeschlossen und in eine Verwaltungsfunktion des tschechoslowakischen Außenministeriums versetzt wurde, bevor er als Botschafter in die DDR kam.

Hager selbst hatte seine Aufgabe erfüllt und äußerte sich nicht zu den angeblichen Entstellungen bei Wiedergabe seiner Rede in den tschechoslowakischen Medien. „Rudé Právo" informierte in dem Artikel „Schweigen und Vermutungen" am 31. März ihre Leser darüber, „wie ergebnislos das Bemühen der drei tschechoslowakischen, in der Hauptstadt der DDR akkreditierten Korrespondenten ausgegangen ist, die sich bemühten, ein Interview mit dem Mitglied des Politbüros des ZK der SED, Prof. Hager, zu erreichen". Die ČTK-Meldung, die über den „Umweg" von bundesdeutschen Medien in die DDR gelangte, daß der sowjetische Botschafter in der DDR Abrassimow bei Ulbricht im Auftrag seiner Parteiführung gegen die Hager-Rede protestiert haben soll, verstärkte in gewissen SED-Kreisen die Aversionen gegen die ČSSR-Medien. Doch Hager bekam keine Kritik aus Moskau, sondern Breshnew persönlich spendete ihm Lob und verteidigte ihn, wie Ulbricht auch, „vor den Angriffen der Revisionisten aller Seiten". So verkündete es jedenfalls Hanna Wolf mit Freude in der Stimme auf dem 6. Plenum des ZK der SED.[46]

Mit weniger Freude registrierte die Abteilung Internationale Verbindungen im ZK der SED die „kommentarlose Übernahme von ČTK-Meldungen" durch die Presse Rumäniens, Jugoslawiens und Kubas sowie kommunistischer Parteien nichtsozialistischer Länder. Das betrachtete die Abteilung als „Ausdruck eines Zurückweichens vor der ideologischen Auseinandersetzung mit dem Klassenfeind". Mehr noch, es sei „darüber hinaus ein Beweis dafür, daß es den westdeut-

44 Ebenda.

45 Ebenda.

46 Vgl. SAPMO-BArch, ZPA, J IV 2/1/214.

schen Imperialisten gelang, DDR- und SED-feindliche Stimmungen in kommunistische Presseerzeugnisse zu lancieren".[47] Einfallsreich reagierte die Prager „Volkszeitung". Sie konfrontierte DDR-Bürger mit den Aussagen Hagers über Smrkovský und veröffentlichte deren Meinungen in ihrem Blatt.[48]

Letztendlich blieb selbst Walter Ulbricht in dieser Angelegenheit nicht verschont. Auch er mußte sich vom Botschafter Kolář in einem Gespräch am 16. April 1968 nochmals die Einwände der ČSSR gegen die Hager-Äußerungen anhören. Auch wenn Kolář vermelden konnte, daß Dubček eingeschritten sei, um die Kampagne zu beenden, und er diese Angelegenheit nun als abgeschlossen betrachtete. Die Antwort Ulbrichts enthielt kein Wort der Entschuldigung oder der Zurücknahme der Vorwürfe gegen Smrkovský.[49] Er entgegnete dem tschechoslowakischen Botschafter: „Wir gehen aus von der Freiheit der Meinungsäußerung auf wissenschaftlichen Konferenzen. Bei Ihnen wird doch in der ČSSR gegenwärtig so viel von Freiheit gesprochen. Smrkovský hat sich die Freiheit genommen, im westdeutschen Fernsehen zu sprechen, und den ‚deutschen Sozialisten' Ratschläge erteilt. Er hat nicht das Recht, im kapitalistischen Fernsehen über den Sozialismus in der DDR zu sprechen. Das ist eine Einmischung in unsere Angelegenheiten. In Prag kann er erzählen, was er will, aber wenn er auf deutschem Boden uns eine Lektion erteilen will – so geht das nicht."[50]

Nach Ulbrichts Meinung beteiligten sich tschechoslowakischen Journalisten am psychologischen Krieg des Imperialismus gegen die DDR. „Dagegen hat sich Genosse Hager gewehrt." Er hatte „auf einer wissenschaftlichen Konferenz wirklich frei seine Meinung geäußert." Nun erhielt der Diplomat aus der ČSSR von Ulbricht eine „Lektion" über die SED-Interpretation von aktueller Medienpolitik: „Sie hätten die ganze Kampagne in der ČSSR nicht nötig gehabt. Jetzt liefern Sie das Material für den psychologischen Krieg des Imperialismus gegen den Sozialismus. Jeden Tag bekommt die Westpresse von Ihnen Material für den Kampf gegen das sozialistische Weltsystem. Warum müssen Sie die Toten ausgraben? Während in Westdeutschland die Jugendlichen mutig auftreten, vom Imperialismus geschlagen und getötet werden, liefern Sie das Material über den ‚Terror der Kommunisten'. Die ČSSR als Freund an unserer Grenze läßt eine solche Kampagne zu. Das geht nicht. Ich bitte Sie, das dem Genossen Dubček mitzuteilen. Das andere ist vergessen. Aber daß Sie alle Schwierigkeiten und Mängel

---

47 SAPMO-BArch, ZPA, A2/20/1017.

48 Vgl. unter anderem Prager „Volkszeitung", 5. 4. 1968, S. 5.

49 Das Gespräch zwischen Walter Ulbricht und Václav Kolář am 16. April 1968 wurde in einem Vermerk des Stellvertretenden Abteilungsleiters für Internationale Verbindungen des ZK der SED, Harry Ott, wiedergegeben. Am Gespräch nahmen außerdem teil: Günter Kohrt, Staatssekretär und 1. Stellvertretender Minister für Auswärtige Angelegenheiten der DDR.

50 SAPMO-BArch, ZPA, J IV 2/202/292, Bd. 1.

der Vergangenheit ausgraben, über die die Westpresse berichten kann, das ist zu viel, das ist schlimmer als zu Zeiten Chruschtschows."[51]

Ulbricht bezog sich in diesem Zusammenhang auf Presseartikel in der ČSSR, in denen schonungslos über stalinistische Unrechtsprozesse gegen tschechoslowakische Kommunisten und andere Bürger berichtet wurde, wie zum Beispiel den berüchtigten Schauprozeß gegen Rudolf Slánský[52]. Ulbrichts Vorwurf lautete: „Es gibt bei Ihnen eine Gruppe, die an der Ausgrabung der alten Geschichten interessiert ist. Von diesen Materialien kann die Konterrevolution einige Jahre leben."

Das Thema Rehabilitierung der kommunistischen Opfer der stalinistischen Repressionspolitik berührte Ulbricht existentiell. Er, der seit den 20er Jahren alle Parteisäuberungen in der KPD und SED überlebt hatte und an ihnen zugleich aktiv beteiligt war, hatte das Problem der Rehabilitierungen in der DDR vergleichsweise elegant gelöst. Als die überlebenden Genossen des Moskauer Exils nach 1956 aus den sowjetischen Lagern in die DDR zurückkehrten, wurden sie versorgt, aber zugleich zum Schweigen verdammt. In der Parteigeschichtsschreibung waren die gröbsten Fälschungen stillschweigend korrigiert worden, ohne die Frage aufzurühren, wieso es zu den Repressalien kam. Ulbricht wußte, der Umgang mit den innerparteilichen Opfern des stalinistischen Terrors war für die regierenden kommunistischen Parteien eine Existenzfrage. Er sprach mit Blick auf die Diskussion in der ČSSR darüber auf der 5. ZK-Tagung: „Ich weiß nicht, wieviele Prozesse dort geführt worden sind, wie man sagt. Nun gut, in der Übergangsperiode werden immer Prozesse geführt. Nicht darüber spreche ich, Prozesse werden in der Übergangsperiode geführt, das ist unvermeidlich.

Die Frage ist nur, in welchem Ausmaß das notwendig ist, wie man die Sache macht und ob man die demokratischen Bestimmungen der Verfassung dabei respektiert. Da sind eine Reihe Prozesse durchgeführt worden, für die es keine Begründung gab. Ich sage das jetzt hier vertraulich. Das bezieht sich auf die Prozesse, die mit Slánský zusammenhängen. Slánský wurde beschuldigt des Verrates und der Zusammenarbeit mit Agenturen usw. Das hing alles mit dieser Agententätigkeit in Budapest, mit Field usw. zusammen. Wir haben damals vertraulich leitende Genossen nach Prag geschickt und auch nach Budapest mit dem Ersuchen an die Staatsführung, sie möchten uns die Unterlagen geben, damit wir in der Lage sind, richtig zu argumentieren. Die Genossen haben unseren Leuten alle

51 Ebenda.

52 Vgl. Hodos, Georg Hermann: Schauprozesse: Stalinistische Säuberungen in Osteuropa 1948–54, Aktualisierte Lizenzausgabe für die Deutsche Demokratische Republik und die sozialistischen Länder mit Genehmigung des Campus Verlages Frankfurt am Main/New York, Berlin 1990.

Unterlagen gezeigt, sowohl in Prag als auch in Budapest. Unsere Genossen sind zurückgekommen. Wir haben keine Beweise gefunden. Das wurde so, wie ich es jetzt hier sage, in unserem Politbüro berichtet. Daraufhin wurde im Politbüro bei uns festgelegt, daß wir uns nicht in die Angelegenheiten dort in der Tschechoslowakei einmischen können. Wir sagten: Wir verstehen nicht, warum das gemacht wurde, wir kennen die Zusammenhänge nicht, aber wir werden darüber nicht weiter berichten. Wir werden uns nicht irgendwie engagieren. Und als gefordert wurde, daß ein paar Leute, die mit diesen Dingen zu tun haben, Einreiseerlaubnis in die DDR bekommen, wurde ihnen die Einreiseerlaubnis verweigert. Das heißt, der Versuch, die Sache auf die DDR auszudehnen, mißlang, weil ich angeordnet hatte, daß diese Leute die Grenze nicht überschreiten durften. Damit war die Sache in Ordnung. Diese ganze Geschichte spielt heute selbstverständlich noch eine Rolle. Fünf oder zehn Jahre später, 1960, wurde die Sache wieder aufgegriffen und eine Kommission eingesetzt. Diese Kommission untersuchte das Ganze, aber von dem Bericht dieser Kommission hat niemand etwas erfahren. Entweder sie wurde aufgelöst, oder sie hat sich selbst aufgelöst. (Erich Honecker: Vor zwei Jahren hat man ein 30seitiges Dokument herausgegeben.) Dann hat man noch einmal angefangen. Sie haben immer wieder gesagt, daß Fehler gemacht worden sind, daß Slánský aber schuldig gewesen sei. Aber es gab für diese Angaben keine Beweise; denn wenn sie Beweise gehabt hätten, hätten sie sie schon damals gehabt, als der Prozeß stattfand. Inzwischen können doch nicht irgendwie durch Wunder Beweise erschienen sein. Das heißt, sie haben die ganze Sache schleifen lassen. Es hat sich aber herumgesprochen, wie das so üblich ist, daß die ganze Sache faul ist, und jeder weiß, daß die Sache nicht stimmt. Aber in der Parteiführung und in der Staatsführung gab es keine Entscheidung darüber. Und daraus ist zu erklären, warum jetzt eine ganze Menge alter Geschichten hochkommen."[53]

Ulbricht hatte kein Interesse daran, daß ähnliche „Geschichten" in der Öffentlichkeit der DDR behandelt werden. Die zuständigen Parteiorgane orientierten vielmehr die Journalisten nach der Dresdner Tagung darauf, in ihren Veröffentlichungen verstärkt die Gefährlichkeit des „westdeutschen Imperialismus", insbesondere das Wirken neonazistischer Kräfte und der sudetendeutschen Landsmannschaft herauszustellen. Das sollte den tschechoslowakischen Genossen den Blick für den „Klassenfeind" schärfen helfen. Dafür lieferten die Auslassungen neonazistischer und sudetendeutscher Vertreter in der BRD auch ausreichendes Material.

Doch die Aufforderung an die KPČ, dafür zu sorgen, daß sich weniger „Westjournalisten" frei in der ČSSR tummeln könnten, die sogar sozialistische Betrie-

---

53 SAPMO-BArch, ZPA, IV 2/1/212.

be besuchten[54], und daß tschechoslowakische Bürger nicht unerlaubt im Rundfunk und Fernsehen der BRD auftreten dürften, wie jüngst wieder Goldstücker im RIAS („denn wer mit RIAS geht, der geht mit den Amerikanern" – Ulbricht), wurde in Prag nicht befolgt. Zum einen konnten und wollten die tschechoslowakischen Reformer die neu gewonnene Pressefreiheit nicht sofort wieder „abwürgen", schon gar nicht auf Geheiß der SED. Zum anderen stellten Pressevertreter der ČSSR fest, daß „zahlreiche westdeutsche Journalisten sehr objektiv über die Ereignisse in der ČSSR berichten".[55]

Der „Pressekrieg" zwischen den SED-Medien und den ČSSR-Medien erhielt im April 1968 seine besondere „Würze" durch die Vorbereitung des Volksentscheids über die neue Verfassung in der DDR. Ulbricht hatte auf der 5. ZK-Tagung darüber gesprochen und sein ZK für dieses Thema sensibilisiert.

Ulbricht beschäftigte sich in einer Rede auf dem 5. ZK-Plenum der SED auch mit dem Fahrplan für die Verabschiedung der neuen sozialistischen Verfassung der DDR. Das Procedere berücksichtigte bereits die tschechoslowakischen Ereignisse: „Das Politbüro hat über die Frage, wie der Entscheid über die Verfassung erfolgen soll, mit den Generalsekretären der Blockparteien und den Vorsitzenden der gesellschaftlichen Organisationen Vorbesprechungen geführt. Dort wurde vereinbart, vorzuschlagen, daß am 6. April ein Volksentscheid über die neue Verfassung der Deutschen Demokratischen Republik durchgeführt werden soll. Die Frage steht also hier zur Aussprache und zur Beschlußfassung. Ich möchte hier ausdrücklich betonen, daß wir uns alle der Verantwortung bewußt sein müssen, was es bedeutet, über diesen Verfassungsentwurf, wie er jetzt vorliegt, einen Volksentscheid durchzuführen. Selbstverständlich wird jeder Genosse sagen, das ist die stärkste Form der Entscheidung und der Bestätigung unserer sozialistischen Ordnung, die möglich ist. Aber wir sollen uns auch klar sein, daß wir nicht allein leben in Europa, daß wir damit rechnen müssen, daß der Gegner seine Kampagne unter Ausnutzung der Ereignisse in der Tschechoslowakei führt, um die Aufweichungspropaganda bei uns zu betreiben..."[56]

Die Zeitungen in der DDR waren voll mit zustimmenden Bekenntnissen zum SED-Verfassungsentwurf. Sie kolportierten auftragsgemäß den von Ulbricht geprägten Grundsatz: „Alle Grundfragen haben wir in der Verfassungskampagne

---

54 Ulbricht zu Kolář am 16. 04. 1968: „Was haben kapitalistische Journalisten in den Betrieben zu suchen? Bei uns werden die Betriebe gegen Spionage gesichert. Sie lassen die Leute rein. Sie werden das noch teuer bezahlen müssen. Westdeutschland wird Ihnen eines Tages die Rechnung dafür präsentieren."

55 Einschätzung von Miroslav Jelinek, Chefredakteur der tschechoslowakischen Jugendzeitung „Mlada Fronta" in einem Gespräch mit Vertretern der DDR-Jugendzeitung „Junge Welt" am 29. 3. 1968 in Prag, in: SAPMO-BArch, ZPA, IV A 2/902/82.

56 SAPMO-BArch, ZPA, IV 2/1/212.

beantwortet, und wir haben den Blick nach vorn gerichtet"[57]. Diesem Bild hielten tschechoslowakische Journalisten entgegen, daß bei ihnen in der ČSSR alle Meinungen in der Presse veröffentlicht wurden, wie zum Beispiel bei der Präsidentenwahl. Die Leute brauchten in der ČSSR nicht mehr nur „Ja oder Nein" zu dem sagen, was ein „Zentrum" vorgibt wie in der DDR.[58] Tschechoslowakische Journalisten waren vor der Volksabstimmung in die DDR gereist, um über deren Verlauf zu berichten. Ihre Interviews mit DDR-Bürgern folgten nicht den Mustern des SED-Journalismus. Sie enthielten auch kritische und „negative" Einschätzungen über die DDR. Der Korrespondent der deutschsprachigen Prager „Volkszeitung" Jan Sieredzki hatte am 5. April in Dresden Gespräche auf der Straße geführt. Eine Verkäuferin antwortete auf die Frage, ob sie am 6. April beim Volksentscheid mit Ja stimmen würde, daß sie ja sowieso keine andere Wahl hätte. Ein anderer junger Bürger gab auf die Frage nach der persönlichen Freiheit in der DDR folgende Antwort: „Der Daumen und der Zeigefinger wären in der Republik die wichtigsten Finger. Der Zeigefinger gehöre auf den Mund als Ausdruck dessen, daß er nicht frei seine Meinung äußern könne, der Daumen als Zeichen dessen, daß sie nach hinten sehen müßten, ob nicht ein Spitzel auf sie aufpassen würde."[59]

Zwischen den parteitreuen SED-Journalisten und den kritischen KPČ-Kollegen tat sich im Frühjahr 1968 eine tiefe Kluft auf. Die Kluft hieß „Pressefreiheit". Die einen scheuten sie wie der Teufel das Weihwasser, und die andern waren davon überzeugt, daß es ohne Pressefreiheit auch keine Freiheit für das arbeitende Volk geben könne und umgekehrt. Für die SED war die tschechoslowakische Pressefreiheit bereits Ausdruck der Konterrevolution, und die in diesem Sinne tätigen Journalisten verbreiteten „revisionistisches" und „konterrevolutionäres" Gedankengut.

Die Presseauseinandersetzung mit dem Reformkurs in der ČSSR wurde in der DDR in den folgenden Monaten verstärkt und erreichte ihren Höhepunkt unmittelbar nach der militärischen Invasion vom 21. August 1968. Hauptbeteiligte daran waren das die Tageszeitungen „Neues Deutschland", die „Junge Welt", das Organ der Jugendorganisation FDJ, und das DDR-Hauptstadtblatt „Berliner Zeitung".

---

57 SAPMO-BArch, ZPA, IV 2/1/212.

58 Über den Entwurf der Verfassung konnten die Bürger der DDR am 6. April 1968 durch das Ankreuzen des für „Ja" oder „Nein" vorgesehenen Kreises auf dem amtlichen Abstimmungszettel votieren. Von 12.208.986 abstimmungsberechtigten Bürgern hatten 11.970.889 am Volksentscheid teilgenommen und 11.536.803 mit „Ja" gestimmt.

59 SAPMO-BArch, ZPA, IV A 2/902/82.

Kapitel 3

Die SED in der sowjetischen Antireformkoalition

Das Aktionsprogramm der KPČ vom April

Unter dem Titel „Der Weg der Tschechoslowakei zum Sozialismus“ beschloß die KPČ am 5. April 1968 den Text ihres Aktionsprogramms. Darüber informierte das „Neue Deutschland“ in einer kurzen Meldung, ohne jedoch etwas über den Inhalt mitzuteilen.[1]

Die Tagung des ZK der KPČ vom 28. März bis 1. April 1968 – oft als April-Plenum bezeichnet – beschleunigte den Reformprozeß, und zwar in zweifacher Hinsicht. Erstens beschloß das ZK das lang erwartete Aktionsprogramm, das „Rudé Právo“ am 10. April veröffentlichte. Zweitens erfolgten weitere wichtige Kaderveränderungen. Smrkovský wurde Mitglied des Präsidiums des ZK und zum Vorsitzenden der Nationalversammlung bestimmt, General Ludvík Svoboda wurde für das Amt des Präsidenten nominiert und ein weiterer Repräsentant der Reformer, Čestmír Cisař, zum Sekretär des ZK für ideologische Arbeit gewählt. Die Zusammensetzung des Präsidiums der ZK sah „nach dem April“ wie folgt aus: Reformer – Alexander Dubček, Josef Smrkovský, František Kriegel, Oldřich Černík, Josef Špaček[2], František Barbírek[3]; Neokonservative – Vasil Bil'ak, Drahomír Kolder, Jan Piller[4] und – später – auch Emil Rigo[5] und Oldřich Švestka[6]. Die Anhänger Novotnýs wurden nicht zu Vollmitgliedern des ZK, sondern nur zu Kandidaten (Josef Lenárt, Antonín Kapek und Martin Vaculík[7]) gewählt. Aus dem Lager der Reformer wurden Dubček, Císař[8], Václav Slavík, Zdeněk

1 Vgl. Neues Deutschland, 6. 4. 1968, S. 7.

2 Špaček, Josef: langjähriger Parteisekretär in Brno, seit Januar 1968 Sekretär des ZK der KPČ.

3 Barbírek, František: Sekretär der Kommunistischen Partei der Slowakei und stellvertretender Vorsitzender des Slowakischen Nationalrates.

4 Piller, Jan: 1968 Leitender Sektretär der KPČ für die Kreisorganisation Mittelböhmen, Mitglied des Präsidiums des ZK der KPČ.

5 Rigo, Emil: Parteisekretär eines Hüttenwerkes in Košice, seit Januar 1968 Mitglied des Präsidiums des ZK der KPČ.

6 Švestka, Oldřich: seit 1958 Chefredakteur der Parteizeitung „Rudé Právo“.

7 Vaculík, Martin: 1966 bis 1968 Leitender Sekretär der Stadtleitung Prag der KPČ.

8 Císař, Čestmír: 1965 bis 1968 Botschafter in Rumänien.

Mlynář[9] und Štefan Sádovský[10] zu Sekretären des ZK gewählt, aus dem neokonservativen Lager Bil'ak, Kolder, Alois Indra, und aus dem Novotný-Lager Lenárt. Šik wurde nicht in das Präsidium gewählt – das war ein Mißerfolg der Reformer. Das Kräfteverhältnis an der Spitze der Partei spiegelte sich auch in der Zusammensetzung der neuen Regierung unter Ministerpräsident Černík wider.

Der wichtigste Fortschritt für den Reformprozeß war die Verabschiedung des Aktionsprogramms der KPČ und die Bestätigung der im Referat Dubčeks abgesteckten Linie. Das Aktionsprogramm war der erste Entwurf eines komplexen Übergangs vom Sozialismus sowjetischen Typs zu einem demokratischen Sozialismus. Die Konsequenz dieser Konzeption lief darauf hinaus, daß die KPČ im Ergebnis des inner- und außerparteilichen Wandlungsprozesses den Anspruch aufgab, der „universelle Verwalter" und die einzig herrschende politische Kraft der gesamten Gesellschaft zu sein.

Dieser Anspruch setzte jedoch voraus, den ganzen Parteiapparat in den einer „normalen" Partei zu verwandeln und die Macht einer kleinen Gruppe von Politbürokraten zu beseitigen. Das bedeutete eine Reaktivierung der gesetzgebenden und exekutiven „Machtzentren" des Staates und seiner Verwaltung, eine Neuordnung der Lenkung der Wirtschaft, der Wissenschaft, Kultur, des Schulwesens und des gesamten Lebens der Gesellschaft. Es bedeutete aber auch die Preisgabe der Praxis, die nichtkommunistischen Parteien und gesellschaftlichen Interessenorganisationen als bloße „Transmissionsriemen" der kommunistischen Partei zu benutzen. Die innere Demokratisierung der KPČ besaß bei dieser Transformation Priorität; nur dadurch war es überhaupt möglich, daß die Mitglieder der KPČ sich aktiv in die Gestaltung der Politik einmischen und die Leitungen, einschließlich der Sekretäre, aller Organe und auf allen Stufen der Parteiorganisation frei wählen, kritisieren und abberufen konnten. Der Inhalt der Politik der KPČ sollte sich qualitativ verändern. Das Aktionsprogramm war als Programm einer politischen Partei konzipiert, die sich „nur" noch mit Politik befassen sollte. Dabei wurde betont, es obliege ihr, auch für die Einhaltung der grundlegenden Bürgerrechte und Freiheiten sowie der Interessen und Meinungen der Minderheiten zu sorgen und die ökonomischen und geistigen Interessen aller sozialen Schichten der Bevölkerung zu vertreten.

In Zukunft sollten sich weder die Parteigliederungen noch der Apparat der KPČ damit befassen, was sie bislang vor allem beschäftigt hatte: mit der Lenkung der Volkswirtschaft, der Produktion, der Gängelung von Technik, Wissenschaft, Kultur, Kunst und des Schulwesens. Kurz gesagt, die Methode des Kasernenhofsozialismus, das Kommandieren, sollte abgeschafft werden.

9 Mlynář, Zdeněk: 1964 bis 1968 Sekretär der Rechtskommission beim ZK der KPČ.
10 Sádovský, Štefan: slowakischer Parteifunktionär.

Es gehörte zu den Intentionen des Programms, daß die Regierung schnell entsprechende Gesetzesvorlagen vorbereiten und dem Parlament vorlegen sollte. Novelliert werden sollten das Pressegesetz, die Gesetze über die Versammlungs- und Vereinsfreiheit und die Reise- und Ausreiseregelungen. Die Bürger der ČSSR sollten auch in das kapitalistische Ausland ausreisen und sich dort aufhalten dürfen. Allerdings sah das Aktionsprogramm noch kein neues Wahlgesetz vor, das freie Wahlen ermöglicht hätte. Ein sozialistischer Rechtsstaat sollte entstehen.

Zu einem bedeutsamen Bestandteil der Demokratisierung des politischen Systems sollte die föderative staatsrechtliche Ordnung der Tschechoslowakei werden. Nach dem Programm wollte man dieses Ziel etappenweise in den nächsten zwei Jahren erreichen.

Eine wichtige politische Aufgabe war die Rehabilitierung und Entschädigung aller Bürger, die Opfer politischer Prozesse nach dem Februar 1948 waren, sowie die Ermittlung und Bestrafung der Schuldigen[11].

In der Wirtschaft sollte das „Programm der Demokratisierung" mit den politischen Reformen verbunden werden. Durch eine Synthese von Plan und Machtmechanismen wurde angestrebt, die Wirtschaftseffizienz zu erhöhen. Die Betriebe und Kombinate sollten von direkter staatlicher Lenkung unabhängiger werden, der von der Nationalversammlung beschlossene Volkswirtschaftsplan sich auf Eckdaten beschränken. In den Betrieben sollten Verwaltungsräte entstehen, in denen Betriebsräte als Vertreter der Belegschaft, aber auch andere Interessengruppen, wie zum Beispiel Vertreter der Region und der Banken, Sitz und Stimme hätten. Diesem Verwaltungsrat sollten der Direktor und seine Geschäftsleitung unterstehen. Im Dienstleistungsbereich waren wieder kleine Privatbetriebe vorgesehen.[12]

Auf dem Gebiet der Außenpolitik bekannte sich das Programm weiterhin zur Priorität des Bündnisses mit der UdSSR und dem „sozialistischen Lager". Dies wurde mit der Notwendigkeit der Verteidigung gegen den Imperialismus, namentlich gegen den deutschen, begründet. Zum Unterschied von dieser traditionellen These, die für den „Prager Frühling" mit Blick auf die ungarischen Lehren von 1956 eine Existenzbedingung war, enthielt der außenpolitische Teil des Programms trotzdem manche „ketzerischen" Thesen: eine aktive europäische Politik der Tschechoslowakei, Unterstützung der „realistischen" Kräfte in der Bundesre-

11 Janáček/Moravec: Mezník i rozcestí reformního hnutí (duben-květen), in: Československo roku 1968, 1. díl, S. 67.

12 Vgl. Das Aktionsprogramm der KPČ und Kosta, Jiří: Bemerkungen zum Aktionsprogramm, in: Crusius, Reinhard/Kuehl, Herbert/Skála, Jan/Wilke, Manfred (Hg.): ČSSR – Fünf Jahre Normalisierung. 21. 8. 1968/21. 8. 1973, Dokumentation, Hamburg 1973, 2. Aufl., S. 23ff.

publik Deutschland, die Zusammenarbeit mit Frankreich und anderen west- und nordeuropäischen Staaten, die Notwendigkeit einer politischen Lösung der Krise im Nahen Osten. In bezug auf Deutschland ging das Programm von der Existenz zweier deutscher Staaten aus.

Das ganze Programm verschloß sich nicht einer weiteren Entwicklung im Verlauf der Diskussionen und den gesellschaftlichen Wandlungen in Partei und Gesellschaft. Diese Offenheit erwies sich als wichtig, insbesondere bei der Formulierung des Programms für den XIV. Außerordentlichen Parteitag, der im Herbst des Jahres stattfinden sollte. Blieben doch die Thesen des Aktionsprogramms an manchen Stellen noch dem innerparteilichen Kräfteverhältnis verpflichtet, wie es im März zwischen Reformern und Konservativen bestand.

Auf dem „April-Plenum" wurde schon die Frage erörtert, ob nicht eine grundlegende Reform der KPČ durchgeführt und mit Hilfe eines außerordentlichen Parteitages ein neues, von Novotný-Leuten freies Zentralkomitee und Präsidium gewählt werden müßte. Dieses Vorgehen, das die radikalen Anhänger der Reform aus dem Umkreis der Prager Stadtparteileitung forderten, wurde jedoch vom Plenum abgelehnt; weder Dubček noch seine Anhänger stimmten dafür.

Das führte natürlich zu einer Verlangsamung des Reformtempos, denn das alte, noch unter der Regie Novotnýs gewählte ZK war im Grunde gegen die Reformen. Vielleicht war diese Entscheidung auch ein ernsthafter Fehler – insbesondere wenn man bedenkt, daß nur zwei Monate später das ZK einen außerordentlichen Parteitag einberief, der die geforderte Parteireform beschließen sollte. Man darf allerdings auch nicht vergessen, daß der Reformkurs im April noch nicht in der Weise die Parteibasis erfaßt hatte, wie das im Juni-Juli der Fall war, als nach einem Beschluß des ZK von Ende Mai die Wahlen der Delegierten für den XIV. Außerordentlichen Parteitag der KPČ erfolgten. (Diese Delegierten konstituierten sich nach der militärischen Invasion vom 21. August 1968 zum illegalen Parteitag in einer Fabrik in Prag-Vysočany).

Von der tschechoslowakischen Gesellschaft wurde das Aktionsprogramm positiv aufgenommen. Eine Befragung ergab: 22 Prozent der Teilnehmer glaubten an seine Erfüllung und 56 Prozent wenigstens an eine teilweise Erfüllung. Aber das „Ein-Parteien-System" fand schon damals in der Gesellschaft keine Resonanz mehr: 75 Prozent der Befragten sprachen sich für die Möglichkeit aus, unter mehreren politischen Parteien wählen zu können. In ähnlichem Geist und bei einem ähnlichen Kräfteverhältnis verlief auch die Diskussion in der Presse, in Rundfunk und Fernsehen. Im ganzen überwog – auch wenn entgegengesetzte Stimmen zu hören waren – die Zustimmung zum Sozialismus, allerdings nur zu einem reformierten, demokratischen.[13]

---

13 Janáček/Moravec: Mezník i rozcestí reformního hnutí, S. 71.

In den Diskussionen, deren eruptiver Charakter sich „nach dem April" weiter verstärkte, ging es jedoch nicht nur um programmatische Fragen. Diskutiert wurden vornehmlich einzelne konkrete Probleme der Verwaltung der Gesellschaft, tägliche Sorgen der Bürger, Fragen der jüngsten bewegten Geschichte, das Verhältnis zur UdSSR usw. Die Diskussion war scharf und offen, und bald überwog das Thema der fünfziger Jahre mit ihren Verbrechen gegen die Menschlichkeit und der „Deformation des Sozialismus", wie es damals hieß. Die KPČ wurde dabei erbarmungslos an den Pranger gestellt und ihre Führer, beginnend mit Klement Gottwald, namentlich angeklagt. Gegen diese gesellschaftliche Abrechnung mit der jüngsten Geschichte wußte sich die Reformführung um Dubček, der mit dem Wesen der Kritik in großem Maße übereinstimmte, nicht anders zu helfen als mit dem Versuch einer „Flucht nach vorne". Sie wollte die Wahrhaftigkeit ihres Vorhabens mit einer schnellen Verwirklichung der Reform generell und der Rehabilitierung der Opfer politischer Willkür im besonderen unter Beweis stellen. Die Rehabilitierungen begannen tatsächlich und wurden beschleunigt durchgeführt, wenn auch nicht so umfangreich wie es aus der Sicht der Opfer und ihrer Angehörigen erforderlich war.

Hand in Hand mit dieser Diskussion begann man, Grundlagen für die Erneuerung der Bürgergesellschaft zu schaffen, und zwar in zweierlei Richtung. Einerseits verwandelten sich die schon bestehenden Massenorganisationen aus „Transmissionsriemen" der KPČ in eigenständige Organisationen, die den Willen der ihnen verbundenen Bürger zum Ausdruck brachten, andererseits entstanden ganz neue Vereinigungen, die sich eine eigene Programmatik gaben.

Für die erste Richtung war vor allem die fortschreitende Emanzipation der sogenannten Massenorganisationen charakteristisch – von den Gewerkschaften über den Jugendverband bis zu den Bienenzüchtern und Anglern. Der Prozeß der Emanzipation der Gewerkschaften von der Partei war nicht gerade der schnellste, denn dort hatte noch eine gewisse Zeit die Gewerkschaftsbürokratie das Heft in der Hand, die eng mit dem System Novotnýs verknüpft gewesen war, zumal die Masse der Arbeiter relativ langsam in Bewegung kam. Dennoch gelang es, einen neuen Zentralrat mit Karel Poláček an der Spitze zu wählen. Es begann eine ausgedehnte Diskussion innerhalb der Gewerkschaften, aus der bereits der Schluß gezogen wurde, daß die Gewerkschaften aufhören müßten, ein „Transmissionsriemen" zu sein, und zu ihren alten Funktionen zurückkehren müßten – zur Verteidigung der sozialen und beruflichen Interessen der Arbeiter und Angestellten.

Stürmischer war – dem Temperament junger Menschen entsprechend – die Entwicklung der einheitlichen Jugendorganisation[14]. Relativ schnell wurde eine eigene Vereinigung der Hoch- und Fachschulstudenten gegründet. Im Unter-

14 ČSM: Československý svaz mládeže (Tschechoslowakischer Jugendverband).

schied zu den Gewerkschaften, wo sich nur die Föderation der Lokführer abspaltete, existierte der bisherige einheitliche kommunistische Jugendverband bald nicht mehr. So entstand im Kontrast zur „Pionierorganisation" der Kinder die Pfadfinder-Organisation „Junák". Aus dem ČSM wurde nun ein Jugendverband unter mehreren, obendrein eine relativ mitgliederschwache Organisation. Die Studenten schufen um ihre Zeitschrift „Student" die vielleicht radikalste Fraktion der reformatorischen, von der KPČ unabhängigen Bewegung.

Auch die Kirchen beteiligten sich an der Emanzipationsbewegung[15], insbesondere die Tschechoslowakische Hussitengemeinde, die Böhmischen Brüder und die Katholische Kirche, die die Vormundschaft des kommunistischen Exponenten Pater Josef Plojhar[16] abschüttelten. Das Staatssekretariat für Kirchenfragen blieb vorläufig noch erhalten, die Kirche gewann aber in der Person seiner Direktorin Erika Kadlecová[17] einen seriösen Partner auf Regierungsebene. In den Tagen vom 31. März bis zum 5. April trat in Prag eine große christliche Friedensversammlung zusammen, die sich „für einen Dialog mit den fortschrittlichen Marxisten" aussprach und forderte, die kirchlichen Angelegenheiten in Ordnung zu bringen.

Auch weitere „Transmissionsriemen" gerieten in Bewegung – die nichtkommunistischen Parteien der Nationalen Front, die bislang in der Tat nur ein Feigenblatt für die Alleinherrschaft der Kommunisten waren (das bezeugen selbst die offiziellen Zahlen: die Tschechoslowakische Sozialistische Partei hatte 10.715 Mitglieder, die Tschechoslowakische Volkspartei 20.642, die Slowakische Partei der Erneuerung 354 und die Slowakische Freiheitspartei 348). Nun wuchsen diese Parteien schnell, tauschten ihre Führungen aus und nahmen Emanzipationsprogramme an, durchweg auf demokratisch-sozialistischer Basis. Die Repräsentanten dieser Parteien im Parlament waren verläßlichere Stützen der Reform als einige ihrer kommunistischen Partner. Markant zeigte das die Wahl Smrkovskýs zum Präsidenten der Nationalversammlung, für den sie votierten, während ein Teil der Kommunisten gegen ihn stimmte. Ähnlich auch im Fall von František Kriegel, als er zum Vorsitzenden der Nationalen Front gewählt wurde.

Für die weitere Entwicklung war die Gründung einer Aktionsgruppe für die Erneuerung der sozialdemokratischen Partei (22. März) ein besonders wichtiges Ereignis. Eine solche Partei hätte die Sicherung des Machtmonopols der KPČ

---

15 Vgl. Horlacher, Wolfgang: Zwischen Prag und Moskau: Augenzeugenbericht, Analyse, Dokumente, Stuttgart-Degerloch 1968, S. 72ff.

16 Plojhar, Josef: katholischer Geistlicher, der seit 1948 die kommunistische Kirchenpolitik in der ČSSR durchsetzen half; führender Politiker der Volkspartei bis April 1968.

17 Dr. Kadlecová, Erika: sie wurde am 25. März 1968 zur Leiterin des tschechoslowakischen Staatssekretariats für Kirchenfragen ernannt.

besonders gefährdet und rief deshalb großen Unwillen in Moskau und (Ost)-Berlin hervor. Diese Aktionsgruppe schuf auch eine Art Verbindung zwischen den sich erneuernden und den neu entstehenden Organisationen. Neben den bereits erwähnten Gruppen der Jugend waren das der Klub engagierter Parteiloser („KAN") und der Klub „K 231". „K 231" war der Klub ehemaliger politischer Gefangener und benannte sich nach dem Paragraphen des Strafgesetzbuches, aufgrund dessen in den fünfziger Jahren die meisten politischen Urteile gefällt worden waren.

Der Klub „K 231" konzentrierte sich auf die Kritik der politischen Prozesse und anderer Willkürmaßnahmen in den fünfziger Jahren, insbesondere in den Gefängnissen und Zwangsarbeitslagern, und verlangte die Bestrafung der Schuldigen sowie die Rehabilitierung der Opfer. „KAN" widmete sich dem ganzen Spektrum politischer Probleme. Obwohl diese Organisation der KPČ gegenüber als vollkommen eigenständig auftrat, blieb ihr Programm einem demokratischen Sozialismus verpflichtet. „KAN" konzentrierte die jüngere, parteilose, aber politisch interessierte Intelligenz und hatte die Ambition, sich zu einer unabhängigen, vollberechtigten politischen Partei zu entwickeln. Diese Absicht war aber – wie später Václav Havel, einer ihrer Initiatoren, formulierte – in dieser Zeit nicht gerade realistisch.

Eine wichtige Wurzel des Emanzipationsprozesses war die Kultur. Schriftsteller und Vertreter aller anderen Künste waren diejenigen, die diese Liberalisierung schon im Jahre 1967 beginnen wollten. So war es nicht verwunderlich, daß am 26. März die Repräsentanten aller Künstlerverbände in einem Brief an Dubček ihre entschiedene Unterstützung für die Reformbestrebungen und -strömungen in der KPČ erklärten. Zugleich lehnten sie jede fremde Einmischung in die inneren Angelegenheiten der Tschechoslowakei, wie in Dresden angekündigt, eindeutig ab. Im Rahmen des Schriftstellerverbandes entstand ein Kreis unabhängiger Schriftsteller – die Nichtkommunisten. Zu einem wichtigen Schritt für die Stärkung der Position der kreativen Intelligenz in der Politik wurde die Einrichtung eines Koordinationskomitees der schöpferischen Verbände („FITES") am 15. Mai.[18]

Parallel mit dieser Strukturierung der Grundlagen einer Bürgergesellschaft lief in den Massenmedien eine immer stärker werdende kritische Kampagne, die allerdings zweischneidig war. Einerseits förderte sie die Entfaltung einer Bürgergesellschaft, andererseits nahm sie jedoch in manchen Punkten keine Rücksicht auf die Politik als Kunst des Möglichen und lieferte Moskau, Berlin, Warschau und Sofia, zum Teil aber auch Budapest, Munition für ihre gegen Prag und Bratislava gerichteten Kampagnen.

---

18 Vgl. Jechová, K.: Wandlungen des Prager Frühlings, Prag 1993, S. 100.

Auch die nationale Spezifik der Beziehung zwischen Tschechen und Slowaken bekam ein größeres Gewicht. Die slowakische Frage wirkte für die Ingangsetzung des Reformprozesses wie ein Katalysator, wenn nicht sogar wie eine Art Initialzündung. Im Laufe des Frühjahrs wurde daraus eine Bewegung zur Föderalisierung der ČSSR. Das war eine widersprüchliche Angelegenheit: Einerseits befriedigte sie die gerechten nationalen Forderungen der Slowaken und erweiterte die Reformströmungen, andererseits jedoch (als auch Neokonservative vom Typ eines Bil'ak die Flagge der Föderalisierung hißten) führte diese Bewegung in der Slowakei zu einem geringeren Demokratisierungsdruck als in den böhmischen Ländern. Auch separatistische Stimmen wurden laut, die nostalgisch Tisos[19] klerofaschistische Slowakei in Erinnerung riefen – was wiederum in Böhmen aufhorchen ließ und Aversionen hervorrief. Dennoch entwickelte sich die Demokratisierung auch in der Slowakei in ähnlicher Weise und Richtung wie in den böhmischen Ländern. An der Spitze dieser Bestrebungen stand zuerst eine einheitliche Gruppierung der Intelligenz um Gustáv Husák, der eine Zeitlang erfolgreich mit dieser Strömung segelte. Aber am 20. April spaltete sich dieser Strom, als aus dem Redaktionsrat der Wochenschrift slowakischer Schriftsteller „Kultúrny život" Husáks enge Freunde, geführt von dem Dichter Ladislav Novomeský – der ebenso wie Husák Märtyrer der fünfziger Jahre war – austraten. Ein Vorwand für dieses Auseinandergehen war die Tatsache, daß die Zeitschrift während des Sechs-Tage-Krieges 1967 eindeutig auf seiten Israels gestanden hatte. Offenbar belehrt durch die Erfahrungen, die er in den fünfziger Jahren gesammelt hatte, und bemüht, eine Verbindungslinie zur sowjetischen Politik zu finden, war Husák dagegen aufgetreten.

Der emanzipierte Teil der slowakischen Kulturfront bemühte sich, die fortgesetzten Bestrebungen nach einer Föderalisierung mit dem Kampf um Demokratisierung zu verbinden. Dieser Flügel war jedoch nicht stark genug, so daß seine Bemühungen nicht in gleicher Weise in die führenden Parteikreise vordrangen wie in Prag, wo Dubček die Demokratisierung vorantrieb, während sie in Bratislava Bil'ak hintertrieb. Doch auch die slowakische Entwicklung stand mit dem Aktionsprogramm im Einklang, das Föderalisierung und Demokratisierung, als zwei Seiten ein- und derselben Medaille, verknüpfte. Auf dem Weg dahin mußte freilich auf beiden Seiten so manches Zurückbleiben überwunden werden – hier in bezug auf die Demokratisierung, dort in nationaler Hinsicht. Die Föderalisierung (in dieser Phase, denn später setzte Moskau auf die konservativere slowakische Politik) beunruhigte die sowjetische Führung, weil sie befürchtete, eine konsequente demokratische Lösung der nationalen Frage in der Tschechoslowakei könnte ähnliche Bestrebungen im sowjetischen Vielvölkerstaat auf den Plan rufen.

19 Tiso, Josef: 1939 bis 1944 Staatspräsident der Slowakei, 1947 als Kriegsverbrecher hingerichtet.

Das Urteil der SED: kein marxistisch-leninistisches Programm

Eine offizielle Stellungnahme der SED zum Aktionsprogramm der KPČ hat es nicht gegeben[20]. Angesichts des Inhalts und des Charakters dieses Dokuments war es nicht verwunderlich, daß den DDR-Bürgern sein Inhalt vorenthalten wurde.

Eine erste grundlegende Analyse für den Apparat des Zentralkomitees nahm die DDR-Botschaft in Prag vor. Florin unterzeichnete die „Einschätzung des April-Plenums des ZK der KPČ" am 9. April. Sie diente als Grundlage für die von der Abteilung Internationale Verbindungen verfaßte und am 22. April abgeschlossene Bewertung des Aktionsprogramms der KPČ.[21] Als „Information Nr. 23/68" erhielten sie alle Mitglieder und Kandidaten des Politbüros. Die Kerngedanken ihrer Analyse faßten die Autoren folgendermaßen zusammen:

„– Das Aktionsprogramm ist die Widerspiegelung der theoretischen Zerfahrenheit und der Tiefe der Führungskrise.
– Das Aktionsprogramm nimmt verbal auf den XIII. Parteitag Bezug, revidiert praktisch jedoch seine Beschlüsse.
– Es enthält keine marxistische Analyse der Vergangenheit und Gegenwart sowie keine wissenschaftlich begründete Perspektive der Entwicklung der sozialistischen Gesellschaft.
– Die Darlegungen zu den einzelnen Komplexen stellen eine Aneinanderreihung von Detailproblemen- und Auffassungen dar, verbunden mit Wunschvorstellungen für die Lösung der bestehenden Schwierigkeiten und Widersprüche.
– Das Programm ist in seinem Inhalt äußerst widersprüchlich, trägt einen starken eklektizistischen und revisionistischen Charakter. Es stellt einen Kompromiß mit den reaktionären Kräften dar, der auf der Unterschätzung des nationalen und internationalen Klassenkampfes beruht und in der Innenpolitik und in den Außenbeziehungen nationalistischen Akzenten Raum gibt.
– Das Aktionsprogramm stellt einen Versuch dar, das Stadium des Debattierens zu beenden und zur Lösung der anstehenden Aufgaben überzugehen, wobei jedoch die führende Rolle der Arbeiterklasse negiert wird."[22]

Der wichtigste Punkt für die SED war: „Die Stellung der Arbeiterklasse und die führende Rolle der KPČ". Die Analyse hielt fest, daß in der KPČ die „bekannte

---

20 Vgl. Lehmann, Klaus D.: Innen- und außenpolitische Aspekte des DDR-Beitrags zur Krisenbewältigung in der sozialistischen Staatengemeinschaft zwischen 1968 und 1971 unter besonderer Berücksichtigung der ČSSR-Krise und der neuen Moskauer Westpolitik, Inaugural-Dissertation, Fachbereich Politische Wissenschaft der Freien Universität Berlin 1992, S. 118ff.

21 SAPMO-BArch, ZPA, IV A 2/20/1165.

22 SAPMO-BArch, ZPA, IV A 2/20/1017.

Fehlerdiskussion" fortgesetzt und „Deformationen" in der Vergangenheit mit dem Wesen des Sozialismus identifiziert würden und der UdSSR direkt und den anderen sozialistischen Staaten indirekt für die fehlerhafte Entwicklung des sozialistischen Systems die Schuld „zugeschoben" würde. Die KPČ stelle sich nicht mehr als „der bewußteste und organisierteste Vortrupp der Arbeiterklasse" dar und negiere den Marxismus-Leninismus als Wissenschaft.

Vor dem Hintergrund der Verfassungsdiskussion in der DDR hatte die SED einen besonders „scharfen Blick" für Fragen der „Demokratie" und des Staatsaufbaus entwickelt. Ihre Einschätzung der tschechoslowakischen Antworten begann mit einem Verdikt: „Kennzeichnend für das Programm ist, daß keine wissenschaftliche, marxistisch-leninistische inhaltliche Bestimmung des Sozialismus und des Klassencharakters der Demokratie vorgenommen wird."[23] Die tschechoslowakische Suche nach einem neuen Modell der sozialistischen Demokratie wurde von den SED-Analytikern als Versuch gewertet, eine Theorie des „demokratischen Sozialismus" auf der Grundlage bürgerlich-demokratischer Freiheiten wie Meinungs-, Rede-, Versammlungs-, Vereinsfreiheit usw. zu entwickeln. Ihrer Meinung nach handelte es sich bei einer Reihe von vorgeschlagenen Maßnahmen nur um „Nachholbedarf bei der Gestaltung der sozialistischen Demokratie". Gewaltenteilung, verfassungsmäßige Wahrung von Gruppen- und Einzelinteressen, Medienfreiheit, föderativer Staatsaufbau, mehr Rechte für nationale Minderheiten, darunter auch für Deutsche in der ČSSR, waren in den Augen der SED Ausdruck dafür, daß die tschechoslowakischen Reformer die „deklamatorischen Prinzipien der bürgerlichen Demokratie" auf sozialistische Verhältnisse übertragen wollten. Bei der Betrachtung des Wirtschaftskonzepts der KPČ stießen die Orientierung auf den „sozialistischen Markt" und die angestrebte freie Konvertierbarkeit der tschechoslowakischen Krone auf Ablehnung. Auf kulturpolitischem Gebiet wurde von der SED die Fragwürdigkeit der „absoluten Freiheit" in den Mittelpunkt gerückt. Von besonderer Brisanz war auch die Neubestimmung der Jugendpolitik durch die KPČ, insbesondere deren Selbständigkeit und organisatorische Vielfalt. In der Analyse hieß es: „Hier sind offensichtlich Möglichkeiten für eine weitere Entpolitisierung und Zersplitterung der Jugendbewegung gegeben." Kritisiert wurde die fehlende verbindliche Festlegung über „die klare ideologische Führung" der Jugendbewegung durch die Kommunisten. Heftigste Reaktionen löste die Position zur künftigen Außenpolitik aus. Denn neben dem Bekenntnis zum Ostblock und zur Existenz zweier deutscher Staaten wollte die ČSSR auch die „realistischen Kräfte in der Bundesrepublik Deutschland" unterstützen und gute Beziehungen zu allen Staaten anstreben. Hinter dieser Formulierung verbarg sich für die SED die Gefahr einer Zusammenarbeit der ČSSR mit

23 Ebenda.

der BRD, letzten Endes auch die Möglichkeit zur Aufnahme diplomatischer Beziehungen.

Die Schlußfolgerung der Analyse lautete: „Bei der Verwirklichung des Aktionsprogramms ist mit einer Verschärfung der Auseinandersetzung zwischen den gesunden und reaktionären Kräften zu rechnen.“[24]

Die SED handelte fortan in zwei Richtungen: Nach innen verstärkte sie die ideologische Indoktrination, und gegenüber der ČSSR begann nach der Pressekampagne eine neue Stufe der Einmischung: die Stärkung der „gesunden Kräfte“.

Die SED baute außerdem in der DDR an einer neuen, einer „zweiten Mauer“.[25] In ihren eigenen Parteiorganisationen und darüber hinaus in der ganzen Bevölkerung schürte sie Mißtrauen gegen den Reformkurs im „Bruderland“. Im System der innerparteilichen Information, Anleitung und Schulung gab es keine freie Diskussion über die Zukunft des Sozialismus und den Versuch seiner Erneuerung in der ČSSR. Im Mittelpunkt standen die unerschütterlichen Dogmen von der führenden Rolle der Partei und der Überlegenheit der marxistisch-leninistischen Theorie über revisionistische, sozialdemokratische oder sonstige bürgerliche Theorien. Der Historiker Hartmut Zwahr erinnerte sich fünfundzwanzig Jahre später an die miterlebte Situation. Er schrieb: „Die spontanen Debatten über die notwendige Erneuerung des autoritären ‚Sozialismus‘ wurden in die private Sphäre, die Familie, die Freundeskreise abgedrängt.“[26]

Der Verkauf tschechoslowakischer Zeitungen, insbesondere der deutschsprachigen „Volkszeitung“, wurde behindert, es gab Erschwernisse beim Erwerb von Touristenvisa und für ČSSR-Reisen mit dem staatlichen Reisebüro der DDR. Trotzdem wuchs die Resonanz der Ideen des „Prager Frühlings“ auch in der DDR-Bevölkerung.[27]

Ein frühes Beispiel dafür übermittelte der Leiter der Abteilung Sicherheit des ZK der SED am 18. April 1968 dem für Sicherheitsfragen zuständigen ZK-Sekretär Honecker. Es handelte sich um einen anonymen Brief, der am 25. März dem Ersten Sekretär der Kreisleitung Weißenfels der SED zugegangen war.[28] Der Schreiber, vermutlich SED-Mitglied, kritisierte die verfälschende Informationspolitik der Parteimedien in der DDR über die Vorgänge in der ČSSR, forderte ein

---

24 Ebenda.

25 Vgl. Der Spiegel, 25. 3. 1968, S. 133; Zwahr, Hartmut: Den Maulkorb festgezurrt, in: Die Zeit, 11. 06. 1993.

26 Zwahr: ebenda.

27 Vgl. Mitter/Wolle: Untergang auf Raten, S. 429ff.; Wenzke: Die NVA und der Prager Frühling, S. 70ff.

28 Vgl. SAPMO-BArch, ZPA, IV A 2/12/27; Mitter/Wolle: Untergang auf Raten, S. 431f.

klares Bekenntnis der SED zu ihren eigenen Verfehlungen der Vergangenheit und plädierte für einen Sozialismus in Freiheit. Eindringlich mahnte er: „Es darf nicht erst dazu kommen, daß unsere Partei vom Volk dazu gezwungen wird." Weiterhin ließ er die SED-Funktionäre wissen, daß auch unter Armeeangehörigen ein großes Interesse an den Veränderungen in der Tschechoslowakei bestünde. Sie würden sich über das in den Kasernen verbotene „Westfernsehen" informieren.[29]

Das Ministerium für Staatssicherheit der DDR mußte auf Geheiß der Parteiführung seine Aktivitäten mit Blick auf die Vorgänge in der Tschechoslowakei verstärken. Das MfS leitete umfangreiche operative Maßnahmen zur Observierung von Personen und Institutionen in der DDR, der ČSSR und der BRD ein. Die ZAIG des MfS legte am 30. März bereits ihre zweite Information „Hinweise zur Lage im Innenministerium, besonders bei den Staatssicherheitsorganen, und in der Armee der ČSSR" vor. Reisen von MfS-Angehörigen in die ČSSR und nach Rumänien wurden von Minister Erich Mielke untersagt.[30]

Vor allem beschloß die SED-Führung, sogenannte „gesunde" bzw. „positive" Kräfte in der KPČ ausfindig zu machen und mit Unterstützung von außen deren Positionen im Kampf gegen den Reformkurs in der ČSSR zu stärken. Im Mittelpunkt des Interesses der SED standen gerade jene Funktionäre in entscheidenden Positionen der Partei und des Staates, insbesondere der Ministerien für Verteidigung, des Inneren, der Sicherheit, der Justiz, des Außenministeriums und der Leitungen der Massenmedien, an denen in der ČSSR massive Kritik geübt wurde oder deren Ablösung zu befürchten war. In ihnen sahen die SED-Funktionäre jene Kräfte, die bei entschlossenem Handeln die gefürchteten Vorgänge in der ČSSR stoppen könnten, die mit den fortlaufenden Kaderveränderungen, der Aufhebung der Zensur über die Massenmedien, der öffentlichen Rehabilitierung von Zehntausenden Opfern politischer Unrechtsprozesse aus den fünfziger Jahren sowie den Auseinandersetzungen um Reformen in Partei, Staat und Gesellschaft verbunden waren.

Aktiv betrieben SED-Funktionäre in der ČSSR „Aufklärung" vor Ort. Sie schrieben für die verschiedensten Abteilungen des ZK der SED Berichte und Analysen zur Lage in der KPČ, in verschiedenen Ministerien, in den Gewerkschaften und anderen Organisationen, bei der Eisenbahn, der Post und in Betrieben. Diese Materialien beinhalteten zum Teil auch persönliche Charakteristiken von – nach SED-Verständnis – linientreuen oder „revisionistischen", „opportunistischen" und „konterrevolutionären" Führungskadern der KPČ in Staat, Wirtschaft, Massenorganisationen und Redaktionen der Massenmedien. Das eigene

---

29 Über die Resonanz der Ideen des „Prager Frühling" bei Armeeangehörigen in der DDR vgl. Wenzke: Die NVA, S. 75ff.

30 Vgl. Tantzscher: „Maßnahme Donau und Einsatz Genesung", S. 23f.

Informations- und Auswertungssystem der Partei war im ZK-Apparat konzentriert, dem auch das MfS zuarbeitete. Aber die „revolutionäre Klassenwachsamkeit" von Funktionären und Mitgliedern der SED bewährte sich auch ohne die Anwerbung als Informant des sozialistischen Geheimdienstes. Die Informationsquellen für die SED-Parteiführung waren vielfältig und von unterschiedlichem Wert. Die zuständigen ZK-Abteilungen erhielten aus den ihrem Ressort unterstehenden Einrichtungen „automatisch" laufend Berichte oder „Sonderinformationen". So gingen zum Beispiel alle Berichte der DDR-Botschaft in Prag und des Außenministeriums an die Abteilung Internationale Verbindungen. Hier entschieden der Abteilungsleiter Paul Markowski[31] und sein Stellvertreter Harry Ott[32] über deren weitere Verwendung. Oft erhielten wichtige Informationen den Verteilerhinweis für Ulbricht, Honecker, Norden[33], Stoph[34], Axen und Lamberz. Die Mitglieder des Sekretariats sowie die Mitglieder und Kandidaten des Politbüros erhielten die Materialien entweder als Vorlage für die wöchentlichen Sitzungen oder im Umlauf zum Lesen. In Einzelfällen erhielt die Materialien auch nur der Erste Sekretär des ZK der SED, der dann über ihre weitere Verwendung entschied. Ebenso war die Verfahrensweise mit den eingehenden Informationen in der Abteilung Sicherheit (Leiter: Walter Borning[35],), der Abteilung Agitation (Leiter: Werner Lamberz[36]), der Abteilung Propaganda (Leiter: Kurt Tiedke[37]) und der Abteilung Verkehr und Verbindungswesen (Leiter: Hubert Egemann[38]).Das waren die Abteilungen, die im Zusammenhang mit der ČSSR-Krise 1968 am meisten in das Agieren der SED-Führung involviert waren, wobei die Abteilung Internationale Verbindungen eine Schlüsselstellung einnahm. Die zuverlässigsten Informanten waren aus Prag neben Florin auch der Militär- und der Kulturattaché der Botschaft, der ADN-Korrespondent sowie der des Zentralorgans der SED „Neues Deutschland" in der ČSSR. Der zentrale Parteiapparat erhielt aber auch Berichte aus allen Gliederungen der Partei (Bezirks- und Kreislei-

31 Markowski, Paul: seit 1966 Leiter der Abteilung Internationale Verbindungen des ZK der SED, Kandidat des ZK.

32 Ott, Harry: seit 1966 Mitarbeiter in der Abteilung Internationale Verbindungen des ZK der SED.

33 Norden, Albert: Mitglied des Politbüros und Sektretär des ZK der SED für Propaganda.

34 Stoph, Willi: Mitglied des Politbüros des ZK der SED, seit 1964 Vorsitzender des Ministerrates der DDR.

35 Borning, Walter: seit 1960 Leiter der Abteilung Sicherheitsfragen des ZK der SED.

36 Lamberz, Werner: seit 1966 Leiter der Abteilung Agitation des ZK der SED, Mitglied und Sekretär des ZK.

37 Tiedke, Kurt: seit 1961 Leiter der Abteilung. Propaganda des ZK der SED, Kandidat des ZK.

38 Egemann, Hubert: seit 1962 Leiter der Abteilung Verkehr und Verbindungswesen des ZK der SED.

tungen, Grundorganisationen der SED), aus den Ministerien, einschließlich MfS und Ministerium des Innern (MdI), aus den verschiedensten Dienststellen und Einrichtungen der DDR, wie von der Generaldirektion des Reisebüros, der Zollverwaltung, dem Journalistenverband, der Politischen Verwaltung des Ministeriums für Verkehrswesen sowie auch von Einzelpersonen. Zwei Informationskanäle waren von besonderer Wichtigkeit, die Verbindung mit der KPdSU in Moskau und die zwischen der SED-Führung und der Armeeführung der DDR. Beide unterlagen strengster Geheimhaltung[39].

Eine Quelle der SED-Informationen muß besonders hervorgehoben werden: Konservative KPČ-Mitglieder lieferten den SED- und MfS-Informanten in der ČSSR beziehungsweise in der DDR Auskünfte sozusagen „frei Haus". Es fanden zahlreiche Treffen und Gespräche in der Prager DDR-Botschaft oder mit Botschaftsmitarbeitern statt, in denen sich mit der SED langjährig verbundene Kader (viele schon aus ihren Funktionen und Ämtern abgelöst oder die Ablösung befürchtend) gegen die Reformen in der eigenen Partei und in der Heimat aussprachen. Karel Hoffmann war einer von ihnen. Hoffmann war ein altgedienter „Apparatschik" des Parteiapparates der KPČ und hatte 1968 nach seiner Ablösung als Kulturminister das Amt des Direktors des Fernmeldewesens inne.[40] Er suchte vor, während und nach der militärischen Invasion ständigen Kontakt mit den „Genossen aus der DDR" und ersuchte auch um direkte Einflußnahme gegen den Reformprozeß in der ČSSR. Er war unter anderem ein besonders eifriger Befürworter des Propagandasenders „Vlatava" (Moldau), den die SED gegen die „Konterrevolution" in der Tschechoslowakei vom Sommer 1968 bis zum Frühjahr 1969 betrieb. Der Direktor für belletristische Literatur im Parteiverlag der KPČ „Svoboda", Jiří Hajek betonte in einem Gespräch mit dem Kulturattaché der DDR-Botschaft, Klötzer, am 5. April 1968, „daß es in der gegenwärtigen Situation außerordentlich *wichtig* sei, *daß die Botschaft der DDR auch von den positiven Kräften regelmäßig informiert wird*".[41]

Die SED nutzte zielstrebig ihre spezifischen Parteibeziehungen für die „Aufklärungsarbeit" vor Ort aus. Zwischen der SED und der KPČ hatten sich auf allen Ebenen Arbeitskontakte entwickelt. Zwischen einigen Bezirks- und Kreisleitungen beider Parteien gab es von den jeweiligen Zentralkomitees koordinierte di-

---

39 Aus dem Jahr 1968 konnten bisher noch keine die ČSSR betreffenden relevanten Materialien der Gespräche zwischen Ulbricht und dem sowjetischen Botschafter in der DDR, Abrassimow, sowie dem KPdSU-Chef Breshnew ausgewertet werden. Das trifft auch auf Gespräche im Zusammenhang mit der Entscheidung über den NVA-Beitrag zur militärischen Invasion gegen die ČSSR am 21. August 1968 zwischen Ulbricht und dem Minister für Nationale Verteidigung, Heinz Hoffmann, zu.

40 Karel Hoffman vgl. Mlynář: Nachtfrost, S. 356.

41 SAPMO-BArch, ZPA, J IV 2/202/293, Bd. 2.

rekte Beziehungen. Das betraf die Bezirksleitungen von Gera und Plzeň[42], Karl-Marx-Stadt und Ustí[43], Suhl und České Budějovice[44] sowie Berlin und Prag. Auf Kreisebene bestanden derartige Kontakte zwischen Pirna und Děčín[45], Zittau und Liberec[46], Klingenthal und Sokolov[47], Schwarzenberg und Cheb[48]. Unter Regie und Kontrolle der Parteileitungen pflegten auch die staatlichen Einrichtungen, Betriebe, Institutionen, gesellschaftliche Organisationen, Sportvereine und Kulturensembles der jeweiligen Regionen mehr oder weniger intensive Beziehungen. Dabei entwickelten sich auch Freundschaften zwischen den beteiligten Menschen.

Die Parteibeziehungen, solche zwischen Betrieben und Einrichtungen der DDR und der ČSSR, aber auch alle anderen menschlichen Kontakte (familiäre Beziehungen, Studienfreundschaften, Urlaubsbekanntschaften) dienten nun dem zentralen Parteiapparat in Berlin wie auch dem MfS als Informationsquellen.

Dabei „sortierten" die SED-Genossen die Argumente ihrer tschechoslowakischen Gesprächspartner und damit diese selbst stets in die Kategorien „gesunder" und „positiver" Genossen beziehungsweise „negativer" und „konterrevolutionärer" Gegner ein.

Eine fast harmlose Beschreibung eines befreundeten tschechoslowakischen Journalisten durch den Generalsekretär des Verbandes der Deutschen Journalisten, Dr. Günter Pöggel, in einem streng vertraulichen Schreiben an Werner Lamberz lautete: „Er ist ein zuverlässiger und treuer Genosse und sehr eng mit unseren Problemen vertraut. Seit Jahren verbringt er den Urlaub bei uns, und wir haben auch engen persönlichen Kontakt."[49] Doch das war noch eine Mitteilung vom Januar 1968. Der Ton wandelte sich spätestens ab März. Über die Situation im Prager Rundfunk hieß es zum Beispiel in einem Bericht des Prager Korrespondenten des Staatlichen Rundfunkkomitees der DDR, Edelmann: Milan Weiner, der Leiter des Ressorts Außenpolitik im tschechoslowakischen Rundfunk, hätte „gegen den Willen des Genossen Dubček" die „Verleumdungskampagne" gegen die DDR und die SED im Zusammenhang mit der Hager-Rede geschürt. Edelmann übermittelte die Einschätzung seines tschechoslowakischen Informanten Karel Douděra (Mitarbeiter im Prager Rundfunk) über Weiner: „Es sei stark

42 Plzeň: Pilsen.
43 Ustí: Aussig.
44 České Budějovice: Böhmisch Budweis.
45 Děčín: Tetschen.
46 Liberec: Reichenberg.
47 Sokolov: Falkenau.
48 Cheb: Eger.
49 SAPMO-BArch, ZPA, IV A 2/902/81.

anzunehmen, daß hinter diesem Mann ein ausländischer Geheimdienst steht."[50] In diesem Bericht charakterisierte Doudera weitere Personen „als üble Karrieristen", als Kräfte, die „von der DDR wegdrängen und eine Annäherung an Westdeutschland anstreben". Über sich selbst ließ er via Edelmann die „Genossen in Berlin" wissen, „daß er , der sein Leben seit 40 Jahren mit der Partei verbunden habe, immer wisse, wo sein Deutschland liege. Die DDR könne sich immer fest auf ihn verlassen."[51]

Die SED-Vertreter waren bei ihren Zusammentreffen mit KPČ-Mitgliedern auch von marxistisch-leninistischem Sendungsbewußtsein erfüllt. So hieß es unter anderem in einem Bericht über den Aufenthalt des Chefredakteurs der FDJ-Zeitung „Junge Welt", Horst Pehnert, und seines Stellvertreters, Klaus Raddatz, bei der Schwesterzeitung „Mlada Fronta" vom 29. März bis 1. April 1968 in Prag: „Wir glauben daß unser *Besuch nützlich war.* Unsere Fragen und prinzipiellen Ausführungen zur Rolle der Partei, der organisiertesten Marxisten in der Gesellschaft; zum Klassenkampf; zur Periode des Aufbaus des Sozialismus; zur Freiheit; zur sozialistischen Demokratie, ihrem Ziel, ihrem Inhalt und ihren Formen; zur einheitlichen Jugendorganisation; zur Interessenvertretung im Sozialismus; zu dem Verhältnis zwischen beiden deutschen Staaten und der Situation in Westdeutschland; zu den Beziehungen der Bruderparteien und Bruderorganisationen untereinander u.a. haben einmal mehr unsere Positionen nachdrücklich unterstrichen und zum anderen auch, wie wir zu bemerken glaubten, sowohl Denkanstöße gegeben als auch teilweise unsere Gesprächspartner an ihren eigenen falschen Auffassungen unsicher werden lassen (zum Beispiel Modell für alle sozialistischen Länder u.a.)."[52] Dieser „Gesprächsinhalt" umriß fast das ganze Lehrprogramm für die Parteischulung von SED-Mitgliedern in der DDR! Ihren Gesprächspartnern bescheinigten sie dagegen: „Wesentliche theoretische Grundlagen scheinen zu fehlen. Ihre Auffassungen waren manchmal von einer für uns ungewohnten Naivität oder Unwissenheit". Ihr Hauptgesprächspartner, der Chefredakteur der „Mlada Fronta", Miroslav Jelinek, erschien ihnen als „kühler Rechner, der sich möglicherweise als einer der Köpfe der Entwicklung ansieht".

Eine andere Information, die über die Bezirksleitung Karl-Marx-Stadt vom Ersten Sekretär Paul Roscher gleich direkt an Honecker ins ZK nach Berlin geschickt wurde, enthielt folgende Wertung eines Gesprächs mit drei tschechoslowakischen Journalisten: „Alle drei Redakteure waren Verfechter der prinzipienlosen Fehlerdiskussion, wie sie zur Zeit in der ČSSR stattfindet."[53]

---

50 Ebenda.

51 Ebenda.

52 SAPMO-BArch, ZPA, IV A 2/902/82.

53 SAPMO-BArch, ZPA, IV A 2/902/82.

Die SED sammelte somit „Munition“ gegen die Pressefreiheit in der ČSSR, gegen Journalisten in Fernsehen, Rundfunk und Presse. Damit trat Ulbricht auf den „Gipfeltreffen“ zur ČSSR-Krise und in den Gesprächen mit KPČ-Vertretern auf. Später forderte auch Breshnew von Dubček gerade auf dem Gebiet der Medien die radikalsten Kaderauswechslungen.

Die Enthüllungen der tschechoslowakischen Medien über die stalinistischen Verbrechen in der ČSSR-Vergangenheit waren das eigentliche Reizthema für Ulbricht. Seiner Meinung nach war es ein Fehler, die „Leichen aus dem Keller“ ans Licht der Öffentlichkeit zu holen und die längst überfälligen Rehabilitierungen öffentlich zu machen. Gegenüber dem ČSSR-Botschafter Kolář äußerte Ulbricht sogar: „Wir wissen seit 10 Jahren, daß die Maßnahmen der früheren Führung der KPČ falsch waren. Es gab bei uns niemand, der diese Maßnahmen unterstützt hätte. Wir haben uns aber zurückgehalten und uns nicht eingemischt. Wir wußten auch, das der Slánský-Prozeß falsch war, denn es gab kein Material gegen Slánský.“[54]

Außerdem schadete die Rehabilitierungskampagne auch dem Ansehen der Sowjetunion. Denn der sowjetische Geheimdienst wurde in der ČSSR der Schuld und Mitschuld an Tausenden von Unrechtsprozessen in der ČSSR angeprangert. Ulbricht hatte schon in den fünfziger Jahren den Schlußstrich unter dieses Thema gezogen, ohne Öffentlichkeit.[55] Die Wahrheit sollte nicht ans Licht kommen! Ulbricht fürchtete nicht zu Unrecht, daß die Erfüllung ähnlicher Forderungen nach Rehabilitierung politisch Verfolgter und Verurteilter in der DDR das Ende seiner Herrschaft und der der SED bedeutet hätte. In den DDR-Medien herrschte über dieses Thema tiefstes Schweigen.

Die SED fordert zweites Dresden!

Das Aktionsprogramm der KPČ war nicht nur ein innenpolitischer, sondern ebenso ein außenpolitischer Katalysator. Nach Dresden hatten sich auch die Beziehungen zwischen der polnischen und der tschechoslowakischen Partei abgekühlt. In Polen verbanden nicht nur Studenten ihren Protest gegen die inneren Zustände mit dem Hinweis auf die Veränderungen in der ČSSR. „Polen wartet auf seinen Dubček“, war im Frühjahr 1968 ein weit verbreiteter Slogan. In der Tschechoslowakei wiederum berichteten die Massenmedien über die polnischen Zustände mehr, als Gomułka lieb war. Der sowjetische Botschafter in Warschau, Awerki

54 SAPMO-BArch, ZPA, J IV 2/202/293, Bd. 2.

55 Vgl. SED und Stalinismus: Dokumente aus dem Jahre 1956, hrsg. von Josef Gabert und Lutz Prieß, Berlin 1990.

Aristow, übermittelte am 17. April Gomułkas negative Beurteilung der Lage in der KPČ nach Moskau. Gomułka sagte ihm, in der ČSSR „hat schon ein Prozeß der Umwandlung der sozialistischen Tschechoslowakei in eine bürgerliche Republik begonnen." Weiter brachte er zum Ausdruck: „Unsere sofortige Einmischung[56] sei nötig, da man sich in einer Situation, in der in der Tschechoslowakei bereits damit begonnen worden sei, konterrevolutionäre Pläne zu verwirklichen, nicht wie ein gleichgültiger Beobachter verhalten könne."[57]

In Ungarn herrschte eine gewisse Zurückhaltung der Parteiführung vor. In öffentlichen Diskussionen jedoch artikulierten sich sowohl die Befürworter als auch die Gegner des tschechoslowakischen Kurses.

Die KPdSU befaßte sich parteiintern auf ihrem ZK-Plenum am 9./10. April mit der Lage in der Tschechoslowakei. Öffentlich hielt sie sich mit Kritik und Polemik gegenüber den Reformkommunisten, im Gegensatz zur SED, noch zurück. Dafür überraschte Leonid Breshnew den Ersten Sekretär der KPČ mit einem sehr persönlich gehaltenen Brief vom 11. April 1968. Drei Tage später händigte ihn der sowjetische Botschafter in Prag, Tscherwonenko, an Dubček aus. Breshnew wählte die persönliche Anrede: „Guten Tag, lieber Alexander Stepanowitsch!" Fast poetisch begann sein Brief mit den Worten: „Ich sitze hier allein, mitten in tiefer Nacht. Wie es scheint, werde ich lange nicht einschlafen können, im Kopf kreisen die Eindrücke des gerade zu Ende gegangenen Plenums des ZK der KPdSU und die Gespräche mit den nach Moskau gekommenen Gebietssekretären."[58]

Erst danach kam er darauf zu sprechen, daß auf dem Plenum er selbst wie auch andere Genossen mit freundschaftlicher Besorgnis über die vor sich gehenden Prozesse in der Tschechoslowakei debattiert haben. Er beschwor die traditionelle Freundschaft zwischen der UdSSR und der ČSSR und brachte sein volles Verständnis für die schwere Verantwortung, die jetzt auf Dubček laste, zum Ausdruck. Er wies ihn aber auch auf die revisionistischen Kräfte hin und erinnerte an die leninsche Weisheit, daß der Imperialismus niemals schlafe und seine Angriffe stets gegen das schwächste Kettenglied richte. Breshnew erinnerte Dubček daran, was seiner Meinung nach das wichtigste in der gegebenen Situation sei: die Partei, der Sozialismus, die Freundschaft, das Schicksal der Arbeiterklasse und aller Werktätigen in der Tschechoslowakei.

Breshnew schwankte in diesem Brief zwischen mitfühlendem Verständnis für die akuten Probleme in der ČSSR, politischer Belehrung und der Forderung nach

56 Im russischen Text steht das Wort „vmešatel'stvo" – Übersetzung möglich mit: Einmischung, Einschreiten, Eingriff, Intervention.

57 Prawda, 18. 2. 1991, S. 6, zit. in: Tych, Felix: Polens Teilnahme, S. 22.

58 ÚSD-SK, ZS 07/15; vgl. Historie a vojenství Nr. 1/1991, S. 146ff.

mehr Härte. Zum Abschluß überließ er es Dubček, wie dieser mit dem Brief umgehen wolle: „Diesen Brief sende ich Dir inoffiziell. Du kannst mit ihm machen, was Du für richtig hältst – ihn für Dich behalten oder seinen Inhalt den Genossen mitteilen.“ Diese Methode praktizierte Breshnew wiederholt. Er räumte faktisch seinem „Partner“ eigenen Ermessensspielraum ein, aber hinterher wurde versucht, Dubček für sein eigenständiges Handeln in der KPČ bloßzustellen.

Übrigens maß Dubček dem Brief kaum Bedeutung bei. In einem nächtlichen Anruf Breshnews am 14. April gingen beide nicht weiter darauf ein. Doch Breshnew lud die KPČ-Führung zu einem Gespräch nach Moskau ein.[59]

In Bulgarien hatte sich die Parteiführung ebenfalls intensiver mit der Lage in der Tschechoslowakei beschäftigt. Vom 23. bis zum 26. April 1968 besuchte eine Partei- und Regierungsdelegation die Tschechoslowakei. Dieser Besuch war mit der Unterzeichnung des Vertrages über Freundschaft, Zusammenarbeit und gegenseitigen Beistand verbunden. Es war die erste Begegnung zwischen einer der in Dresden beteiligten Parteiführungen mit dem neugewählten Parteipräsidium des ZK der KPČ sowie der seit 8. April umgebildeten Regierung der ČSSR. Während des Besuches in der Tschechoslowakei soll Shiwkow keinerlei Kritik gegenüber seinen tschechoslowakischen Gesprächspartnern geübt haben, vermerkte Dubček Jahre später.[60] Doch im Ergebnis dieses Besuches zeigten sich die Bulgaren über die Lage in der ČSSR sehr beunruhigt. Sie faßten ihre Sorge in einem Bericht zusammen, den sie vier Tage nach ihrer Abreise aus der ČSSR mit Sonderkurier an alle Ersten Sekretäre der Parteien übersandten, die an der Dresdner Beratung teilgenommen hatten.[61]

Die Bulgarische KP-Führung informierte:

„Die in der Tschechoslowakei geführten Gespräche hinterließen in unserer Delegation den tiefen Eindruck, daß in dem Zentralkomitee der Tschechoslowakischen Kommunistischen Partei und in dem Präsidium des ZK ein zweites Zentrum[62] existiert, das in der Tat die Lage in seinen Händen hat und lenkt.

59 Dubček: Leben, S. 234.

60 Ebenda.

61 Die Regierungskommission der ČSFR für die Analyse der Ereignisse der Jahre 1967–1970 (Komise vlády ČSFR pro analýsu událostí let 1967–1970) erhielt aus dem Parteiarchiv der Bulgarischen Kommunistischen Partei (BKP) keine Dokumente, weil das Archiv angeblich abgebrannt sei. Die Information der BKP vom 30. 4. 1968 lag den tschechoslowakischen Forschern auch nicht aus einem der Parteiarchive der damaligen Empfängerparteien in der UdSSR, der DDR, Polen und Ungarn vor. Das Archiv des Prager Instituts für Zeitgeschichte erhielt 1995 eine Kopie dieses Dokuments.

62 Der Terminus „zweites Zentrum“ bedarf der Kommentierung. Die Bezeichnung behauptet die Existenz einer Verschwörung im Präsidium des ZK der KPČ, und sie weckt Erinnerungen an den zweiten der Moskauer Schauprozesse von 1937, als Stalins Generalstaatsanwalt Andrej Ja-

Der Kern dieser Gruppe besteht aus Juden, Mitgliedern des Präsidiums und des Sekretariats und Nichtmitgliedern des ZK wie Frantischek Krigel, Joseph Smirkowski, Joseph Spatschek, Tschestimir Zissarsh, Otto Schick, Irshi Haek, Eduard Goldstucker, Irshi Pelikan und anderen. Allem Anschein nach ist Frantischek Krigel – Mitglied des Präsidiums des ZK und Vorsitzender der Nationalen Front, die Person, die an der Spitze steht und am energischsten die Leitung verwirklicht. [...]

Die Delegation bekam den Eindruck, daß dieses zweite Zentrum im ZK und in der Partei einen eigenen Plan hat und für seine Verwirklichung aufmerksam und klug arbeitet.

Im Gespräch mit einem Mitglied unserer Delegation hat Irshi Pelikan – Direktor des Fernsehens – seine Konzeption dargelegt, welche allem Schein nach der Aktionsplan dieser Gruppe darstellt."[63]

Die Meinung von Pelikán wurde referiert. Seiner Ansicht wurde die des Vertreters der „positiven" Kräfte, Drahomir Kolder, entgegengesetzt. Er war der Meinung, „daß die Lage sich so verschlechtert hat, daß sie ohne Hilfe von außen die Lage nicht bewältigen können, welche Hilfe er ihnen noch im Mai zu erweisen wünscht. Seiner Einschätzung nach, wird in diesem Monat der entscheidende Kampf zwischen den gesunden Kräften und den rechten Elementen stattfinden." Kolders Bitte um „internationale Hilfe" konnte ebenso als Aufforderung zur politischen wie militärischen Intervention verstanden werden. Mit einem ähnlichen Anliegen trat Kolder kurze Zeit später auch an einen polnischen Parteivertreter heran.[64]

Über Dubček hieß es in der bulgarischen Information: „Die Ereignisse werden nicht vom Genossen Dubček geleitet, sondern vom Zentrum, von Frantischek Krigel, der den Eindruck hinterläßt eine sehr aktive und schlaue Person zu sein, der gleitend und geschickt handelt. [...] Genosse Dubček unterschätzt und sieht die Gefahr, die die Partei und das Land bedrohen, nicht."

Auf den Einwand von Shiwkow, daß in der ČSSR „jede Stunde und jeder Tag Gefahren in sich bergen und unverzüglich Maßnahmen zu treffen sind" soll Dubček erwidert haben, „daß er ein Jahr braucht und falls man gegenwärtig härter handelt, würde das eine Rückkehr zu den alten Arbeitsmethoden bedeuten und zu keiner guten Auswirkung in der Tschechoslowakei führen".

---

nuarjewitsch Wyschinsky die Führer des „trotzkistischen Parallelzentrums" anklagte. Vgl. Wyschinsky, Andrej J.: Gerichtsreden, Berlin 1951, 2. Auflage 1952, S. 551.

63 SAPMO-BArch, ZPA, JIV 2/202/293, Bd. 2. Die Schreibweise der Namen entspricht dem Original der deutschsprachigen Version des Dokuments.

64 Am 3./4. 5. 1968 traf sich Kolder mit einem namentlich nicht bekannten Vertreter der PVAP aus Polen unweit von Ostrava zu geheimen Gesprächen, vgl. ÚSD-SK, Československo 1966–1971. Chronologie, S. 110.

Der bulgarische KP-Chef hatte in Bratislava auch mit dem Ersten Sekretär des ZK der Slowakischen Kommunistischen Partei, Vasil Bil'ak, Gespräche geführt. Bil'ak stimmte der bulgarischen negativen Einschätzung der Situation in der Tschechoslowakei zu. Er bestätigte: „Ja, es gibt bei uns ein paralleles ZK." Bil'ak war jedoch der Meinung, daß er die Lage in der Slowakei beherrschen würde.

Dagegen war der Ministerpräsident Černík im Gespräch mit den Bulgaren nicht bereit, die Existenz eines „zweiten Zentrums" in der KPČ-Führung anzuerkennen.

Die Information endete mit dem Satz: „Die Genossen haben keine Schlußfolgerung aus dem Treffen in Dresden gezogen."

Für Ulbricht war dieser Bericht der bulgarischen KP realistisch, und er sah sich in seiner eigenen Einschätzung bestätigt. Bei einem Treffen mit dem bulgarischen Botschafter in der DDR, Iwan Daskalow, am 30. April 1968 erweiterte Ulbricht die These von den „zwei Zentren". Seiner Meinung nach bildeten die „Intellektuellen" ein drittes Zentrum. „Intellektuelle fordern oder vertreten offen ihren Führungsanspruch", ergänzte er.[65]

Diese bulgarische Information ist für den weiteren Gang der Dinge bedeutsam. Die Interventionsparteien begannen, sich über die tschechoslowakische Entwicklung zu informieren, ohne die KPČ-Spitze einzubeziehen. Die Bulgaren selektierten die „Kader" in der Führung der tschechoslowakischen „Bruderpartei". Und die in Dresden nur angedeuteten Differenzen in der tschechoslowakischen Führung waren soweit gediehen, daß Kolder sich an ausländische „Bruderparteien" wandte und im April bereits um „Einmischung" bat.

Die Parteiführung der SED hatte bis zu diesem Zeitpunkt noch keine konkreten Schlußfolgerungen gezogen. Die BKP bestärkte mit ihrer Lageeinschätzung jedoch auch die SED in der Auffassung, es sei erforderlich, etwas zu unternehmen. Ulbricht entschied sich zur politischen Intervention. Er war auf Grund der SED-eigenen Analysen über die Situation in den tschechoslowakischen Medien der Ansicht, „Genossen Dubček dafür zu gewinnen, um entsprechende Maßnahmen im Fernsehen, in der Presse und in Rundfunk durchzuführen". Sein Stichwort lautete „Kaderveränderung". Leute wie Pelikán und andere durften seiner Meinung nach nicht länger von der KPČ in diesen Schlüsselfunktionen geduldet werden.

Ulbricht gelangte zu der Schlußfolgerung: „Wahrscheinlich braucht man eine Analyse der Situation in der ČSSR, um auf ihrer Basis entsprechende Schlußfolgerungen zu ziehen. Aller Wahrscheinlichkeit nach ist eine zweite Dresdner Beratung unvermeidlich."[66] Eine kollektive Einflußnahme schien für Ulbricht aus

65 SAPMO-BArch, ZPA, J IV 2/202/293, Bd. 2.
66 Ebenda.

alten Kominternerfahrungen der geeignete Weg zu sein, der KPČ-Führung den richtigen Kurs zu weisen.

An der Zusammenkunft mit dem Botschafter Bulgariens nahmen auch Hermann Axen und Oskar Fischer teil. Axen war als zuständiger ZK-Sekretär für Internationale Verbindungen einer der wichtigsten Koordinatoren für die Meinungsbildung in der Parteiführung über den Reformprozeß in der ČSSR beziehungsweise für den Konfrontations- und Interventionskurs der SED. Über ihn liefen auch interne Kontakte zu Bil'ak, der gegen den Reformkurs taktierte und prosowjetische Positionen einnahm. Oskar Fischer[67] war in seiner Funktion als stellvertretender Außenminister für die Beziehungen zu den sozialistischen Staaten zuständig. 1968 mußte er sich besonders mit der tschechoslowakischen Problematik beschäftigen. Über ihn liefen unter anderem die Kontakte mit und die Berichte aus der DDR-Botschaft in Prag beziehungsweise der ČSSR-Botschaft in (Ost-) Berlin. Die absolute Unterordnung der Außenpolitik unter die Regie der Parteiführung der SED wies ihm aber eher eine Nebenrolle in diesem Geschehen zu. Aus seiner Tätigkeit als Sektorleiter im ZK-Apparat der SED sowie als Botschafter in Bulgarien waren ihm die „Besonderheiten" der Beziehungen der Staatsparteien in den Ostblockländern bestens vertraut.

Die Atempause, die Dubček so dringend für die Umsetzung des Aktionsprogramms und für die Auseinandersetzung mit den konservativen Genossen in den Reihen der eigenen Partei brauchte, erlaubten ihm seine „besorgten Freunde" nicht. Die Sowjetunion schickte Marschall Jakubowski, den Oberbefehlshaber der Truppen des Warschauer Paktes, auf eine Rundreise durch die verbündeten Staaten. Am 21./22. April war er in der DDR. Auf militärischer Seite drängten die sowjetischen Generäle schon lange auf die Stationierung eigener Truppen auf dem Territorium der Tschechoslowakei. Seit dem Abzug der bewaffneten Kontingente nach dem Zweiten Weltkrieg Ende 1945 hatte die UdSSR keine militärische Basis in der ČSSR. In der tschechoslowakischen Bevölkerung war bis zum Sommer 1968 das Bild der sowjetischen Armee somit überwiegend von der Tat der Befreiung geprägt.

Doch die sowjetischen Militärs mißtrauten den Reformen der KPČ von Anfang an. Sie wollten mit politischem und militärischem Druck auf Dubček erreichen, was ihnen schon Novotný versagt hatte, die Truppenstationierung. Gleichzeitig sollte die Anwesenheit sowjetischer Kampfverbände in der ČSSR den Reformern Zügel anlegen.[68] Der Chef der Politischen Hauptverwaltung der Sowjetarmee und Seekriegsflotte, Armeegeneral Jepischew, soll bereits im April

67 Fischer, Oskar: seit 1965 stellvertretender Minister für Auswärtige Angelegenheiten der DDR.

68 Über die Interessen und Planungen der sowjetischen Marschälle vgl. Wenzke: Die NVA, S. 79ff.

1968 vor KPdSU-Funktionären geäußert haben, „die Armee der UdSSR sei bereit, ihre Pflicht zu erfüllen, wenn seitens einer Gruppe treuer Kommunisten ein Hilfsansuchen zur Erhaltung des Sozialismus in der ČSSR käme“.[69]

Dafür suchten die Sowjets Bündnishilfe bei den Bulgaren, den Polen, Ungarn und in der DDR. Deren führende Militärs stimmten dem sowjetischen Szenario bedingungslos zu. Das schloß verschiedene Maßnahmen ein, von gemeinsamen Manövern und Übungen in der ČSSR mit dem Ziel der Einschüchterung und Drohung bis hin zu den Planungen einer militärischen Intervention als letztes Mittel, wenn alle anderen versagen sollten.

Der polnische General Siwicki bestätigte schon im September 1968, daß die polnische Armee seit April in die „Ausarbeitung von Plänen für den Einsatz unserer Truppen gegen die revisionistischen Kräfte, die sich in der Tschechoslowakei ausbreiteten“, einbezogen war.[70] Gleiches galt auch für die NVA der DDR.[71] Doch die militärische Variante schien zu diesem Zeitpunkt nur eine „Reservelösung“ für den Ernstfall darzustellen. Die nachfolgenden Konsultationen der KPdSU mit der Parteispitze der KPČ sowie der Dresdner Beratungspartner untereinander, ohne die KPČ, im Mai 1968 in Moskau demonstrierten die „Doppeltaktik“ der Sowjetunion. Einerseits betrieb sie die traditionelle „Umarmungsstrategie“ gegenüber der „Bruderpartei“, andererseits fehlte es nicht an militärischem Nachdruck.

Auch wenn die Beziehungen zwischen der KPdSU und der KPČ die zentrale Achse der Auseinandersetzung zwischen den neostalinistischen und den reformerischen Kommunisten war, beteiligten sich die Parteiführungen aus Bulgarien, der DDR, Polen und Ungarn weiterhin mit verteilten Karten an der Einschüchterung, Bedrohung und Bekämpfung des Reformkurses in der Tschechoslowakei.

---

69 Die „Enthüllung“ der internen Aussage von Jepischew erfolgte in der französischen Zeitung „Le Monde“ am 6. 5. 1968 und wurde am 9. und 30. 5. 1968 von „Literární Listy“ übernommen; vgl. Hejzlar: Reformkommunismus, S. 229; Nachrichten aus der ČSSR: Dokumentation der Wochenzeitung „Literární Listy“ des Tschechoslowakischen Schriftstellerverbandes, Prag, Februar–August 1968, hrsg. von Josef Škvorecký, Frankfurt am Main 1968, S. 335. Vgl. Benčík, Operace „Dunaj“. Vojáci a Pražské jaro 1968, Studie a dokumenty, Praha 1994, S. 23; Kowalski, Lech: Kryptonim „Dunaj“, Ksažka i Wiedza, Warszawa, 1992, S. 36f.

70 Vgl. Tych: Polens Teilnahme, S. 19.

71 Vgl. Wenzke: Die NVA, S. 87.

Moskauer Treffen im Mai: Koordination des Drucks gegen die Reformer

Die SED wie auch die KPdSU zeigten im April eine bemerkenswerte Zurückhaltung zu den Vorgängen in der ČSSR. Die Pressekampagne im Zusammenhang mit der Hager-Rede ebbte in der DDR und der Tschechoslowakei ab, öffentliche kritische Stellungnahmen zum „April-Plenum", dem Aktionsprogramm, der Neuwahl des Parteipräsidiums und der Regierungsbildung blieben aus. Doch in den Parteizentralen in Berlin, Moskau, Sofia und Warschau wurde fleißig Material über die „gesunden" und die „negativen" Kräfte gesammelt, ausgewertet, zum Teil untereinander ausgetauscht und über das weitere Vorgehen gegen die tschechoslowakischen Reformer nachgedacht. Die ungarische Partei hielt sich geschickt im Hintergrund. Kádár wußte aus den ungarischen Erfahrungen, daß es gefährlich werden könnte, den „russischen Bären" zu reizen. Seine Taktik lief darauf hinaus, sowohl auf sowjetischer, als auch auf tschechoslowakischer Seite für mehr gegenseitiges Verständnis zu plädieren.

Für Ulbricht hingegen war es wie für Breshnew schon fast unerträglich, daß von den „Redakteuren, die bei ‚Rudé Právo', im Rundfunk und beim Fernsehen die Konterrevolution propagieren", noch keiner abgelöst worden war. Beunruhigt war vor allem die KPdSU über die nicht gestoppten Auswechslungen der moskautreuen Kader. Durch die Regierungsumbildung im April verloren in Prag von 19 Ministern 15 ihre Ämter. Breshnew war fassungslos und hielt das auch der tschechoslowakischen Führung vor: „Was ist denn bei Euch los? Um 11 Uhr bestellt Genosse Dubček den Genossen Lomsky, um 12 Uhr ist er schon nicht mehr Verteidigungsminister. Unser Botschafter spricht am Vormittag mit dem Außenminister Genossen David, am Nachmittag ist David schon demissioniert." Beunruhigt fügte er hinzu: „Die meisten dieser Genossen erhalten keine neue Funktion."[72]

Seit Anfang März hatten die KPdSU, der sowjetische Geheimdienst (KGB) und der militärische Abschirmdienst (GRU) offenbar viele Vertrauensleute in der tschechoslowakischen Parteiführung, in der Armee, dem Geheimdienst, dem Innenministerium und im Staatsapparat verloren. Der Informationsfluß aus der Tschechoslowakei konzentrierte sich mehr und mehr auf die sowjetische Botschaft in Prag und ihren dortigen Botschafter Tscherwonenko. Aber dessen Basisinformationen lieferten viele konservative KPČ-Funktionäre.

Die SED verfuhr ähnlich. Der Botschafter, „Genosse Peter Florin", und seine Mitarbeiter wurden dank ihrer Kontakte zu konservativen Kräften (KPČ-Funk-

---

72 SAPMO-BArch, ZPA, J IV 2/201/787; Vgl. Mencl: Die Unterdrückung des „Prager Frühlings", S. 5.

tionäre, die ihr uneingeschränktes Vertrauen besaßen) zu einer der wichtigsten Informationsquellen. Das MfS, die eigenen Agenten und das Spitzelsystem der DDR, das „in Richtung ČSSR eingesetzt“ werden sollte, war bis Ende Mai noch nicht ausreichend formiert. Erst im Juni 1968 legte die Hauptverwaltung Aufklärung (HVA) des MfS eine Einsatzplanung von eigenen Mitarbeitern und IM's vor.[73]

Doch die tschechoslowakische Entwicklung überraschte nicht nur die „Bruderparteien“, sondern die ganze Welt mit einer bis dahin nicht gekannten Öffentlichkeit jenseits des „Eisernen Vorhangs“. Die Reformer in der Partei betrieben keine Geheimpolitik mehr hinter den Kulissen. Selbst die erwachende Opposition gegen den Machtanspruch der Kommunisten mußte nicht mehr im illegalen Untergrund wirken. Der 1. Mai 1968 machte diesen Wandel demonstrativ deutlich. Dieser ohne Militärparade begangene „Internationale Kampf- und Feiertag der Werktätigen“ in Prag rückte plötzlich in den Mittelpunkt der Moskauer, Warschauer und (Ost-) Berliner Aufmerksamkeit.

Breshnews Schilderung der sowjetischen Wahrnehmung des Geschehens am 1. Mai in Prag läßt noch Jahrzehnte später den Schock ahnen, den diese Prager Maidemonstration in Moskau auslöste: „Am 1. Mai sind der Sokol und die Pfadfinder in Uniformen und mit Transparenten marschiert. Wer gibt denn diesen Leuten das Geld für die Transparente? Wer gibt ihnen die Uniform? Wer organisiert sie? Sie marschierten unter ihren Losungen und im Gleichschritt und organisiert. Gleichzeitig gab es unter diesen Hunderttausenden von Menschen, die demonstrierten, keine Losung für die Partei. Der Klub 231 demonstrierte mit einer Losung über Freiheit und Rehabilitierung, die von der einen Seite des Wenzelsplatzes bis zur anderen Seite reichte. Der Klub der Parteilosen ist ebenfalls mit vielen Losungen über Freiheit aufgetreten. Der Sprecher des Rundfunks, der kommentierte, hat gesagt, daß auf der Tribüne Genosse Dubček applaudierte, als dieser Marschblock kam [...]

In der Demonstration gab es eine Reihe von Fahnen: vietnamesische Fahnen, auch einige sowjetische Fahnen und Fahnen der sozialistischen Länder. Es gab aber auch eine amerikanische Fahne, und der Marschblock, der diese Fahne trug, rief: ‚Es lebe die Freiheit!‘, als sie an der Tribüne am Genossen Dubček vorbeimarschierten. Wollen diese Demonstranten, daß das tschechische Volk sich unter amerikanische Herrschaft stellen soll, oder wie soll man das sonst auffassen?[...]

Die Gegenkundgebung am Abend war noch schlimmer. Es gab keine Erlaubnis für diese Abendkundgebung. Sie war gar nicht angekündigt als Massenkundgebung. Es gab keine Polizei, die dagegen eingeschritten wäre. Es war eine Demonstration der Konterrevolution.“

---

73 Vgl. Tantzscher: „Maßnahme Donau und Einsatz Genesung“, S. 63ff.

Die SED übernahm die sowjetische Bewertung des Prager 1. Mai als einen „Höhepunkt der offenen konterrevolutionären Vorstöße" fast wörtlich in einer internen Parteiinformation für ihre Funktionäre.[74]

Eigentlich wollte die KPdSU schon vor dem 1. Mai mit der Führungsspitze der KPČ zusammentreffen. Vor der kommenden Sitzung des Präsidiums (7. bis 9. Mai) und der nächsten Tagung des Zentralkomitees des ZK der KPČ (29. Mai bis 1. Juni) wollte die KPdSU offenbar die Gelegenheit nutzen, die in Dresden begonnene Spaltung zwischen den „gesunden" und den „negativen" Kräften in der Führung zu vertiefen. Zugleich hoffte Breshnew, daß das fünfte persönliche Zusammentreffen mit dem Parteichef der KPČ seit Beginn des Jahres Dubček endlich zu einer gewissen Einsicht bringen würde. Schließlich hatte die Entwicklung nach dem Dresdner Treffen nicht dazu geführt, daß die Partei den Reformprozeß in der ČSSR zügelte. Dubček akzeptierte die Moskauer Lesart von der Selbständigkeit der Bruderparteien nicht, die KPČ hielt sich an ihren eingeschlagenen Kurs des Aktionsprogramms.

Die Nachricht, daß Dubček und Genossen am 4. Mai in Moskau zum Rapport erscheinen mußten, entsprach sicher Ulbrichts Vorstellungen.

Ob Willi Stoph[75], der sich gerade zur Kur in Karlsbad aufhielt, noch einen Tag vor dem Treffen von KPdSU und KPČ in Moskau beim kurzfristig arrangierten Gespräch mit dem tschechoslowakischen Ministerpräsidenten Černík neuere Informationen erlangen konnte, ist unbekannt. Auf jeden Fall gehörte es zur abgestimmten „Gesprächstaktik" der Antireformkoalition, die tschechoslowakischen Politiker abwechselnd, zuweilen sogar überraschend kurzfristig und dringend, zu Gesprächen „einzuladen". Scheinbar unabhängig vom Gesprächstermin Stoph – Černík fand am 3. und 4. Mai auch ein Treffen polnischer und konservativer tschechoslowakischer Parteifunktionäre in Ostrava statt, mit Oldřich Volejnеník an der Spitze, dem einzigen aus der Novotný-Ära verbliebenen ZK-Sekretär in der KPČ. Am 4. Mai kam auch noch Kolder zu diesen Gesprächen hinzu, in denen die „gesunden Kräfte" interne Informationen über „vertrauswürdige" und „revisionistische" Kader in den Führungsgremien der KPČ vermittelten.[76]

Der Informationsfluß der dabei gewonnenen „Erkenntnisse" wurde nicht immer aktenkundig hinterlassen, oftmals erfolgte er „operativ", das heißt durch Kuriere oder die entsprechenden Sondertelefone. Darüber hinaus besaß die KPdSU wie auch der KGB sein eigenes Netz von Vertrauten in den Partei- und

74 Vgl. SAPMO-BArch, ZPA, A 2/20/1017.

75 Stoph, Willi: seit 1964 Vorsitzender des Ministerrates der DDR, Mitglied des Politbüros des ZK der SED.

76 Vgl. ÚSD-SK, Z/P – 1; Pauer: Die sowjetische Intervention, S. 124f.

Regierungszentralen der verbündeten Staaten.[77] So waren auch jederzeit direkte Kontakte und unmittelbare Informationsweitergaben von Politikern aus der SED, der BKP, PVAP und USAP an die KPdSU auch während der Monate der „ČSSR-Krise“ möglich.

Für den 4. und 5. Mai zitierte Breshnew eine Delegation des Präsidiums der KPČ nach Moskau. Den sowjetischen Politbüromitgliedern Breshnew, Podgorny und Kossygin saßen auf tschechoslowakischer Seite Dubček, Černík, Smrkovský und Bil'ak gegenüber.[78] Dubček war nach diesem Treffen der Meinung, „daß Breshnew keine offenen Drohungen aussprach – insbesondere keine militärischen Drohungen“.[79]

Bei der Verhandlung mit der KPČ-Delegation beschuldigte die sowjetische Troika die tschechoslowakischen Reformkommunisten, in ihrem Land entfalte sich eine Konterrevolution – im Unterschied jedoch zu Ungarn 1956 – auf ruhigem, „schleichendem“ Weg. Dubček, Černík und Smrkovský verteidigten sich erfolglos gegen diesen Vorwurf – während Bil'ak ihm zustimmte. Der Kreml verlangte unerbittlich energische Gegenmaßnahmen: Die KPČ müsse die Massenmedien fest in die Hand nehmen, konterrevolutionäre Organisationen und öffentliche Meetings verbieten und die Armee, den Sicherheitsapparat und die Milizen stärken. Für die Denkweise der Sowjetführer war typisch, daß sie als überzeugendstes Argument für ihre These von der Konterrevolution die Feiern zum 1. Mai anführten – de facto, besonders in Prag, eine riesige, von niemandem arrangierte spontane und im Lande nie dagewesene Manifestation zur Unterstützung der Reform und von Dubčeks Führung. Der Kreml glaubte aber nicht an Spontanität, für die Troika war diese Manifestation „organisiert“ worden. Die KPdSU sah nun im „Sozialismus mit menschlichem Gesicht“ die Hauptgefahr für den Sozialismus sowjetischer Prägung.[80]

Breshnew erhob, auf den 1. Mai rückblickend, schwere Vorwürfe gegen die KPČ. Er sagte: „Dort wurde faktisch die Sowjetunion beleidigt. Dort wurden die Bruderparteien, besonders die polnische Bruderpartei, beleidigt; Genosse Gomułka wurde persönlich beleidigt. Und was tut das ZK der KPČ? – Genosse Dubček sagt jedoch: Wir bekommen das schon in die Hand! – Aber wo ist die

77 Aus dem Jahr 1968 liegt bisher kein aktenkundiger Beweis über geheime Informationen aus der SED-Führung an die KPdSU vor. Über die Rolle von Werner Krolikowski in den 80er Jahren als vermutlicher „Informant“ für das Politbüro der KPdSU vgl. Przybylski, Peter: Tatort Politbüro: Die Akte Honecker, Berlin 1991; Nakath, Detlef: Krolikowski funkt nach Moskau, in: Neues Deutschland, 30. 9./1. 10. 1995, S. 11.

78 Analyse des Treffens KPdSU und KPČ am 4. 5. 1968: vgl. Pauer: Die sowjetische Intervention, S. 73ff.

79 Dubček: Leben, S. 235.

80 Vgl. Janáček/Moravec: Mezník i rozcestí reformního hnutí, S. 83.

führende Rolle? Wieso habt ihr das zugelassen? Sie machen doch jetzt, was sie wollen."[81]

Schon einen Tag nach der Abreise der tschechoslowakischen Delegation lud die Moskauer Führung die Spitzen der übrigen Parteien, die sich an der Zusammenkunft in Dresden beteiligt hatten, zu einer geheimen Zusammenkunft nach Moskau.[82]

Es waren eigentlich nur die Ersten Sekretäre eingeladen.[83]. Ulbricht blieb nach diesem Treffen zur Erholung in der Sowjetunion. Axen berichtete am 9. Mai in Berlin im kleinen Kreis der SED-Führung über das Treffen auf der Grundlage einer stenographischen Aufzeichnung der Gespräche.[84]

Danach gab Breshnew einen Bericht über die Besprechung des Politbüros der KPdSU mit der Delegation des Präsidiums der KPČ, verbunden mit einer Einschätzung und eigenen Vorschlägen. Zu diesen zählte auch, ein Kommuniqué zu veröffentlichen. Es sollte den Tschechoslowaken als eindeutige Warnung dienen, daß sie nicht allein und unabhängig von den anderen fünf Parteien agieren durften.[85]

Nach Breshnew ergriff Ulbricht als zweiter Redner das Wort. Er hob die völlige Übereinstimmung zwischen der Einschätzung der KPdSU und dem SED-Politbüro hervor. Schon vor der Dresdner Tagung war Ulbricht der Meinung, daß es in der Tschechoslowakei nicht nur um die Beseitigung alter Fehler ging, sondern der aktuellen Politik der KPČ eine Fehlentwicklung voranging. Deshalb pflichtete er seinem Vorredner bei: „Ich bin mit dem Genossen Breshnew völlig einverstanden, daß das eigentlich schon vor 10 Jahren begonnen hat."

Für Ulbricht war es wichtig, daß es in den Gesprächen zwischen der KPdSU und der KPČ gelungen war, die tschechoslowakische Parteiführung zu differenzieren. „Wenn man die Konterrevolutionäre schlagen will, dann muß man sich doch wenigstens auf einen Teil der Genossen in der Führung stützen können."[86] Ulbricht prognostizierte, „daß das ein harter und langer Kampf sein wird". Denn

81 Vgl. SAPMO-BArch, ZPA, J IV 2/201/787.

82 Vgl. ÚSD-SK, Z/M 5.

83 Auf Seiten der KPdSU nahm auch der ZK-Sekretär Katuschew teil, weil in Kádárs Begleitung noch der ungarische Stellvertretende Außenminister Erdelyi erschien. Die SED war außer mit Ulbricht noch mit Axen vertreten.

84 Vgl. SAPMO-BArch, ZPA, J IV 2/201/787. Die Ausführungen von Axen liegen als stenographisches Protokoll vor. Demnach hat er nicht über alle Details der Moskauer Beratung informiert; vgl. die russische Version „Niederschrift des Gespräches im ZK der KPdSU mit den Führern der Bruderparteien Bulgariens, Ungarns, Deutschlands und Polens am 8. Mai 1968", ÚSD-SK, Z/S III/42.

85 Dubček: Leben, S. 237.

86 SAPMO-BArch, ZPA, J IV 2/201/787

die Positionen der tschechoslowakischen Intelligenz seien nicht zu unterschätzen. Nach SED-Lesart waren viele alte Bourgeois und reaktionäre Kräfte in der ČSSR nicht umerzogen, andere reaktionäre Elemente beherrschten den Schriftsteller- und den Journalistenverband, bürgerliche Kräfte aus der alten Beneš-Partei traten jetzt in anderen Parteien auf. Die sozialpolitische Situation unter den Bauern beurteilte Ulbricht aus der Perspektive des „erfolgreichen" sozialistischen Wandels in der DDR-Landwirtschaft. Er kritisierte die Bauern- und Kollektivierungspolitik der KPČ: „Zum Teil wurden bei den letzten Schritten der Vollgenossenschaftlichung administrative Methoden gegen sie angewendet."

Ulbricht war mit Breshnew einer Meinung bezüglich des 1. Mai in Prag. Auch für ihn war die „Konterrevolution offen aufgetreten".[87]

Eine Ursache sah er in den „Verbindungen der bürgerlichen Intelligenz der ČSSR mit Westdeutschland, Frankreich, Belgien und anderen Ländern, auch mit den USA".

Das betraf Wissenschaftler, Journalisten und Künstler. Ein jahrelanger Stein des Anstoßes für kritische Demarchen der DDR gegenüber ihrem tschechoslowakischem Nachbarn war das Verhalten von tschechoslowakischen Künstlern. Ulbricht ereiferte sich: „Die westliche Dekadenz ist in der Kunst seit Jahren in die ČSSR importiert worden und dort imitiert worden. Ein Teil der bildenden Künstler in Prag, die in Dekadenz machen, wurden von der USA-Botschaft finanziert."

Doch sein ureigenstes Thema war die Warnung an die Adresse aller vor der neuen Ostpolitik Bonns: „Seitdem in Westdeutschland die Sozialdemokratie in die Bonner Regierung hineingenommen worden ist, um eine neue Ostpolitik zu betreiben, hat sich die Westorientierung, die Orientierung von Künstlern und Wissenschaftlern [der ČSSR – die Verf.] auf Westdeutschland, Westberlin, sowie auf Frankreich enorm verstärkt."

Ulbricht blieb nicht bei allgemeinpolitischen Einschätzungen stehen. Er wandte sich den angeblichen Protagonisten der „Konterrevolution" in der ČSSR zu. Er verlangte, „daß mit den Theorien von Šik und anderen revisionistischen und feindlichen Theorien eine scharfe Auseinandersetzung geführt wird". Šik sei sehr gefährlich. Er „vermengt Begriffe der kapitalistischen Ökonomie und Technik mit einigen Formulierungen aus der sozialistischen Wirtschaft" und betreibe eine „kosmopolitische Politik auf ökonomischem Gebiet". Ulbricht erinnerte an die Beneš-Politik des Paktierens mit Frankreich und schloß darauf, daß Šik eine Westorientierung der tschechoslowakischen Wirtschaft betreibe.

---

87 Laut einem Zwischenruf von Walter Ulbricht während der Rede von Breshnew verfügte die SED über eine Filmaufnahme der Demonstration am 1. Mai in Prag, die als „Beweis" für den konterrevolutionären Charakter dieser Veranstaltung dienen könnte.

Aus dem Bericht von Breshnew wußte Ulbricht, daß Dubček am 4. Mai unter anderem mit der Kremlführung über Kredite gesprochen hatte.[88] Dafür gab Ulbricht eine einfache Erklärung: „Er kommt nach Moskau, sagt aber nichts Richtiges, sondern fordert 500 Millionen Goldrubel. Warum? Er will damit die Sowjetunion entlarven. Für den Fall, daß die Sowjetunion nicht damit einverstanden ist, diese Summe bereitzustellen für einen Zweck, wovon sie selbst noch nicht einmal überzeugt sind, wollen sie dann zur Weltbank oder nach Westdeutschland gehen." Er tat Dubčeks Vorgehen als „primitive Methode" ab. Sein Urteil war kurz und vernichtend: „Über Dubček will ich mich nicht weiter äußern. Von mir aus ist das ein hoffnungsloser Fall."

Über den tschechoslowakischen Ministerpräsidenten Černík (mit dem sich Stoph am 3. Mai getroffen hatte) hieß es bei Ulbricht, daß er schwanke, er habe „Angst davor, daß er für die ökonomische Politik in der Vergangenheit verantwortlich gemacht wird" und versuchte jetzt, „sich durchzulavieren".

Smrkovský schien für Ulbricht ein „harter Brocken" zu sein. Die Hager-Kritik vom März hatte mehr Schaden für das Ansehen der SED als Nutzen gebracht. Smrkovský war mittlerweile Vorsitzender der Nationalversammlung. Doch sein unbeugsames Eintreten für die Rehabilitierung der politischen Opfer in der ČSSR war für Ulbricht ein einziges Ärgernis: „Smrkovský machte eine Kampagne des Hasses und der Revanche."

Ulbricht ging dann zu praktischen Vorschlägen über. Die tschechoslowakischen Massenmedien waren für ihn ein wichtiger Hebel, um von außen in die tschechoslowakische Entwicklung eingreifen zu können. „Vor allem müssen wir ČTK in die Hand bekommen. Denn das ist eine wichtige Quelle." Er beschwerte sich über die „feindselige Kampagne gegen die DDR" in der Gewerkschaftszeitung „Prace" und der Jugendzeitung „Mlade Fronta". Die Einfuhr der deutschsprachigen Prager „Volkszeitung" in die DDR ließ die SED bereits nicht mehr zu.

Ulbricht war davon überzeugt, daß in Prag ein Medienzentrum sitze, das sich auf die DDR spezialisiert habe. Zusätzlich würden die dort fabrizierten „Nachrichten, Meldungen, Gerüchte und Lügen" über „das westliche Fernsehen und den westlichen Rundfunk" in die DDR gelangen. Ulbricht betonte, daß es sich hierbei um eine Einmischung in die Innenpolitik handelte, und, daß „wir uns das auf die Dauer nicht gefallen lassen können".

Ulbricht kam dann auf den eigentlichen Kern seines Anliegens: „Als direkter Nachbarstaat können wir auch ganz anders auftreten. Wir brauchen da gar nicht die KPdSU." Er wollte in dieser Beratung die Zustimmung der KPdSU und der anderen in Moskau versammelten Parteiführer für ein härteres Vorgehen der SED gegen den reformkommunistischen „Störfaktor" in der ČSSR. Denn die (Ost-)

88 Vgl. Dubček: Leben, S. 236.

Berliner Parteiführung wollte es nicht länger akzeptieren, daß sie gewissermaßen in einen politischen Zangengriff genommen wurde: einerseits von der flexiblen neuen Ostpolitik der BRD und andererseits von der Reformbewegung in der ČSSR. Sie hatte Angst, daß beide Vorgänge zur Erosion der DDR beitragen könnten.

Ulbricht schlug eine international abgestimmte Kampagne vor. Dabei sollte offen gesagt werden, „daß in der ČSSR die Konterrevolution ist". Gleichzeitig müßte diese Kampagne dazu führen, „das Denken der Arbeiter und Bauern zu ändern; denn sie sind doch jetzt mit Illusionen und Phrasen vollgestopft worden". Ulbricht fragte besorgt: „Und wer wird der Arbeiterklasse die Wahrheit sagen?" und lieferte gleich die Antwort dazu: „Diese Parteiführung nicht!"

Seine Vorschläge bekräftigte Ulbricht in diesem Zusammenhang wiederum mit der These, daß der eigentliche Hauptstoß der Konterrevolution gegen die DDR geführt werde. „Wir, also die DDR, müssen offen auftreten", so seine Rede. Ihm ging es um eine propagandistische Offensive, mit der die „tief sitzende bürgerliche Ideologie" bekämpft und dabei die Arbeiter und Bauern sowie die technisch-wissenschaftlichen Intelligenz gewonnen werden. Aber sie konnte nicht ohne die Tschechen und Slowaken gelöst werden. Der Kern des Problems war die Partei, genauer ihre Führung. Ulbricht hielt sich an die Realität. Er forderte, auch wenn es in der tschechoslowakischen „Führung nur eine Minderheitsgruppe gibt, die die richtige Linie vertritt, dann bin ich dafür, daß wir dieser Minderheitsgruppe helfen".

Der Gedanke einer „kollektiven Aktion" war bei den fünf in Moskau versammelten Parteiführern noch nicht endgültig als Option für eine gemeinsame militärische Intervention gegen die tschechoslowakischen Reformbestrebungen sanktioniert. Doch gegenüber der Dresdner Zusammenkunft wurde die militärische Karte nun offen ins Spiel gebracht. Ulbricht stimmte dem sowjetischen Vorschlag zu, mittels des mit der ČSSR vereinbarten Militärmanövers verstärkt Druck auf die Reformer in der KPČ auszuüben beziehungsweise die Positionen der „gesunden" Kräfte zu stärken.

In der weiteren Aussprache ergriffen nacheinander Kádár, Shiwkow und Gomułka das Wort.

Kádár mahnte zu mehr Bedachtsamkeit. Er verwies auf die erregten Debatten in Dresden, wo schon formuliert wurde, „daß Prag die Straße für die Konterrevolution frei macht". Doch es sei wichtig, „eine richtige Einschätzung" zu gewinnen, nicht von der Oberfläche auszugehen, sondern von bestimmten Fakten.

Die ungarische Partei hatte sich nach seinen Worten ebenfalls im Politbüro mehrfach mit der Lage in der ČSSR beschäftigt und eine Analyse angefertigt. Zum Erstaunen der anderen Kritiker der tschechoslowakischen Reformbewegung trug Kádár eine andere Einschätzung vor: „Wir sind nicht der Meinung, daß in der ČSSR jetzt die Konterrevolution droht. Das ist ein Prozeß, der mit dem Kampf gegen bestimmte Fehler begonnen hat." Er erinnerte daran, daß nicht in erster Linie die KPČ-Führung unter Dubček, sondern Novotný für die fehlerhafte Politik und Entwicklung in der ČSSR verurteilt werden müßte. Viele Fakten hätten seit langer Zeit dazu beigetragen, die Positionen der Partei und der Staatsführung zu untergraben. Kádár berief sich auf die „ungarischen Erfahrungen" und die enge Nachbarschaft mit der ČSSR. Seiner Meinung nach versuchte Dubček mit seiner Gruppe von Kommunisten die Sache wieder in die Hand zu bekommen. Sie hätten mit dem Kampf um die Korrektur von Fehlern begonnen. „Aber sie haben das mit großer Naivität begonnen", bemerkte Kádár. Der Schlüssel für die tschechoslowakische Lage war seiner Meinung nach die Lage im Präsidium und im Zentralkomitee der KPČ. Die Ablösung von dreißig bis vierzig Prozent der führenden Funktionäre, aber ihr weiterer Verbleib als gewählte Mitglieder im ZK, führe in den Leitungsgremien der Partei zur Anarchie. Kádár sagte: „Ich wundere mich darüber, wie im Januar- und März-Plenum überhaupt eine einheitliche Resolution zustandegekommen ist. An dem einen Tage gibt es einen Beschluß des ZK, daß nur ein ordentlicher Parteitag im nächsten Jahr stattfinden kann. Aber am anderen Tage macht jeder im Präsidium des ZK, was er will. Und das geht dann auf den Kreiskonferenzen so weiter." Er fügte dann hinzu, was kein anderer in dieser Runde offen auszusprechen wagte: „Es gibt allerdings im ZK Elemente, und zwar eine ganze Reihe, für die kein Platz in irgendeiner kommunistischen Partei sein kann." Kádár sprach sich jedoch auch dafür aus, jene Kräfte zu stärken, die gemeinsam mit Dubček die Situation meistern könnten. In allererster Linie müßte die Position Dubčeks gestärkt werden. Dieser führe einen „Kampf an zwei Fronten" – gegen die alten Fehler und gegen die rechten Kräfte, die Konterrevolution und die Agenturen des Imperialismus. Kádár befürchtete, daß ohne Dubček „dann die ganze Sache auseinanderfällt". Doch Kádár hatte keine Illusionen, was passieren müßte, wenn Dubček die Dinge nicht in den Griff bekäme. Auf eine dementsprechende Zwischenfrage von Kossygin und Ulbricht antwortete er: „Wenn Dubček nicht kämpft, dann müssen wir jemand anders finden, der gegen die Konterrevolution auftritt."

Für Kádár war Smrkovský kein Parteifeind. Aber er fügte hinzu, daß es durchaus feindliche Elemente innerhalb und außerhalb der Partei gäbe, die die Situation auszunutzen versuchten. Er erklärte sich letztendlich mit der Einschätzung von Breshnew und Ulbricht mit folgender Begründung einverstanden: „Das ZK hat die Führung weder in der Partei noch im gesamten Lande. Das ist eine gefährliche Lage."

Trotz einer partiell realistischeren Sichtweise als seine Vorredner schloß sich Kádár der Forderung nach militärischem Druck an: „Die Übung muß so schnell wie möglich durchgeführt werden. Damit bin ich einverstanden."

Über das Aktionsprogramm der KPČ äußerte sich Kádár vernichtend. In seinen Augen war es „eine große Null".

Shiwkow wiederholte die Einschätzungen seiner Partei, wie sie schon im Bericht nach dem Besuch der Tschechoslowakei vom April enthalten waren. Er bekräftigte nochmals anschaulich die These von den „zwei Zentren" in der ČSSR – „ein Zentrum der Konterrevolution, der Imperialisten, außerhalb der Partei sowie ein revisionistisches, feindliches, parteifeindliches Zentrum innerhalb der Partei". Er warnte vor der Idee etlicher tschechoslowakischer KPČ-Mitglieder, kurzfristig einen außerordentlichen Parteitag einberufen zu wollen und durch Neuwahl des Zentralkomitees das innerparteiliche Kräfteverhältnis zugunsten der Reformer zu verändern. Auch Shiwkow hatte eine ablehnende Haltung zu Dubček: „Er schätzt die Lage nicht richtig ein, hält Reden, läßt sich auf jede Diskussion ein. Er wird beeinflußt; er selbst beeinflußt nicht. Andere führen ihn." Er fügte noch hinzu: „Ich bin einverstanden damit, wenn gesagt wird, daß Dubček kein Feind ist. Aber er ist schwankend und unklar."

Shiwkows Befürwortung der Militärmanöver in der ČSSR basierte auch auf „Hilferufen" von slowakischen Genossen, die sich während des April-Besuches gegenüber der bulgarischen Partei- und Regierungsdelegation in Bratislava besorgt geäußert hatten: „Liebe bulgarische Genossen! Erzählt doch den sowjetischen Genossen, was wir euch gesagt haben. Wir sind mit eurer Einschätzung einverstanden. Ohne Hilfe von außen, ohne Hilfe von den Bruderländern kommen wir nicht durch. Helft uns durchzukommen!"

Gomułka referierte als letzter in dieser Gesprächsrunde. Er war etwas erstaunt darüber, daß es nicht ganz einheitliche Auffassungen unter den anwesenden Parteichefs in allen Fragen gab. Mit Nachdruck hob er eingangs seiner Rede hervor: „Wir sind hier im kleinen Kreis zusammengekommen, um unsere Meinungen auszutauschen. Wir tragen die Hauptverantwortung in unseren Ländern für unsere gemeinsame Sache. Wir haben eine große Verantwortung auch gegenüber der kommunistischen Bewegung. Wenn wir die Lage in der ČSSR beurteilen, dann sollten wir nicht zurückhaltend sein. Wir müssen die Lage klar und deutlich einschätzen, so wie sie ist. Wir müssen einen einheitlichen Standpunkt haben." Er formulierte als Gebot der Stunde: „Die ČSSR muß sofort groß und massiv den Kampf gegen die Konterrevolution entfalten." Entschieden wandte er sich gegen verwaschene Ansichten von der modernen Konterrevolution und belehrte seine Zuhörer: „Wenn man natürlich die Konterrevolution nur so versteht, daß sie mit Waffen auftritt und auf den Straßen Fensterscheiben einschlägt, dann versteht man gar nichts. Aber wir verstehen doch ganz gut, daß die Konterrevolution heutzutage nicht sofort und nicht mit den Normen wie früher durchgeführt wird. Nach den Erfahrungen des Jahres 1956 über die Formen der Konterrevolution hängt das doch ab von der Lage, von den imperialistischen Plänen und davon, wie der Imperialismus das Kräfteverhältnis einschätzt. Wenn bei uns jemand offen gegen den Sozialismus auftritt, dann hat er doch in unseren Ländern nicht die geringste Chance, eine Massenbasis zu bekommen. Dann ist es möglich, ihn mit der Staatsmacht schnell zur Ordnung zu bringen. Heute wirkt die Konterrevolution unter der Losung der konsequenten Demokratisierung. Das ist die Hauptlosung der Konterrevolution. Sie kommt also nicht direkt und als erstes, massenmäßig betrachtet, mit Losungen gegen den Sozialismus."

Gomułka akzeptierte den Hinweis auf Fehler in der sozialistischen Entwicklung der ČSSR und fügte hinzu, Fehler hätte es auch anderswo gegeben. Doch das Besondere an der tschechoslowakischen Situation sei, daß eine gewisse „Westorientierung" schon unter Novotný begonnen habe und jetzt von Šik und Dubček fortgesetzt würde. Dazu kämen noch die neuen Fehler, indem die Rehabilitierungen und andere Demokratisierungsmaßnahmen mit „großem Geschrei" und nicht „sachlich nach den Partei- und Staatsnormen" durchgeführt würden. Für Gomułka war klar, daß die in Moskau vertretenen Parteien nicht zulassen können, „daß die ČSSR abrutscht". Ein politisches Eingreifen von außen, auch mit dem geplanten Militärmanöver, gegen die Konterrevolution sei notwendig. Wörtlich sagte Gomułka: „Mir scheint, wir müssen heute nur eine Richtung festlegen: gegen die Konterrevolution. Der Zweifrontenkampf ist eine Fehleinschätzung. Dann hätten wir keine richtigen Schlußfolgerungen gezogen. Wir haben es nämlich mit einem schlauen, gut organisierten feindlichen Zentrum in der ČSSR zu tun. Genosse Shiwkow hat dazu einiges gesagt. Wahrscheinlich arbeiten die imperialistischen Agenturen der Konterrevolution in den USA, in Westdeutschland, in Frankreich usw. Aber alle diese Agenturen machen den Weg frei für die Konterrevolution."

Im Aktionsprogramm der KPČ erkannte Gomułka die „Generallinie der Konterrevolution". Die gesunden Kräfte in der KPČ müßten das Programm ändern. Doch erst einmal war es wichtig, den gesunden Kern zu finden. Auch Gomułka schloß sich den Meinungen an, daß Kolder und Bil'ak am ehesten zu gewinnen sein könnten. Über Dubček sagte er: „Das Wichtigste für uns ist die Frage, wen Dubček als Erster Sekretär unterstützt, ob die gesunden Kräfte oder die revisionistischen Kräfte. Sein jetziges Verhalten macht auch den Weg frei für die Konterrevolution. Er gibt nach und weicht zurück. Er öffnet damit der Konterrevolution die Tür. Ich sage damit nicht, daß er sich nicht vielleicht dem gesunden Kern doch noch anschließt. Aber in der bisherigen Prüfung, die er abgelegt hat, hat er keine Fähigkeiten gezeigt, die ihn als Parteiführer in einer so komplizierten Situation auszeichnen."

Den in der ČSSR in Gang gesetzten Prozeß der Demokratisierung bewertete Gomułka als Übergang der Tschechoslowakei in eine bürgerliche Republik:

„Faktisch gibt es schon Elemente des Einflusses einer Klassendiktatur der Bourgeoisie."

Zusammenfassend befürwortete Gomułka die militärischen Maßnahmen gegen die ČSSR: „Ich unterstütze die Übung und bin dafür, sie sobald wie möglich durchzuführen. Da das Plenum des ZK für den 20. Mai einberufen ist, schlage ich vor, ob man die Übung nicht schon vorher machen kann."

Die Aussprache der fünf Parteichefs verlief sehr lebhaft, einzelne Redner wurden durch Zwischenfragen und -bemerkungen in ihren Ausführungen unterbrochen, erhielten Zustimmung oder Ablehnung.

Breshnew versuchte am Ende dieses Punktes der Tagungsordnung eine Konklusion zu ziehen. Er fand das Treffen nützlich und die Einschätzung der KPdSU durch die anderen Parteien bestätigt. Zum Aktionsprogramm der KPČ sagte er: „Das Aktionsprogramm ist unannehmbar. Es ist nicht zu veröffentlichen. Das ist ein Programm einer bürgerlichen Republik." Die Kritik am Aktionsprogramm sollte erst der zweite Schritt sein. „Aber als erstes müssen wir jetzt die Kräfte unterstützen, die gegen die Konterrevolution kämpfen." Darin sah Breshnew die vorrangigste Aufgabe. Es ging also um die weitere Differenzierung der „gesunden" und der „rechten" Kräfte in der KPČ. Breshnew war zuversichtlich, daß der Einfluß der KPdSU über verschiedene Kanäle, die „Blitzberatung" mit der KPČ-Führung vom 4. Mai sowie die Signale von der Beratung der fünf Parteiführer dazu führen würden, daß sich nach der nächsten Präsidiumstagung des ZK der KPČ und in den darauffolgenden Bezirks- und Kreiskonferenzen die „gesunden" Kräfte zeigen würden.

Breshnew schloß sich Gomułkas Vorschlag an und plädierte ebenfalls für einen vorzeitigen Manöverbeginn in der ČSSR. Die fünf Parteichefs waren geschlossen für die Manöver als eine Form ihrer Macht- und Stärkedemonstration. Breshnew faßte seine Doktrin in einem Satz zusammen: „Indem wir die Tschechoslowakei verteidigen, verteidigen wir das ganze sozialistische Lager, die gesamte internationale kommunistische Bewegung. Wir müssen unsere Kräfte erkennen und aktiv werden."

Die Politiker gaben den Militärs pro forma „grünes Licht". Doch die Beratung zeigte, daß es nicht Angelegenheit der Parteiführer war, über militärische Details zu befinden. Kádár hatte das in seiner Rede so ausgedrückt: „Es ist gut, wenn Genosse Jakubowski diese Fragen richtig ausarbeitet." Trotzdem äußerte Ulbricht in der Diskussion den Wunsch, die geplanten militärischen Manöver in der Tschechoslowakei so zu organisieren, daß die Truppenbewegungen möglichst nahe zur Grenze der BRD erfolgen können.

Auf Vorschlag von Breshnew sollte ein „heißer Draht" zwischen Moskau, Berlin, Budapest, Sofia und Warschau eingerichtet werden. Er ging noch weiter: „Wir sind bereit, jeden Tag auch woanders zusammenzukommen, ob in Budapest oder Berlin oder Warschau. Wir bitten, daß jeder jeden verständigt über wichtige Festlegungen, damit wir möglichst genau die Lage einschätzen können."

Der erste Teil der Beratung schloß mit der Verabschiedung eines gemeinsamen Kommuniqués. Walter Ulbricht lobte dieses „Dokument" als eine Art Meisterstück sozialistischer Diplomatie: „Das Kommuniqué ist sehr gut formuliert. Es steht nicht drin, worüber wir gesprochen haben."[89]

Der zweite Teil der Gespräche war Fragen der ökonomischen Zusammenarbeit gewidmet. Gomułka drängte schon bei Beginn des Treffens auf eine Aussprache zu diesem Thema. Die Zeit war bereits fortgeschritten und niemand so richtig darauf vorbereitet. Es war aber symptomatisch, daß dringende Fragen der weiteren ökonomischen Integration, neue Formen der ökonomischen Zusammenarbeit im RGW, immer wieder von sowjetischer Seite aufgeschoben wurden. Auf diesem Gebiet gab es zwischen der UdSSR und den übrigen RGW-Mitgliedstaaten unterschiedliche Interessen. Die polnische Partei hatte ein Papier mit ihren Gedanken dazu verschickt, aber keine Reaktion erhalten. Die Fragen wurden abermals vertagt.

Die Moskauer Beratung zeichnete sich von der Dresdner Zusammenkunft durch eine neue Qualität der Antireformkoalition aus. Erstmals trafen sich die fünf Parteichefs ohne die Vertreter der KPČ. Die KPdSU festigte die kollektive Abwehrfront und erhielt für ihre Einschätzung der tschechoslowakischen Entwicklung grundsätzliche Zustimmung. Unterschiedliche Sichten und Bewertungen, wie zum Beispiel bei Kádár, änderten nichts an der Einmütigkeit der Schlußfolgerungen und der zu treffenden Maßnahmen.

Die „Fünf" beschlossen eine koordinierte aktive politische Einmischung in die inneren Angelegenheiten der Tschechoslowakei mit dem Ziel, die bisherige Entwicklung zu einer Erneuerung des Sozialismus umzukehren. Die Plattform für die Einmischung von außen war nun nicht mehr die Warnung vor der „Konterrevolution", sondern ihre Abwehr zur Rettung des Sozialismus überhaupt!

Im Brennpunkt der Aufmerksamkeit stand die KPČ selbst. Die „Feinde" hatte man in dem sogenannten „zweiten Zentrum" ausgemacht (an der Spitze mit Kriegel, Císař, Pavel[90] und Špaček). Der Sprachgebrauch vom „zweiten Zentrum"

---

89 Im Kommuniqué hieß es nach der Nennung der Teilnehmer: „Während des Treffens fand ein Meinungsaustausch über aktuelle Probleme der internationalen Lage und der internationalen kommunistischen und Arbeiterbewegung statt. Die Teilnehmer des Treffens informierten einander über die Lage in ihren Ländern und sprachen die feste Entschlossenheit aus, auch künftig die Beziehungen der Freundschaft und der allseitigen Zusammenarbeit auf der Basis der Prinzipien des Marxismus-Leninismus und des proletarischen Internationalismus tatkräftig zu entwikkeln. Das Treffen verlief in einer freundschaftlichen und herzlichen Atmosphäre.", in: Neues Deutschland, 9. 5. 1968, S. 1.

90 Pavel, Josef: 1968 Innenminister der ČSSR.

war eindeutig ein Rückgriff auf die politischen Kategorien der stalinistischen Säuberungen und Schauprozesse, mit der kollektive Feindbilder festgelegt und die Praxis der Einmischung in die tschechoslowakischen Angelegenheiten gerechtfertigt wurden!

Die Rolle von Dubček war noch umstritten. Würde er sich dem Moskauer Diktat beugen, könnte er als Parteichef weiter amtieren. Überraschenderweise besaß er bei Breshnew und Kádár noch einen „Vertrauensbonus".

Die polarisierende Beurteilung des Zustandes in der KPČ führte bei den Interventionsparteien zur Suche nach sogenannten „gesunden" Kräften (einen „gesunden" Kern) in der Spitze der KPČ. Man fand sie zunächst in den Personen Kolder und Bil'ak, auch Smrkovský und Černík waren noch nicht abgeschrieben. Die Positionen der „gesunden" Kräfte sollten mit allen Mitteln in der Partei und im Staat gestärkt werden.

Militärische Gewalt galt als die ultimo ratio der Politik. Die „Fünf" hielten im Mai den Zeitpunkt für gekommen, den Tschechen und Slowaken diese Möglichkeit aufzuzeigen. Die Manöver verwiesen mit Nachdruck auf die Karte einer militärischen Intervention. Die KPdSU entwickelte eine Politik der „Zweigleisigkeit", sie kombinierte ein verstärktes politisches Engagement aller „Fünf" mit dem militärischen Druck von sowjetischer Seite. Die anderen vier Parteichefs waren damit einverstanden.

Schon in Dresden hatte sich diese Linie angedeutet. Nun im Mai begann die sowjetische Generalität mit ihrem militärischen „Muskelspiel" gegenüber der ČSSR. Jakubowski hatte bei seinem Aprilbesuch bei Staatspräsident Svoboda, Ministerpräsident Černík, Verteidigungsminister Dzúr[91] und KPČ-Chef Dubček sein Ziel ebensowenig erreicht wie Breshnew in den Gesprächen mit der tschechoslowakischen Delegation am 4. Mai.[92] Die tschechoslowakische Seite lehnte ein Truppenmanöver größeren Ausmaßes auf ihrem Territorium und zum vorgesehenen Zeitpunkt kategorisch ab.

Die sowjetische Reaktion erfolgte ohne Zeitverlust. Am 6. Mai übergab der sowjetische Botschafter in Warschau, Aristow, eine streng geheime Mitteilung der „sowjetischen Partei und Regierung" an Gomułka, in der es hieß, es sei im Hinblick auf die entstandene Lage notwendig, am 8. Mai in der Nähe der tschechoslowakisch-polnischen Grenze bei Těšín[93] die Konzentration einer Sowjetdivision durchzuführen.[94]

---

91 Dzúr, Martin: General der tschechoslowakischen Volksarmee, seit 8. April 1968 Verteidigungsminister der ČSSR.

92 Vgl. Benčík: Operace „Dunaj", S. 24f.

93 Těšín: Teschen.

94 Vgl. ÚSD-SK, L 1353. Nach späteren Erkenntnissen wurde höchstwahrscheinlich die 24. Samarkand-Uljanowsche Division der sowjetischen Armee an die polnische tschechoslowakische

Am 8. Mai traf in Prag per Flugzeug eine große Delegation sowjetischer Marschälle und Generäle ein – angeblich um ihren alten Kampfgefährten, General Ludvik Svoboda, zu begrüßen. Teilnehmer dieser Demonstration waren auch Sekretäre der KPdSU aus den Republiken, die mit der ČSSR Partnerschaftsbeziehungen unterhielten. Die Regie der Delegationen hatte Breshnew selbst festgelegt und bei der Beratung der „Fünf" am 8. Mai erläutert.

Die Anwesenheit von 22 hochrangigen Militärs unter Führung von Marschall Konew und Marschall Moskalenko sowie General Leljuschenko zum Tag der Befreiung am 9. Mai in der ČSSR sollte den „gesunden" Kräften Auftrieb verleihen und den „Feinden" eine deutliche Warnung sein. Ihre „Freundschaftsreise" verknüpften sie mit einer „Inspektion" tschechoslowakischer Militäreinheiten vor Ort, um sich ein Bild vom politisch-moralischen Zustand der Armee und vor allem des Offizierskorps zu machen. In Gesprächen mit tschechoslowakischen Armeeangehörigen bezeichneten sie die Situation in der ČSSR als „Konterrevolution", wofür sie ebensowenig Verständnis bei den meisten Zuhörern fanden wie für ihre ausweichenden Antworten auf die Frage nach den Gerüchten einer geplanten sowjetischen Intervention gegen die Tschechoslowakei.

Dieser „Delegation" folgte bereits vom 17. bis 22. Mai eine weitere. Der sowjetische Verteidigungsminister Gretschko und sein Politchef General Jepischew und andere sie begleitende sowjetische Militärs versuchten den tschechoslowakischen Verteidigungsminister Dzúr, Präsident Svoboda, Regierungschef Černík und Parteichef Dubček in der ungeklärten Stationierungsfrage wieder unter Druck zu setzen.[95]

Der für die tschechoslowakische Seite „überraschende", da vorher nicht angekündigte Besuch von Kossygin zwecks „Kuraufenthalt" in Karlsbad (17. bis 25. 5. 1968)[96] verlief auch entsprechend der vorherigen Moskauer Planung. Gretschkos Delegation befand sich zu diesem Zeitpunkt noch in Prag.

Als mögliche Bedrohung konnte von tschechoslowakischer Seite auch das Mitte Mai (10.–23. Mai 1968) im Süden und Südwesten Polens durchgeführte Manöver einer polnischen und einer sowjetischen Armee in einer Stärke von etwa 80.000 Mann und mit rund 2.800 Panzern interpretiert werden.[97]

Die militärischen Drohgebärden und Einschüchterungsversuche gingen einher mit dem verstärkten politischen Druck, den die „Fünf" am 8. Mai in Moskau verabredet hatten.

Grenze verlegt, die bei entsprechendem Befehl am 9. Mai (dem Tag der Befreiung) nach Mähren eindringen und von dort den langen Weg nach Böhmen antreten sollte.

95 Vgl. Dubček: Leben, S. 238.

96 Ebenda, S. 239.

97 Vgl. Benčík: Operace „Dunaj", S. 28, 34f.

Die SED-Pressekampagne im Mai

Der Mai wird in der Chronik des Jahres 1968 sicher genauso unvergessen bleiben wie der August: In Paris begannen Verhandlungen zwischen den USA und Nordvietnam über den Anfang vom Ende des Vietnamkrieges. Die Amerikaner mußten an den Verhandlungstisch. In Westeuropa schreckten Studenten – und Jugendrevolten das bürgerliche Establishment auf. In Frankreich mündete die Protestbewegung sogar in einen Generalstreik, der bis Mitte Juni anhielt. In der BRD erreichten die Proteste gegen die bevorstehende Annahme der Notstandsgesetze ihren Höhepunkt.

Der „Prager Frühling“ sorgte nicht nur meteorologisch, sondern vor allem politisch für frischen Wind im Ostblock. Das Flaggschiff der „Warschauer Flotte“ – das Sowjetmodell des Sozialismus – geriet in schweres Fahrwasser. Die ČSSR suchte trotz aller Warnungen unbeirrt einen eigenen Weg zum „menschlichen“ Sozialismus. Doch der Kreml wollte weiterhin allein den Kurs für alle bestimmen. Seine Erfüllungsgehilfen in der DDR, in Polen, Bulgarien und Ungarn waren bereit, sich gegen die tschechoslowakischen Reformpolitiker verstärkt in die innenpolitische Entwicklung in der ČSSR einzumischen.

Walter Ulbricht hatte beim Treffen der „Fünf“ in Moskau die Idee entwickelt, daß nicht so sehr die Partei selbst, sondern die DDR als Staat und Gesellschaft im Abwehrkampf gegen die befürchteten politischen Reformen in der Tschechoslowakei wirksamer werden könnte. In der Realität geschah trotzdem nichts ohne die „bewährte“ Regie des Apparats des Zentralkomitees. Die SED-Führung inszenierte eine neue Runde der Pressekampagne gegen den Prager Reformkurs.[98]

Dazu gehörte ein ganz besonderer „Paukenschlag“. Einen Tag nach der Aussprache der „Fünf“ in Moskau erschien die „Berliner Zeitung“ am 9. Mai 1968 mit der Schlagzeile: „Militärangehörige der USA zu Filmaufnahmen in Prag“.

Diese Meldung ist ein Beispiel für die enge operative Zusammenarbeit zwischen den Parteiapparaten der KPdSU und der SED im Jahr 1968.

Der sowjetischen Seite lag eine Meldung vor, wonach tschechoslowakische Filmleute mit amerikanischen Filmagenturen und Filmunternehmen vereinbart hatten, aus Anlaß des Jahrestages der Befreiung in einem Film zu zeigen, wie die Amerikaner 1945 Westböhmen, darunter auch Pilsen (Plzeň), befreit haben. Die Amerikaner sollten ursprünglich acht Panzer bereitstellen, die über die Grenze in die ČSSR einfahren sollten, damit sie dann gefilmt werden. Breshnew teilte seine Entrüstung darüber den anderen Parteichefs in der Zusammenkunft am 8. Mai mit. Er war unter anderem auch deswegen so persönlich in dieser Frage enga-

98 Vgl. Spittmann, Ilse: Spekulation auf Frost in Prag, in: Deutschland Archiv, Nr. 3, Juni 1968, S. 330ff; Lehmann: Innen- und außenpolitische Aspekte des DDR-Beitrags, S. 124ff.

giert, weil er 1945 als „Frontkämpfer“ der 4. Ukrainischen Front der Roten Armee an der Befreiung der Tschechoslowakei teilgenommen hatte.[99] Er sagte: „Genossen, ihr denkt sicher, daß es hier um einen Film geht. Nein, wir schätzen das so ein, daß die innere Konterrevolution jetzt schon organisiert, wie man USA-Truppen aus Westdeutschland heranziehen kann. Vielleicht wollen die tschechischen Genossen auch noch ein paar westdeutsche Offiziere einladen. Wir haben Nachrichten, wonach in Plzen und in anderen Städten, wo diese Aufnahmen gedreht werden sollen, einige hundert Amerikaner in Zivil sind. Es gibt schon eine ganze Invasion von Amerikanern.“[100]

Scheinbar „nebenbei“ bemerkte Breshnew: „Vielleicht bringt die DDR-Presse das.“ Noch bevor das Moskauer Treffen beendet und Axen nach Berlin zurückgekehrt war, erhielt das ZK der SED in Berlin eine entsprechende Handlungsanweisung, über deren Erfüllung Honecker am 9. Mai berichten konnte.[101]

Die „Panzer“-Gerüchte sollten nicht nur die „negativen“ Kräfte in der ČSSR vor einem möglichen Paktieren mit dem Westen warnen. Vielmehr sollten sie den Eindruck erwecken, daß die tschechoslowakischen Organe der Staatssicherheit, der Armee und des Grenzschutzes nicht mehr zuverlässig funktionieren würden und die Sicherheitsinteressen des gesamten Ostblocks gefährdeten. Vor dem Hintergrund des „Blitzkrieges“ Israels gegen Ägypten, Syrien und Jordanien war die Warnung vor „einigen hundert“ westdeutschen und amerikanischen Militärangehörigen keineswegs nur eine propagandistische Worthülse. Dahinter verbarg sich real die Unsicherheit vor ähnlichen „Überraschungen“ in Europa.

Die UdSSR und die DDR beschuldigten, wieder „unabhängig“ voneinander und nacheinander, die Tschechoslowakei, das Grenzregime an den Grenzen zur BRD[102] und zu Österreich[103] ungenügend zu handhaben. Der sowjetische Ministerpräsident Kossygin richtete am 10. Mai einen Brief an seinen tschechoslowakischen Amtskollegen Černík. Er warf der Tschechoslowakei vor, daß der fast ungehinderte Touristenstrom aus den beiden genannten Staaten auch Agenten und Diversanten aus dem Westen Tür und Tor öffne.[104]

Die SED-Führung erhob in einer internen Analyse von Anfang Mai erneut schwere Vorwürfe gegen die ČSSR. In dieser ZK-Information wurde das Bild einer imperialistisch „unterwühlten“ Tschechoslowakei gezeichnet: „Täglich passieren Zehntausende ‚Touristen‘ von Westdeutschland und Österreich kommend

99 Breshnew nahm 1945 als Chef der Politischen Verwaltung der 4. Ukrainischen Front der Roten Armee an den Kämpfen in Polen, Ungarn und der Tschechoslowakei teil.

100 Vgl. ZK der KPdSU, Allgemeine Abteilung, 1. Sektor, Nr. P 839.

101 Vgl. SAPMO-BArch, ZPA, J IV 2/201/787.

102 Länge der Grenze zwischen der ČSSR und der BRD: ca. 356 km.

103 Länge der Grenze zwischen der ČSSR und Österreich: ca. 570 km.

104 Vgl. ÚSD-SK, Československo 1966–1971. Chronologie, S. 119.

die Staatsgrenzen der ČSSR. Die Nichteinhaltung bzw. Beseitigung wichtiger Maßnahmen zur Grenzsicherung machen eine effektive Kontrolle der Reisenden aus kapitalistischen Ländern, einen wirksamen Schutz gegen Agenten, gegen das Einschmuggeln von Feindmaterial, Waffen usw. nicht möglich. Hunderte bürgerliche Journalisten halten sich tage- und wochenlang in den wichtigsten Bezirks- und Kreisstädten der ČSSR auf. Sie erlangen ungehindert Zutritt zu wichtigen Großbetrieben, Instituten, Hochschulen, Partei- und Staatsorganen. Viele dieser ‚Journalisten' werden direkt von den Botschaften und Agentenzentralen der imperialistischen Länder gelenkt. Sie sorgen nicht nur für eine ständige Nachrichtengebung an die imperialistischen Geheimdienste, sondern leisten vor allem eine aktive Zersetzung und Wühltätigkeit. Sehr ernst sind die Versuche imperialistischer Kräfte einzuschätzen, unter allen möglichen Vorwänden (zum Beispiel zu ‚Filmaufnahmen') Militärangehörige in die ČSSR einzuschleusen."[105]

Die „alarmierende" Meldung der „Berliner Zeitung" vom 9. Mai verbreiteten auch andere DDR-Medien. Diese Art von offiziösen „Nachrichten" sowie die internen Sprachregelungen der SED hatten nicht nur eine gegen die Reformer in der ČSSR gerichtete Funktion. Sie waren der politisch-ideologische Nährboden für die Indoktrination der eigenen Parteimitglieder, um sie gegen die reformkommunistischen Vorstellungen tschechoslowakischer Art möglichst immun zu machen. In den Reihen des Partei- und Staatsapparates, des Ministeriums für Staatssicherheit, der Nationalen Volksarmee und anderen Bereiche sollten sie die Kampfbereitschaft fördern, die Revolution unter allen Bedingungen und, wenn nötig, auch auf dem Territorium der Tschechoslowakei zu verteidigen. Eine besonders enge Zusammenarbeit gab es im Zusammenhang mit den tschechoslowakischen Ereignissen zwischen dem zentralen Parteiapparat der SED und den Massenmedien der DDR. Neben der Zeitung „Neues Deutschland" beteiligten sich auch die „Berliner Zeitung", der Rundfunk und das Fernsehen der DDR sowie die Studentenzeitschrift des Jugendverbandes FDJ, „Forum", an der neuen Runde der publizistischen Angriffe gegen die Reformen in der ČSSR.

Ulbrichts Attacke gegen die tschechoslowakische Intelligenz in der Moskauer Beratung am 8. Mai war für die Abteilung Kultur des ZK der SED Signal zum Handeln. Der Parteiapparat hielt sich diesmal geschickt im Hintergrund. Die Abteilung Kultur „leitete" in diesem Fall den Genossen und Dramatiker Helmut Baierl[106] an, einen Parteiauftrag auszuführen. Schon am 12. Mai 1968 veröffentlichte die Zeitung „Neues Deutschland" unter dem Titel „Prüfet die Rechnung" eine inquisitorische „Auseinandersetzung" des in Nordböhmen geborenen

105 SAPMO-BArch, ZPA, A 2/201/1017.

106 Baierl, Helmut:Schriftsteller, geb. in Rumburg (Nordböhmen); nach Aussiedlung Landarbeiter; ab 1947 Mitglied der SED; seit 1967 freischaffender Schriftsteller.

Schriftstellers Helmut Baierl mit Schriftstellern und Künstlern in der Tschechoslowakei. Er schrieb: „Es kommt mir vor, als ob sich eine Tendenz entwickelt habe, unter der Hand fast, die gegen die führende Rolle der KPČ vorgeht. Ich höre, daß ernsthafte Meinungen vertreten werden, die der Partei eine Opposition entgegenstellen."[107] Einigen seiner tschechoslowakischen Kollegen warf er „direkte oder indirekte Antisowjetpropaganda" vor. Die Forderung nach einer frei konvertierbaren Währung in der ČSSR interpretierte Baierl als billiges Verlangen nach der „Westmark". Bei ihm hieß es dazu: „Ich habe nur etwas dagegen, wenn man seine nationale Ehre abgibt für ein paar Westmark, und seine kommunistische gleich mit." Auch das Streben nach einer selbständigen tschechoslowakischen Außenpolitik erfuhr eine eigenwillige Deutung durch den Schriftsteller Baierl: „Vielleicht sehe ich zu schwarz, aber ich habe Furcht bekommen. Furcht vor dem Leichtsinn, der so schwer Erkämpftes gefährdet. Ich hoffe, daß es nicht soweit kommen wird. Es ist nicht Kommunistenart, ein kleines eigensüchtiges Glück auf dem Sofa der Sicherheit zu erstreben, wenn ringsum die Welt in Unsicherheit ist. Trotzdem ist da Gefahr."

Der Artikel erweckte den Anschein „brüderlicher" Sorge und Anteilnahme, enthielt in Wahrheit aber haltlose Beschuldigungen und Verdächtigungen gegen seine tschechoslowakischen Kollegen. Er endete mit der eindringlichen Mahnung: „Freunde in Prag, prüft die Rechnung, wir alle müssen sie bezahlen."[108] Baierl erledigte mit seinem Artikel mehrere Parteiaufträge auf einmal: Erstens demonstrierte er den tschechoslowakischen Kollegen, daß es in der DDR Künstler gibt, die bereit sind, sich mit ihren „fehlerhaften" Auffassungen auseinanderzusetzen. Zweitens überwand die SED ihre propagandistische Sprachlosigkeit gegenüber den elektronischen Medien aus dem Westen, und drittens „informierte" Baierl mit seinem Artikel seine Kollegen in der DDR über die richtige Linie in der tschechoslowakischen Frage.

Mit einem anderen Vertreter der tschechoslowakischen Intelligenz setzten sich im Mai 1968 gleich zwei Zeitungen in der DDR auseinander. Im „Neuen Deutschland" verknüpfte der Journalist Dr. Hanjo Herbell einen Angriff auf die bundesdeutsche Wochenzeitung „Der Spiegel" mit einer Attacke[109] gegen den tschechoslowakischen Philosophen Ivan Sviták[110]. Er war der SED-Führung nicht nur wegen seiner „aufrührerischen" Reden vor Prager Studenten und seinen Artikeln in der tschechoslowakischen Studentenzeitschrift „STUDENT", son-

107 Vgl. Neues Deutschland, 12. 5. 1968, S. 5.

108 Vgl. Neues Deutschland, 12. 5. 1968, S. 5.

109 Vgl. Spittmann: Spekulation auf Frost, S. 330ff. Sozialdemokrat

110 Sviták, Ivan: bis 1948 Sozialdemokrat, danach Mitglied der KPČ, 1964 aus der Partei ausgeschlossen.

dern vor allem als Gründer des „Klubs engagierter Parteiloser“[111] und somit als „Konterrevolutionär“ aufgefallen. Das Zentralorgan der SED rechnete also mit einem intellektuellen „Rädelsführer“ ab. Anlaß war ein Spiegel-Interview mit Sviták, in dem er danach befragt wurde, ob der KAN die Keimzelle einer künftigen Oppositionspartei in der Tschechoslowakei sei. Sviták entgegnete, KAN sei ein Diskussionsklub neben anderen, und verwies auf die vorangegangene Gründung des Klubs „Das Gartenfest“ von Václav Havel. Auf die Frage nach dem Verhältnis von KPČ und einer künftigen legalen Opposition antwortete Sviták: „Es wäre eine Illusion zu glauben, daß die Bevölkerung dieses Landes antikommunistisch sei. Auch ich selbst bin kein Antikommunist. Schließlich verdanken wir es den neuen Kräften innerhalb der KP, daß sich ein illegaler Klub, wie unserer, ungehindert konstituieren und versammeln durfte. Nach 20 Jahren kommunistischer Herrschaft sind in diesem Lande revolutionäre Umwälzungen ohne die Kommunistische Partei nicht möglich. Antikommunismus würde uns in eine politische Katastrophe führen.“[112]

Der Parteijournalist Herbell demonstrierte bei diesem Anlaß nicht nur, daß die SED fest an der Seite der „gesunden“ und gegen die antisozialistischen Kräfte in der ČSSR stand, sondern er illustrierte auch das von Ulbricht behauptete Zusammenspiel zwischen der tschechoslowakischen Konterrevolution und westlichen „Agenturen“.[113]

Auch die FDJ-Studentenzeitschrift „Forum“ erfüllte ihren Parteiauftrag in der von der SED verschärften Pressekampagne gegen die ČSSR. Hier setzte sich Florian Kaz in dem Beitrag „Engagement im Zerrspiegel“ mit Sviták auseinander. Die Absicht von „KAN“, zu den nächsten Parlamentswahlen in der ČSSR eigene parteilose Kandidaten aufzustellen, rüttelte aus SED-Sicht natürlich an den Grundfesten sozialistischer Macht. Svitáks Bekenntnis für einen erneuerten Sozialismus wurde von Kaz scharf attackiert: „Er will den Sozialismus ‚nur‘ von seiner führenden Kraft, der Partei der Arbeiterklasse, trennen. Welche Methoden aber kann es geben, den Sozialismus aufzubauen, wenn man von vornherein das theoretische und politisch-praktische Organisationszentrum der Arbeiterklasse, ihre Partei, nur als Teilkraft unter anderen versteht? Ist soviel Naivität denkbar?“[114] Den DDR-Studenten vermittelte Kaz auch noch folgenden „Denkanstoß“: „In einer Zeit, da in Westdeutschland und Westberlin politische Morde auf dem Boden staatlicher Pogromhetze gedeihen, Notstandsgesetze den Faschismus im Inland vorbereiten, ausgerechnet in solcher Zeit möchte Herr Sviták den So-

111 Klub der engagierten Parteilosen: Klub angažovaných nestraníků (KAN).

112 Der Spiegel, Nr. 20, 13. 5. 1968, S. 132.

113 Vgl. Neues Deutschland, 24. 5. 1968, S. 6.

114 Forum, Nr. 10, 2. Maiheft 1968, S. 12.

zialismus gegen einen bürgerlichen Parlamentarismus eintauschen. So soll die Arbeiterklasse in der ČSSR moralisch entwaffnet werden."[115]

Neben der neuen Kampagne schuf die SED-Führung auch Fakten auf dem Gebiet der Medienpolitik. Am 16. Mai bestätigte das Sekretariat des ZK der SED diskussionslos die Streichung des deutschsprachigen ČSSR-Wochenblatts „Volkszeitung" von der Post-Zeitungsliste der DDR. Ihre Verbreitung wurde schon seit Wochen massiv behindert. Eine für den 27. Mai vorgesehene Diskussion im Club der Auslandspresse in (Ost-)Berlin über die Situation in der ČSSR wurde vom DDR-Außenministerium untersagt. Die satirische DDR-Wochenzeitung „Eulenspiegel" veröffentlichte auf dem Titelblatt eine die ČSSR diskreditierende Karikatur im Zusammenhang mit dem Pfingstreffen der Sudetendeutschen Landsmannschaften. Der Karikaturist Peter Dittrich ließ einen Adler (in Anlehnung an den Bundesadler) und eine weiße Taube mit der tschechoslowakischen Flagge unter den Flügeln friedlich miteinander schnäbeln und statt eines Ölzweigs als Symbol des Friedens eine Blume austauschen.[116] Das Auftreten der tschechoslowakischen Professoren Šnejdárek und Filipec in der Sendung „Kremlrunde" des Zweiten Deutschen Fernsehens (ZDF) der BRD löste in der SED-Führung schon fast allergische Reaktionen aus. Wie schon auf das Smrkovský-Interview im März reagierte die SED im „Neuen Deutschland" mit scharfer Kritik.[117]

Die SED-Pressekampagne war Bestandteil ähnlicher Aktivitäten der parteigesteuerten Presse in der Sowjetunion und in Polen. Vor den Panzern kamen die Worte und die Bilder. Dem militärischen Einmarsch ging die propagandistische Intervention gegen den tschechoslowakischen Reformkommunismus voraus! Die Taktik der SED-Medien brachte Ilse Spittmann schon im Juni 1968 auf den Punkt: „Die Meldungen aus der ČSSR werden sorgfältig selektiert. Wiedergegeben werden nur Äußerungen konservativer Kräfte, beschwichtigende Erklärungen der Parteiführer und der offiziellen Presse an die Adresse besorgter Bruderparteien sowie Zurückweisungen antisowjetischer oder antisozialistischer Tendenzen."[118]

Von tschechoslowakische Seite gab es diplomatische Proteste der tschechoslowakischen Botschaft in der DDR, durch Roman Smolik, gegenüber dem Pressesprecher des ostdeutschen Außenministeriums, Peter Lorf. In der KPČ-Zeitung „Rudé Právo" erschienen auf die Flut von Anschuldigungen, Halbwahrheiten und Lügen in der DDR-Presse scharfe Repliken. All dies bestätigte der SED-Führung die eigene Lageeinschätzung: Es ging in Prag um die bekannte Frage: Wer-wen?

---

115 Ebenda.

116 Vgl. Eulenspiegel, Nr. 21, 4. Maiheft 1968, S. 1.

117 Vgl. Neues Deutschland, 11. 5. 1968.

118 Spittmann: Spekulation auf Frost in Prag, S. 333.

Robert Havemann: Hoffnung auf den „Prager Frühling"

Kein anderer Bürger aus der DDR, der mit den Reformen und den Reformern in der ČSSR sympathisierte, hat im Frühjahr 1968 seine Stimme so deutlich und unüberhörbar erhoben wie der deutsche Sozialist und Kommunist Robert Havemann. Havemann, der KPD nahestehend, wurde 1943 als Leiter der antifaschistischen Widerstandsgruppe „Europäische Union" in Berlin verhaftet und durch den Volksgerichtshof zum Tode verurteilt. Es kam nicht zur Vollstreckung dieses Urteils. Nach der Befreiung aus dem Zuchthaus Brandenburg-Görden arbeitete er wieder als Wissenschaftler (Physikochemiker). Er war von 1945 bis 1950 Direktor der Berliner Institute der Kaiser-Wilhelm-Gesellschaft in Berlin-Dahlem. Sein Protest gegen die amerikanische Wasserstoffbombe und sein Engagement als „Friedenskämpfer" führten zur fristlosen Entlassung durch den Westberliner Senat. Seit 1950 lebte er in der DDR.

Havemann entwickelte sich nach dem XX. Parteitag der KPdSU zum entschiedenen Kritiker des realen Sozialismus. Seine nicht nachlassende Kritik an den politischen Verhältnissen in der DDR, vor allem auf dem Gebiet der Wissenschaftspolitik der SED[119], hatte 1964 den Ausschluß aus der SED und die fristlose Entlassung durch die Humboldt-Universität zu Berlin sowie faktisches Berufsverbot zur Folge.

In der DDR hatte Havemann keine Möglichkeit, frei und offen seine Zustimmung zum tschechoslowakischen Reformprozeß zu bekunden.[120] Die Prager Zeitschrift „Svět v obrazech" veröffentlichte am 21. Mai 1968 einen Artikel von Robert Havemann.[121] An die tschechoslowakischen Reformer gewandt, sagte er: „Sozialisten und Kommunisten in aller Welt verfolgen heute mit wärmster Sympathie und von großen Hoffnungen erfüllt die politische Entwicklung in der ČSSR."[122] Mit diesen Worten grenzte er sich deutlich von den „Staatskommunisten" der SED-Führung ab. Im Gegensatz zur SED-Propaganda über die Gefahr einer „Konterrevolution" in der ČSSR betonte Havemann: „Zum ersten Mal wird

---

119 Vgl. Havemann, Robert: Dialektik ohne Dogma, Reinbek 1964.

120 Havemanns regimekritische Texte konnten bis zum Dezember 1989 nur außerhalb der DDR erscheinen, vgl. Fragen – Antworten – Fragen. Aus der Biographie eines deutschen Marxisten, München 1970; Rückantworten an die Hauptverwaltung „Ewige Wahrheiten", München 1971; Ein deutscher Kommunist. Rückblicke und Perspektiven aus der Isolation, hrsg. von Manfred Wilke, Hamburg 1978; Morgen. Die Industriegesellschaft am Scheideweg, München 1980.

121 Die deutsche Fassung des Artikels aus „Svět v obrazech", Nr. 20, 21. 5. 1968, erschien erstmals in: „Die Zeit", Nr. 22, 31. 5. 1968, danach in: „Deutschland Archiv", Nr. 3, Juni 1968, und in der DDR in: Berliner Zeitung, 9./10. 12. 1989.

122 Robert Havemann: Warum ich Stalinist war und Antistalinist wurde: Texte eines Unbequemen, hrsg. von Dieter Hoffmann und Hubert Laitko, Berlin 1990, S. 206.

hier der Versuch gemacht, Sozialismus und Demokratie in Übereinstimmung zu bringen. Bisher gab es in sozialistischen Ländern wohl verschiedene Ansätze, den Teufelskreis des Stalinismus durch eine schleichende Demokratisierung zu durchbrechen. Aber das Bleigewicht der Parteibürokratie hat die wenigen hoffnungsvollen Versuche stets wieder gelähmt und zum Stillstand gebracht."[123] Der „philosophische Spinner" (Hanna Wolf[124]) verband seine Zustimmung zur Entwicklung und Demokratisierung in der ČSSR mit einer Analyse des Stalinismus. Seine Einschätzung lautete komprimiert: „Der Stalinismus ist das System des Mißtrauens und der Heuchelei, die Demokratie das des Vertrauens und der freien und kritischen Meinungsäußerung. Im Stalinismus hat der Staat die Bürger, in der Demokratie haben die Bürger den Staat."[125] Diese Einschätzung war für die SED-Führung wie ein Schlag ins Gesicht. Denn sie „feierte" ja gerade ihren Verfassungserfolg vom 6. April mit einer Stimmbeteiligung von 98,05 Prozent und einem Anteil von 94,49 Prozent Ja-Stimmen als Sieg der „sozialistischen Demokratie" schlechthin! Doch Havemann ging noch weiter. Er forderte: „‚Sozialismus ist Demokratie' – das große Wort muß wahr gemacht werden. Das ist heute angesichts der erregenden Entwicklung in der ČSSR unsere leidenschaftliche Hoffnung." Und mit Blick auf die Situation im geteilten Deutschland sagte er, wobei der Kommunist Havemann bei aller Akzeptanz des erreichten Standes der bürgerlichen Demokratie in der BRD diesen nicht als die höchste Entwicklungsstufe ansah: „Ich glaube, daß die Lösung der deutschen Frage im Sinne von Sozialismus und Demokratie fast unvorstellbar erleichtert und beschleunigt würde, wenn der Weg, den die ČSSR jetzt eingeschlagen hat, auch bei uns beschritten wird."[126]

Derartigen Gedanken konnte die SED-Führung keine freie Verbreitung in der DDR gestatten. Aber auch die Veröffentlichung im Ausland wurde nicht „ungestraft" hingenommen. Die neue Pressefreiheit in der ČSSR verhinderte ein Eingreifen der SED-Zensur in die tschechoslowakischen Redaktionen. Doch gleichzeitig mit der Publikation des Havemann-Artikels in der Prager Zeitschrift „Svět v obrazech" erschien dieser am 21. Mai auch in der dänischen Zeitung „Information". Hierfür machten die DDR-Behörden den Berliner Korrespondenten von „Information", Per Michaelsen, verantwortlich. Michaelsen war seit November 1967 bei der Presseabteilung des MfAA der DDR akkreditiert. Bereits zwei Tage nach diesen Veröffentlichungen reichte der stellvertretende Außenminister Gün-

123 Ebenda.

124 Wolf, Hanna: Rektorin der Parteihochschule „Karl Marx" beim ZK der SED, Mitglied des ZK der SED.

125 Ebenda, S. 207.

126 Ebenda, S. 209.

ter Kohrt[127] eine von der MfAA-Presseabteilung erarbeitete Vorlage an das Sekretariat des ZK der SED ein. Der Parteiführung wurde ein Beschlußentwurf des Ministeriums für Auswärtige Angelegenheiten der DDR zwecks Behandlung und Zustimmung übermittelt. Darin hieß es: „1. Der bei der Presseabteilung des MfAA akkreditierte Korrespondent der linksbürgerlichen dänischen Zeitung ‚Information‘ Per Michaelsen ist aus der DDR auszuweisen.“[128] Als Begründung wurde unter anderem angeführt: „Im April und Mai veröffentlichte ‚Information‘ mehrere Beiträge von Michaelsen, die sich direkt gegen die Politik unserer Partei und Regierung richteten, sie entstellten und verleumdeten.“[129] Dazu kamen die Veröffentlichung des Havemann-Artikels am 21. Mai, „in welchem die Konterrevolution in der DDR propagiert wurde“[130], sowie vorher geführte Interviews mit Havemann und Wolf Biermann. Die Vorlage des MfAA wurde von den ZK-Abteilungsleitern für Auslandsinformation, Feist, beziehungsweise Internationale Verbindungen, Markowski, am 24. Mai befürwortet. Am 30. Mai bestätigten die Sekretäre des ZK der SED die Vorlage. Eine Kopie mit dem Ausweisungsbeschluß trägt die Unterschrift von Erich Honecker, der Ende Mai Walter Ulbricht während dessen Urlaubsaufenthalts in der Sowjetunion vertrat. Weisungsgemäß sorgte die Presseabteilung des MfAA wenige Tage später für den „Rauswurf“ von Michaelsen aus der DDR.

Aber auch Havemann selbst blieb nicht verschont. Die zuständigen Diensteinheiten des MfS intensivierten ihre Personenkontrolle der Familie und des Freundeskreises von Robert Havemann.

So erging es auch anderen, weniger prominenten Anhängern des „Prager Frühlings“ in der DDR. Sympathiebekundungen für den tschechoslowakischen Demokratisierungsprozeß galten in den Augen der SED-Funktionäre und des Schild- und Schwert-Trägers der Partei, des MfS, als „konterrevolutionär“ und „staatsfeindlich“.

Zwischen den MfS-Dienststellen und den Parteisekretariaten – vom ZK bis zur Kreisebene – wurden vor allem Informationen über Meinungsäußerungen von Studenten, Wissenschaftlern, Künstlern und aus kirchlichen Kreisen ausgetauscht.[131] Die Analyse der Meinung und Stimmung der DDR-Bevölkerung über die Vorgänge in der ČSSR durch die SED-Abteilungen im Zentralkomitee lieferte

---

127 Kohrt, Günter: Staatssekretär und Erster stellvertretender Außenminister der DDR 1966–1973.

128 Kopie der Vorlage von Per Michaelsen an Manfred Wilke mit der Zustimmung zur Veröffentlichung übergeben.

129 Ebenda.

130 Ebenda.

131 Vgl. Wolle, Stefan: Die DDR-Bevölkerung und der Prager Frühling, in: Aus Politik und Zeitgeschichte, B 36/92, 28. August 1992, S. 37ff.

den Funktionären Anhaltspunkte darüber, wie sehr die Reformen trotz Informationssperren und Reisebehinderungen in die Tschechoslowakei auf immer mehr Resonanz stießen, sowohl innerhalb als auch außerhalb der Mitgliedschaft der SED. Doch das wachsende Interesse und die Sympathie für die tschechoslowakischen Entwicklungen führten bei der Mehrheit der DDR-Bevölkerung nicht zu einer massenhaften aktiven Haltung der Kritik, des Protestes oder gar des Widerstandes gegen die SED-Politik.

Die Ära Ulbrichts hatte insbesondere nach dem „Mauerbau" von 1961 für eine eigenartige Loyalität der (schweigenden) Mehrheit zum politischen Kurs der SED geführt. Dafür sorgten vor allem eine gewisse wirtschaftliche Stabilität mit bescheidenem, aber für die DDR-Bevölkerung spürbarem Aufschwung bei der Versorgung mit materiellen Gütern und der Verbesserung sozialer Leistungen sowie die noch nicht aufgegebene Vision eines vereinten deutschen Staates, die von Ulbricht und Genossen zwar nur unter dem Vorzeichen „sozialistisch", von vielen einfach nur als „gesamtdeutsch" betrachtet wurde. Diese Fortschritte, aber auch das Bewußtsein, daß Tausende bewaffnete Sowjetsoldaten ähnlich wie 1953 jede Bewegung zur Machtgefährdung der SED gewaltsam niederschlagen könnten, behinderten eine „grenzüberschreitende" Koalition von Reformern. Dazu kam die SED-Propaganda mit ihren Einflußmöglichkeiten. Gerade in den Monaten zwischen März und August 1968 vollbrachten die Verantwortlichen für Agitation und Propaganda in der SED eines ihrer „Meisterstücke". Anknüpfend an die realen Fragen, Sorgen, Interessen und Motive der Menschen für die Bewahrung des Friedens und gegen den Vietnam-Krieg, der Abwehr neonazistischer Tendenzen in Westdeutschland, der Solidarität mit den protestierenden Studenten und Werktätigen in Westeuropa sowie den Befürchtungen um den Bestand des Sozialismus in der ČSSR verknüpfte die Partei alles zu einer einzigen Entscheidungsfrage: für oder gegen den Sozialismus als Garant für Frieden und Fortschritt auf der Welt. So stand die Frage!

„Kaderüberprüfung": die SED sucht „gesunde Kräfte" in der KPČ

Die Suche nach „gesunden Kräften" in der KPČ war schon seit langem im Gange. Doch seit der Moskauer Beratung der „Fünf" wußten die Parteiführungen in Moskau, Berlin, Warschau, Budapest und Sofia nun genauer Bescheid, auf wen sich die gemeinsamen Anstrengungen konzentrieren mußten. An der Spitze standen aus der Sicht der „Fünf" vor allem Bil'ak und Kolder. Die sowjetische Seite bemühte sich besonders um den alten Waffengefährten aus der Zeit des Krieges gegen den deutschen Faschismus Ludvík Svoboda. Zu Dubček hatte, außer

Breshnew, Kádár den direktesten Kontakt. Zwischen den führenden SED-Politikern – Politbüromitglieder, Sekretäre und Abteilungsleiter des ZK – und der Führungsspitze der KPČ gab es außerhalb der kollektiven Treffen wie in Dresden und Sofia keine offiziellen Kontakte im Frühjahr 1968. Ein geplantes Treffen zwischen Dubček und Ulbricht wurde von beiden Seiten mit dem Argument von „Terminschwierigkeiten" wiederholt aufgeschoben und fand erst am 12. August statt. Einer der offiziellen Ansprechpartner für die Parteifunktionäre war der tschechoslowakische Botschafter in der DDR. Kolář erfüllte, wie in der sozialistischen Diplomatie nicht unüblich, sowohl die Aufträge seines Außenministeriums wie auch die seiner Partei, der KPČ. Kontakte zwischen Regierungsparteien im Ostblock wurden auch von „Genossen Diplomaten" und nicht nur von Parteifunktionären der ZK-Apparate realisiert. Sie informierten stets die obersten Parteiorgane, in dringenden Fällen sogar diese zuerst oder nur sie allein, und ihr Außenministerium. Doch auch der Austausch zwischen dem ZK der SED und dem Botschafter der ČSSR verlief für die SED nicht immer kontinuierlich und zufriedenstellend. Die hochrangigste KPČ-Delegation, die überhaupt im Jahr 1968, außerhalb des Dresdner Gipfeltreffens, Gast der SED war, weilte anläßlich der Marx-Tage im Mai in (Ost-)Berlin. Ihr gehörten Josef Špaček, 1. Sekretär der Bezirksleitung Südmähren und Mitglied des Präsidiums des ZK der KPČ, Jolana Herzková, Mitglied des ZK der KPS und Direktorin der Parteihochschule des ZK der KPS, Václav Hájek, Chefredakteur der theoretischen und politischen Zeitschrift des ZK der KPČ „Nová Mysl", und Jiří Götz, Sekretär der Delegation, an. Sie nahmen an der Festveranstaltung des ZK der SED zum 150. Geburtstag von Karl Marx und weiteren Veranstaltungen teil.[132] Ein inoffizielles Treffen zwischen den beiden 1. Sekretären der Parteileitungen von (Ost-)Berlin und Prag, Paul Verner und Bohumil Šimon, fand am 9. August in Berlin statt. Šimon war auf der Durchreise zu seinem Urlaubsort Heringsdorf an der Ostseeküste der DDR.[133]

Für ihre Suche nach „gesunden" Kräften in der KPČ nutzte die SED aktiv die vielfältigen Partnerschaftsbeziehungen zwischen Betrieben, Institutionen und Organisationen sowie privaten Bekanntschaften. Dabei praktizierten die verantwortlichen Parteiorgane einerseits einschränkende Maßnahmen für den Tourismus und andererseits die Förderung von „Aufklärungsreisen" unter dem Deckmantel bereits vereinbarter oder zusätzlicher Dienstreisen in die ČSSR. In den SED-Parteiorganisationen der Staatsorgane, der Betriebe, der bewaffneten Organe und sogar beim MfS wurden Parteimitglieder und andere zuverlässige DDR-Bürger, auch aus Blockparteien, erfaßt, die berufliche Kontakte, Studienbekanntschaften, verwandtschaftliche oder auch nur freundschaftliche Beziehungen zu

132 Vgl. Neues Deutschland, 2. 5. 1968, S. 1.

133 Vgl. SAPMO-BArch, ZPA, J IV 2/202/298. Bd. 7.

tschechoslowakischen Bürgern hatten. Dazu zählten auch Urlaubs und Kurbekanntschaften.[134] Das Spektrum der Beziehungen reichte von gemeinsamen Bekanntschaften aus der Zeit der dreißiger Jahre in der kommunistischen Bewegung, der Komintern, der Internationalen Roten Hilfe, den Interbrigaden im Spanischen Bürgerkrieg über ehemalige Bewohner aus dem Sudetenland, die nach 1945 als Flüchtlinge oder Vertriebene nach Ostdeutschland kamen, bis hin zu „Informellen Mitarbeitern" (IM) des MfS. Sowohl im Vorfeld der Begegnungen (Kontaktaufnahme) als auch bei ihrer Auswertung wurden die ČSSR-Bürger in zwei grundlegende Kategorien eingeteilt: Bürger „mit politisch negativer beziehungsweise schwankender Einstellung" sowie mit „progressiver Einstellung".

Dienststellen der DDR, die für grenzüberschreitende Aufgaben zur ČSSR zuständig waren, wie die Direktionen des Post- und Fernmeldewesens, der Eisenbahn, der Binnenschiffahrt, des Flugwesens, des Kraftverkehrs, des Reisebüros, des Paß- und Meldewesens der Polizei und andere, richteten schon ab Mai 1968 ein Meldesystem für Informationen und Situationsberichte über die ČSSR und aus dem Nachbarland ein. Diese Informationen gingen über die jeweiligen Leiter der Dienststellen oder deren Beauftragte direkt an die Fachabteilungen im ZK der SED.[135]

Die Angelegenheiten des grenzüberschreitenden Verkehrs waren im ZK-Apparat der SED nicht nur Fachangelegenheiten, sondern gehörten auch in die Zuständigkeit der Abteilung Sicherheit und somit in den Verantwortungsbereich des dafür zuständigen ZK-Sekretärs Honecker.

Die Tschechoslowakei, wie auch Ungarn, waren nicht nur schlechthin beliebte Urlaubsziele für DDR-Bürger. Eine Besonderheit dieser Reisen bildete für nicht wenige Menschen die Möglichkeit des Wiedersehens mit Verwandten und Bekannten aus der BRD. In der Zeit des „Prager Frühlings" wurden derartige Zusammentreffen von SED und MfS stärker denn je unter Beobachtung und Kontrolle genommen. So waren zum Beispiel die Leiter von Touristenreisen in die ČSSR verpflichtet, verstärkt „Informationen" über besondere Vorkommnisse und die unter den Urlaubern geführten Diskussionen zu geben. Ein anderes Beispiel lieferte die Bezirksdirektion der Deutschen Post Leipzig. Für eine als Touristendelegation zusammengestellte Reisegruppe wurden die Mitarbeiter nach ihren dienstlichen und privaten Beziehungen zu einer Partnerdienststelle in Karlsbad ausgewählt. Über diese „Kundschafterfahrt" im Mai ins „Freundesland" verfaßten sie anschließend einen zehnseitigen Bericht, der umgehend über die Parteileitung an das ZK der SED weitergeleitet wurde.[136]

134 Vgl. Tantzscher: „Maßnahme Donau und Einsatz Genesung", S. 61ff.
135 Vgl. SAPMO-BArch, ZPA, IV A2/6.05/50.
136 Vgl. SAPMO-BArch, ZPA, IV A2/6.05/50.

Eine typische Parteiinformation schickte die Bezirksleitung Gera der SED dem Zentralkomitee am 22. Mai zu. Es handelte sich um einen zusammenfassenden Bericht über den Besuch von SED-Genossen aus dem Staatsapparat, der Gewerkschaft und dem Sport im Bezirk Plzeň. Darin hieß es unter anderem über die Lage im tschechoslowakischen Partnerbezirk: „Im Staatsapparat gibt es eine Reihe positiver Kräfte, wie zum Beispiel den Genossen Pelnar, Vorsitzender des Rates des Bezirkes, Fikrle, stellvertretender Vorsitzender für Schulwesen und Kultur, Dr. Schröpfer, Vorsitzender des Rates des Kreises Plzeň-Süd. Diese Genossen stehen offensichtlich unter Druck und treten nicht in jeder Weise konsequent auf. Das Wirken konterrevolutionärer Kräfte wird von ihnen unterschätzt."[137] Den tschechoslowakischen Genossen wurde deren Einschätzung über die stabile Lage in ihrem Staatsapparat nicht abgenommen. Die Vertreter der SED kamen zu einem anderen Befund: „Tatsache ist aber, daß ein solcher charakteristischer Vertreter rechtsextremistischer Kräfte, wie der Genosse Krotky, Inspektor für Kunst im Rat des Bezirkes, offen auftreten kann. Er vertritt unumwunden seine besondere Zustimmung gegenüber allen Dezentralisierungsmaßnahmen, die ein Ausdruck des Abbaus der Administration seien." Wie die Geraer Genossen zu einer derartigen Einschätzung des „Genossen Krotky" gelangten, haben sie nicht mitgeteilt. Weiter hieß es: „Maßnahmen gegen diese Kräfte werden nicht ergriffen, obwohl klar ersichtlich wird, daß sie gegen die Partei arbeiten und Anstrengungen unternehmen, der Konterrevolution den Weg frei zu machen unter Gebrauch solcher Losungen: ‚Wir arbeiten für den Sozialismus'."

Von „ehrlichen Kommunisten" in der KPČ konnten sie berichten, daß sie hinter der Orientierung des Genossen Mali, Abteilungsleiter der Abteilung Propaganda bei der Bezirksleitung Plzeň der KPČ, stehen, der in einer Beratung gesagt hatte: „Durch volle Demokratisierung der Partei alle Anstrengungen unternehmen, die rechten Kräfte zurückzudrängen, und die Ziele der KPČ, voll durchsetzen. Hauptproblem ist, die Führung durch die Kommunisten überall zu sichern."

Aber selbst die „positiven" Kräfte hielten einer kritischen Bewertung durch die Vertreter der SED nicht stand. Bei ihnen gäbe es „falsche Auffassungen über Demokratie und keine richtige Klarheit, wie nun die Partei ihre führende Rolle verwirklichen muß", die konterrevolutionären Kräfte würden unterschätzt und die SED-Einschätzung über die „revisionistische Linie" von Šik und Goldstücker „als falsch bezeichnet". In diesem Zusammenhang betonten die „gesunden" Gesprächspartner gegenüber ihren deutschen Gästen, „daß beide eine klare Einstellung zur Sowjetunion hätten und Goldstücker ein großer Freund der DDR sei".

Abschließend urteilten die SED-Vertreter über die Gespräche mit den Vertretern der KPČ aus Plzeň: „Bei allen Gesprächsteilnehmern kam die Unterschät-

---

137 SAPMO-BArch, ZPA, J IV 2/202/294, Bd. 2.

zung der Härte des internationalen Klassenkampfes und der Gefährlichkeit besonders des westdeutschen Imperialismus zum Ausdruck."[138]

Der Bericht enthielt weitere Informationen über die Gespräche zwischen den Gewerkschafts- und Sportfunktionären aus beiden Partnerbezirken. Im SED-Bericht wurde den Genossen in der Gewerkschaft eine „klarere Haltung zu den innerparteilichen Fragen" als den KPČ-Funktionären bescheinigt, obwohl auch sie „viele Unklarheiten zu den Fragen der ökonomischen Politik" und „keine völlige Klarheit" über die weitere Entwicklung hätten.

Die Situation unter den Sportfunktionären in Plzeň und Sokolov wurde von den SED-Sportfunktionären der Geraer Delegation als besonders schwierig eingeschätzt. Die Aussprachen hätten gezeigt, „daß es in den Sportorganisationen ideologische Aufweichungen gibt". Es wurde festgestellt: „Sie haben kein Verständnis für die Sorge der sozialistischen Bruderländer um die Entwicklung in der ČSSR. Die Genossen unterschätzen vielmehr die Gefahr der ideologischen Diversion, der psychologischen Kriegführung und der Globalstrategie des Imperialismus." Wieweit der „ideologische Zersetzungsprozeß" schon fortgeschritten war, erkannten die SED-Funktionäre daran, daß die tschechoslowakischen Gesprächspartner Erleichterungen bei Reisen ins kapitalistische Ausland, darunter „vor allem nach Westdeutschland", sowie freie und geheime Wahlen für erstrebenswert hielten.[139]

Besonders gute „Aufklärungsergebnisse" erzielte die SED über das tschechoslowakische Ministerium für Post- und Fernmeldewesen und den Rundfunk, bei etlichen Redaktionen von Partei- und Gewerkschaftszeitungen, im Ministerium des Innern (Polizei und Arbeitermilizen) und natürlich in örtlichen Parteileitungen. Dazu trugen eben jene „gesunden" Kräfte bei, die gegen die politischen Reformen in der eigenen Partei und Gesellschaft waren und solidarische Unterstützung bei den „Bruderparteien" wie der SED suchten und fanden. Über die Prager DDR-Botschaft sowie über persönliche Kontakte zu SED-Funktionären gaben vor allem Karel Hoffmann, der ehemalige Generalstabschef der tschechoslowakischen Armee, Otakar Rytíř, Dr. Jiří Hajek, Karel Douděra und andere eine Einschätzung der Ereignisse aus ihrer Sicht und forderten die SED zu aktiver Unterstützung ihrer Positionen auf.[140] Derartige Informationen wurden sowohl in der Periode des „Prager Frühlings", als auch nach der militärischen Intervention gegen die Tschechoslowakei übermittelt.[141]

---

138 SAPMO-BArch, ZPA, J IV 2/202/294, Bd. 2.

139 Ebenda.

140 Vgl. SAPMO-BArch, ZPA, J IV 2/209/300, Bd.9.

141 Vgl. Information des tschechischen Genossen Josef S. vom 16. Juli 1969, SAPMO-BArch, ZPA, IV A 2/12/18.

Die wenigen aufgefundenen SED-Berichte enthalten über diese „gesunden" Kräfte unter anderem folgende Angaben: „als Kommunisten seit ... Jahren bekannt", „wir sind politisch und persönlich befreundet".[142] Über „negative" Kräfte hieß es ähnlich, wie zum Beispiel über die Vertreterin des tschechoslowakischen Reisebüros ČEDOK in (Ost-) Berlin: „Frau M. ist borniert, sympathisiert absolut mit den antisozialistischen Kräften, orientiert sich nur bei kontcrrevolutionären und westlichen Radiostationen. Vom ND kennt sie nur die Titelseite."[143]

Als ein sogenanntes „schwankendes Element" charakterisierte Harri Czepuck[144] seinen tschechoslowakischen Kollegen, den Chefredakteur der „Rudé Právo" und Mitglied des Präsidiums des ZK der KPČ, Švestka. Gemeinsam mit dem KPdSU-Funktionär Simjanin, Chefredakteur der Moskauer „Prawda", kam er am 27. Juni nach einem Gespräch zwischen leitenden Journalisten aus der ČSSR, der UdSSR und der DDR zu der Auffassung, „daß die Haltung des Genossen Švestka außerordentlich weich sei, der, um seine Position zu halten, sich nicht prinzipiell mit den Revisionisten auseinandersetzt".[145] In diesem Gespräch warf Czepuck auch die Frage auf, warum die Kollegen in der ČSSR nicht bedenken, daß das Auftreten von tschechoslowakischen Journalisten, Wissenschaftlern usw. im westdeutschen Fernsehen und Rundfunk den sozialistischen Ländern, insbesondere der DDR, schade. Er konnte des weiteren die sowjetische Einschätzung über den ZK-Sekretär der KPČ Čestmír Císař, nach Berlin weitervermitteln. Císař hatte mit seiner Festrede zum 150. Marx-Geburtstag am 6. Mai in Prag[146] die KPdSU und die SED zu einer harten Kontroverse über die Aktualität des Marxismus-Leninismus herausgefordert. Simjanin äußerte, nachdem ihm der tschechoslowakische Generalsekretär des Internationalen Journalistenverbandes, Jiří Kubka, sagte, daß Císař zusammen mit Fučik[147] gekämpft habe und als Mensch integer sei, „daß ihm das Menschliche an der Person von Císař nicht interessiere, wenn er einen antimarxistischen Standpunkt einnimmt".[148]

Über Gespräche mit Journalisten tschechoslowakischer Gewerkschaftszeitungen informierte Ende Mai der stellvertretende Chefredakteur der Gewerkschafts-

---

142 Vgl. SAPMO-BArch, ZPA, IV A2/902/83.

143 Vgl. SAPMO-BArch, ZPA, IV A2/6.05/52.

144 Czepuck, Harri: seit 1967 stellvertretender Chefredakteur der Tageszeitung „Neues Deutschland".

145 SAPMO-BArch, ZPA, J IV 2/202/294, Bd. 3.

146 Vgl. Život strany, Nr. 12, 1968; SAPMO-BArch, ZPA, IV A 2/20/1174.

147 Fučik, Julius: geb. 23. 2. 1903, Journalist, Mitglied des ZK der illegalen KPČ, während der deutschen Okkupation der ČSR am 24. 04. 1942 verhaftet und in der Nacht vom 7. zum 8. 9. 1943 in der Strafanstalt Berlin-Plötzensee ermordet. Autor von „Reportáž, psaná na oprátce" („Reportage unterm Strang geschrieben").

148 SAPMO-BArch, ZPA, J IV 2/202/294, Bd. 3.

zeitung „Tribüne“ in einem siebzehn Seiten umfassenden Bericht vom 2. Juni. Diesen schickte er an den Abteilungsleiter für Agitation beim ZK der SED, und Lamberz legte ihn am 8. Juni seinem Ersten Sekretär vor.[149] Der erfahrene Journalist Roßberg hat zur besseren Übersicht seine Information nach bestimmten Problemen gegliedert und seine Feststellungen mit wörtlichen Zitaten der tschechoslowakischen Gesprächspartner, sowie eigenen Bemerkungen ergänzt. Er informierte zur allgemeinen Situation in der KPČ nach dem Maiplenum des ZK, zur Bildung einer Oppositionspartei, zur Einschätzung des westdeutschen Imperialismus, zum Thema „Modellfall ČSSR“ zur Situation in den Gewerkschaften, in den Betrieben und in der Gewerkschaftszeitung „Práca“ in Bratislava beziehungsweise „Práce“ in Prag. Die Kernaussagen von Roßberg lauteten: Erstens, „Die antisozialistischen Kräfte organisieren sich mehr und mehr.“ Zweitens, „Das Verhältnis der ČSSR zur Sowjetunion wird durch bestimmte antisowjetische Stimmungen zusehends verschlechtert.“ Drittens, „Es zeigt sich überhaupt, daß zwischen den tschechischen und slowakischen Genossen in den Grundfragen des Marxismus/Leninismus erhebliche Unterschiede bestehen. In der Slowakei gibt es – von Ausnahmen abgesehen – in den Grundfragen einen klaren Klassenstandpunkt.“[150]

Ebenso verfuhr Lamberz mit den „Informationsberichten“ des Journalisten Klaus Schön vom „Neuen Deutschland“, der im Juni und Juli detaillierte Informationen und ausführliche Analysen aus dem Parteileben der KPČ von Prag nach Berlin an seinen Chefredakteur schickte, der sie sofort an das Zentralkomitee weiterreichte.

Parteiarbeiter der SED verfaßten nicht nur tendenziöse Berichte über die tatsächlichen Vorgänge in der Tschechoslowakei, sondern fühlten sich immer wieder zu „marxistisch-leninistischen“ Analysen veranlaßt. In der ZK-Abteilung Agitation führten Gespräche mit etlichen Parteifunktionären der KPČ, Mitarbeitern der Fernsehstudios in Prag und Brno sowie bei zufälligen Begegnungen zu folgender Erkenntnis: „Auf der anderen Seite gibt es die Gruppe der Journalisten, Schriftsteller, Professoren und andere Kreise der Intelligenz, die mit kaum zu übersehender Systematik Bedingungen schafft, die für offen konterrevolutionäre Aktionen günstig wären. Diese Gruppe verfügt über die Massenmedien und hat als organisierte Kraft vor allem große Teile der Studenten zur Verfügung.“[151] Über tschechoslowakische Journalisten wußte man folgendes zu berichten: „Alle Journalisten, mit denen wir sprachen, stehen auf dem Boden Fischer- und Garaudy’scher Theorien. Das äußert sich darin, daß sie

149 Vgl. SAPMO-BArch, ZPA, IV A 2/902/83.

150 Ebenda.

151 SAPMO-BArch, ZPA, IV A 2/902/82.

a) die Arbeiterklasse im Grunde genommen geringschätzen. Die führende Rolle im Zeitalter der technischen Revolution müßte die Intelligenz spielen.
b) die Diktatur des Proletariats für historisch überholt halten. Für die ČSSR sei sie 20 Jahre nach dem Sieg im Februar 48 schon ganz und gar vorbei.
c) ein Modell anstreben, für das sie Vorbilder auf ökonomischem Gebiet in den entwickelten westlichen Industrieländern und auf politischem Gebiet in der Vormünchner ČSR suchen. Die historische Wertung der nationalen Traditionen (Masaryk) wird dem Selbstlauf überlassen.
d) Die führende Rolle der Partei sehen sie in der moralischen und politischen Autorität einzelner Personen der Parteiführung (Dubček und Císař im Prager Fernsehen, Špaček im Brünner Fernsehen usw.).“[152]

Alle Dienstreisen, Konferenzbesuche und sonstigen Kontakte von SED-Mitgliedern mündeten in Berichte für die Parteiorgane. So auch der Bericht der Delegation des Ministeriums des Innern der DDR (MdI) über den Aufenthalt in der ČSSR Mitte Juni 1968. Er war direkt an den Abteilungsleiter für Sicherheitsfragen im ZK der SED gerichtet.[153] Die Delegation unter Leitung von Generalleutnant Grünstein[154] weilte zu einem Erfahrungsaustausch mit den Organen des Strafvollzugs in der ČSSR. Während ihres Aufenthalts wurden sie unmittelbar Augenzeugen weiterer Reformschritte. Die Nationalversammlung der ČSSR verabschiedete in ihrer Beratung vom 24. bis 28. Juni neben der Annahme des Entwurfs über die Föderalisierung der ČSSR und der Novelle zum Pressegesetz auch das Gesetz über die Rehabilitierung von Opfern politischer Prozesse zwischen 1948 und dem 31. Juli 1965. Die Öffentlichkeit kritisierte die Organe des Innenministeriums und den Strafvollzug wegen der unmenschlichen Zustände und Praktiken gegenüber politischen Gefangenen in den fünfziger und sechziger Jahren. Hierbei entlud sich ein jahrzehntelang angestautes Gefühl der Ohnmacht gegen die Organe der politischen Verfolgung sehr drastisch. Die DDR-Besucher nahmen in dieser Situation nur jene Stimmen wahr, die ihrer Meinung nach die Mitarbeiter des Strafvollzugs „diffamieren“ oder sogar „Pogromhetze“ organisieren, wie zum Beispiel der „Klub 231“.[155]

Im Zuge der Reformen im Staatsapparat sollte der Strafvollzug aus dem Ministerium des Innern ausgegliedert und dem Justizministerium unterstellt werden. Aus dem Justizressort verlautete, „daß in Zukunft ‚gebildete‘ Leute eingesetzt

---

152 Ebenda.

153 Vgl. SAPMO-BArch, ZPA, IV A 2/12/19.

154 Grünstein, Herbert: Stellvertretender Innenminister der DDR.

155 Klub 231: In einem internen Informationsbericht eines SED-Funktionärs hieß es über ihn unter anderem: Er „steht unter Leitung eines evangelischen Spions sowie einiger krimineller Subjekte“; „Von diesem Komitee werden die ganzen Schändlichkeiten gegen unsere Genossen organisiert“, SAPMO-BArch, ZPA, IV A 2/12/19.

und liberale Methoden angewendet werden", meldete Grünstein. Die Delegation aus der DDR, ihr gehörten der ZK-Mitarbeiter Marterer, Oberst Tunnat (Leiter der Verwaltung Strafvollzug im MdI) und Major Hakner (Leiter der Vollzugsanstalt Bützow-Dreibergen) an, fanden in den von ihnen besuchten Dienststellen und in der Verwaltung des Strafvollzugs des MdI der ČSSR „aufrechte, ehrliche Kommunisten, die zutiefst über die Entwicklung beunruhigt sind und einen konterrevolutionären Umschwung befürchteten".[156] Dabei handelte es sich teilweise um Stimmen von leitenden Mitarbeitern, die entlassen worden waren oder die Entlassung befürchteten. Von ihren SED-Genossen als „konsequente Funktionäre" geschätzt, galten sie in den eigenen Reihen oftmals als „konservative" Parteimitglieder. Während des Aufenthaltes der Delegation vollzog sich beispielsweise gerade die Amtsenthebung des zuständigen Stellvertreters für den Strafvollzug im MdI der ČSSR, Dr. Stefan Demjan, sowie die Neuernennung der anderen Stellvertreter des Ministers des Innern der ČSSR. Im Grünstein-Bericht hieß es: „Bei den Genossen herrscht Sorge um die Zukunft und um ihre persönliche Existenz vor."

Die Mitglieder der Delegation des MdI der DDR fanden es „charakteristisch", daß ihre Gesprächspartner „die tieferen Ursachen" der Entwicklung in der KPČ und der ČSSR nicht erkannten, nämlich „die Hauptgefahr in dem Auftreten antisozialistischer Kräfte", die Gefahr des Revisionismus und des Sozialdemokratismus in der Partei".[157]

Die SED-Genossen aber sahen diese Gefahr. Sie schätzten nach einem Treffen am 26. Juni mit dem tschechoslowakischen Innnenminister, Josef Pavel, und dem Vorsitzenden des Verteidigungs-und Sicherheitsausschusses des Parlaments, Hoffmann, ein, „daß beide eine eindeutige revisionistische Linie vertreten". Ihre moralische Integrität als „Spanienkämpfer" (ebenso wie Grünstein) wog ihr Bekenntnis zu einem „demokratischen Sozialismus" in den Augen der ostdeutschen Besucher nicht auf. Über Pavel schrieben sie: „Er selbst sieht weder im westdeutschen Imperialismus noch in den antisozialistischen Kräften in der ČSSR, sondern in den eigenen Fehlern eine ernste Gefahr." [158] Die „Genossen aus der

156 SAPMO-BArch, ZPA, IV A 2/12/19.

157 Ebenda.

158 In einer mit dem Bericht von Grünstein korrespondierenden internen „Information" vom 28. 6. 1968 (in der uns vorliegenden Fassung nicht namentlich abgezeichnet) schrieb ein Delegationsmitglied: „In der offiziellen Eröffnung des Abendessens durch den Minister sprach dieser zunächst recht freundlich über die brüderlichen und freundschaftlichen Beziehungen unserer Länder. Er betonte dabei, daß wir viele Gemeinsamkeiten hätten, unter anderem auch gemeinsame Grenzen. (Er sprach jedoch kein Wort über den gemeinsamen Feind, den westdeutschen Imperialismus – und auch kein Wort über die gemeinsame feste Freundschaft zur Sowjetunion."), ebenda.

DDR" traten nach eigener Einschätzung „offen und unmißverständlich den revisionistischen und antisowjetischen Äußerungen der Genossen Pavel und Hoffmann[159] entgegen." Für sie stand fest, „daß Genosse Pavel für eine solche verantwortungsvolle Funktion denkbar ungeeignet und unfähig ist und daß diejenigen, die ihn für diese Funktion vorgeschlagen haben, ihn als Aushängeschild für andere Zwecke benutzen. Seine Einstellung und seine Haltung führen zur Desorganisation und Demobilisierung der Organe des Ministeriums und stellen objektiv eine bedeutende Hilfe für den Klassenfeind dar."[160] Pavel erklärte den deutschen Genossen mehrfach, daß es für die Tschechoslowakei keinen anderen Weg als den des demokratischen Sozialismus gebe. Die prinzipiellen „Lektionen" von Grünstein über die „führende Rolle der Partei und die Rolle der sozialistischen Staatsmacht" konterte Pavel mit dem Hinweis, „im übrigen wäre es leicht, Ratschläge zu geben, aber viel schwerer, die Sache selbst in Ordnung zu bringen".[161]

Mit den drei neu ernannten Stellvertretern des Innenministers hofften viele „gesunde" Kräfte auf ein Gegengewicht gegen den „demoralisierenden Einfluß" von Pavel. „Die Genossen Schalkowic[162] und Majer sowie Petronek werden positiv eingeschätzt." Abschließend unterstrich Grünstein nachdrücklich: „Die Ergebnisse der Reise zeigen, daß es notwendig ist, die Kontakte mit den positiven Kräften in der ČSSR zu verstärken und sie durch unser Beispiel, unser Auftreten und unsere Argumentation zu ermutigen, den Kampf gegen den Revisionismus und die Zersetzungserscheinungen zielstrebiger und energischer zu führen."[163]

Die meisten Berichte dieser Art gelangten unverzüglich auf den Tisch von Ulbricht und anderen Politbüromitgliedern. Daraus schöpften sie maßgeblich ihre Erkenntnisse über den gefährlichen und konterrevolutionären Charakter des Reformprozesses in der Tschechoslowakei. Eine ernsthafte Diskussion mit den führenden Vordenkern und den politischen Hauptakteuren der Demokratisierung und Modernisierung des politischen Systems des Sozialismus war nicht gewollt und wurde nicht geführt.

---

159 Über den Vorsitzenden des Aussschusses für nationale Verteidigung und Sicherheit der Nationalversammlung der ČSSR teilte der Informant mit: „...er erklärte zynisch, die 1. tschechoslowakische Republik unter Masaryk und Beneš sei viel humaner gewesen als die sozialistische Tschechoslowakei der letzten zwanzig Jahre. Damals (bis 1938) seien wesentlich weniger Kommunisten eingesperrt gewesen als in den letzten zwanzig Jahren, und hingerichtet sei überhaupt keiner worden."

160 SAPMO-BArch, ZPA, IV A 2/12/19.

161 Ebenda, „Information" vom 28. 6. 1968.

162 Schalkowic: hier ist Šalgovič, Viliam gemeint, vor seiner Ernennung zum Stellvertretenden Innenminister (für Staatssicherheit) der ČSSR war er Leiter der Revisionskommission des ZK der Slowakei.

163 Ebenda.

Im Ergebnis dieser Informationsflut verschränkten sich somit parteiinterne und geheimdienstlich erworbene Kenntnisse mit alltäglichen Informationen und Sonderinformationen über dienstliche, berufliche, künstlerische, sportliche und private Kontakte zu einem Geflecht an „Aufklärungsmaterial".[164] Im Mai und Juni flossen diese Informationen noch nicht so reichlich wie dann ab Mitte Juli (nach dem Treffen der fünf späteren Interventen in Warschau) und nach dem militärischen Einmarsch in die Tschechoslowakei am 21. August. Die SED „speicherte" gewissermaßen alle Angaben über „gesunde" und „negative" Kräfte in der ČSSR und stellte sie dann im Zuge der sogenannten „Normalisierung" 1969 und 1970 den reformfeindlichen Parteikadern und Staatssicherheitsorganen in der Tschechoslowakei für „Säuberungen" zur Verfügung.

Im Gegenzug erhielt auch die SED weiterhin Auskünfte von „gesunden" Kräften aus der KPČ. Ein besonders aussagekräftiges Material erhielt im Mai 1970 der Bezirksparteichef von Suhl, Hans Albrecht[165],vom 1. Sekretär der Bezirksleitung der KPČ des Partnerbezirkes České Budějovice. Die geheime Verschlußsache „Information über die Tätigkeit feindlicher antisozialistischer Gruppierungen, revisionistischer und rechtsopportunistischer Kräfte der tschechoslowakischen Parteileitung" umfaßte mehr als fünfzig Seiten. Albrecht ließ das Material von einem Abteilungsleiter seiner Bezirksleitung übersetzen, übersandte ein Exemplar am 22. Mai 1970 an Honecker und behielt das tschechische Original und ein zweites Exemplar der Übersetzung in persönlicher Verwahrung.[166] Diese Information enthielt reihenweise denunziatorische Angaben über Tschechen, die sich aktiv für die Reformen in ihrer Heimat eingesetzt hatten beziehungsweise gegen den Kurs der „Normalisierung" nach der militärischen Niederschlagung des „Prager Frühlings" auftraten. In der Analyse über die Jahre 1968/69 standen folgende Probleme im Vordergrund: die Formierung rechtssozialistischer und rechtsopportunistischer Gruppierungen auf dem Gebiet der Kultur, die antisozialistische und gegen die Partei gerichtete Tätigkeit extremer Kräfte in der Studentenbewegung, die Exponenten des Revisionismus und des Rechtsopportunismus in der KPČ, die Tätigkeit nicht erlaubter Organisationen und das Wirken rechter und antisozialistischer Kräfte in den Organisationen der Nationalen Front, die Tätigkeit der rechten Sozialdemokraten, die feindliche Tätigkeit reaktionärer Kräfte in den Kirchen, in Zirkeln und Sekten, die Aktivierung der zionistischen Organisationen gegen die ČSSR. Dieses Dokument ist ein weiterer Beleg für die

164 Es konnten bisher nicht alle an die verschiedenen Abteilungen des ZK der SED ergangenen Informationsberichte, die ČSSR betreffend, aus dem Jahr 1968 recherchiert werden, zum Teil sind sie auch nicht im Bestand von SAPMO-BArch, ZPA archivalisch überliefert.

165 Albrecht, Hans: ab August 1968 1. Sekretär der Bezirksleitung der SED Suhl.

166 Vgl. SAPMO-BArch, ZPA, J IV 2/202/302.

enge Zusammenarbeit zwischen „gesunden" Kräften der KPČ mit ihren „Brudergenossen" in der SED. Derartige Informationen wurden auch an das MfS der DDR weitergeleitet, das Material von Informanten aus den Reihen der tschechoslowakischen Staatssicherheit erhielt.[167]

Ähnliche Aufklärung über „negative" und „gesunde" Kräfte in der ČSSR leisteten ebenso intensiv die sowjetischen und die polnischen Sicherheitsdienste, Parteien, Organisationen und Einzelpersonen mit Kontakten zu Bürgern der Tschechoslowakei. Wie auch in der DDR waren vor allem die grenznahen Kreise und Bezirke durch vielfältige „Partnerschaftsbeziehungen" miteinander verbunden, die meisten Funktionäre kannten sich aus jahrelanger Zusammenarbeit. Aus den Berichten vom Mai und Juni über die Situation in der Tschechoslowakei, insbesondere in der Partei und den Staatsorganen, kristallisierte sich immer stärker das Bild von einer schwachen, zweifelnden, schwankenden und uneinigen Front der „gesunden" und einer stärker werdenden der „konterrevolutionären" Kräfte heraus. Aus Sicht der SED-Führung war es somit Zeit, militärischen Druck zur Einschüchterung der Reformanhänger und zur Ermunterung der Reformgegner auszuüben.

167 Vgl. Tantzscher: „Maßnahme Donau und Einsatz Genesung", S. 49.

Kapitel 4

Restaurative Politik zum Abbruch der Reformen

Militärischer Druck und politische Drohungen zum Reformabbruch

Der massive Druck der von der KPdSU geführten „Fünferkoalition" der Antireformer im Ostblock zeigte im Mai erste Ergebnisse. Die Führung der KPČ schwächte den Schwung der Reformen. Die Bremswirkung wurde durch die Bestrebungen einflußreicher Kreise aus den Parteiapparaten noch vervielfacht. Das zeigte sich schon auf der Tagung des Präsidiums des ZK der KPČ am 7. und 8. Mai, als der ZK-Sekretär Alois Indra erklärte: „Wir stehen in der Epoche eines unmittelbaren Kampfes um die Macht.", und daraus schlußfolgerte, es sei es nun notwendig, „Mittel der Macht einzusetzen".[1] Mit dieser Äußerung stieß er nur auf schwachen Widerstand. Der Hauptangriff gegen die Reformbewegung wurde bei der Beratung der Kreis- und Bezirkssekretäre am 12. und 13. Mai geführt. Offenbar in gewisser Kenntnis dessen, was sich in Moskau und im Präsidium des ZK abgespielt hatte, attackierten die Konservativen hart die Reformen. Dubček verteidigte die Reformen, aber eher von der Position einer gemäßigten Plattform aus. Kolder und Bil'ak trugen eine andere Position vor, die von der Moskauer Kritik aus den Gesprächen mit der KPČ-Delegation am 4. Mai ausging. Unter dem Druck der „Fünf" von außen sowie des eigenen Apparates löste sich die neokonservative Gruppe Kolder, Bil'ak, Indra, Švestka, Rigo, Kapek, Lenárt und Jakeš[2] aus dem ursprünglichen Anti-Novotný-Block des Januar-Plenums heraus.[3] Ihnen assoziierten sich „aus Angst vor den Panzern" ungefähr sechs Wochen lang auch Černík und Smrkovský, die dann zur Mitte wechselten, die von Dubček, Špaček und Mlynář gebildet wurde, unterstützt von Piller, Barbírek, Sádovský und anderen. Die radikalsten Reformer Kriegel, Slavík und damals

1 Vgl. Benčík: Operace „Dunaj", S. 33f.

2 Jakeš, Miloš: 1968 Vorsitzender der Zentralen Parteikontrollkommission der KPČ.

3 Vgl. Mencl: Die Unterdrückung des „Prager Frühlings", S. 20. Mencl schreibt: „Wichtig war jedoch, daß es dieser Gruppe gelang, auf der gesamtstaatlichen Beratung der Bezirks- und Kreissekretäre (12.–13. 5. in Prag) große Unterstützung zu erringen, deren Bedeutung bisher unterschätzt wurde."

auch Cisař bildeten in der Leitung (das heißt unter den Mitgliedern des Präsidiums und den Sekretären des ZK) eine Minderheit.

Gegen diese den politischen und ökonomischen Reformprozeß gefährdende Entwicklung opponierten eine Gruppe von Aktivisten und das Stadtkomitee der KPČ in Prag. Sie schlugen vor, eigenständige Organe der Tschechischen Kommunistischen Partei sowie der böhmischen Staatsorgane (als Pendant zur KP der Slowakei und der slowakischen Staatsorgane) zu schaffen. Sie verbanden mit diesem Schritt die Hoffnung, daß sich dort die progressiven Funktionäre durchsetzen könnten. Diese Plattform wurde zwar nicht offiziell zugelassen (Bohumil Šimon, der Sekretär des Stadtkomitees, konnte sie bei der Mai-Beratung der Sekretäre nicht einmal vortragen), aber der zu ihr gehörende Kreis arbeitete weiter und erlangte eine solche Bedeutung, daß er von der KPdSU wie auch von der SED als „zweites Zentrum“ in der Partei angegriffen wurde.

Trotz ihres vorläufigen Mißerfolgs trugen die Argumente der Prager Plattform zu einer gewissen Mobilisierung der entschiedenen Reformer und der „schwankenden“ Mitte bei. Von größerer Bedeutung war jedoch die aktive Unterstützung durch die Gesellschaft. Gerade in den Maiwochen kam es zu großen Manifestationen, so am 1. Mai in Prag und anderen Städten, am 4. Mai in Bradle bei Bratislava und am 10. Mai auf dem Berg Říp[4], bei Prag. Auch die traditionellen studentischen Maifeiern brachten den Willen zur Reform zum Ausdruck. In den Großbetrieben „gärte“ es angesichts des noch ungenügenden Fortschritts der ökonomischen Reformen. Die Situation veranlaßte das Wochenblatt des Journalistenverbandes „Reportér“, eine Aufforderung zu publizieren, Betriebsräte der Werktätigen als Organe einer Arbeiterselbstverwaltung ins Leben zu rufen. Nach gewissem Zögern entschied auch die Regierung, diesen Punkt des Aktionsprogramms der KPČ in Angriff zu nehmen – wenigstens als Experiment.

Der geistige Vater der Wirtschaftsreform in der Tschechoslowakei, Ota Šik, maß der Bildung von „Räten der Werktätigen“ eine große Bedeutung für den Reformprozeß überhaupt bei. Nach seiner Auffassung konnte die demokratische Selbstverwaltung der Werktätigen sogar „zur Keimzelle eines neuen Selbstverwaltungsmodells des ganzen Landes werden“.[5] Seine Auffassung der Arbeiterräte ging nicht so weit wie das jugoslawische Modell, das auf Gruppenbesitz basierte, sprach aber den Räten eine große Entscheidungs- und Beratungskompetenz zu, die im Falle ihrer flächenmäßigen Verbreitung eine wirksame Barriere gegen die bürokratische Lenkung von oben und durch das ZK der KPČ bilden konnte.

---

4 Der Berg Říp ist ein einzelstehender, von weitem sichtbarer Basaltberg, der für die tschechische Mythodologie von Bedeutung ist.

5 Šik, Ota: Wie wir unser Wirtschaftsleben leiten, in: Fakten der tschechoslowakischen Wirtschaft, Wien–München–Zürich 1969, S. 113.

Eine weitere Polarisierung der Politik signalisierte eine Flugblattaktion linksradikaler Altkommunisten, die mit den Novotný-Leuten Hand in Hand arbeiteten, sie jedoch auch wegen ihres angeblichen Opportunismus und Versöhnlertums kritisierten. Darüber hinaus gab es noch eine Gruppe von linken Kräften, die Mao Tse Tung und seine Lösung bestimmter Fragen bewunderten.[6]

Die stürmische Maiatmosphäre wurde abermals durch das spezifische Problem der Slowakei beeinflußt, wo sich die Forderung nach einer „offenen" Föderation bereits voll durchgesetzt hatte, die in kürzester Zeit – womöglich schon zum 28. Oktober, dem Gründungstag der Tschechoslowakei – geschaffen werden sollte. Das rief in den tschechisch-slowakischen Beziehungen verstärkt Spannung hervor. In einer Arbeitskommission der Regierung (eingerichtet am 15. Mai) wurde darüber gestritten. Es ging um die Fragen, wie weit soll sich die Föderation „öffnen" (und sich damit einer Konföderation annähern) oder „schließen" (und eine größere Kompetenz dem Zentrum belassen). Hinter dem einheitlichen Wunsch nach Föderalisierung tat sich jedoch in der Slowakei zunehmend ein Widerspruch auf zwischen der vornehmlich systemkonformen und neokonservativen Ausrichtung Bil'aks und der Gruppierung um Husák und die Zeitschrift „Kultúrný život".

In dieser Lage fand vom 29. Mai bis 1. Juni 1968 eine Tagung des ZK der KPČ statt, das als „Mai-Plenum" in die Geschichte einging. Das Plenum mußte darüber entscheiden, ob die Reformen vorwärtsschreiten oder zurückgeschraubt werden sollten. In den Parteizentralen der fünf „Bruderparteien", vor allem in Moskau, Berlin und Warschau, hoffte man auf eine entscheidende Wende zugunsten der „gesunden" Kräfte. Denn die Zusammensetzung des alten Zentralkomitees sicherte den noch unter Novotný gewählten konservativen ZK-Mitgliedern ein zahlenmäßiges Übergewicht. Sie sollten dafür Sorge tragen, daß das Aktionsprogramm der KPČ vom April nicht weiter zur Grundlage einer konsequenten reformerischen Regierungspolitik gemacht wurde.

Dubček wählte in seinem Referat den Mittelweg, indem er die radikalsten Exzesse der Massenmedien kritisierte, gleichzeitig jedoch einen Kampf an zwei Fronten verkündete – gegen die Gefahr von rechts und links. Smrkovský befürchtete zwar, daß eine allzu heftige Radikalisierung „durch Panzer gelöst" werden würde, plädierte jedoch für die Spezifika eines tschechischen demokratischen Sozialismus und forderte zur Beschleunigung des Tempos praktischer Reformen auf. Bil'ak trat gegen Dubčeks Rede auf und erntete bei den Novotný-Leuten und Neokonservativen stürmischen Beifall. In die Diskussion griff auch Husák ein, der, obwohl nicht Mitglied des ZK, zu der Tagung eingeladen war und

6 Vgl. SAPMO-BArch, ZPA, IV A 2/902/83.

in einem scharfen Auftritt Novotný die Schuld an den politischen Prozessen in der Vergangenheit und den indiskutablen Rehabilitationsversuchen gab.[7]

Das Ergebnis des Plenums war ein Zurückweichen, freilich nicht in der Konsequenz, wie es von den Reformgegnern inner- und außerhalb der ČSSR erwartet worden war. Nach stürmischen Diskussionen wurde eine Resolution verabschiedet, die die alte Beschwörungsformel bestätigte – die sogenannte „führende Rolle der Partei"–, die These von einer wirklichen konterrevolutionären Gefahr jedoch ablehnte und sich für den Kampf an beiden Fronten aussprach, wobei dem Kampf gegen die Gefahr von rechts Nachdruck verliehen wurde.

Ein wichtiges Ergebnis, insbesondere für die Entwicklung der darauffolgenden Monate, war der auf Dubčeks Vorschlag angenommene Beschluß über die Einberufung eines außerordentlichen XIV. Parteitages der KPČ für den 9. September 1968. Innerparteilich rückten nach dem Mai-Plenum die Kriterien für die Auswahl der künftigen Parteitagsdelegierten ins Zentrum der Auseinandersetzung zwischen Konservativen und Reformern. Außenpolitisch wurde das Ringen um die Verwirklichung oder Nichtabhaltung dieses Parteitages bei allen fünf „Bruderparteien" zum Schlüssel für die Überlegung, ob und wann man militärisch eingreifen sollte.

Das Mai-Plenum des ZK der KPČ endete also mit einem Kompromiß, der die Erwartungen der „Fünf" nicht erfüllte.[8]

Die Dynamik der Vorwärtsbewegung der tschechoslowakischen Gesellschaft konnte dadurch nur gebremst, nicht aber verhindert werden.[9] Die Erwartung, das Steuer noch einmal herumwerfen zu können, erfüllte sich also nicht. Daher verstärkten die Sowjetunion und ihre engsten Verbündeten den politischen Druck und zogen die Möglichkeit eines militärischen Eingriffs in die ČSSR stärker in Betracht.

In der SED-Führung hatte man nach der Mai-Beratung der „Fünf" in Moskau ebenfalls Anstrengungen unternommen, um die Stärkung der „gesunden" Kräfte in der KPČ zu befördern. Für die vielfältigen Dienstreisen und sonstigen beruflich bedingten Kontakte mit tschechoslowakischen Partnern wurden die eigenen Parteikader ideologisch mit den neuesten, stets streng vertraulichen Parteiinformationen aus dem Zentralkomitee „ausgerüstet". Das Sekretariat des ZK der

7 Novotný wurde vom „Mai-Plenum" aus dem ZK der KPČ ausgeschlossen, verlor seine Mitgliedschaft in der Partei, außerdem wurde zur Untersuchung der angeführten Probleme eine Arbeitskommission gebildet, formal unter dem Vorsitz von Jan Piller, deren Seele jedoch der Historiker Karel Kaplan war.

8 Vgl. Mencl: Die Unterdrückung des „Prager Frühlings", S. 21.

9 Janáček/Moravec: Mezník i rozcestí reformního hnutí, S. 97ff.

SED befaßte sich im Monat Mai sechs Mal mit den verschiedensten Angelegenheiten im Zusammenhang mit der Tschechoslowakei. Dazu gehörten am 15. Mai der Beschluß über ein internes Informationsmaterial für die Bezirks- und Kreisleitungen[10], der schon erwähnte Beschluß über die Streichung der Prager „Volkszeitung“ von der Postzeitungsliste der DDR vom 16. Mai[11], eine weitere Argumentation „Zur gegenwärtigen Lage in der ČSSR“ vom 22. Mai[12], die Beratung über die Einsetzung einer selbständigen Arbeitsgruppe zur Ausarbeitung eines umfassenden Argumentationsmaterials über die Entwicklung der ČSSR[13] sowie zwei Beschlüsse über den Beitrag des DDR-Fernsehens zum V. Internationalen Fernsehfestival in Prag (23. Mai)[14] und über eine Besprechung zwischen den Kulturministern der DDR und der ČSSR (28. Mai)[15].

Die SED-Führung informierte ihre Mitglieder sehr differenziert und nach einer streng hierarchischen Ordnung. Nach dem 15. Mai erfolgte zuerst eine Beratung mit den Abteilungsleitern des ZK der SED. Diese wiederum wurden beauftragt, entsprechend der Aussprache im Sekretariat des ZK die Mitarbeiter der Abteilungen über die Lage in der ČSSR und die Schlußfolgerungen zu informieren. Danach erhielten die Mitglieder und Kandidaten des ZK, die Bezirks- und Kreisleitungen der Partei, die „Genossen Minister“ und die Vorsitzenden der Massenorganisationen das interne (schriftliche) Informationsmaterial. Die nachgeordneten Parteileitungen setzten die „vorgegebenen Tabus in abschreckender Weise durch“.[16] Die internen Informationen des ZK der SED gaben feste Sprachregelungen für die Auseinandersetzung mit den Reformern in der ČSSR vor. Wer innerhalb oder außerhalb der SED mit den Reformideen sympathisierte, wurde auf die gleiche Stufe gestellt wie die „negativen“ und „konterrevolutionären“ Kräfte in der Tschechoslowakei. Bekundungen für Dubček und seinen politischen Kurs konnten für DDR-Bürger ernsthafte Konsequenzen nach sich ziehen.[17]

Der Tonfall der ZK-Informationen bestärkte jene SED-Mitglieder in ihrer parteilichen Haltung, die nun ihre dogmatische Sichtweise von der schleichenden oder offenen Konterrevolution in der ČSSR durch die „weisen“ Erkenntnisse der Parteiführung bestätigt sahen. Es gab aber auch Parteimitglieder und DDR-Bürger, die aus dem Wirrwarr an Informationen aus der ČSSR, aus den BRD-Medien

10 Vgl. SAPMO-BArch, ZPA, J IV 2/3/1406.
11 Vgl. SAPMO-BArch, ZPA, J IV 2/3/1407.
12 Vgl. SAPMO-BArch, ZPA, J IV 2/3/1410.
13 Vgl. SAPMO-BArch, ZPA, J IV 2/3/1412.
14 Vgl. SAPMO-BArch, ZPA, J IV 2/3/1411.
15 Vgl. SAPMO-BArch, ZPA, J IV 2/3/1413.
16 Zwahr: Den Maulkorb festgezurrt, in: Die Zeit, 11. 6. 1993.
17 Ebenda.

sowie aus den Parteimedien der DDR kein klares Bild gewannen und tatsächlich die sozialistischen Errungenschaften im Nachbarland sowie den Frieden in Mitteleuropa in Gefahr sahen.

Die SED-„Information" vom 15. Mai warf der Führung der KPČ vor, daß sie „nicht Herr der Lage" sei und die Gefahr einer Konterrevolution unterschätze. Šik wurde ein „schädlicher Einfluß" attestiert, denn er „begründete die revisionistische Linie in der ökonomischen Politik". Überhaupt machten nach Ansicht der SED die „revisionistischen Umtriebe" in der ČSSR „den Weg frei für die Konterrevolution".[18] Unmißverständlich forderte die SED-Führung, „die Ereignisse in der ČSSR wachsam zu verfolgen" und sich mit antisozialistischen Kräfte „in geeigneter Form" auseinanderzusetzen. Klar wurde zum Ausdruck gebracht, daß die ČSSR „nur eine Zukunft an der Seite der Sowjetunion und der anderen sozialistischen Staaten" hat.

Die SED verkündete zwar den Grundsatz: „Wir wollen uns nicht einmischen." Aber „Angriffe gegen die DDR und die sozialistischen Staatengemeinschaft" würden entschieden zurückgewiesen. Das wichtigste Ziel der SED bestand darin, daß die „gesunden Kräfte in der KPČ selbst auftreten".[19] Diese Position gab die zu diesem Zeitpunkt international abgestimmte Linie wieder, zugleich konnte sich darin auch ein spezifisches Eigeninteresse der SED ausdrücken. Der Widerspruch zwischen den Konsequenzen der drohenden „kollektiven Maßnahmen" gegen die tschechoslowakische „Bruderpartei" und dem eigenen Bestreben, die internationale Anerkennung der DDR durchzusetzen, um mehr Spielraum für die SED zu bekommen, war offenkundig, konnte aber nicht thematisiert werden. Eigenständigkeit, internationale Anerkennung, Sicherung der Parteimacht gegen die „Sozialdemokratisierung" einer kommunistischen Partei an der Macht und Blockloyalität aus Staatsraison stellten für die SED ein Bündel von Konflikten dar. Für Ulbricht bestand in der Tat die beste Lösung der tschechoslowakischen Krise darin, daß in Prag und Bratislava die „gesunden Kräfte" für Ordnung sorgten.

Was die SED-Führung unter „Angriffen gegen die DDR" verstand und wie sie darauf reagierte, zeigte sich bei einer internationalen Medienpremiere aus Prag. Die Sendung „Kreml-Runde" des Zweiten Deutschen Fernsehens (ZDF) der BRD unter Gesprächsleitung von Bernd Nielsen-Stokkeby wurde aus Prag ausgestrahlt, also erstmals aus der Hauptstadt eines kommunistisch regierten Landes.

Die Professoren Antonín Šnejdárek[20] und Jindřich Filipec[21]. hatten im ZDF

18 SAPMO-BArch, ZPA, J IV 2/3/1406.

19 Ebenda.

20 Snejdárek Antonín: seit Mai 1958 Vorsitzender der Kommission zur Koordinierung von Arbeiten über deutsche Probleme beim Historischen Institut der Tschechoslowakischen Akademie der Wissenschaften, 1968 Leiter des Instituts für Internationale Politik.

21 Filipec, Jindřich: Professor am Institut für Internationale Politik und Ökonomie in Prag.

am 8. Mai in der erwähnten Fernsehsendung Interviews gegeben[22]. Sie berücksichtigten dabei nicht die SED-Warnung nach dem Auftritt von Smrkovský in bundesdeutschen Rundfunk- und Fernsehsendungen, sondern machten von ihrem Recht Gebrauch, Interviews zu geben, ohne die SED in der DDR zu fragen. Wieder war es das zentrale Parteiblatt der SED, das den Auftritt von Šnejdárek und Filipec öffentlich kritisierte. Die SED ließ zu diesem Zweck gleich drei „Kommentatoren" antreten. Hans Heinrich Angermüller, Dr. Günter Kröber und Prof. Dr. Joachim Streisand veröffentlichten am 11. Mai ihren Artikel „Prof. Šnejdárek und die Europa-Konzeption des F. J. Strauß".[23] Sie warfen den beiden tschechoslowakischen Wissenschaftlern vor, mit den „Feinden des Sozialismus" zu paktieren, indem sie „genau das sagten, was die Organisatoren dieser Veranstaltung von ihnen erwarteten". Die Kommentatoren griffen Šnejdárek und Filipec an, als seien sie die verbissensten Gegner des Sozialismus. Sie unterstellten ihnen, sie hätten sich „auf die ideologischen Positionen der Bourgeoisie festlegen" lassen.

Ohne einen einzigen Satz von Šnejdárek und Filipec wörtlich zu zitieren, reihten die Autoren Vorwurf an Vorwurf. Kein Wort verloren sie über deren Ausführungen zu den Besonderheiten des tschechoslowakischen Modells vom Sozialismus. Die Bereitschaftserklärung des außenpolitischen Spezialisten und Sachkenners der deutsch-tschechischen Probleme Šnejdárek, sich mit dem bundesdeutschen Wissenschaftler Professor Lemberg in seiner Eigenschaft als Historiker zu treffen, wurde ihm als ein Zusammengehen mit der „Sudetendeutschen Landsmannschaft" angelastet. Weitere Behauptungen betrafen angeblich diskriminierende Worte über die Rolle der KPČ, die Nichterwähnung des Münchner Abkommens, die Nähe der Professoren zur Konvergenztheorie, speziell der Europakonzeption von Strauß, und andere Fragen. Auf die Attacke des SED-Organs reagierte Professor Šnejdárek unmittelbar in der tschechoslowakischen Jugendzeitung „Mladá Fronta" und gegenüber ČTK. Daraufhin nahm sich die „Berliner Zeitung" unter dem Titel „Es geht um die Macht" dieses Themas am 15. Mai nochmals an.[24] Aber das war noch nicht das Ende dieser Auseinandersetzung. Am 10. Juni übersandte der Chefredakteur des „Neuen Deutschland", Rudi Singer, einen Brief der Professoren Šnejdárek und Filipec an die Redaktion der Zeitung vom 22. Mai an Honecker. Darin setzten sich die tschechoslowakischen Wissenschaftler mit den Angriffen und Verleumdungen scharf

22 Die SED veranlaßte wie auch bei anderen Rundfunk- und Fernsehsendungen der BRD eine Aufzeichnung. Die Filmkopie und den Text der Gesprächsrunde „wurden dem Präsidium des Zentralkomitees der KPČ zur Verfügung gestellt"; SAPMO-BArch, ZPA, IV A 2/902/83.

23 Neues Deutschland, 11. 5. 1968, S. 6.

24 Vgl. Berliner Zeitung, 15. 5. 1968.

auseinander. Sie richteten an das SED-Organ die Frage: „Weshalb wurde dieser Artikel geschrieben und wem soll er dienen?“ Sie fügten hinzu: „In der Tschechoslowakei mußte er natürlich ein Gefühl der groben Einmischung in die inneren Angelegenheiten der Tschechoslowakei hervorrufen, bei uns beiden erweckte er dann den Eindruck, er sei äußerst unseriös, und es sei eine gewollte Provokation.“[25] Šnejdárek und Filipec konnten nicht verstehen, weshalb zu diesem Zeitpunkt und gerade gegen sie diese Form des Angriffs gewählt wurde. Die Verbindung des Namens von Šnejdárek mit der Europakonzeption von Strauß blieb ihnen ein Rätsel.

Aber beide wußten ja nichts von der Moskauer Beratung der „Fünf“ am 8. Mai und von den Schlußfolgerungen der SED für den Kampf zur Unterstützung der „gesunden“ Kräfte in der ČSSR. Deshalb durften weder die Autoren des Artikels im „Neuen Deutschland“ noch die Redaktion der Zeitung auf den Brief aus Prag antworten. Die Angelegenheit wurde nun gewissermaßen „Chefsache“. Honecker unterbreitete das Schreiben von Šnejdárek und Filipec dem Politbüro des ZK der SED. Das beschloß am 18. Juni, den Brief zu veröffentlichen, hob aber am 2. Juli diesen Beschluß wieder auf und beauftragte die ND-Redaktion, gemeinsam mit Hager und Lamberz, eine Antwort vorzubereiten. Am 4. Juli lag diese Antwort vor. Doch erst nach Rückfrage bei Axen und dessen Antwort, daß er es „für richtig hält, den Brief jetzt zu versenden“, schickte das „Neue Deutschland“ am 9. Juli seine Antwort an die Prager Professoren. Gleichzeitig richtete es eine Kopie des Schreibens an das Präsidium des ZK der KPČ. Der Antwortbrief leugnete die Verdrehung der Tatsachen im Artikel vom 11. Mai: „Mit Bestimmtheit erklären wir: Was ND seinerzeit schrieb, ist richtig. Was Sie in Ihrem Brief dartun, genauer: wie Sie Ihr Auftreten nachträglich ausdeuten und zu rechtfertigen suchen, ist unrichtig.“[26] Für die SED-Autoren war maßgeblich, daß die „antisozialistischen Kräfte in der ČSSR von außen, besonders vom westdeutschen und vom amerikanischen Imperialismus unterstützt und ermuntert“ werden. Sie teilten mit: „Wir sind bescheiden genug, hier den Artikel im ND vom 24. Mai zu erwähnen (‚Bonn zwischen Furcht und Hoffnung‘). In ihm ist die *Tatsache*[27] der Zersetzungs- und Wühltätigkeit des westdeutschen Imperialismus Punkt für Punkt bewiesen.“ Die SED-Funktionäre teilten den „Genossen“ Šnejdárek und Filipec ungeschminkt ihr Urteil mit, nämlich daß sie „zu geborgten Zungen für die Imperialisten wurden“. Gegenüber den beiden tschechoslowakischen Wissenschaftlern und Kommunisten erhob Singer im Namen der SED-Führung eine Reihe von Vorwürfen. So zum Beispiel, daß sie das Zentralorgan einer Bruderpartei der Ver-

---

25 SAPMO-BArch, ZPA, IV A 2/902/83.
26 SAPMO-BArch, ZPA, IV A 2/902/83.
27 Hervorhebung im Original.

fälschung und sogar der Lüge, der „gewollten Provokation" bezichtigten. Die „werten Genossen" Šnejdárek und Filipec haben in der Gesprächsrunde (aus Sicht der SED!) die „Kernfrage" nicht erkannt: „Das ganze Gerede der Kreml-Runde über Demokratisierung drehte sich im Kern um die Frage der Macht." Besonders heftig reagierte Singer (und im Hintergrund Hager) auf den wissenschaftlichen Kontakt mit dem bundesdeutschen Historiker Lemberg. In der SED war Lemberg nicht als Wissenschaftler akzeptiert, sondern als „sudetendeutscher Funktionär" verschrien. Darüber wurden Šnejdárek und Filipec nunmehr gründlichst aufgeklärt: „Wir fragen Sie, werte Genossen: Wissen Sie nicht, daß die reaktionäre westdeutsche Historiographie als Magd der NATO-Politik und der USA-Globalstrategie dient? Glauben Sie ernstlich, Sie können ausgerechnet uns, die wir uns mit dem westdeutschen Imperialismus, seinen Ideologien und Geschichtsschreibern einigermaßen auskennen, Leute wie Lemberg verniedlichen? Denselben Lemberg, der zur Gruppe der am rabiatesten antikommunistischen orientierten ‚Ostforscher' um Rothfels, Aubin, Markert und Vittram[28] gehört? Denselben Lemberg, der zur grundsätzlichen Auseinandersetzung des ‚abendländischen' mit dem kommunistischen Geschichtsbild rief? Denselben Lemberg, der schrieb, es gelte, die ‚ostmitteleuropäischen Völker…als Mitspieler und Partner in einem größeren Ganzen' zu gewinnen, ‚das als Basis für den Entwurf eines deutschen Geschichtsbildes allein noch ausreicht'? Für wie beträchtlich halten Sie eigentlich den Abstand, der zwischen diesen Thesen Lembergs und dem ‚Entwurf für Europa' des Franz Josef Strauß besteht?"[29]

Professor Šnejdárek war den Ideologiewächtern der SED ein Dorn im Auge. Nicht nur seine bundesdeutschen Kontakte machten ihn verdächtig, schwerer wog die Tatsache, daß er „jenen Herrn Brzezinski nach Prag eingeladen [hat], der an der New-Yorker Columbia-Universität als Dekan der ‚Fakultät für kommunistische Fragen' und nebenbei als außenpolitischer Berater des USA-Präsidenten Johnson für antikommunistische Umtriebe sorgt".[30]

Das Institut von Professor Šnejdárek für Internationale Politik galt, wie auch das Ökonomische Institut von Šik, als eines der „Zentren der Westverbindungen". Damit unterstanden sie wie selbstverständlich der Kontrolle der Staatssicherheit der DDR.[31] In der Wohnung von Professor Šnejdárek sollen sogar Abhöranlagen „made in GDR" vom MfS installiert worden sein[32]. Die SED-Zentrale erhielt neben sogenanntem Stasi-Material aber auch auf dem ganz „normalen"

28 Vittram: wahrscheinlich ist hier Reinhard Wittram gemeint – die Verf.

29 SAPMO-BArch, ZPA, IV A 2/902/83.

30 Ebenda.

31 Vgl. SAPMO-BArch, ZPA, J IV 2/202/299.

32 Vgl. Mencl: Die Unterdrückung des „Prager Frühlings" S. 29.

Weg der Parteiinformation Hinweise über (fast) jede andere sie interessierende Person oder Einrichtung. So geriet auch Professor Filipec in das Blickfeld der SED.

Die SED-Verantwortlichen konnten nicht verhindern, daß er als Vorsitzender einer multilateralen Problemkommission der Akademien der sozialistischen Länder zum Thema „Fragen des ideologischen Kampfes im Zusammenhang mit der Koexistenz zweier Weltsysteme" deren 2. Tagung vom 15. bis 19. Mai in Sofia leitete. Im Auftrage von Hager oder Hörnig mußte der Mitarbeiter der Abteilung Wissenschaften beim ZK der SED, der „Genosse Möhwald", „über das Auftreten der DDR-Delegation auf der Sofioter Tagung zusätzlich zu der bereits in der Direktive enthaltenen Aufgabenstellung eine Abstimmung" vornehmen.[33] Entsprechend dieser Zusatzdirektive machten die DDR-Wissenschaftler die sowjetische und die bulgarische Delegation als „Bündnispartner" im „ideologischen Kampf gegen Genossen Filipec" mit den Artikeln im „Neuen Deutschland" und in der „Berliner Zeitung" vertraut. Gemeinsam und getrennt führten die Vertreter dieser Delegationen „persönliche" Diskussionen mit Filipec. Darüber berichteten ausführlich nach Rückkehr aus Sofia M. Schramm und Dr. H. Schulze in einem „Ergänzungsbericht" vom 21. Mai 1968 zu ihrem normalen Reisebericht an das ZK.[34] Filipec hatte auf der Konferenz die DDR-Vertreter nicht nur einmal düpiert. Er sprach sie schon bei der Begrüßung mit den Worten an: „Meine lieben deutschen Genossen und Kritiker..."[35]

Der „uneinsichtige" tschechoslowakische Wissenschaftler unterbreitete den Vorschlag, „daß Genossen aus der DDR und er gemeinsam im westdeutschen Fernsehen auftreten, um dort die Einheitlichkeit ihrer Auffassungen über den Marxismus zu demonstrieren. Er schlug als Gesprächspartner sogar den Gen.[ossen] Hager vor."[36]

Schwerer als alle Pressekampagnen wog jedoch das militärische Engagement der SED im Kampf gegen die tschechoslowakischen Reformer. Ulbricht hatte auf der Moskauer Beratung vom 8. Mai sein ausdrückliches Einverständnis zu den von der UdSSR geplanten Militärmanövern in der ČSSR gegeben. Er führte dort aus: „Ich sehe keinen anderen Weg. Die militärische Übung muß so schnell wie möglich durchgeführt werden, aber dann auch richtig. Man braucht eine offene Auseinandersetzung und gute Zusammenarbeit. Man soll sich nicht nur überlegen, diese Stabsübung richtig durchzuführen, sondern man muß auch politisch richtig auftreten und offen über die Pflicht und die Verantwortung sprechen, das

---

33 Vgl. SAPMO-BArch, ZPA, IV A 2/20/1174.
34 Vgl. SAPMO-BArch, ZPA, IV A 2/20/1174.
35 Ebenda.
36 Ebenda.

sozialistische Lager zu verteidigen. Vor den Offizieren und Soldaten muß man sagen, daß das eigene Vaterland mit jedem Mittel zu verteidigen ist. Der Feind zersetzt mit allen Mitteln."[37] Ulbricht wollte mit seinen Manövern vor allem die „gesunden Kräfte" in der KPČ zum Handeln ermuntern.

Parteichef Ulbricht (Vorsitzender des Nationalen Verteidigungsrates [NVR] der DDR), sein ZK-Sekretär für Sicherheitsfragen (Sekretär des NVR der DDR), Erich Honecker, und Verteidigungsminister Armeegeneral Heinz Hoffmann waren die treibenden Kräfte, die entgegen den ursprünglichen sowjetischen Manöverplanungen die Einbeziehung der Nationalen Volksarmee in das Manöver „Šumava" (Böhmerwald) durchsetzten.[38] Am 12. Juni konnte Hoffmann an Honecker melden, daß mit dem sowjetischen Stab ein „Kompromiß" über die Beteiligung der NVA gefunden wurde. Bereits einen Tag später(!) lag ein schriftlich ausgearbeiteter und von Hoffmann unterschriebener Befehl über alle Einzelheiten der Handlungen der NVA-Truppen für „Šumava" vor.[39]

Das Manöver begann am 18. Juni 1968. Als Schwerpunkte der militärischen Handlungen waren die Territorien der Tschechoslowakei, Polens und der westlichen Gebiete der Sowjetunion vorgesehen. Die NVA-Truppen sollten ausschließlich auf dem Territorium der DDR zum Einsatz kommen.[40] Demzufolge hielt sich auch nur eine kleine operative Gruppe des Hauptstabes in der ČSSR auf. Nur vierzig Kilometer von Prag entfernt, in der kleinen Stadt Milovice, war der sowjetische Leitungsstab des Manövers stationiert. Milovice wurde am 21. August auch Sitz des Stabes der fünf Interventionsarmeen.

Das ursprünglich als „Kommandostabsübung" ausgegebene Militärmanöver stand unter dem Thema „Die Handlungen einer Front bei der Abwehr eines Angriffs von NATO-Streitkräften durch Begegnungsschläge und Verteidigungshandlungen und Übergang zum Angriff".[41]

Die militärische Seite des Manövers kann man als praktische Einübung der Intervention bezeichnen. Das kann einerseits aus der Ausrichtung des Manövers geschlossen werden, andererseits aus der Erweiterung der Anzahl der einberufe-

37 SAPMO-BArch, ZPA, J IV 2/201/787.

38 Vgl. Wenzke: Die NVA, S. 87.

39 Vgl. Befehl Nr. 50/68 des MfNV, 13. 6. 1968, zit. nach: ebenda, S. 90.

40 Vgl. Wenzke: Die NVA in den Warschauer-Pakt-Manövern, in: ders.: Die NVA, S. 86ff.

41 Zit. nach: Wünsche, Wolfgang: Handlungen und Haltungen der NVA in Vorbereitung und Durchführung der Intervention gegen die ČSSR durch die Streitkräfte der Staaten des Warschauer Vertrages, in: Die Nationale Volksarmee im Kalten Krieg: Militärisches Denken und Handeln an Schnittpunkten des Kalten Krieges; zur Rolle der NVA in internationalen Krisen- und Konfliktsituationen; (wissenschaftliches Seminar vom 13.–15. 6. 1994)/Karl-Theodor-Molinari-Stiftung, Bonn. Andreas Prüfert (Hg.) Bonn: Karl-Theodor-Molinari-Stiftung, 1995, S. 66.

nen Soldaten auf 24.000 Mann sowie aus der Richtung der Verbindungsstrecken, die für den Bedarf des Manövers errichtet wurden und die zu allen drei Gruppierungen führten, die wenige Wochen später die Intervention durchführten. Den Zweck des Manövers „Šumava" bezeugen im übrigen indirekt auch Fakten über sowjetische Einheiten, die in vielen Fällen mit identischen Offizieren und Besatzungen auf den gleichen Flugplätzen bei dem Manöver und bei der Intervention am 21. August präsent waren.

Besonders charakteristisch war die Ausrichtung des Manövers. Es setzte nämlich voraus, daß im Rahmen eines strategischen Angriffs in Richtung Berlin-Warschau elf Divisionen der NATO auf das Territorium der Tschechoslowakei eindringen würden, mit dem Hauptschlag in Richtung Nürnberg-Pilsen-Prag (mit einem Hilfsvormarsch von Marktredwitz auf Karlsbad und Louny) und mit einem weiteren Schlag in Richtung Wien-Brünn (mit einem Hilfsvormarsch vom österreichischen Horn nach Iglau). Dieser zweite Schlag über das neutrale Österreich wurde offenbar deshalb in das Manöver eingeplant, um den Einsatz einer sowjetisch-ungarischen Gruppierung gegen die Slowakei und Mähren begründen zu können.

In der zweiten Phase setzte der Plan des Manövers Gegenschläge der Streitkräfte des Warschauer Paktes aus dem südlichen Teil der DDR, aus Südpolen und dem Nordwesten Ungarns voraus. Diese zweite Phase war im ganzen mit dem späteren Verlauf der Intervention identisch, die auf diese Weise direkt vor Ort eingeübt wurde. Unklar ist, ob im Plan der Intervention mit einer realen Aktion der Streitkräfte der NATO gerechnet oder dies nur als Begründungsvorwand benutzt wurde. Die zweite Möglichkeit entspricht wohl am ehesten der Wahrheit. Der geplante Einsatz von Kernwaffen zeigt, daß das Sowjetkommando nichts dem Zufall überlassen wollte.[42]

Ein Vertreter der operativen Gruppe der NVA beim Manöver „Šumava" war Oberst Walter Paduch, Stellvertreter des Chefs Nachrichten im Verteidigungsministerium der DDR. Er berichtete später über seine Eindrücke folgendes: „Persönlich gewann ich – wie auch andere Offiziere – zunehmend den Eindruck, daß die KSÜ[43] immer mehr in den Hintergrund trat und letztendlich nur als Vorwand diente, um das eigentliche Ziel zu verschleiern. Dieses Ziel bestand darin, die Führung der ČSSR und der ČNA[44] davon zu überzeugen, daß die Truppen der

42 Vgl. Niederschrift aus den Verhandlungen Dzúr – Jakubowski und Erlaß des Kommandeurs des tschechoslowakischen Generalstabs Nr. 002 vom 19. 6. 1968 und Entwurf der Meldung des Kommandeurs der Operationsgruppe des Generalstabs vom 20. 6. 1968, zit. nach: Benčík: Operace „Dunaj", S. 44.

43 KSÜ: Kommandostabsübung.

44 ČNA: richtig–ČSLA: Československá lidová armáda (Tschechoslowakische Volksarmee).

VSK[45], vor allem der Sowjetarmee, unmittelbar aus der Übung heraus zur Beherrschung der entstandenen Lage in der ČSSR verbleiben sollten."[46]

Ganz im Sinne der Orientierung des ZK der SED bemühten sich die NVA-Offiziere in Gesprächen mit ihren tschechoslowakischen Waffenbrüdern, sie vom „konterrevolutionären" Charakter der Reformen zu „überzeugen" und sie für die Rückkehr auf die gemeinsamen marxistisch-leninistischen, sprich: dogmatischen, Positionen zu gewinnen.

Offiziell endete das Manöver „Šumava" am 30. Juni 1968. Seine Beendigung und insbesondere der Abzug der Sowjetstreitkräfte wurden jedoch absichtlich hinausgeschoben[47], so daß die beim Manöver gewonnenen Informationen für die Interventionsvorbereitung genutzt werden konnten. Es sollte sich wenig später bestätigen, daß die Vermutungen einiger tschechoslowakischer Offiziere, daß die Einheiten der UdSSR bis September, d.h. bis zum XIV. außerordentlichen Parteitag der KPČ, auf tschechoslowakischem Territorium verbleiben sollten, der Wahrheit nahe kamen. Man kann aber auch vermuten, daß die sowjetischen Truppen bis zur großen Intervention im Lande verbleiben sollten, um sie gleich als Vorhut benutzen zu können.[48]

Der tschechoslowakische Standpunkt, daß alle Manövertruppen das Land wieder verlassen müssen, setzte sich gegen die Absicht durch, sozusagen eine „Intervention durch Manöver" zu praktizieren. Dafür fand eine ganze Serie von weiteren Taktischen Übungen im Rahmen des Warschauer Paktes außerhalb der ČSSR statt. Dazu gehörten die Übung „Nord" der Ostseeflotten der UdSSR, Polens und der DDR vom 11. bis 19. Juli, die Übung „Neman" der Rückwärtigen Dienste vom 23. Juli bis 10. August, die Übung „Himmelsschild" der sowjetischen Luftverteidigung sowie die Übung der Nachrichtentruppen der Sowjetarmee, der Polnischen Armee und der NVA der DDR vom 11. bis 20. August 1968.[49]

Alle Manöver und Taktischen Übungen bildeten wichtige Vorstufen für die Vorbereitung und Durchführung der späteren Intervention gegen die ČSSR. Trotz der gesammelten Erfahrungen und Erkenntnisse wurde jedoch der Leiter des Manövers „Šumava", Armeegeneral Michail I. Kasakow, ohne Angabe von

---

45 VSK: Vereinigte Streitkräfte (des Warschauer Pakts).

46 Zit. nach: Wünsche: Handlungen und Haltungen der NVA, in: Die Nationale Volksarmee im Kalten Krieg, S. 67f.

47 Die letzten am Manöver „Šumava" beteiligten sowjetischen Truppen verließen erst fünf Wochen nach offiziellem Manöverende (am 3. August) das Territorium der ČSSR. Sie betrieben eine detaillierte Aufklärung von Marschrouten, Brücken und Gebieten für militärische Kampfhandlungen.

48 Benčík: Operace „Dunaj", S. 46.

49 Vgl. Wenzke: Die NVA, S. 96ff.

Gründen von seiner Funktion als Stabschef der Vereinten Streitkräfte des Warschauer Paktes am 4. August durch Armeegeneral S. M. Schtemenko abgelöst.

Die schon bei „Šumava" in das Manövergeschehen einbezogenen Stäbe und Truppen der 7. Panzerdivision (PD) und 11. Motorisierten Schützendivision (MSD) der NVA wurden systematisch für die mögliche Beteiligung an einer Intervention technisch und propagandistisch „aufgerüstet".[50]

In der DDR erfuhr die Bevölkerung kaum etwas über die Militärmanöver und die Beteiligung der NVA. Die Mitteilung über die baldige Beendigung von „Šumava"[51] konnten und wollten die SED-Presseverantwortlichen angesichts der „schleichenden" Verlängerung des Manövers nicht dementieren. Um Überraschungen vorzubeugen, entschied das Politbüro am 2. Juli in oberster Instanz: „Es ist eine Anweisung an die Presse zu geben, über die in der ČSSR laufende Stabsübung nichts zu veröffentlichen ohne die Zustimmung der Presseabteilung von Minister Hoffmann."[52]

Nach dem Manöver „Šumava" schienen offiziell politische Aspekte des Ringens um eine Lösung der tschechoslowakischen „Krise" im Sinne der „Fünf" in den Vordergrund zu treten. Doch weder in der tschechoslowakischen Volksarmee noch in der KPČ konnten die „gesunden" Kräfte spürbar gestärkt werden. Vielmehr erstarkte in der ČSSR auch die außerparteiliche Reformbewegung, einschließlich oppositioneller Kräfte.

Der sowjetische Generalstab betrieb die Vorbereitung der nächsten, der entscheidenden „Übung". Unter der Bezeichnung „Dunaj" (Donau) planten die Militärs streng geheim die eigentliche Intervention.

Ende Mai/Anfang Juni war die Presse in der DDR spürbar zurückhaltender in den Veröffentlichungen und in der Kritik der Vorgänge in der Tschechoslowakei. Was bewog die SED-Führung zu diesem Schritt?

Zum einen sorgten die Militärmanöver, insbesondere die Übung „Šumava", dafür, zum anderen neue Initiativen der KPdSU gegenüber der KPČ zu internen Gesprächen auf der Führungsebene. Sicher wurde auch die SED davon in Kenntnis gesetzt. Außerdem stand ein DDR-Besuch des Außenministers der ČSSR für Mitte Juni auf der Tagesordnung.

Mit der Serie der Militärmanöver hofften die Parteiführungen der „Fünf", genügend Unterstützung für die „gesunden" und Abschreckung für die „negativen" Kräfte in der Tschechoslowakei geleistet zu haben. Sie verknüpften diesen militärischen Druck mit weiteren politischen Maßnahmen, die jedoch weniger sicht-

50 Vgl. Wenzke und Wünsche a.a.O.

51 Vgl. Neues Deutschland, 29. 6. 1968, S. 5.

52 SAPMO-BArch, ZPA, J IV 2/2/1176.

bar im Hintergrund abliefen. Dazu gehörte für die DDR wiederum die Aufgabe, vorrangig durch geheimdienstliche Informationen Material zu sammeln. Der ZK-Sekretär der SED für Sicherheitsfragen, Honecker, und der Minister für Staatssicherheit der DDR, Mielke, leisteten damit ihren sowjetischen Partnern eine wertvolle Unterstützung.

Es ging erstens um das Ausspionieren der Zentren der „revisionistisch-antisozialistischen" Kräfte in der ČSSR (siehe Professor Šnejdárek, Professor Šik u.a.) sowie um die Aufklärung der Stimmungen und Meinungen in allen Schichten der tschechoslowakischen Bevölkerung. Während des Manövers „Šumava" sammelte das MfS in der ČSSR Meinungsäußerungen aus Kreisen mittlerer leitender KPČ-Funktionäre und aus Kreisen der Intelligenz sowie vor allem aus den Reihen der Offiziere und Soldaten der tschechoslowakischen Volksarmee. Die internen Berichte konnten jedoch nicht die von den fünf „Bruderparteien" erhoffte Wirkung des militärischen Drucks bestätigen. Die Zentrale Auswertungs- und Informationsgruppe (ZAIG) des MfS der DDR stellte Ende Juni fest, daß „bei einem erheblichen Teil der Bevölkerung Befürchtungen über angebliche Truppenstationierungen der Sowjetarmee" bestünden.[53] Auch der erste Situationsbericht über die Übung „Šumava", den die MfS-Hauptabteilung I am 24. Juni erstellte, zeugt davon, daß die tschechoslowakischen Sicherheitsorgane auch schon vom „Bazillus" der Reformideen befallen und nicht mehr bedingungslos dem tschekistischen Vorbild KGB gehorsam waren. Im Rahmen des Militärmanövers wollte die sowjetische Seite auch die Zusammenarbeit der „befreundeten Dienste" überprüfen. Die tschechoslowakischen Teilnehmer widersetzten sich der Aufgabenstellung, „im Innern des Landes tätig zu sein", da die Hauptaufgabe von „Šumava" die Abwehr eines Angriffs von außen war. Die „Bruderorgane" klärten die tschechoslowakischen Offiziere über das „ABC" der revolutionären Wachsamkeit auf, daß nämlich eine äußere Abwehr nicht durchzuführen sei, „ohne die Feinde im Inneren des Landes zu liquidieren".[54]

Ein zweiter Schwerpunkt der „Aufklärung" war die Beschaffung von Informationen aus den „Zentren des Gegners" des Sozialismus. Hiermit waren die Westmächte, insbesondere die USA und die Bundesrepublik Deutschland, gemeint. Am 14 Juni 1968 legte Generalleutnant Markus Wolf[55] einen dementsprechenden Maßnahmeplan vor.[56] Ein Schwerpunkt war die Erkundung der Pläne und

53 BStU, ZA, ZAIG 5404, Bl. 18, zit. nach: Tantzscher: „Maßnahme Donau und Einsatz Genesung", S. 27.

54 BStU, ZA, SdM, 1436, Bl. 1f., zit. nach: ebenda, S. 28.

55 Wolf, Markus: Leiter der Hauptverwaltung Aufklärung des MfS, Stellvertretender Minister für Staatssicherheit der DDR.

56 Vgl. Dokument 1: 14. Juni 1968: Maßnahmeplan der HVA zur Zurückdrängung konterrevolu-

Absichten der Regierung der BRD über den weiteren Ausbau der politischen Beziehungen zur ČSSR. Diese Informationen brauchte Ulbricht besonders dringend. Denn damit konnte er bei Breshnew und den anderen Parteiführern die „Gefährlichkeit" eines Zusammengehens der tschechoslowakischen Reformer mit den westdeutschen Imperialisten als Friedensgefährdung in Europa und Gefahr für den Bestand der Einheit des sozialistischen Lagers „beweisen". Die Hauptabteilung Aufklärung des MfS erhielt somit folgende Aufgabe zur Beschaffung von Informationen aus der BRD: „Angaben über die Reisen westdeutscher Bundestagsabgeordneter, Gewerkschafts- und Parteifunktionäre und über ihre Kontakte. Einzelheiten über eine evtl. Reise Brandts nach Prag. Angaben über die personelle Verstärkung der Handelsvertretung. Erkundung der Kontakte der Tschechoslowakischen Volkspartei zur CDU/CSU und der Tschechoslowakischen Sozialistischen Partei zur FDP. Auseinandersetzungen und Differenzen zwischen den Bonner Parteien über die westdeutsche Politik gegenüber der ČSSR. Angaben über die Einschätzung und Auswertung der Vorgänge in der ČSSR durch westdeutsche Organisationen und Zentren der politisch-ideologischen Diversion."[57] Des weiteren sollten die ökonomischen, finanziellen (Kreditangebote), kulturellen, wissenschaftlichen, touristischen, kirchlichen Kontakte zwischen der BRD und der ČSSR und natürlich auch die persönlichen Kontakte zwischen den Bürgern in die Aufklärung einbezogen werden. Reisen von Bundeswehrangehörigen, vor allem in Zivil, in die ČSSR lösten gewissermaßen „höchste Alarmstufe" aus. Das MfS observierte aber nicht nur die Vertreter der „Feindseite", sie kümmert sich auch „vorsorglich" um die Beziehungen von Mitgliedern der (in der BRD verbotenen) KPD zu Bürgern in der ČSSR.

Allein der Maßnahmeplan der HVA vom 14. Juni wies dreiundzwanzig Informelle Mitarbeiter des MfS im „Operationsgebiet" BRD aus, die vom Auswärtigen Amt bis zum Parteivorstand der SPD, in Wirtschaftskreisen und in der Katholischen Kirche tätig waren. Sie erfüllten auch kurzfristig und zufriedenstellend Anforderungen aus der Zentrale in Berlin. Bereits vor Verabschiedung dieses Planes benötigte die Parteiführung der SED zum Beispiel Informationen über die Außenpolitik der BRD aus dem Zeitraum Mai bis Juni 1968 für die Vorbereitung von Ulbricht und DDR-Außenminister Winzer, auf ihr Treffen mit dem tschechoslowakischen Außenminister Jiří Hájek am 17. und 18. Juni in (Ost-) Berlin. Diese Materialien wurden am 14. Juni von der ZAIG des MfS „ausschließlichen zur persönlichen Information" für Winzer zusammengestellt[58], wobei Teile dieser

---

tionärer Einflüsse und zur Stärkung progressiver Kräfte in der ČSSR vom 14. Juni 1968; BStU, ZA, SdM, 1437, in: Tantzscher: „Maßnahme Donau und Einsatz Genesung", S. 61ff.

57 Ebenda.

58 Vgl. Dokument 2: 14. Juni 1968: Ausarbeitung der ZAIG: Fakten zu den westdeutsch-tsche-

Information über den Besuch von SPD-Vertretern im April 1968 in Prag schon seit Wochen vorlagen.[59]

Der dritte Aufklärungsschwerpunkt war nach „innen" gerichtet. Das MfS sammelte Informationen über die Reaktionen der DDR-Bevölkerung zu den Ereignissen in der ČSSR, über „negative und feindliche" Diskussionen und Aktionen. Eine enge Zusammenarbeit gab es mit der Zollverwaltung der DDR an den Grenzübergangsstellen zur Tschechoslowakei. Schon während des Manövers „Šumava" und in der Phase der unmittelbaren Vorbereitung und Durchführung der Intervention vom 21. August verlagerten sich territorial die Schwerpunkte dieser Tätigkeit in die südlichen Grenzbezirke und -kreise der DDR. Es wurden aber auch alle beruflich oder privat einreisenden ČSSR-Bürger, insbesondere in den Sommermonaten die Urlauber an den Ostseestränden, observiert.

Die Pressekampagne der SED gegen die tschechoslowakischen Reformen folgte im Juni einer neuen taktischen Linie. Zwei Tage vor dem Besuch des tschechoslowakischen Außenministers veröffentlichte das „Neue Deutschland" mit „Verspätung" einen Bericht über das „Mai-Plenum" der KPČ ohne jegliche Polemik. Dafür zitierte der Korrespondent aus Prag um so ausführlicher aus der Rede von Bil'ak. Bil'ak warnte auf dem Plenum vor einem Abweichen vom Wege des Sozialismus in der ČSSR.[60] Damit wurde dem Außenminister Hájek[61], einem Vertreter des Reformflügels in der KPČ, ein deutliches Zeichen gegeben, daß er in (Ost-) Berlin auf eine ebensolche Haltung treffen würde.[62]

Der Besuch von Hájek stellte gewissermaßen ein „friedliches Intermezzo" in den gespannten Beziehungen der SED-Politiker zu den Reformern in der Tschechoslowakei dar. Am 17. Juni trafen sich Winzer und Hájek. Die interne SED-Position zu den Reformansätzen in der tschechoslowakischen Außenpolitik hatte der ZK-Apparat schon im Mai formuliert: „Wenn die Losung ‚Demokratisierung' auf die Änderung der sozialistischen Politik im Inneren gerichtet ist, so werden unter der Losung ‚von der mitteleuropäischen Position und den Realitäten auszugehen' wesentliche Änderungen der Prinzipien der Außenpolitik gefordert. Ständig wird die Wiederherstellung diplomatischer Beziehungen zu Israel und die Aufnahme diplomatischer Beziehungen zu Westdeutschland unter Preisgabe der

---

choslowakischen Beziehungen, die auschließlich zur persönlichen Information verwendet werden dürfen, BStU, ZAIG 5405, in: Tantzscher: „Maßnahme Donau und Einsatz Genesung", S. 76ff.

59 Vgl. SAPMO-BAch, ZPA, J IV 2/202/293, Bd. 2.

60 Vgl. Neues Deutschland, 15. 6. 1968, S. 7.

61 Hájek, Jiří: seit 8. April 1968, unter der Regierung von Černík Außenminister der ČSSR, 1969 im Zuge der „Normalisierung" wissenschaftlicher Mitarbeiter, 1970 Ausschluß aus der KPČ.

62 Vgl. Lehmann: Innen- und außenpolitische Aspekte des DDR-Beitrags, S. 127.

Prinzipien des sozialistischen Internationalismus gefordert. Die verbalen Beteuerungen für die Freundschaft mit der Sowjetunion wirken angesichts einer schändlichen antisowjetischen, vom Feind gesteuerten Hetze im Zusammenhang mit dem Tod des früheren Außenministers Jan Masaryk und verschiedener Prozesse wenig überzeugend."[63]

Doch es hatten sich eine Reihe von Problemen in den diplomatischen Beziehungen zwischen der DDR und der ČSSR „angestaut", so daß die Verhandlungen zwischen Winzer und Hájek nicht nur ein „ideologischer Schlagabtausch" waren. Es ging um „handfeste" Dinge, wie zum Beispiel von tschechoslowakischer Seite um die vorangegangenen Pressekampagnen gegen Mitglieder der tschechoslowakischen Regierung und der KPČ, Behinderungen im Reiseverkehr zwischen der ČSSR und Berlin-West via Ost-Berlin, Einschränkungen der Verbreitung tschechoslowakischer Presseerzeugnisse in der DDR und andere Fragen.[64]

Für die DDR kam es vor allem darauf an, die ČSSR von einem Alleingang in den Beziehungen mit der BRD abzuhalten. Der Austausch von Ratifizierungsurkunden zwischen der ČSSR und der BRD über Handelsmissionen und Abkommen über den Warenaustausch und den Zahlungsverkehr vom 7. Februar 1968 stellte in den Augen der SED-Führung schon einen ernsthaften Bruch der Vereinbarungen zwischen den „Bruderparteien" dar, keine weiteren diplomatischen Beziehungen zur BRD anzubahnen, bevor nicht die Beziehungen zwischen der DDR und der BRD normalisiert waren.[65]

Die SED sah in der neuen Ostpolitik des BRD-Außenministers Willy Brandt und in der Annäherung der BRD an eine reformierte, außenpolitisch unabhängig agierende Tschechoslowakei eine doppelte Bedrohung für die Existenz der DDR.

Im Frühjahr 1968 besaß die Durchsetzung der Anerkennung der DDR als zweiter deutscher Staat für die Führung der SED die absolute außenpolitische Priorität. Aber die Bundesrepublik hielt auch 1968 an der Forderung nach Wiedervereinigung Deutschlands fest und blockierte die DDR international mit ihrem Anspruch auf Alleinvertretung Deutschlands. Angesichts der Entspannungs-

---

63 SAPMO-BAch, ZPA, A 2/20/1017.

64 Die Akten des Archivs für Auswärtige Angelegenheiten der DDR für das Jahr 1968 konnten nicht ausgewertet waren, da sie, im Gegensatz zu den Akten der Parteien und Massenorganisationen, des MfS, anderer Ministerien und Dienststellen der DDR, vom Archiv des Auswärtigen Amtes übernommen wurden und der generellen Sperrfrist von 30 Jahren unterliegen.

65 Als Ende Januar 1967 Rumänien diplomatische Beziehungen mit der Bundesrepublik aufnahm, drohte der DDR die Isolierung im eigenen Lager. Es gelang der SED-Führung über den Politischen Ausschuß des Warschauer Paktes, gegen diese Gefahr eine Barriere zu errichten. Im Februar 1967 beschlossen die Außenminister der Ost-Allianz, „kein Mitglied des Paktes dürfe sein Verhältnis zur Bundesrepublik normalisieren, bevor die DDR dies getan habe". Vgl. Bender, Peter: Neue Ostpolitik. Vom Mauerbau zum Moskauer Vertrag, München 1986, S. 140.

tendenzen zwischen den USA und der Sowjetunion drohte diese Politik die Bundesrepublik auch im Westen zu isolieren. Erst die „neue Ostpolitik“ der Großen Koalition unter Bundeskanzler Kurt-Georg Kiesinger änderte 1966 die außenpolitische Haltung der Bundesrepublik und damit auch die internationale Konstellation für die DDR. Die Bundesregierung bot den Staaten Südost- und Osteuropas diplomatische Beziehungen an unter Ausklammerung der DDR.

Außenminister und Vizekanzler der Großen Koalition war der sozialdemokratische Parteivorsitzende Willy Brandt. Die SPD hatte unter seiner Federführung ein Gesamtkonzept für eine neue Ostpolitik der Bundesrepublik entwickelt, das die realen Gegebenheiten des Status quo zwischen den Blöcken in Europa berücksichtigte, um die Ost-West-Konfrontation über eine aktive Politik der Abrüstung, des friedlichen Wettbewerbs und der Zusammenarbeit auf dem Gebiet der Wirtschaft aufzubrechen und den Status quo in Europa in Richtung auf mehr Demokratie und nationale Selbstbestimmung schrittweise zu verändern. Diese Vorstellungen über eine neue Ostpolitik konnte die SPD in der Großen Koalition nun erstmals als Außenpolitik der Bundesrepublik Deutschland zum Tragen bringen.

Ende 1967 glaubte die SED offenbar, die Bundesrepublik sei gezwungen, die Forderung nach Wiedervereinigung aufzugeben und die DDR endgültig anzuerkennen. Eine neue Verfassung sollte dem DDR-Staatsvolk verdeutlichen, die Herrschaft der SED ist irreversibel.

Durch die innere Reform in der ČSSR, die sogar von der kommunistischen Partei getragen wurde, war dieser Erfolg der SED wieder in Frage gestellt, der Status quo drohte sich erneut zu ihren Ungunsten zu verändern. Der Nürnberger Parteitag der SPD im März 1968 stand ganz im Zeichen der neuen Ostpolitik. Ulbricht fühlte sich bedroht und richtete erneut den Blick auf die SPD und das Ziel ihrer Ostpolitik: „Aber jetzt kommt die Sozialdemokratie, wie Brandt auf dem Parteitag erklärt hat: Wir stehen am Beginn eines langen, widerspruchsvollen Prozesses, bei dem es sich darum handelt, daß sich zwischen den Staaten und Völkern West- und Osteuropas neue Bindungen und Verbindungen ergeben. Sie haben das ein bißchen mystisch ausgedrückt.“

Ulbricht übersetzte seinem Zentralkomitee die politische Intention dieses Programms, er sah darin eine Strategie der „Aufweichung der sozialistischen Länder mit neuen Methoden und Formen, und das unter der Losung der Sicherheit in Europa, der Losung der ‚neuen Ostpolitik‘ “.[66] Ulbricht über das Ziel der SPD und die Hauptdifferenzen mit den Sozialdemokraten: „... wir müssen uns doch darüber im klaren sein, daß das Wesen der Politik der sozialdemokratischen Führung darin besteht, Wege des Eindringens in die DDR zu finden, die DDR von innen aufzurollen, um das westdeutsche System des staatsmonopolistischen Ka-

66 SAPMO-BArch, ZPA, IV 2/1/212.

pitalismus mit seiner Bundeswehr auf ganz Deutschland zu übertragen. Das ist der Hauptpunkt der Differenzen mit der sozialdemokratischen Führung."[67]

Alarmiert war die Partei- und Staatsführung auch durch die Aufklärungsergebnisse des MfS aus dem Bundesministerium für Gesamtdeutsche Fragen der BRD und dem Parteivorstand der SPD. In der MfS-Information vom 14. Juni „zu den westdeutsch-tschechoslowakischen Beziehungen" hieß es: „Bundesminister Wehner erklärte in einem vertraulichen Gespräch, daß generell gesehen die westdeutsch-tschechoslowakischen Probleme geklärt seien. Es gebe keine nennenswerten Schwierigkeiten in der Frage der Aufnahme diplomatischer Beziehungen zwischen Bonn und Prag. In dieser Frage würde es lediglich Schwierigkeiten zwischen der ČSSR und den übrigen sozialistischen Ländern geben, weshalb die Aufnahme diplomatischer Beziehungen zur Bundesrepublik gegenwärtig geradezu tödlich für die neue Prager Führung sei. Von halboffizieller tschechoslowakischer Seite seien der Bundesrepublik für die Aufnahme der diplomatischen Beziehungen Lösungsformeln unterbreitet worden, die auch von der CDU/CSU akzeptiert werden könnten."[68]

Das MfS hatte kurzfristig weitere „Stimmen" aus der BRD zusammengetragen, so aus dem Bundeskanzleramt, vom FDP-Pressechef Schollwer, aus dem Bundesnachrichtendienst, aus „führenden Wirtschaftskreisen" sowie aus „SPD-Bundestagskreisen". Die überwiegende Meinung aus der Bundesrepublik, daß das „Beispiel der ČSSR" in der DDR Schule machen könnte, teilte auch Ulbricht – wenn freilich unter einem anderem Vorzeichen.

Die Zusammenkunft Ulbrichts mit dem tschechoslowakischen Außenminister am 18. Juni war das ranghöchste Treffen auf bilateraler Ebene seit Januar 1968 zwischen der DDR und der ČSSR. Angesichts der auch in tschechoslowakischen Regierungskreisen bekannten Abwehrhaltung der SED-Führung zu den Reformen verliefen die Gespräche erfolgreicher als erwartet.[69] Das offizielle Kommuniqué über den DDR-Besuch von Hájek war, wie üblich, nichtssagend.[70] Doch überraschenderweise druckte die Redaktion des „Neuen Deutschland" am 21. Juni ein ČTK-Interview mit Hájek über dessen DDR-Reise ab. Hájek äußerte offen: „Es wurde verständlicherweise auch über die kritischen Vorbehalte ge-

67 Ebenda.

68 Dokument 2: 14. Juni 1968: Ausarbeitung der ZAIG: Fakten zu den westdeutsch-tschechoslowakischen Beziehungen, die ausschließlich zur perönlichen Information verwendet werden dürfen, BStU, ZAIG 5405, in: Tantzscher: „Maßnahme Donau und Einsatz Genesung", S. 76.

69 Peter Probst stellte in einem Kommentar zum Besuch von ČSSR-Außenminister Hájek in (Ost-) Berlin fest: „Der Besuch fand zu einem Zeitpunkt statt, der als Tiefpunkt in den Beziehungen der DDR und der ČSSR angesehen werden muß.", in: Deutschland Archiv, Nr. 4, Juli 1968, S. 429.

70 Vgl. Neues Deutschland, 20. 6. 1968, S. 1f.

sprochen, die sich in der Presse der DDR gegenüber der ČSSR zeigen, sowie über die Reaktion darauf. Wir kamen überein, daß die objektive Informiertheit im Interesse beider Länder liegt und daß es richtig ist, überflüssige Polemiken zu vermeiden, die niemals zu etwas Gutem führen und die im Gegenteil die Beziehungen zwischen den Völkern und Staaten abkühlen."[71]

„Objektive Informiertheit" und „überflüssige Polemiken" waren zutreffend gewählte Worte, um die Medienpolitik der SED gegenüber den Reformprozessen in der ČSSR aus Prager Sicht zu konterkarieren.

Wenn auch die SED ihre grundsätzliche Haltung zu den Reformen und den Reformern in der ČSSR nicht änderte, so war es doch augenfällig, daß nach dem Hájek-Besuch die Pressepolemik der Parteizeitungen vorübergehend eingestellt wurde. Der Kommentator des „Deutschland Archiv" interpretierte damals Ulbrichts angebliche Bereitschaft zur „Milderung der Kontroverse" als den „von Moskau gewünschte[n] Preis für die Zustimmung der Sowjets zu den jüngsten Maßnahmen im Berlin-Verkehr[72]".[73]

Tatsächlich gab es zwischen der SED und der KPdSU in dieser Zeit ernsthafte Interessenkonflikte in der Frage des Verhältnisses zur SPD und der neuen Ostpolitik der BRD. Am 18. Juni traf sich der sowjetische Botschafter in der DDR, Pjotr A. Abrassimow, mit dem Außenminister der BRD, Willy Brandt. Dabei ging es um deutschlandpolitische Fragen, in denen die Sowjetunion durchaus eigene politische Ziele verfolgte und sich Abrassimow nicht mit Ulbricht abgestimmt hatte.[74]

Ulbricht zeigte sich in dieser Situation sowohl gegenüber der ČSSR als auch der UdSSR „flexibel". Statt offener Polemik richteten sich jetzt Presseveröffentlichungen prononciert gegen die BRD und die SPD. Ein beredtes Beispiel dafür ist der Umgang mit dem Schlußwort von Walter Ulbricht auf dem jüngsten Plenum des ZK der SED.[75] Obwohl die 6. ZK-Tagung schon am 8. Juni beendet war, veröffentlichte das „Neue Deutschland" erst am 21. Juni Auszüge aus dem Schlußwort Ulbrichts. Darin stellte er einen direkten Zusammenhang zwischen

---

71 Ebenda, 21. 6. 1968, S. 7.

72 Einführung einer Visa-Pflicht für Einwohner der BRD und von Berlin-West beim Transit durch die DDR ab 13. 6. 1968. Aus einem Kommentar des Magazins „Der Spiegel", Nr. 25, 17. 6. 1968, S. 25: „Bis auf die Impfung gegen Cholera und Pocken muß sich jetzt ein Bürger, der von Herford nach Erfurt fahren will, Hoheitsakten unterwerfen, als reise er zu den Fidschi-Inseln."

73 Probst, Peter: ČSSR-Außenminister Hájek in Ostberlin, in: Deutschland Archiv, Nr. 4, Juli 1968, S. 429.

74 Vgl. Staadt, Jochen: Die geheime Westpolitik der SED 1960–1970. Von der gesamtdeutschen Orientierung zur sozialistischen Nation, Berlin 1993, S. 242ff.

75 Vgl. Veröffentlichung von Referaten und Diskussionsbeiträgen sowie des Kommuniqués der 6. Tagung des ZK der SED vom 6. bis 8. 6. 1968 in: Neues Deutschland, 7. bis 9. 6. 1968.

der Regierungspolitik der BRD und den Ereignissen in der ČSSR her: „Die gegenwärtige Hauptlosung der herrschenden Kreise Westdeutschlands und der sozialdemokratischen Minister ist die *Liberalisierung* der sozialistischen Länder und vor allen Dingen die Losung der absoluten Freiheit der Presse, des Rundfunks,...als Mittel der Organisation für reaktionäre, konterrevolutionäre Kräfte...“[76].

Ob diese Worte nur an die Tschechoslowaken gerichtet waren oder auch an die Adresse von Abrassimow, bleibt offen. Die zitierte Passage aus Ulbrichts Rede wird aber nachträglich verständlicher, wenn die ausdrücklich nicht der Redaktion der Parteizeitung und der DDR-Nachrichtenagentur ADN übergebene Textstelle aus der redigierten stenographischen Niederschrift der 6. Tagung als Ergänzung dazu genommen wird. Ulbricht beantwortete die an das Zentralkomitee gestellte Frage „Wie steht ihr zu den Ereignissen in der Tschechoslowakei?“ Dabei verwies er auf „Schwierigkeiten“. Sie „sind dadurch aufgetreten, daß einige Bürger der ČSSR im amerikanischen Rundfunk in Westdeutschland, in westdeutschen kapitalistischen Rundfunk- und Fernsehsendungen, in Zeitungen und Zeitschriften aufgetreten sind“.[77]

Nach dem Hájek-Besuch bei Winzer und Ulbricht wurden solche direkten Aussagen in den SED-Medien vermieden.

Doch die Zurücknahme der Polemik hatte noch einen anderen Hintergrund. Vom 18. bis 21. Juni tagte in Budapest die Arbeitsgruppe zur Vorbereitung der für den Spätherbst geplanten internationalen Beratung der kommunistischen und Arbeiterparteien in Moskau. Die Haltung zu den Prager Reformen entwickelte sich von Monat zu Monat immer mehr zu einer Entscheidungsfrage des Gehorsams gegenüber der Linie Moskaus oder der Eigenständigkeit in den Grundfragen der Strategie und Taktik der Parteien. Die SED gehörte von Anfang an mit der KPdSU, der PVAP, der BKP und der USAP zu den kollektiv handelnden Parteien, die im Zusammenhang mit den Ereignissen in der ČSSR „marxistisch-leninistische“ Positionen „verteidigten“. Doch nach SED-Auffassung gab es auch „Bruderparteien“, die die Ereignisse in der ČSSR „offenbar nicht klar durchschauen“ (zum Beispiel die Kommunistischen Parteien Frankreichs, Großbritanniens, Belgiens, Finnlands, Kanadas, Ceylons, Sudans und andere) sowie Parteien, die die Ereignisse in der ČSSR „zur Rechtfertigung eigener unmarxistischer Auffassungen benutzen“ (Bund der Kommunisten Jugoslawiens, Italienische KP, KP Österreichs, KP Kubas, KP der Niederlande).[78] Die SED wollte in Auswertung des vorangegangenen Konsultativtreffens der Arbeitsgruppe zur Vorbereitung der

---

76 Neues Deutschland, 21. 6. 1968.

77 SAPMO-BAch, ZPA, IV 2/1/215.

78 Vgl. SAPMO-BAch, ZPA, A 2/20/1017.

kommunistischen Weltkonferenz Ende Februar/Anfang März 1968 in Budapest nicht noch zusätzliche Argumente für einige Parteien liefern, die mit den Reformern aus der KPČ offen sympathisierten.

Ende Juni endete die Phase der „Zurückhaltung" in der Polemik gegen die Tschechoslowakei fast abrupt. Die organisierte Unterstützung der fünf „Bruderparteien" für die konservativen Kräfte vor und nach dem „Mai-Plenum" des ZK der KPČ, die Militärmanöver, die Hinwendung zu den Volksmilizen[79], (der achttausendköpfigen „Privatarmee" der KPČ, die als verläßlichste Stütze der „gesunden Kräfte" angesehen wurden, und die Kompromisse zwischen den Reformern und den Konservativen auf dem „Mai-Plenum" hatten in breiten Teilen der Bevölkerung der Tschechoslowakei große Befürchtungen um das Schicksal der Reformbewegung aufkommen lassen. Diese Befürchtungen hatte Ludvík Vaculík in „2000 Worte"[80] gefaßt. Das Manifest trug die Unterschriften von 70 Persönlichkeiten des geistig-kulturellen Lebens der ČSSR und wurde am 27. Juni 1968 in mehreren tschechoslowakischen Zeitungen veröffentlicht.[81] Die Prager DDR-Botschaft legte einen Tag später die Übersetzung des Dokuments aus der Zeitung „Práce" und eine Einschätzung vor.

Diese „2000 Worte" besaßen eine „Sprengkraft", die in verschiedene Richtungen wirkte. Vaculík, der als junger Kommunist von der Stalin-Broschüre „Über den dialektischen und historischen Materialismus" begeistert war, aber ebenso früh der Praxis der kommunistischen Partei kritisch gegenüberstand[82], wurde sofort zur „Zielscheibe" für die ideologischen Geschütze der „Bruderparteien" in der DDR ebenso wie in der Sowjetunion.

Die Folgen der „2000 Worte" waren zweischneidig: Dieses Manifest warnte vor Versuchen, die Entwicklung umzukehren, und forderte, bei aller Unterstützung der Führung Dubčeks, zu unabhängigen Aktionen der mündigen Bürgerge-

---

79 Auf einer Tagung des gesamtstaatlichen Aktivs der Volksmilizen der ČSSR am 19. 6. 1968 versicherten die „Genossen Kämpfer": „Die Mitglieder der Volksmiliz machen alle, die mit den ehrlichen Bestrebungen unserer Partei spekulieren wollen und den Demokratisierungsprozeß zu den Versuchen um eine Revision des Februar 1948 oder sogar zu einem Rückschlag zum Jahr 1938 mißbrauchen wollen, darauf aufmerksam, daß die Volksmilizeinheiten das revolutionäre Vermächtnis des Februar 1948 und unser festes Bündnis mit der Sowjetunion und den anderen sozialistischen Ländern beschützt und beschützen wird.", zit. nach: Grau, Roland: Aufgaben und Funktion der Kampfgruppen der Arbeiterklasse der DDR beim umfassenden Aufbau des Sozialismus in den Jahren 1961 bis 1970. Dissertation B, Berlin 1989, S. 102f.

80 Der Titel der „2000 Worte" lautetete: „Zweitausend Worte, die für die Arbeiter, Landwirte, Angestellten, Wissenschaftler, Künstler und alle bestimmt sind".

81 Deutsche Version von „2000 Worte" in: Crusius, R./Kuehl, H./Skála, J./Wilke, M.: ČSSR: Fünf Jahre „Normalisierung", Hamburg 1973, S. 28ff.

82 Vgl. Liehm, Antonín J.: Gespräche an der Moldau. Das Ringen um die Freiheit der Tschechoslowakei, Wien/München/Zürich 1968, S. 168.

sellschaft, zur Verteidigung und Entfaltung der Demokratie auf. Auf der einen Seite aktivierte das Manifest die Gesellschaft und spitzte die Kritik an den Alt- und Neokonservativen in der KPČ zu, auf der anderen Seite spielte es ihren mächtigen Protektoren in den Bruderländern sozusagen den Ball zu. Die „2000 Worte" lieferten einen entscheidenden Vorwand für eine Konferenz der „Fünf", die in Warschau stattfinden und auf der Dubček und seine Parteiführung des „Ketzertums" angeklagt werden sollte (in der ČSSR verwiesen Zeitzeugen auf die Analogie zum Konzil von Konstanz, das im Jahre 1415 den tschechischen Reformator Magister Jan Hus zum Scheiterhaufen verurteilte).

In einem nächtlichen Telefonat mit Dubček am 27. Juni verlangte Breshnew „einen sofortigen Angriff gegen die konterrevolutionären Kräfte", und zwar mit Hilfe der Volksmilizen.[83] Als Dubček nicht gehorchte, wertete Breshnew dies als Rechtsruck, der von den zentristischen Positionen wegführte.

Die SED-Führung erhielt bereits am 28. Juni eine vom DDR-Botschafter in Prag handschriftlich redigierte Einschätzung der zwei Tage zuvor veröffentlichten „2000 Worte".[84] Der Einschätzung von Florin konnten Ulbricht und die SED-Parteiführung rückhaltlos zustimmen. Der erste Satz lautete: „Dieses Dokument ist ein Aufruf zur Konterrevolution, der programmatischen Charakter trägt und die Methoden zur Durchsetzung der konterrevolutionären Absichten enthält."[85] Der Berufsrevolutionär im diplomatischen Einsatz, Peter Florin, legte eine wahrhaft „marxistisch-leninistische" Analyse vor. Seine Nachfolger in der Abteilung Internationale Verbindungen des ZK der SED brauchten bis zum 11. Juli Zeit, um in ihrer Einschätzung zu der Erkenntnis zu gelangen: „Der Aufruf ist seinem Wesen ein konterrevolutionäres Dokument."[86]

Die SED-Führung befürchtete wie auch die der KPdSU, daß das Szenario der Stärkung der „gesunden" Kräfte für die bevorstehenden Außerordentlichen Kreisdelegiertenkonferenzen und die Wahl der Delegierten zum Außerordentlichen XIV. Parteitag der KPČ nun nicht mehr in Erfüllung gehen würde. Denn sie erkannten, daß die „2000 Worte" genau jene mobilisierende Wirkung hatten, die den Konservativen schon immer fehlte. Durch kontroverse Diskussionen im Präsidium des ZK der KPČ, der Nationalversammlung, der Regierung, in den Medien und unter breiten Kreisen der Bevölkerung wurde nunmehr Druck auf die Parteiorganisationen ausgeübt, Farbe zu bekennen, wer für die konsequente Weiter-

---

83 Vgl. ÚSD-SK, Z/M 12; Vgl. Navrátil, Jaromír: Vyvrcholení vnitřní vnější krize, in: Československo roku 1968, 1. díl: obrodný proces, Prag 1993, S. 123f.

84 Vgl. SAPMO-BAch, ZPA, IV A 2/20/1174; Florin schickte das Papier direkt an Walter Ulbricht und Hermann Axen.

85 Ebenda.

86 Ebenda.

führung der Reformen, auch gegen den Widerstand von innen und außen, war. In der SED-Einschätzung der ZK-Abteilung Internationale Verbindungen wurden die „taktischen Schritte“ der „konterrevolutionären“ Kräfte folgendermaßen beschrieben: „Veränderung der Zusammensetzung der Parteiführung im Sinne rechtsgerichteter Elemente und Beseitigung jener ‚falschen Elemente, die schon in den Fundamenten und der Ideologie dieses Systems‘ (gemeint ist die sozialistische Gesellschaft) enthalten sind. Hierzu werden als Methoden die Mobilisierung der konterrevolutionären Kräfte in den Betrieben, Organisierung der ‚öffentlichen Kritik‘, von Resolutionen und Demonstrationen, Streiks und Boykotts u.a.m. empfohlen.“[87]

Aus SED-Sicht war es ein Hoffnungsschimmer, daß der tschechoslowakische ZK-Sekretär Indra einen Aufruf an die 1. Bezirks- und 1. Kreissekretäre der KPČ unterschrieben hatte, in dem es hieß, „im Falle konkreter Anzeichen der Anarchie nicht zu zögern, auch existierende gesetzliche Möglichkeiten auszunutzen“.[88]

Übrigens hatte Ulbricht schon am 2. Juli auf der regulären Sitzung des Politbüros eine Information zum „konterrevolutionären“ Dokument „2000 Worte“ gegeben, in deren Folge die Festlegung getroffen wurde: „Eine Stellungnahme ist in der Presse unter Ausnutzung der Veröffentlichung in der ‚Frankfurter Zeitung‘ vorzunehmen.“[89] Die führenden Parteifunktionäre sollten innerhalb einer Woche durch eine parteiinterne Analyse des Dokuments informiert werden. Das geschah auf der Grundlage der bereits erwähnten Ausarbeitung der Abteilung Internationale Verbindungen vom 11. Juli.

Im Zusammenhang mit der Reaktion der SED auf die „2000 Worte“ war es nur selbstverständlich, daß sie in der Fortsetzung der Militärübung „Šumava“ auf dem Territorium der ČSSR Hoffnungen auf einen Erfolg dieses Druckmittels zur Bändigung der „konterrevolutionären“ Kräfte sah. Doch die Lage erforderte zusätzliche Maßnahmen!

Das Politbüro der KPdSU forderte eine Zusammenkunft der fünf kommunistischen Parteien mit der Führung der KPČ. Am 3. Juli schickte es einen Brief nach Prag mit der Behauptung, die „antisozialistischen Kräfte sind auf einen konterrevolutionären Putsch ausgerichtet“, unterstützt von einem Teil der Mitglieder der KPČ, ja sogar ihres Zentralkomitees. Aus dem Brief ergab sich, daß man im Kreml die Hauptgefahr in dem Außerordentlichen Parteitag der KPČ sah, auf dem die Partei gewillt schien, ihrem Leninschen Charakter abzuschwören, was den Zerfall der sozialistischen Gesellschaft zur Folge haben würde. In ähnlichem

87 Ebenda.
88 Ebenda.
89 SAPMO-BAch, ZPA, J IV 2/2/1176.

Sinn sandten auch die übrigen vier Parteien Briefe nach Prag, wobei sie treu der Moskauer Linie folgten.

Das Präsidium des ZK der KPČ lehnte auf Vorschlag Dubčeks am 12. Juli die Einladung ab und wies die Kritik zurück. Dieses Ergebnis war jedoch nicht ohne Auseinandersetzung zustande gekommen. Zuerst mußte die Mehrheit des Präsidiums Kolders Vorschlag ablehnen, die Kritik der „Fünf" dem Plenum des ZK der KPČ zu unterbreiten, das diese – wie Kolder nicht grundlos voraussetzte - akzeptieren und eine Delegation nach Warschau entsenden würde. Kolder wurde von den Mitgliedern des Präsidiums Bil'ak, Rigo und Švestka und von dem Kandidaten Lenárt unterstützt – eine ähnlichen Konstellation, wie sie sich in der Nacht vom 20. zum 21. August im Komplott mit den Interventen zeigte. Statt einer Gipfelkonferenz bot das Präsidium des ZK der KPČ bilaterale Zusammenkünfte an – auch mit den Rumänen und Jugoslawen – und erst danach eine gemeinsame Verhandlung. Noch im letzten Augenblick versuchte Kádár, bei einer Zusammenkunft in Komárno, Dubček und Černík zu einer Teilnahme in Warschau zu überreden – jedoch vergeblich.

Mit Nachdruck warnte Kádár vor allen Versuchen, Jugoslawien und Rumänien zu gestatten, in den Konflikt zwischen der Tschechoslowakei und den anderen fünf Warschauer-Pakt-Staaten politisch einzugreifen. Kádár mißtraute Tito wegen dessen Haltung zu Ungarn 1956 und den darauffolgenden Jahren, und Ceauçescus Kurs einer gewissen Eigenständigkeit gegenüber Moskau lehnte er entschieden ab. Weder hielt er etwas von den Vermittlungsbemühungen der französischen KP noch vom KPČ-Vorschlag, zur Entschärfung der politischen Differenzen bilaterale Gespräche statt Kollektivtreffen der Ostblockstaaten zu führen. Geradezu spöttisch fragte er, was denn Dubček überhaupt mit Ulbricht, Gomułka, Shiwkow oder ihm zu besprechen habe. Ein solcher Vorschlag sei „lächerlich" und „unseriös", da doch klar sein müsse, daß ausschließlich die Verhandlungen mit der sowjetischen Führung den Konflikt entschärfen könnten.

Dubčeks Weigerung, sich nach Dresden noch einmal vor ein Tribunal stellen zu lassen, bedeutete für Kádár den Bruch eines politischen Tabus. Mit dieser Haltung, lautete sein Fazit, habe Dubček den Weg von Imre Nagy beschritten. Bei der nationalistischen und antisozialistischen Einheit, auf die sich Dubček und seine Leute stützten, handele es sich um keine kommunistische Politik mehr. Die Tagungen des Zentralkomitees der KPČ, zu der die Massenmedien zugelassen seien, hätten nichts mit Demokratie zu tun, sondern stellten einen puren „Zirkus" dar, bei dem „politischer Druck, wenn nicht Terror" gegen gesunde Kräfte ausgeübt werde.[90]

---

90 Vgl. Pauer: Die sowjetische Intervention, S. 145f.

Der Brief der SED vom 4. Juli 1968 an die KPČ

Die Veröffentlichung der „2000 Worte" in den tschechoslowakischen Zeitungen führte zu einer scharfen Reaktion der „Bruderparteien". Das ZK der KPdSU entschloß sich erstmals zu einer schriftlichen Stellungnahme gegenüber dem Parteipräsidium des ZK der KPČ. Gemäß dem Konsens der „Fünf", wie er am 8. Mai in Moskau hergestellt worden war, sollte die gemeinsame politische Besorgnis durch ähnliche Briefe der Parteiführungen in (Ost-) Berlin, Warschau, Budapest und Sofia zum Ausdruck gebracht werden. Das Politbüro der KPdSU leistete den anderen Parteien gewissermaßen „Formulierungshilfe", indem es den eigenen Brieftext den vier anderen Politbüros auf schnellstem Wege zukommen ließ. Der unter dem Datum des 4. Juli aus Moskau verschickte Brief[91] war bereits am selben Tag Gegenstand einer außerordentlichen Sitzung des SED-Politbüros. Es war die erste „außerordentliche" Sitzung dieses Gremiums, die sich ausschließlich den Problemen in der ČSSR widmete.[92]

Das SED-Politbüro nahm den achtseitigen sowjetischen Brief zustimmend zur Kenntnis. Als zweiten Tagesordnungspunkt behandelte und beschloß es den Text eines Briefes des ZK der SED an das ZK der KPČ. Der demokratische Zentralismus „erlaubte" es dem Politbüro, auch ohne Konsultation und Zustimmung des Zentralkomitees in dessen Namen zu handeln. Es war dies die übliche Praxis.

Der fünfseitige Brief der SED wiederholte grundlegende Aussagen des sowjetischen Briefes, ließ jedoch auch eigene Intentionen erkennen.

„Teure Genossen" hieß es in der Ansprache beider Briefe. Während die KPdSU-Führung ihren Entschluß für den Brief damit begründete, daß sie sich als Freunde und Gesinnungsgenossen „alles zu Herzen nehmen, was mit dem Leben der Kommunistischen Partei und des Volkes der brüderlichen Tschechoslowakei zusammenhängt", teilte das Politbüro des ZK der SED trocken mit, es halte „für seine internationalistische Pflicht, sich im Hinblick auf die außerordentlich ernste Lage, die sich zum gegenwärtigen Zeitpunkt in der brüderlich verbündeten Tschechoslowakischen Sozialistischen Republik entwickelt", mit diesem Schreiben an die KPČ zu wenden. Der Brief knüpfte direkt an die Dresdner Tagung an. Es wurde an die dort ausgesprochene Warnung der „Fünf" erinnert, „daß es die antisozialistischen Kräfte im Lande unter dem Deckmantel der ‚Demokratisierung' und ‚Liberalisierung' auf einen konterrevolutionären Umsturz angelegt haben". Jetzt war die KPdSU der Überzeugung: „Die Situation in der ČSSR wird immer gefährlicher." Für sie lagen die Tatsachen auf der Hand: Im Lande entwickelte sich eine politische Opposition, die auf die Abkehr vom Sozialismus und

91 Vgl. ÚSD-SK, Z/M 13.
92 Vgl. SAPMO-BArch, ZPA, J IV 2/2/1178.

die Rückkehr der Tschechoslowakei zu kapitalistischen Zuständen abzielte. Die wichtigsten Mittel der Masseninformation seien ihnen schon in die Hände gefallen. Konspirative Organisationszentren im Ausland würden die antisozialistischen Elemente anleiten und sogar „die Richtung der Angriffe bei jeder Wendung der Ereignisse angeben". Das war für die Moskauer Führung „doppelt und dreifach besorgniserregend", da bis zum Beginn des Außerordentlichen XIV. Parteitages der KPČ nur noch zwei Monate Zeit blieben.

Im Brief der SED fehlte ein direkter Bezug zum Parteitag. Die SED-Autoren gingen gleich auf die als „offenen und massiven konterrevolutionären Vorstoß" charakterisierten „2000 Worte" ein. Sie sahen einen engen Zusammenhang zwischen der offenen antisozialistischen Propaganda zentraler tschechoslowakischer Zeitungen und der „politischen Intervention seitens des westdeutschen Imperialismus". Ihrer Meinung nach gab es keinen Unterschied zwischen dessen Rundfunk-, Fernseh- und Pressepropaganda über die Vorgänge in der ČSSR und den Sendungen des „berüchtigten" imperialistischen Rundfunkzentrums „Freies Europa" zur Zeit der ungarischen Konterrevolution.

Die KPdSU kritisierte vor allem die Stellungnahmen von verschiedenen tschechoslowakischen Persönlichkeiten zu Fragen der europäischen Sicherheit und zum Frieden. Der mehrfach geäußerte Gedanke, daß die Stellung der Tschechoslowakei in der Außenpolitik nicht nur durch ihre Zugehörigkeit zu Warschauer Pakt und RGW, sondern verstärkt auch von ihrer geographischen Lage „zwischen der UdSSR und Deutschland" her bestimmt werden müsse, sorgte für Aufregung in Moskau. Dort sah man darin ein Zusammengehen von „rechten" Kräften in der ČSSR mit den Imperialisten, den tschechoslowakischen Emigrantenkreisen und Feinden der Sowjetunion. In bezug auf die BRD urteilte das sowjetische Politbüro: „Es geht schon so weit [...], daß in Verlautbarungen gewisser tschechoslowakischer Funktionäre Westdeutschland mit seinem revanchistischen, militaristischen Kurs in Schutz genommen wird." Damit werde von jenen tschechoslowakischen Vertretern der Kurs eines Staates gebilligt, „der sich in der Politik faktisch als Nachfolger Hitlerdeutschlands betrachtet".

KPdSU wie auch SED billigten der neuen KPČ-Führung zu, daß sie mit der Überwindung bestimmter Fehler aus der Vergangenheit des Landes zu ringen hatte. Aus Sicht der SED hatte das Zentralkomitee der Kommunistischen Partei der Tschechoslowakei „wohl im Januar 1968 die Korrektur dieser alten Fehler eingeleitet, jedoch zur gleichen Zeit leider zugelassen, daß antisozialistische Kräfte sich legal organisieren und gegen die demokratischen Maßnahmen der Partei- und Staatsführung auftreten konnten". Für die SED-Führung stand eindeutig fest, daß die Verfasser der „2000 Worte" den Weg frei machen wollten für die „stille Revolution", „wie die imperialistischen Agentenzentralen ihre auf die

Untergrabung der Arbeiter-und-Bauern-Macht und des Sozialismus in der ČSSR gerichteten konterrevolutionären Pläne nennen".

Im KPdSU-Brief wurde klar und deutlich ausgesprochen, daß es „um die alles entscheidende Frage geht", die Frage nämlich, „ob die Tschechoslowakei sozialistisch sein soll oder nicht". Diesen Gedanken griff die SED auf: „Die entscheidende Frage ist und bleibt die Frage der politischen Staatsmacht." Auch sie sah in der Losung der „freien Marktwirtschaft" und der „Pressefreiheit" den Weg, „der Zug um Zug zum bürgerlich-kapitalistischen Staate zurückführen soll".

Aus DDR-Sicht wurde den tschechoslowakischen „teuren Genossen" verdeutlicht, welche Absichten die herrschenden imperialistischen Kreise Westdeutschlands mit der Entwicklung in der ČSSR verbinden. Deren politische Ambitionen würden darauf abzielen, daß anstelle der mit der Sowjetunion und den anderen sozialistischen Staaten verbündeten ČSSR wieder eine „machtlose, bürgerliche, vom westlichen Monopolkapital abhängige Tschechoslowakei geschaffen werden soll". Mit dieser Argumentation knüpfte die SED an historisch begründete Ängste in Teilen der tschechoslowakischen Bevölkerung an und verband damit gleichzeitig den Hinweis auf die Verantwortung der sozialistischen ČSSR, der sozialistischen DDR „beizustehen". Denn eine Schwächung der sozialistischen Grundlagen in der verbündeten Tschechoslowakei und eine außenpolitische Annäherung an die BRD würde sich „gegen die Lebensinteressen der Deutschen Demokratischen Republik" richten.

Die KPdSU kritisierte die in ihren Augen unentschlossene Politik der KPČ-Führung nach dem Mai-Plenum im Kampf gegen die „rechten" Kräfte. Sie richtete an die „gesunden" Kräfte den Appell nach Einheit und strikter Abgrenzung „von jenen, die durch ihre Tätigkeit dem Klassengegner behilflich sind". Als „Rezept" verordneten die sowjetischen Genossen, „konsequent die Leninschen Prinzipien der Parteiarbeit zu verwirklichen, strikt das Prinzip des demokratischen Zentralismus einzuhalten".

Die SED-Führung bekundete abschließend ihre „volle Bereitschaft", entsprechend den Vereinbarungen der Warschauer Vertragsstaaten und im Geiste des sozialistischen Internationalismus alle die von der KPČ getroffenen Entscheidungen und Schritte zu unterstützen, die geeignet seien, die Positionen der Arbeiter-und-Bauern-Macht und des Sozialismus in der ČSSR zu stärken und zu festigen. Das war nichts anderes als die Aufforderung an Dubček und seinen Genossen, die Warnungen und Aufforderungen zum Handeln im Sinne der „Fünf" ernst zu nehmen.

Im sowjetischen Brief klang abschließend noch einmal der Gedanke der „Jahrhunderte" alten Freundschaft zwischen beiden Völkern an. Die KPdSU bot der tschechoslowakischen Partei an, ihr „alle erforderliche Hilfe zu erweisen", die im Kampf gegen die „konterrevolutionären" Kräfte nötig werden sollte.

Die Briefe der KPdSU, der SED, PVAP, BKP und USAP erreichten die tschechoslowakische Parteiführung zwischen dem 4. und 6. Juli. Parallel dazu erbat Breshnew von den anderen Parteien die Zustimmung für ein kurzfristiges Treffen am 7. Juli mit den Vertretern der KPČ-Führung, diesmal in Warschau. Das Politbüro des ZK der SED beschloß in seiner Sitzung am 4. Juli, Walter Ulbricht, Willi Stoph, Erich Honecker und Hermann Axen nach Warschau zu entsenden.

Die konzertierte Aktion war von Breshnew zwar geschickt eingefädelt worden, aber es geschah das, womit die anderen Parteichefs nie und nimmer gerechnet hatten: Dubček hatte die Stirn, den „Gang nach Canossa" abzulehnen.[93] Er fand dafür vorerst auch eine geschickte Begründung. In der ČSSR fanden zu diesem Zeitpunkt gerade Parteikonferenzen an der Basis statt, an denen die Präsidiumsmitglieder des ZK der KPČ teilnahmen. Ohne diese über die „Einladung" aus Moskau und die fünf Briefe der „Bruderparteien" konsultiert zu haben, wollte Dubček nicht entscheiden. Darüber hinaus schlug er eine Konferenz unter Einschluß der kommunistischen Parteien aus Rumänien und Jugoslawien zu aktuellen Fragen der Entwicklung des Sozialismus am Rande des geplanten Außerordentlichen Parteitages der KPČ vor.

Zwischen den Hauptquartieren der Parteien im Moskau, Prag, (Ost) Berlin, Warschau, Budapest und Sofia müssen in den Tagen nach dem 4. Juli die Telefondrähte geglüht haben. Die Weigerung der KPČ, an einem Tribunal in Warschau teilzunehmen, wurde mißbilligt und der Gegenvorschlag für bilaterale Gespräche zwischen den Parteien auf Moskauer Geheiß einhellig abgewiesen. Am 6. Juli ließ Breshnew die KPČ-Führung wissen, nicht die KPdSU allein, sondern auch die PVAP, die SED, die BKP und die USAP plädierten für eine kollektive Zusammenkunft. Die Botschafter der fünf sozialistischen Länder in Prag übten durch direkte Gespräche mit verschiedenen KPČ-Funktionären zusätzlichen Druck in dieser Frage aus. Insbesondere der sowjetische Botschafter Tscherwonenko versuchte vor und nach den Sitzungen des tschechoslowakischen Parteipräsidiums am 8. und 12. Juli dem sowjetischen Standpunkt sowohl gegenüber Dubček als auch gegenüber konservativen Funktionären wie Lenárt Nachdruck zu verleihen.

Die SED-Führung wurde am 9. Juli telegraphisch aus der Botschaft in Prag über die Stellungnahme des Präsidiums des ZK der KPČ zu den jüngsten Briefen der fünf Parteien informiert. Die vom Geschäftsträger der DDR-Botschaft in Prag, Bernatek, übermittelte Nachricht basierte auf einer offiziellen Information des Präsidiumsmitglieds Josef Lenárt für das Politbüro der SED. Der Informationsweg über die Prager DDR-Botschaft an das DDR-Außenministerium in (Ost-) Berlin und vom dortigen stellvertretenden Außenminister Oskar Fischer an die Genossen Walter Ulbricht, Willi Stoph und Albert Norden war Ausdruck dafür,

93 Navrátil, Vyvrcholení, S. 126f.

daß die Parteikontakte zwischen der SED und der KPČ selten auf direkten Wegen funktionierten.[94]

Die Ablehnung der KPČ-Führung zu einer kurzfristigen Zusammenkunft in Warschau wurde mit dem Angebot an die SED für zweiseitige Gespräche verknüpft. Die SED sah darin nur ein Ablenkungsmanöver, denn von Ulbricht lag schon seit längerem ein Angebot für eine Zusammenkunft zwischen beiden Parteien in Prag oder (Ost-) Berlin vor, ohne daß die KPČ bisher darauf reagiert hatte. Auf diesen Umstand nochmals ausdrücklich aufmerksam gemacht, handelte das tschechoslowakische Parteipräsidium umgehend. Am 11. Juli teilte Lenárt dem Geschäftsträger der DDR-Botschaft in Prag folgendes mit: Das Präsidium und „Dubček persönlich" laden „Genossen Ulbricht und weitere Genossen, die er für notwendig hält", nach Prag oder Karlovy Vary ein.[95] Als Termin für ein Treffen wurde der 25. Juli 1968 vorgeschlagen. In der SED-Parteizentrale nahm man kommentarlos zur Kenntnis, daß Lenárt eine gleiche Einladung an die ungarische Partei bereits für den 20. Juli ausgesprochen hatte.

Zwischenzeitlich waren aber die Würfel zugunsten des Kollektivtreffens schon längst gefallen. Am frühen Abend des 10. Juli informierte der sowjetische Botschafter in der DDR, Abrassimow, die Leitungsmitglieder der SED Stoph, Norden und Axen über eine Entscheidung der KPdSU. Das sowjetische Politbüro hatte am Vormittag den Beschluß gefaßt, am Treffen und am einzigen Tagesordnungspunkt „Die Lage in der ČSSR" festzuhalten. Am 11. Juli sollte der KPČ eine kollektiv verfaßte Einladung der fünf anderen Parteiführungen zugehen. Abrassimow ließ die SED-Genossen wissen, was Breshnew ihm gegenüber telefonisch zu den Gesprächsangeboten der KPČ an die USAP und die SED geäußert hatte: „Das ist ein Dreh der Tschechen, die auf diese Weise versuchen wollen, uns in eine Falle zu locken, zwischen den anderen Parteien zu differenzieren und sie eventuell gegeneinander auszuspielen."[96]

Abrassimow verlas dann den Wortlaut des in Moskau verfaßten „gemeinsamen" Briefes der fünf Parteien an das Präsidium des ZK der KPČ. Gegen den Einwand von Norden, daß zuerst die kollektive Meinung des Politbüros des ZK der SED eingeholt werden müsse, verlangte er die sofortige Zustimmung zu den sowjetischen Vorgaben. Nach seinem Hinweis, daß keine weitere Verzögerung zugelassen werden dürfe und angeblich die Zustimmung von Gomułka, Kádár und Shiwkow schon vorläge, erklärten die drei SED-Politiker, daß Abrassimow die Zustimmung des ZK der SED nach Moskau übermitteln solle und ein entspre-

94 Vgl. SAPMO-BArch, ZPA, J IV 2/202/294, Bd. 3.

95 Ebenda.

96 Ebenda.

chender Beschluß des Politbüros des ZK der SED nachgeholt werde.[97] Wie man sieht, funktionierten die Prinzipien des demokratischen Zentralismus im Ernstfall auch zwischen KPdSU und SED.

In Kenntnis darüber, daß am 12. Juli das tschechoslowakische Parteipräsidium wieder zusammentreten würde, entschlossen sich die KPdSU und auch die SED erneut dazu, öffentlichen Druck auf die verschiedenen Kräftegruppierungen in der KPČ-Führung auszuüben. Die sowjetische Parteizeitung „Prawda" veröffentlichte am 11. Juli einen Artikel zur Lage in der ČSSR. Das „Neue Deutschland" übernahm auf SED-Politbürobeschluß die sowjetoffizielle Beurteilung unter dem Titel „Attacke gegen die sozialistischen Grundlagen der Tschechoslowakei".[98] Die SED-Führung wollte jedoch nicht auf die Veröffentlichung ihrer eigenen spezifischen Sichtweise der Problematik verzichten und beauftragte ein Autorenteam mit der Ausarbeitung eines entsprechenden Artikels. Laut Politbürobeschluß sollte der publizistische „Hauptstoß" gegen die Einmischung Westdeutschlands und der USA in der ČSSR gerichtet werden. Der Artikelentwurf mußte Axen, Matern[99] und Norden zur Bestätigung vorgelegt werden.[100]

Das „Neue Deutschland" veröffentlichte einen Tag vor dem Treffen der „Fünf" in Warschau den namentlich nicht gezeichneten Beitrag unter dem Titel „Die Strategie des Imperialismus und die ČSSR".[101] Das war die bisher grundsätzlichste Analyse der jüngsten ČSSR-Entwicklung sowie eine Abrechnung mit dem Dokument „2000 Worte" durch die SED in der Öffentlichkeit. Bis zu diesem Zeitpunkt hatte die Parteiführung ihre Einschätzungen zur Politik der KPČ stets nur durch interne „Informationen" beziehungsweise „Argumentationen" vermittelt, die als absolute Richtschnur für alle Funktionäre und Mitglieder der SED galten.[102]

Der Artikel des „Neuen Deutschland" korrespondierte mit den Grundeinschätzungen im Brief der SED-Führung an die KPČ vom 4. Juli. Besonderes Schwergewicht legten die Parteiautoren auf den Nachweis des Zusammenspiels von äußeren und inneren Feinden des Sozialismus in der ČSSR. Sie gingen detaillierter als im besagten Brief auf die „politische Intervention" der imperialistischen Kräfte, insbesondere die der BRD, in die inneren Angelegenheiten der Tschecho-

97 Ebenda; vgl. Beschluß der Außerordentlichen Sitzung des Politbüros des ZK der SED vom 11. 7. 1968, SAPMO-BArch, ZPA, J IV 2/2/1180.

98 Neues Deutschland, 12. 7. 1968, S. 6.

99 Matern, Hermann: Mitglied des Politbüros und Vorsitzender der Zentralen Parteikontrollkommission des ZK der SED.

100 Vgl. SAPMO-BArch, ZPA, J IV 2/2/1180.

101 Neues Deutschland, 13. 7. 1968, S. 6.

102 Vgl. Abdruck eines „Internen Materials" der SED, in: Deutschland Archiv, Nr. 7, Oktober 1968, S. 724ff. (Die SED im Konflikt mit Prag).

slowakei ein. Beweise für diese Behauptung waren nach SED-Ansicht die neue „Ostpolitik“ der Bundesregierung, das Buch von Franz Josef Strauß „Entwurf für Europa“, der Besuch des SPD-Bundestagsabgeordneten Eppler in der ČSSR – eines „offenkundigen Emmissärs des Imperialismus“–, der Aufenthalt des US-amerikanischen Professors Zbigniew Brzezinski im Juni in Prag und andere „Fakten“.

Die tschechoslowakischen Reformkommunisten wußten also recht gut darüber Bescheid, was sie in Warschau erwartet hätte, wären sie auf Geheiß Moskaus dort erschienen. Trotzdem blieb die kombinierte Aktion von Briefen, Einzelgesprächen, Telefonaten und Presseveröffentlichungen der „Bruderparteien“ nicht wirkungslos. In den Präsidiumstagungen des ZK der KPČ vom 8. und 12. Juli fühlten sich die konservativen Kräfte durch diesen politischen Rückenwind in ihrer prosowjetischen Haltung bestärkt. Pragmatisch urteilende Parteimitglieder begannen zu ahnen, daß der schwelende Konflikt zwischen der KPdSU und ihren Verbündeten auf der einen sowie der KPČ auf der anderen Seite mit schlimmen Folgen eskalieren könnte.[103]

Ulbricht und die anderen SED-Politiker waren davon überzeugt, der gemeinsame Druck und das besondere Gewicht der Gespräche zwischen Breshnew und Dubček würden die tschechoslowakischen Vertreter doch noch nach Warschau zwingen. Aber sie sollten sich täuschen.

Das Warschauer Tribunal am 14. Juli 1968

Am 14. Juli 1968, einem Sonntag, trafen die Partei- und Staatsführungen aus Polen, der UdSSR, der DDR, Bulgarien und aus Ungarn in Warschau zusammen.[104] Das Gespräch Dubčeks und Černíks mit Kádár und Fock am Vortag in Komarom hatte nicht dazu geführt, daß die KPČ-Führung doch noch der „Einladung“ Folge leistete.[105] Es herrschte bei ihr kein „Gehorsam“ mehr wie zu Zeiten der Kommunistischen Internationale. Auf dem VI. Kongreß der Weltorganisation der Kommunistischen Parteien (17. Juli bis 1. September 1928) hatte Klement Gottwald „selbstkritisch“ zu den „Fehlern“ der KPČ-Führung Stellung beziehen müssen. Er sagte seinerzeit: „Die Parteiführung hat es nicht verstanden, die Situation in diesem oder jenem Zeitraum genügend konkret zu analysieren, die wichtigsten konkreten Aufgaben in aller Klarheit zu formulieren und rechtzeitig und mit der

103 Vgl. Pauer: Die sowjetische Intervention, S. 171ff.

104 Vgl. Weit, Erwin: Ostblock intern: 13 Jahre Dolmetscher für die polnische Partei- und Staatsführung, Hamburg 1970, S. 239ff.

105 Vgl. Dubček: Leben, S. 240f.

erforderlichen Energie die praktischen Schlußfolgerungen zu ziehen."[106] Eine ähnliche Aussage erwarteten die fünf Parteiführer in Warschau wohl auch von Dubček.

Die Warschauer Beratung der fünf Parteien führte zur bislang schärfsten Kritik an der tschechoslowakischen Reform, die bei offizieller Gelegenheit ausgesprochen wurde. Gomułka bezeichnete die Bewegung als Konterrevolution, die leider nicht schieße, denn mit einer schießenden Konterrevolution könnte man einfacher fertig werden. Kádár wich von dieser kompromißlosen Linie mit der Behauptung ab, in der Tschechoslowakei handele es sich noch nicht um eine Konterrevolution, sondern erst um eine Umwandlung der KPČ in eine sozialdemokratische Partei; eine solche Umwandlung führe allerdings zu einem „jugoslawischen Typ" und rücke die Gefahr einer bürgerlichen Konterrevolution näher.

Ulbricht behauptete, nach der Veröffentlichung der konterrevolutionären Plattform der „2000 Worte" sei sichtbar geworden, „daß die Führung der KPČ allein nicht in der Lage ist, einen Ausweg zu finden".[107] Seiner Meinung nach konnte es nur einen Ausweg durch die gemeinsame Stellungnahme, durch das gemeinsame Einwirken der Bruderparteien geben, vor allem der Parteien und Staaten, die an die Tschechoslowakei angrenzten. Für Ulbricht stand fest, in der Tschechoslowakei würde die „Konterrevolution" systematisch die Armee und andere Staatsorgane zersetzen. In der Tschechoslowakei sei „der Plan der Konterrevolution ganz klar formuliert worden". Nach seiner Auffassung würden die „rechten" Kräfte den Außerordentlichen KPČ-Parteitag so vorbereiten, „daß die marxistisch-leninistisch gesinnten Funktionäre ausgeschaltet werden". Danach würden sie die Wahl zur Nationalversammlung mit den zahlreichen Parteien, die bestanden und die sich inzwischen gebildet haben, bestreiten, „die dann unter der Firma der Nationalen Front mit eigenen Listen auftreten und dafür sorgen, daß der Kommunistischen Partei die Niederlage zugefügt wird".[108]

Ulbricht akzeptierte die in seinen Augen ideologisch unscharfe Lageeinschätzung, die Kádár über die Situation in der ČSSR gegeben hatte, überhaupt nicht. Er drängte ihn zu einer „realistischen" Sicht der Dinge mit dem Argument: „Der nächste Stoß ist gegen Euch, gegen die Volksrepublik Ungarn, gerichtet." Ulbricht kam dann zu einem seiner „Hauptthemen", der „Einmischung der imperialistischen Kräfte in die Tschechoslowakei". Wieder erinnerte er an die SED-Auffassung, daß die Offensive gegen die KPČ von langer Hand systematisch vorbereitet worden sei, und zwar insbesondere auf kulturellem Gebiet, finanziert durch

106 Zit. nach: Geschichte der Kommunistischen Partei der Tschechoslowakei. Abriß, Berlin 1981, S. 121.
107 SAPMO-BArch, ZPA, J IV 2/201/790, Bd. 5.
108 Ebenda.

die USA-Botschaft in Prag. Außerdem habe erst jüngst der Amerikaner Brzezinski, ein „Herr des Gehirntrustes von Johnson", im Außenpolitischen Institut in Prag die ganze Plattform des USA-Imperialismus darlegen können, „ohne daß er auf Widerspruch gestoßen ist". Ulbricht empörte sich: „Kein Dubček, kein Mitglied der Parteiführung, kein Wissenschaftler der Parteiführung ist gegen Brzezinski aufgetreten!"[109]

Für Ulbricht stand fest, daß die Konterrevolution im Innern der Tschechoslowakei von Bonn und Washington geleitet wurde. Eine der Tatsachen, die er anführte, berührte tatsächlich ein sehr heikles Thema, nämlich angebliche beziehungsweise angekündigte Kontakte von tschechoslowakischen Vertretern mit Funktionären der sudetendeutschen Landsmannschaften in der BRD. Das hatte sowohl in der ČSSR als auch zum Teil in der Bundesrepublik zu Irritationen geführt. Ulbricht verstieg sich in diesem Zusammenhang zu einer für die Tschechoslowakei ungeheuerlichen Behauptung: „Wenn Henlein leben würde, würden sie vielleicht mit Henlein verhandeln, aber es sind die Vertreter von Henlein, mit denen die Besprechungen geführt worden sind."[110]

Ulbrichts zweites „Lieblingsthema" waren die tschechoslowakischen Massenmedien. Sein Fazit aus der intensiven SED-„Aufklärung" lautete: „Es herrscht doch gegenwärtig unter der Losung der absoluten Freiheit ein ideologischer Terror. Es herrscht eine wirkliche Manipulierung der Menschen durch Rundfunk, Fernsehen und durch die Presse, die von einer Gruppe von Schriftstellern beherrscht wird. Mir scheint, die ganze westliche Ideologie hat dort Einzug gehalten."

Außenpolitisch sah Ulbricht noch eine weitere Gefahr. Für ihn war es kein Zufall, daß Ceauçescu und Tito öffentlich Erklärungen für die Nichteinflußnahme auf die Entwicklung in der ČSSR abgegeben hatten. Den führenden Kreisen in Prag ginge es darum, die „Tschechoslowakei plus Rumänien plus Jugoslawien zu einer neuen kleinen Entente zu verbinden", warnte er.

Ulbricht griff die Wirtschaftsreformen und ganz besonders die Person von Ota Šik an und wandte sich vehement gegen die „freie Marktwirtschaft".

Aus der Sicht der SED war es verhängnisvoll, daß in der KPČ der Kampf gegen angebliche Dogmatiker und Stalinisten, aber nicht gegen die wahren Konterrevolutionäre geführt werde. Ulbricht verkündete: „Jetzt gibt es eine solche Anzahl konterrevolutionärer Zentren, daß man sie gar nicht alle auseinanderhalten kann." Dazu zählte er das konterrevolutionäre Zentrum in der Akademie, im

---

109 Ebenda.

110 Aus dem tschechoslowakischen Außenministerium lag der Öffentlichkeit eine Erklärung vom 1. 7. 1968 vor, die eine Absage an Verhandlungen mit „Revanchisten" der Landsmannschaften in der BRD enthielt.

„Klub der engagierten Parteilosen“ (KAN), in der Organisation der sozialdemokratischen Führung, in der Beneš-Partei. „Ich denke, für solch ein kleines Land wie die Tschechoslowakei ist das wirklich etwas zu viel an konterrevolutionären Gruppierungen. Das kann ein solches Land nicht aushalten.“

Ulbricht sprach überraschenderweise ein wirkliches „Grundproblem“ in der Entwicklung der sozialistischen Staaten an, das mit dem Übergang vom Kapitalismus zum Sozialismus verbunden war. Er verwies auf die unterschiedlichen Bedingungen von Industriestaaten und Industrieagrarländern sowie die verschiedenen nationalen Traditionen. Doch die Verbindung dieser durchaus richtigen und wichtigen Einsicht mit den Unterschieden in der ideologischen Arbeit offenbarte dann wieder die dogmatische Denkweise des alten „Parteisoldaten“. Für ihn waren viele Fehler in der tschechoslowakischen Entwicklung nicht „technischer“, sondern ideologischer Natur. In bezug auf die „erfolgreiche“ ideologische Arbeit der SED erteilte er gleich allen Anwesenden eine Lehrstunde am Beispiel der Hochschulpolitik in der DDR.

Aus Ulbrichts Sicht stellte sich das so dar: „Wir führen die dritte Universitäts- und Hochschulreform durch, die dritte! Es ist klar, wenn in Prag noch nicht einmal die erste durchgeführt wurde, muß es Komplikationen mit den Studenten geben und mit den Professoren auch. Das ist ganz gesetzmäßig. Ich war selbst in der Karls-Universität. So viel Staub habe ich noch nicht erlebt wie in Prag. Es ist klar, daß das zu Konflikten führen muß.“

Die Bewertung der Partei- und Staatsführung der ČSSR fiel kurz und knapp aus. Ulbricht behauptete: „Die jetzige Regierung der Tschechoslowakei ist keine Arbeiter-und-Bauern-Regierung!“ An einer anderen Stelle urteilte er: „So wie in der Tschechoslowakei die Partei- und Staatsführung gewirkt hat, kann man keine Partei und keinen Staat leiten!“

Ulbricht unterbreitete im Namen der SED-Führung einen gewichtigen Vorschlag: „Wir schlagen einen gemeinsamen offenen Brief der Parteiführungen vor, die an die Tschechoslowakei grenzen, das heißt der Sowjetunion, Polens, Ungarns, der DDR an das Zentralkomitee der KPČ, an das Parlament, an die Arbeiterklasse, an die Genossenschaftsbauern, an die fortschrittliche Intelligenz und die anderen Werktätigen…“. Weiterhin plädierte Ulbricht für eine alsbaldige Reise aller fünf Parteiführer nach Prag.

Die in Warschau versammelten Parteien sollten vor allem die tschechoslowakischen Kampfgruppen (Arbeitermilizen) ansprechen, meinte Ulbricht. In seinen Augen schien es ein probates Mittel zu sein, dieses Parteiinstrument der revolutionären Gewalt zur „Säuberung der Massenmedien“ in der ČSSR einzusetzen.

Letztendlich kam er noch auf die Slowakei zu sprechen. Aus den Kontakten zu Vertretern der Kommunistischen Partei der Slowakei und den Informationen die die SED selbst vor Ort sammelte, kam Ulbricht zu der Ansicht, daß die Slowaken

Hilfe anfordern könnten. Er schlug deshalb vor: „Wenn die Slowaken Unterstützung fordern, bin ich dafür, daß man die nächsten Manöver nicht an der tschechisch-polnischen Grenze, sondern in der Slowakei durchführt, wenn die Slowaken das fordern. Auf diese Weise werden wir den ersten Schritt tun, und dann werden wir weitersehen."[111]

Ulbricht forderte dazu auf, für „bestimmte Maßnahmen" ein „einheitliches Leitungssystem" zu schaffen.[112]

Der bulgarische KP-Chef Shiwkow formulierte am deutlichsten, worauf es gegenüber der ČSSR nun ankomme: „Es gibt nur einen Ausweg, nämlich eine entschiedene Hilfe der sozialistischen Länder, der kommunistischen Parteien und des Warschauer Vertrages für die ČSSR zu leisten und nicht mehr den inneren Kräften der ČSSR anzuvertrauen." Er war auch der einzige Vertreter, der offen eine militärische Lösung forderte: „Durch die Hilfe der sozialistischen Länder und der kommunistischen Parteien, durch die Hilfe des Warschauer Vertrages, hauptsächlich durch bewaffnete Kräfte des Warschauer Vertrages, muß die Tschechoslowakei unterstützt werden."[113]

Breshnew unterzog die tschechoslowakische Entwicklung einer äußerst scharfen Kritik und erklärte, das Land sei im Stadium der Konterrevolution und verlasse das sozialistische Lager. Den Befehl zum Ingangsetzen einer militärischen Intervention erließ er noch nicht, wenngleich er die Phrase von einer Lösung mit „anderen" oder „allen Mittel gebrauchten", denn „die Sache des Sozialismus ist unsere gemeinsame Sache".

Er bemühte sich noch einmal um eine Wende in der KPČ und in der Tschechoslowakei. Der erste Schritt dieses Versuches sollte ein gemeinsamer Brief der „Fünf" an das Zentralkomitee der KPČ sein. Dieser Brief wurde schon am 16. Juli in Prag in der Hoffnung übergeben, daß er noch im „alten" konservativen Plenum zur Sprache kommen und die ersehnte Wendung herbeiführen könnte. Außerdem gestattete Breshnew weitere Verhandlungen zwischen zwei bis drei „Warschauer Parteien" und der KPČ. So bekam auch die SED in Warschau die Zustimmung, die Einladung der KPČ zu einem Treffen am 25. Juli anzunehmen.

Der dritte Punkt in Breshnews Taktik bestand im Verhandeln mit den sogenannten „gesunden Kräften", um diese zu einer Umkehr der Verhältnisse zu ermuntern beziehungsweise von ihnen bei einer eventuellen Intervention politische Rückendeckung zu bekommen.

Erst nach dieser taktischen Vorbereitung erachtete der Generalsekretär des ZK der KPdSU die Lage für „reif", das heißt reif für ein „Hervortreten" der „War-

111 SAPMO-BArch, ZPA, J IV 2/220/790, Bd. 5.

112 Vgl. ebenda.

113 SAPMO-BArch, ZPA, J IV 2/201/790.

schauer Parteien", und zwar nach einer Aufforderung durch den „gesunden Kern" der tschechoslowakischen Genossen, aber notfalls auch ohne diesen („... sollte es den tschechoslowakischen Genossen aus diesem oder jenem Grund schwerfallen, sich an uns um Hilfe zu wenden"). Das Wesen von Breshnews Vorgehen bestand, wie er es selbst in seinem Auftreten auf dem Plenum des ZK der KPdSU am 17. Juli bezeichnete, darin, vor der „Anwendung extremer Mittel" alle „politischen Mittel" auszuschöpfen, auf keinen Fall jedoch „den Verlust der sozialistischen Errungenschaften in der Tschechoslowakei" zuzulassen.[114]

Die „operative" Vorbereitung der Intervention

Auf der Warschauer Tagung wurde (noch) kein endgültiger Beschluß über eine militärische „Strafaktion" gegen den tschechoslowakischen Reformkurs gefaßt. Doch die umfassende Aussprache im Rahmen der Konferenz, wie auch direkte Gespräche zwischen den einzelnen Parteien, insbesondere mit den führenden Vertretern der KPdSU, ließen keinen Zweifel an der Entschlossenheit der „Fünf", konsequent zugunsten der „gesunden" Kräfte in der KPČ zu handeln. Die Warschauer Beratung war eine Zäsur. Die fünf Partei- und Staatschefs der Warschauer Paktstaaten berieten, welche Maßnahmen getroffen und welche Mittel genutzt werden sollten, um die „Liquidierung" der Kommunistischen Partei der Tschechoslowakei und damit den aus ihrer Sicht drohenden Blockwechsel des Landes zu verhindern.

Die SED-Delegation führte unmittelbar nach ihrer Rückkehr aus Warschau noch in den Abendstunden eine außerordentliche Sitzung des Politbüros durch. Einziger Tagesordnungspunkt war der „Bericht über die Beratung führender Repräsentanten sozialistischer Länder in Warschau".[115] Ulbricht, Stoph und Axen berichteten nicht nur, sondern unterbreiteten bereits konkrete Maßnahmen für das weitere Handeln der SED. Pro forma sollte der gemeinsame Brief der fünf Parteien an die Mitglieder und Kandidaten des Zentralkomitees der SED mit der Aufforderung verschickt werden, diesem Brief zuzustimmen. Das Politbüro sprach sich angesichts der Einwilligung der sowjetischen Genossen für das Treffen zwischen den Parteiführungen der SED und der KPČ am 25 Juli aus, welches aber dann erst am 12. August zustande kam.[116] Unter Leitung von Axen sollte

114 ÚSD-SK, Z/S, materiály ÚV KSSS, projev Brežneva na zasedání ÚV KSSS 17. 7. 1968.

115 Vgl. SAPMO-BArch, ZPA, J IV 2/2/1181.

116 Am 19. 7. 1968 informierte der sowjetische Botschafter Abrassimow die SED darüber, daß die KPdSU der KPČ ein bilaterales Treffen für den 25. oder 26. 7. in der UdSSR vorgeschlagen habe und die SED den geplanten Termin für ihre geplante Zusammenkunft mir der KPČ-Führung neu erwägen solle. Vgl. SAPMO-BArch, ZPA, J IV 2/202/294, Bd. 3.

eine Arbeitsgruppe „für die weitere Arbeit zur ČSSR“ eingesetzt werden. Ferner wurde beschlossen, nunmehr allen Grundorganisationen der Partei eine Information über die Lage in der Tschechoslowakei zukommen zu lassen, die der kollektiven Analyse der „Fünf“ auf dem Warschauer Treffen folgte.

Bereits am 19. Juli kam das Politbüro der SED zu seiner dritten außerordentlichen Sitzung zusammen, die wiederum ausschließlich dem Thema ČSSR gewidmet war.

In der Zwischenzeit war einiges geschehen, was in den Parteizentralen der „Fünf“ für weitere Unruhe gesorgt hatte.

Die SED registrierte „besorgt“ die Reise des Bundesbankpräsidenten Blessing, des FDP-Vorsitzenden Scheel und seines Stellvertreter Genscher am 14. Juli nach Prag. Der allseits kritisierte Ota Šik empfing am 15. Juli in England die Würde eines Ehrendoktors. Professor Šnejdárek widersprach im französischen Fernsehen am 16. Juli dem Vergleich zwischen der Situation Ungarns im Jahre 1956 und der aktuellen Situation in der Tschechoslowakei. Die Parteiführer von Rumänien und Jugoslawien wiederholten ihre zustimmenden Aussagen zum politischen Reformkurs in der ČSSR. Die in Moskau weilenden Vertreter der Kommunistischen Parteien Frankreichs beziehungsweise Italiens äußerten in internen Gesprächen mit Funktionären der KPdSU Zweifel an der Einschätzung von einer „Konterrevolution“ in der Tschechoslowakei und waren nicht bereit, sich hinter den „Warschauer Brief“ der fünf Parteien der Antireformkoalition zu stellen.

Am 15. Juli hatte General Prchlík, der Chef der 8. Abteilung des Zentralkomitees der KPČ, die für die Armee und den Staatssicherheitsdienst zuständig war, auf einer Pressekonferenz die Entscheidungsstrukturen im Warschauer Pakt kritisiert.[117] Damit hatte er ein ungeschriebenes Gesetz gebrochen und die sowjetische Generalität sowie den KGB gegen sich und die tschechoslowakischen Reformer endgültig aufgebracht. Die SED wertete Prchlíks Auftritt als einen offenen Angriff auf den Warschauer Vertrag. Hinzu kam ein weiterer Umstand: der erwachende Ungehorsam gegen den „Befreier“ von einst. In der tschechoslowakischen Bevölkerung gab es erheblichen Widerstand gegen den weiteren Verbleib von sowjetischen Manövertruppen auf dem Territorium der ČSSR. In einigen Orten waren sogar Losungen aufgetaucht, die „Rusové go home“ („Russen raus“) forderten.

Der „Warschauer Brief“ der „Fünf“ war am 16. Juli durch die Botschafter der „Bruderstaaten“ in Prag an Dubček übergeben worden. Er sollte eine ganz andere Wirkung erzielen, als von den Verfassern erwartet.

Er war die erste offizielle und öffentliche kollektive Stellungnahme der Zentralkomitees der Kommunistischen Parteien Bulgariens, Ungarns, der DDR, Po-

117 Benčík: Operace „Dunaj“, S. 129f.

lens und der UdSSR zu den Reformen im „Bruderstaat“. Unmißverständlich wurde in dem Brief zum Ausdruck gebracht, daß „die entschlossene Verteidigung der sozialistischen Ordnung in der Tschechoslowakei nicht nur ihre, sondern auch unsere Aufgabe ist“.[118]

Dieser Satz legitimierte das Interventionsrecht, das im Namen der Geschlossenheit des sozialistischen Lagers die Sowjetunion gegenüber ihren Verbündeten beanspruchte. Wörtlich hieß es: „Wir können jedoch nicht damit einverstanden sein, daß feindliche Kräfte ihr Land vom Weg des Sozialismus stoßen und die Gefahr einer Lostrennung der ČSSR von der sozialistischen Gemeinschaft heraufbeschwören. Das sind nicht mehr nur ihre Angelegenheiten.“[119]

Ganz in diesem Sinne reagierte auch der Vertreter des ZK der SED, Axen, als ihn der tschechoslowakische Botschafter Kolář am 17. Juli aufsuchte. Er überbrachte die Bitte des ZK der KPČ, den „Warschauer Brief“ nicht in der Parteipresse zu veröffentlichen, weil das die „Lage nur noch komplizieren könne, besonders die Beziehungen mit den Parteien, mit denen in der nächsten Zeit zweiseitige Besprechungen vorgesehen sind“.[120] Axen entgegnete förmlich, daß Dubček „eindeutig“ die Veröffentlichung des Briefes mitgeteilt worden sei.

Auf die „persönliche Frage“ von Kolař, warum das SED-Parteiorgan „Neues Deutschland“ die Artikel „Strategie des Imperialismus und die ČSSR“ (13. Juli) und „Massive Einmischungen Bonns in die inneren Angelegenheiten der ČSSR“ (17. Juli) publiziert hat, antwortete Axen: „Weil die Gefahr so groß ist.“ Kolář fragte zweifelnd: „Sie meinen, daß das nützt?“ Die lapidare Antwort von Axen lautete: „Ja, natürlich.“[121]

Axen gehörte zweifelsohne zu den SED-Funktionären, die jegliche Diskussion mit Reformkommunisten aus der tschechoslowakischen Partei ablehnten. Er war vielmehr der direkte Kontaktmann zu ausgewählten „gesunden“ Kräften in der KPČ, wie zum slowakischen Parteichef Bil'ak. Im Juli weilten sowohl Axen als auch Bil'ak scheinbar zufällig für einige Tage am gleichen Urlaubsort in Ungarn (Balatonliga).[122] Von sowjetischer Seite kam „inkognito“ Schelest im Auftrag von Breshnew an den Balaton, in Begleitung von zwei KGB-Mitarbeitern. Schelests Auftrag lautete, von Bil'ak die neueste Lageeinschätzung einzuholen und das Kräfteverhältnis unter den „gesunden“ Parteifunktionären in der KPČ auszuloten. Außerdem sollte Bil'ak dafür gewonnen werden, eine Gruppe „gesunder“

118 Dokumente der SED, Bd. XII, Berlin 1971, S. 91.

119 Brief der Warschauer Konferenz an das ZK der KPČ, in: Norton, Peter: Prag 21. August. Das Ende des Prager Frühlings, München 1977, S. 164; vgl. Navrátil, Vyvrcholení, S. 130.

120 SAPMO-BArch, ZPA, J IV 2/202/294, Bd. 3.

121 Ebenda.

122 Ebenda.

Kräfte zu benennen, auf die sich die KPdSU im Falle der Anwendung „äußerster Maßnahmen" gegen die Tschechoslowakei stützen könnte.[123] Ob es zu einem „Dreiertreffen" zwischen Axen, Bil'ak und Schelest in jenen Julitagen am Balaton gekommen ist und dort konspirative Absprachen getroffen wurden, darüber geben die SED-Akten keine Auskunft. Zumindest wußte Axen aus einem Gespräch mit Abrassimow am 19. Juli von den sowjetischen Plänen, eine „Initiativgruppe" aus Bil'ak, Kolder, Rigo, Svoboda und anderen zu bilden, die mit einer „eigenen Plattform" an die tschechoslowakische Öffentlichkeit treten sollten.[124]

Das Plenum des ZK der KPČ (und kurz davor des ZK der KP der Slowakei) billigte Dubčeks Vorgehen, die „Hilfe" der „Warschauer Fünf" abzulehnen und den „Drohbrief" zurückzuweisen. Das noch zur Hälfte aus Novotný-Anhängern bestehende Zentralkomitee tat dies unter dem ungeheuren Druck der Öffentlichkeit, die begriff, daß die Verteidigung der nationalen und staatlichen Souveränität im Spiel war, und sich unter patriotischen Losungen mobilisierte.

Die Ablehnung des „Hilfeangebotes" der „Warschauer Fünf" durch das Präsidium der KPČ in seinen Beratungen am 16. und 17. Juli 1968 und das Beharren auf eigenen Entscheidungen und Problemlösungen ohne Einmischung von außen forderten den zunehmenden politischen Druck vor allem von Moskau, (Ost-) Berlin und Warschau heraus. Beispiellos in den Beziehungen der regierenden Parteien des Ostblocks war die Veröffentlichung des „Warschauer Briefs" in den Presseorganen der jeweiligen Parteien[125] und der Antwort der KPČ am 19. Juli in den tschechoslowakischen Medien.

Die Veröffentlichung des „Warschauer Briefes" in der DDR führte erneut zu diplomatischen Spannungen mit der Tschechoslowakei. Nachdem die Bitte, auf die Veröffentlichung zu verzichten, nicht erfüllt worden war, erwartete die ČSSR im Gegenzug gewissermaßen die Publikation der Antwort der KPČ in den DDR-Medien. Das untersagte jedoch die SED-Führung. Mehr noch, sie wies auch das Außenministerium und andere „Organe" an, die Versendung entsprechender Materialien über die ČSSR-Botschaft in (Ost-) Berlin beziehungsweise das Kultur- und Informationszentrum der ČSSR zu unterbinden. Das tschechoslowakische Außenministerium sah sich veranlaßt, in einem Aide mémoire an DDR-Außenminister Winzer am 26. Juli Protest einzulegen. Dieser lehnte jede Verständigung darüber in einem Gespräch mit Botschafter Kolář ab. Aus den Worten von Winzer sprach mehr der Parteifunktionär denn der Diplomat, als er darauf hinwies, daß „dies eine Angelegenheit der Partei sei, und sie entscheide bei uns, was in Parteiangelegenheiten veröffentlicht und was nicht veröffentlicht wird". Außerdem

123 Vgl. Činkarëv, Leonid: Avgustovskoe bezumie, in: Izvestija, 21. 8. 1993, S. 10.
124 Vgl. SAPMO-BArch, ZPA, J IV 2/202/294, Bd. 3.
125 Vgl. Neues Deutschland, 18. 7. 1968, S. 1.

gab er Kolář darüber Bescheid, „die Außenministerien nicht mit Fragen zu belasten, für die sie nicht zuständig sind".[126]

Ohne politische Einmischung von außen agierten unterdessen die Militärs der „fünf" Bruderstaaten. Die sowjetischen Militärs hatten schon vor der Warschauer Tagung, aber verstärkt danach, ihre militärischen Vorbereitungen für eine eventuelle Intervention gegen die ČSSR betrieben. Der am 23. Mai 1968 neu ernannte Vertreter des Oberkommandierenden der Vereinten Streitkräfte des Warschauer Pakts bei der NVA, Armeegeneral Pjotr A. Kurotschkin, erhielt schon am 10. Juli vom DDR-Verteidigungsminister Hoffmann und tags darauf von Parteichef Ulbricht die Zustimmung zur Teilnahme der NVA an weiteren gemeinsamen Militärübungen mit sowjetischen und polnischen Truppen an der tschechoslowakischen Grenze.[127] Damit trat die konkrete Planung und Vorbereitung der Invasionspläne bereits in ihre „heiße" Phase.

NVA-Oberst a.D. Sturm erinnerte sich rückblickend, daß „um den 20. Juli herum" die Verlegung der 7. Panzerdivision und der 11. Mot.-Schützendivision der NVA in die militärischen Konzentrierungsräume im Raum Nochten beziehungsweise Raum Plauen erfolgte.[128]

Das Ministerium für Staatssicherheit der DDR veranlaßte ebenfalls vor und nach der Warschauer Konferenz weitere Maßnahmen im Zusammenhang mit seinen Aktivitäten gegen die ČSSR. Dazu gehörten die Anweisung vom 12. Juli über die persönliche Berichterstattung von MfS-„Urlaubern" bezüglich ihrer Eindrükke und Erkenntnisse zur Lage in der ČSSR, Maßnahmen zur Erhöhung der Effektivität der operativen Mitarbeiter und, nach der Kollegiumssitzung vom 16. Juli, die Anweisung von Minister Mielke zur verstärkten Aufklärung unter der eigenen Bevölkerung über deren Verhältnis zu den tschechoslowakischen Reformen sowie der geheime „Arbeitsbesuch" des Chefs der Hauptabteilung Aufklärung des MfS, Markus Wolf, bei seinem Amtskollegen Viliam Šalgovič, einem „Mann Moskaus".[129]

Das SED-Politbüro stellte in der außerordentlichen Sitzung vom 19. Juli endgültig die Weichen für die Konzentration aller weiteren Maßnahmen gegen die ČSSR in den Händen der Parteiführung. Wie von Ulbricht bei der Beratung der

---

126 SAPMO-BArch, ZPA, J IV 2/202/295, Bd. 4.

127 Schreiben von Armeegeneral Hoffman an Ulbricht, 11.7.1968, in: BA, MZAP, AZN Strausberg, 32625, Bl. 23, zit. nach: Wenzke: Die NVA, S. 99. Vgl. Benčik: Operace „Dunaj", S. 75ff.

128 Vgl. Die Nationale Volksarmee im Kalten Krieg, S. 68

129 Vgl. Tantzscher: „Maßnahme Donau und Einsatz Genesung", S. 28f.; Markus Wolf berichtete 1991 im Gespräch mit Wolfgang Leonhard darüber, daß er im Sommer 1968 „inkognito" in der Tschechoslowakei weilte. Über Šalgovič sagte er: „Man hat ihn oft als einen diktatorischen Bösewicht bezeichnet. Dabei ist er ein ganz gemütlicher Mann, der nichts von dem verkörpert, was man ihm vorwirft." in: Frankfurter Allgemeine Zeitung, 16. 11. 1991, o. S.

fünf Parteichefs in Warschau angeregt und dort sanktioniert, bildete das Politbüro eine eigene „operative Gruppe“ von Funktionären. Vorsitzender dieser Operativgruppe wurde Albert Norden; ihr gehörten Alfred Neuman, Paul Verner, Hermann Axen, Werner Lamberz, Horst Dohlus, Paul Markowski und Manfred Feist an. Ihre Hauptaufgabe bestand in der täglichen Lageeinschätzung der Ereignisse in der ČSSR sowie in der Durchführung einer wirkungsvollen „Konterpropaganda“ gegen die tschechoslowakische Reformpolitik.[130] Sie sollte täglich um 9.00 Uhr im Hause des Zentralkomitees zusammenkommen.[131]

Dieser Gruppe gehörte interessanterweise kein Vertreter der Abteilung Sicherheitsfragen des Zentralkomitees an. Die SED „trennte“ gewissermaßen die militärische Interventionsvorbereitung von den politisch-ideologischen Maßnahmen gegen den tschechoslowakischen Reformkurs. Für die Einbeziehung der NVA in eine Intervention gab es grundsätzlich politische Zustimmung durch das SED-Politbüro. Alle damit zusammenhängenden Fragen wurden in der Parteiführung dann nur noch von Ulbricht und Honecker im direkten Kontakt mit den sowjetischen Militärs (Verteidigungsminister Gretschko, Marschall Jakubowski, Armeegeneral Jepischew und Armeegeneral Kurotschkin) sowie gemeinsam mit dem DDR-Verteidigungsministerium verantwortet.

Die „operative“ Gruppe des Politbüros konnte sich auf eine seit dem 15. Juli neuformierte Arbeitsgruppe „für die Arbeit nach der ČSSR“ stützen.[132] In der Sitzung des Sekretariats des Zentralkomitees am 17. Juli und in der Politbürositzung am 19. Juli wurden die Zusammensetzung und der Arbeitsauftrag dieser nunmehr ständigen Arbeitsgruppe bestätigt.[133] Der Arbeitsgruppe gehörten neben den zuständigen Mitarbeitern des zentralen Parteiapparats auch weitere „Experten“ aus verschiedenen Bereichen an. Chef der Arbeitsgruppe war der Leiter der Abteilung Propaganda des ZK der SED, Kurt Tiedtke, ihr Sekretär Dr. Günter Steltner, Mitarbeiter in der Abteilung Internationale Verbindungen des ZK der SED und dort für die Zusammenarbeit mit der KPČ zuständig. Aus dem Parteiapparat des Zentralkomitees gehörten der Arbeitsgruppe an: Horst Dohlus (Abteilung Parteiorgane), Manfred Feist (Abteilung Auslandsinformation), Klaus Gäbler (Abtei-

---

130 Die KPdSU hatte schon mit Beschluß ihres Politbüros vom 23. 5. 1968 eine „operative“ Gruppe für die Analyse der Ereignisse in der Tschechoslowakei gebildet. Dieser Gruppe gehörten folgende Funktionäre an: Podgorny, Suslow, Pelsche, Schelepin, Masurow, Russakow, Andropow, Gromyko und Jepischew. Vgl. Pichoja, Rudolf G.: Čechoslovakia. 1968 god. Vsgljad is Moskvy. Po dokumentam ZK KPSS, in: Novaja i novejšaja istorija, Nr. 6, 1994, S. 16f.

131 Vgl. SAPMO-BArch, ZPA, I IV 2/2/1183. Über die Aktivitäten der „operativen Gruppe“ konnten keine Sitzungsprotokolle oder ihr direkt zugeordneten Materialien im Bestand des Politbüros beziehungsweise des Zentralkomitees der SED aufgefunden werden.

132 Vgl. SAPMO-BArch, ZPA, J IV 2/2/1181.

133 Vgl. SAPMO-BArch, ZPA, J IV 2/3/1430; J IV 2/2/1183.

lung Propaganda) und Erhard Scherner (Abteilung Kultur). Als „Experten" wurden in die Arbeitsgruppe folgende Genossen berufen: Klaus Kukuk (Ministerium für Auswärtige Angelegenheiten), Franz Gabriel (Staatliche Plankommission), Professor Oskar Hinckel (Parteihochschule des ZK der SED „Karl Marx"), Dr. Horst Köpstein (Institut für Marxismus-Leninismus beim ZK der SED), Dr. Gerhard Powik, Jochen Schönherr (beide Institut für Gesellschaftswissenschaften beim ZK der SED), Dr. Fritz Arndt, Dr. Helmut Busch (beide Akademie für Staats- und Rechtswissenschaften „Walter Ulbricht" Potsdam-Babelsberg) sowie als Berater Walter Vesper und Fritz Dölling. Die Hauptaufgabe der Arbeitsgruppe bestand in der Analyse der parteiinternen sowie öffentlich zugänglichen Informationen und Materialien über die Reformentwicklung in Partei, Staat, Wirtschaft und anderen gesellschaftlichen Bereichen der Tschechoslowakei. Darauf basierend, wurden vertrauliche Informationsmaterialien für die Parteiführung der SED und die aktuelle Parteiarbeit in anderen Gliederungen erstellt. Die Zusammensetzung der Mitglieder der Arbeitsgruppe garantierte, daß die Entwicklung der ČSSR in all ihren wesentlichen Bestandteilen aus historischer und aktueller Sicht analysiert werden konnte.

Damit setzte die „Arbeitsgruppe KPČ", wie sie genannt wurde, die zuvor schon betriebene Analysetätigkeit noch komplexer und koordinierter fort. Einen der Schwerpunkte bildeten die tschechoslowakische Presse und der Rundfunk. Es wurden regelmäßig vor allem jene Aussagen aus tschechoslowakischen Zeitungen in einer Zitatensammlung zusammengestellt, die das Wirken der „antisozialistischen" Reformkräfte dokumentieren sollten.

Die Führungsgremien der SED, Politbüro und Sekretariat des ZK, die ihnen unterstehenden Abteilungen, die „operative Gruppe" sowie die „Arbeitsgruppe KPČ" hatten ab Mitte Juli ihre aktivste Zeit im Wirken gegen die ČSSR. Alle Anstrengungen mußten unternommen werden, um das Erstarken der „gesunden" Kräfte und ihre Rückkehr an die Schalthebel der politischen Macht in Partei und Staat der Tschechoslowakei von außen maximal zu befördern.

In der Zwischenzeit hatten die fünf „Bruderparteien" die ablehnende Reaktion der KPČ auf den „Warschauer Brief" analysiert und sich über den „heißen Draht" verständigt. Es begann eine neue Phase des kollektiven Antireformkampfes. Die Bruderparteien verstärkten nicht nur die bisherige öffentliche propagandistisch-ideologische Polemik[134], sondern leiteten eine Reihe von Geheimdienstoperationen direkt im tschechoslowakischen „Operationsgebiet" ein.

---

134 Vgl. Prawda, 19.7.1968: In einem Artikel „enthüllten" die Autoren Ragulin und Čuškov „Angriffspläne" des Pentagon und der CIA gegen die DDR und die ČSSR; „Oteschestwen front", 20. 7. 1968 (Parteiorgan der Bulgarischen KP): Veröffentlichung eines anonymen Briefes „eines tschechoslowakischen Historikers" mit dem Vorwurf, daß der Innenminister der

An der Spitze aller Maßnahmen standen die politischen Aktivitäten der Parteiführungen der fünf „Bruderparteien". Die KPdSU ergriff sofort die Initiative für eine erneute Einladung an die tschechoslowakische Parteiführung[135], über die Breshnew die anderen Parteiführer in Kenntnis setzte[136]. Das Parteipräsidium der KPČ lehnte es jedoch ab, in die Sowjetunion zu reisen. Angesichts der zunehmenden Spannung in den Beziehungen zwischen der KPdSU und der KPČ hielten es aber Dubček und Genossen für angeraten, dem Treffen nicht auszuweichen, sondern es in der Tschechoslowakei durchzuführen. Gegenüber Norden und Axen war der sowjetische Botschafter Abrassimow noch am 19. Juli der persönlichen Meinung, daß die KPdSU den tschechoslowakischen Vorschlag nicht akzeptieren werde.[137]

Kossygin warf dem tschechoslowakischen Regierungschef Černík in einem Telefonat vor, die Veröffentlichung der Antwort des ZK der KPČ auf den „Warschauer Brief" stelle ein Präzedenzfall in der Geschichte der bisherigen Beziehungen dar und werde von den Bündnisstaaten nicht hingenommen.[138]

Am 20. Juli übergab der sowjetische Außenminister der ČSSR ein Memorandum seiner Regierung, in dem die Äußerungen von General Prchlík scharf verurteilt und schwere Vorwürfe über die angeblich gefährliche Lage an den tschechoslowakischen Grenzen zur BRD und zu Österreich erhoben wurden.[139] Die DDR schloß sich diesen Vorwürfen an. Regierungschef Černík ließ in seiner Antwort an Willi Stoph vom 27. Juli keinen Zweifel daran, daß „die tschechoslowakische Regierung voll in der Lage ist, den Schutz der Westgrenzen unserer Republik durch das existierende System der Maßnahmen zu gewährleisten und damit auch die Verpflichtungen zu erfüllen, die aus unseren Bündnisverpflichtungen hervorgehen".[140]

Die SED beteiligte sich an einer neuen Pressekampagne gegen die ČSSR. Im Parteiorgan „Neues Deutschland" erschienen kurz hintereinander Veröffentli-

---

ČSSR, Pavel, in den fünfziger Jahren an politischen Todesurteilen beteiligt gewesen wäre. Nachdruck dieser gezielten Provokation in der sowjetischen Zeitung „Iswestija", 23. 7. 1968. Pavel soll den tschechoslowakischen Staatssicherheitsdienst konsequent von Offizieren gesäubert haben, die im Dienst des sowjetischen KGB standen. Deshalb sollte er mit Unterstützung von außen, durch „gesunde" Kräfte in der KPČ und im tschechoslowakischen Innenministerium, „gestürzt" werden. Krasnaja Swesda, 23. 7. 1968 (Zeitung der Sowjetischen Armee): Angriffe gegen General Prchlík und die tschechoslowakische Armeeführung.

135 Vgl. Dubček: Leben, S. 244.

136 Vgl. SAPMO-BArch, ZPA, J IV 2/271184.

137 Vgl. SAPMO-BArch, ZPA, J IV 2/202/294, Bd 3.

138 Vgl. Pauer: Die sowjetische Intervention, S. 205; Navrátil, Vyvrcholení, S. 131f.

139 Ebenda, S. 206.

140 SAPMO-BArch, ZPA, J IV 2/202/295, Bd. 4.

chungen, die der Öffentlichkeit eine zunehmend gefährliche Lage für die ČSSR selbst, die benachbarte DDR und damit für Sozialismus und Frieden suggerieren sollten.[141]

Die Meldung über geheime Waffenlager in Karlovy Vary verdeutlichte die von den Parteizentralen gesteuerten geheimdienstlichen und publizistischen Aktivitäten zur Untergrabung der Autorität der tschechoslowakischen Reformer. Das „Neue Deutschland“ veröffentlichte am 20. Juli diese „alarmierende“ Meldung. In der tschechoslowakischen Öffentlichkeit gab es nicht wenige Stimmen, die jedoch das MfS dieser Tat beschuldigten. Doch nach DDR-Angaben sollte es sich um amerikanische Waffen handeln, die aus der Bundesrepublik Deutschland in die ČSSR eingeschleust worden seien,. Es konnte zwar nicht zweifelsfrei festgestellt werden, ob der Geheimdienst der DDR oder der der UdSSR die Waffen versteckt hatte, doch Untersuchungen konnten zumindest deren sowjetischen Ursprung feststellen.[142] Ein anderes Beispiel war der illegale Druck von Anti-Dubček-Flugblättern ausgerechnet in den Prager Redaktionsräumen der internationalen Zeitschrift „Probleme des Friedens und des Sozialismus“.[143]

Diese und weitere Aktivitäten sorgten für eine gewisse Unruhe und Nervosität auch unter den Tschechoslowaken. Die tschechoslowakischen Armeeführer, an der Spitze Verteidigungsminister Dzúr, empfahlen aus Gründen ihrer militärischen Loyalität zur Sowjetunion, der Parteiführung die Ablösung von General Prchlík. Diese beugte sich dem Druck und fand eine eigene Lösung – sie setzte Prchlík nicht einfach ab, sondern löste die von ihm geleitete ZK-Abteilung ersatzlos auf. Somit war er im Zentralkomitee ohne Leitungsfunktion und konnte wieder seinen regulären Militärdienst in der Armee aufnehmen.

Die SED bezog in ihre Bewertung der Prager Antwort auf den „Warschauer Brief“ die genannten Informationen der KPdSU sowie die erfolgten Maßnahmen mit ein. In der Stellungnahme des Politbüros der Sozialistischen Einheitspartei Deutschlands vom 23. Juli zum „Beschluß des Zentralkomitees der Kommunistischen Partei der Tschechoslowakei vom 19. Juli 1968“ brachte die Parteiführung ihr „tiefes Bedauern darüber zum Ausdruck, daß auf dem Plenum des Zentralkomitees der KPČ nicht die Größe der Gefahr erkannt wurde, die durch die schrittweise Preisgabe von Positionen des Sozialismus und die zunehmende Aktivität revisionistischer und konterrevolutionärer Kräfte entstanden ist [...]“.[144] Die

---

141 Vgl. „Massive Einmischung Bonns in die inneren Angelegenheiten der ČSSR“, in: Neues Deutschland, 17. 7. 1968; „Geheimes Waffenlager bei Karlovy Vary“, in: ebenda, 20. 7. 1968; Schwarzer Löwe wird nicht verschoben, in: ebenda, 21. 7. 1968.

142 Vgl. Smrkovský: Das unvollendete Gespräch, S. 151; Dubček: Leben, S. 245.

143 Vgl. Pelikán: Ein Frühling, der nie zu Ende geht, S. 234f.

144 Neues Deutschland, 24. 7. 1968, S. 6.

SED-Führung warf dem ZK der KPČ vor, „das gefährliche Treiben der antisozialistischen Elemente im Innern sowie die direkte und indirekte Einmischung der imperialistischen Kreise, insbesondere der westdeutschen Bundesrepublik, zu unterschätzen“. Die KPČ wurde dafür angeklagt, daß sie weiter auf Reformen setzte und nicht die Forderungen der „Fünf“ erfüllte, „mit allen Mitteln“ die sozialistische Staatsmacht zu festigen und „entschieden“ gegen antisozialistische Kräfte vorzugehen. Ihr wurde von der SED „Zögern“ und „Sorglosigkeit gegenüber der Gefahr“ bescheinigt. Die SED prophezeite, die „gegnerischen“ Kräfte würden nun ihre konterrevolutionäre Tätigkeit „raffinierter“ tarnen (was der SED bei ihren „revolutionären“ Unterstützungsaktionen für die „gesunden“ Kräfte, wie auf dem Gebiet der Rundfunkpropaganda, weniger gut gelang).

Am 23. Juli verabschiedete das SED-Politbüro ein weiteres Bündel von Maßnahmen „im Zusammenhang mit den Ereignissen in der ČSSR“.[145] Dazu gehörten Festlegungen für die weitere propagandistische „Offensive“ gegen die ČSSR, unter anderem auch die Erarbeitung eines Themenplanes für die „langfristige theoretische Auseinandersetzung mit antimarxistischen, revisionistischen Thesen des ZK der KPČ in Zeitungen und Zeitschriften“.[146]

Weiterhin veranlaßte die SED-Parteiführung eine Reihe von Analysen, die über die Aufgaben der „Arbeitsgruppe KPČ“ hinausgingen. Dazu gehörten eine Analyse der ökonomischen Entwicklung in der ČSSR (Dr. W. Berger), eine Dokumentation über die imperialistische Einmischung in die ČSSR, „insbesondere seitens der herrschenden Kreise der westdeutschen Bundesrepublik, der Bundestagsparteien u.a.“ (Winzer u.a.), eine Analyse des ökonomischen Eindringens der imperialistischen Monopole, Banken und imperialistischen staatsmonopolistischen Organisationen in der ČSSR (Prof. L. Meier, Prof. O. Reinhold), eine zusammenhängende Analyse der Politik der KPČ seit dem Januar-Plenum 1968 und der Vorbereitung des XIV. Parteitages (Arbeitsgruppe KPČ unter Leitung von Tiedke).

Die SED beabsichtigte, führende Vertreter kommunistischer Parteien aus Frankreich, Großbritannien, Italien, Spanien, Finnland, Belgien, der Schweiz, Dänemark und Norwegen zu „Aussprachen“ über die SED-Einschätzung der Entwicklung in der ČSSR einzuladen. Der geplante Termin der Einladung für August und September kann als ein Indiz dafür gelten, daß zu diesem Zeitpunkt die „Warschauer Fünf“ noch nicht definitiv über die militärische Intervention gegen die Tschechoslowakei entschieden hatten.

145 Vgl. SAPMO-BArch, ZPA, J IV 2/2/1184.

146 Ebenda.

Letztendlich beschloß das Politbüro noch die Herausgabe einer Sondernummer des „Informationsdienstes des ZK der SED für die Bruderparteien“ mit aktuellen Materialien und Standpunkten zur Lage in der ČSSR.[147]

Die Erwartung, daß der Block der Reformer unter dem kollektiven politischen und militärischen Druck von außen zerbröckeln würde, erfüllte sich aber nicht. Der Außerordentliche Parteitag der KPČ rückte immer näher, ebenso der Parteitag der KP der Slowakei. In den Augen der reformfeindlichen Kräfte innerhalb und außerhalb der Tschechoslowakei wuchs die Gefahr, an Einfluß und Kontrolle auf die weitere tschechoslowakische Politik zu verlieren.

In der Sowjetunion standen die Politbüro-Sitzungen der KPdSU am 17., 19., 22. und 26./27. Juli 1968 ganz im Zeichen der Ereignisse in der ČSSR.[148] Am 17. Juli bestätigte das sowjetische Führungsgremium die Ergebnisse des Warschauer Treffens und bekräftigte ihren Standpunkt, die Tschechoslowakei nicht aufzugeben. Breshnew wurde zwei Tage später ermächtigt, sich um ein Treffen mit der tschechoslowakischen Führung zu bemühen. Für ihn war die Frage noch nicht entschieden, ob es vorteilhafter sei, von den „gesunden“ Kräften aus der ČSSR eine Bitte um Unterstützung von außen zu erhalten oder weiter politischen Druck auf die Dubček-Führung auszuüben. Er stellte sogar die Frage, ob die KPdSU schon alle ihr zur Verfügung stehenden Mittel aus dem Arsenal der politischen Beeinflussung ausgeschöpft habe, ob alles getan worden sei, bevor man die „äußersten Maßnahmen“[149] ergreifen müsse. Damit signalisierte Breshnew, daß er weiteren politischen Druck auf die KPČ der militärischen Lösung der Probleme in der Tschechoslowakei vorziehen würde. Kossygin stimmte ihm zu, obwohl er davon überzeugt war, daß die tschechoslowakischen Reformer für ein sozialdemokratisches Programm kämpften und ihr Land vorerst nach dem Beispiel Jugoslawiens und dann nach dem Österreichs umwandeln wollten.[150] Im KPdSU-Politbüro forderten besonders Andropow, Ustinow, Masurow und Kapitonow ein härteres Vorgehen. Andere Politbüromitglieder waren der Meinung, ein Treffen mit der KPČ-Führung solle der allerletzte Versuch sein, mit politischem Druck eine Veränderung zugunsten der Moskauer Forderungen zu erzielen. Für Gromyko gab es aus internationaler Sicht kein entscheidendes Hindernis für die Anwendung „äußerster Maßnahmen“. Er sagte in der Sitzung des Politbüros am 19. Juli: „Ich denke, daß die gegenwärtige internationale Situation derart

---

147 Ebenda.

148 Vgl. Pichoja, Rudolf G.: Čechoslovakia. 1968 god. Vsgljad is Moskvy. Po dokumentam ZK KPSS, in: Novaja i novejšaja istorija, Nr. 1, 1995, S. 35ff.

149 In den sowjetischen Dokumenten der KPdSU wurde im Zusammenhang mit der Vorbereitung der militärischen Intervention gegen die ČSSR der Begriff „äußerste Maßnahmen“ (krajnye mery) verwendet.

150 Vgl. Pichoja: Čechoslovakia, Nr. 1, 1995, S. 35ff.

ist, daß äußerste Maßnahmen keine Zuspitzung hervorrufen werden, es wird keinen großen Krieg geben... Doch wenn wir die Tschechoslowakei aufgeben, dann wird das für die anderen zu einer großen Verführung. Wenn wir jedoch die Tschechoslowakei erhalten – dann stärkt uns das."[151]

Breshnew erhielt zwar grünes Licht für ein neues Treffen mit der KPČ, aber gleichzeitig setzten die sowjetischen Politiker ihre militärischen Vorbereitungen für eine Intervention fort. In den Politbüro-Sitzungen der KPdSU vom 19. und 22. Juli wurden die Weichen für die beschleunigte Vorbereitung „äußerster Maßnahmen" gestellt. Bereits am 20. Juli lagen die ersten und am 26. Juli die überarbeiteten Entwürfe für die Rahmendokumente der Intervention vor: eine Deklaration des ZK der KPČ und der „Revolutionären Regierung" der ČSSR über die Innen- und Außenpolitik sowie zwei Aufrufe, an die Bürger der ČSSR beziehungsweise an die tschechoslowakische Armee. Im Entwurf einer Erklärung des ZK der KPdSU „An das sowjetische Volk" für die Politbürositzung am 26. und 27. Juli war folgendes Szenario enthalten: Tschechoslowakische „gesunde" Kräfte sollten in Anbetracht der „tödlichen Gefahr", in der sich die Tschechoslowakei befinde, erklären, „die besten Vertreter der tschechoslowakischen Kommunisten, Mitglieder des Präsidiums des ZK der Partei und Vertreter von örtlichen Parteiorganisationen haben ein Präsidium des ZK der Kommunistischen Partei der Tschechoslowakei und eine Revolutionäre Regierung der ČSSR gebildet und die volle Verantwortung für die Führung des Landes übernommen".[152] Zu diesem Zeitpunkt war noch von keinem „Hilferuf" oder gar einem „Einladungsbrief" für die militärische Hilfe der „Bruderstaaten" die Rede!

Offensichtlich hatte die sowjetische Führung aber auch noch nicht die Teilnahme der DDR und ihrer Armee an der unmittelbaren Intervention gegen die ČSSR ins Kalkül gezogen. Denn in dem Textentwurf des Aufrufs an die sowjetische Bevölkerung hieß es (nach der Mitteilung über den Befehl der sowjetischen Regierung an Einheiten der sowjetischen Armee, der Revolutionären Regierung der Tschechoslowakei Hilfe zu leisten) an anderer Stelle: „Gleichlautende Beschlüsse faßten die Regierungen der Volksrepublik Polen, der Ungarischen Volksrepublik und der Volksrepublik Bulgarien, die gemeinsam mit uns ihre internationalistische Pflicht erfüllen."[153] Von einer Teilnahme der DDR an der möglichen Intervention war bis zum 27. Juli 1968 im sowjetischen Politbüro noch nicht die Rede! Über die Konsultationen und Entscheidungen zwischen den Parteiführungen der KPdSU und der SED in dieser Frage ist bis heute nichts bekannt. Aber auf

---

151 Ebenda.

152 Vgl. Archiv des Präsidenten der Russischen Föderation, Arbeitsprotokolle der Sitzungen des Politbüros der KPdSU 1968 (russisch), zit. nach: Pichoja, Čechoslovakia, Nr. 1, 1995, S. 37.

153 Ebenda.

militärischem Gebiet war die Einbeziehung der NVA der DDR bereits in vollem Gange.

Die bisherigen Manöver der verbündeten Pakttruppen erfüllten alle Kriterien für eine erfolgreiche Intervention, wenn der Befehl dazu erteilt werden sollte.

Die 7. Panzerdivision und die 11. Motorisierte Schützendivision der NVA der DDR unterstanden ab dem 26. Juli 1968 dem sowjetischen Befehlskommando[154], ebenso die Truppen aus Polen, Bulgarien und Ungarn. Am 29. Juli meldete der stellvertretende DDR-Verteidigungsminister Generaloberst Heinz Keßler dem sowjetischen Marschall Jakubowski die Gefechtsbereitschaft der beiden NVA-Divisionen. Gleichlautende Meldungen erhielt Jakubowski auch von den anderen einbezogenen Truppen der verbündeten Armeen.[155]

Bis zum 29. Juli wurden unter Führung der SED weitere Maßnahmen beschlossen beziehungsweise eingeleitet, um in der DDR die politischen und militärischen Voraussetzungen für die Intervention gegen die Tschechoslowakei zu garantieren.

Das Ministerium für Staatssicherheit und das Innenministerium der DDR erließen eine Reihe von Befehlen, um im Innern und an den Staatsgrenzen präventiv und bei möglichen Kampfhandlungen gegen die ČSSR wirksam zu werden. Für die Grenzbezirke und – kreise zur Tschechoslowakei wurden zum ersten Mal nach dem Mauerbau von 1961 ausnahmeähnliche Zustände eingeplant.

Erstmals befaßte sich der Nationale Verteidigungsrat der DDR am 29. Juli 1968 mit den bereits getroffenen Maßnahmen. Die Zusammensetzung dieses Rates offenbarte gleichzeitig, daß über die Maßnahmen zur Teilnahme der DDR an einer möglichen Intervention gegen einen anderen Staat nur ein kleiner Kreis von führenden Funktionären der SED und von parteiergebenen ranghohen Militärs entschied. Die zwölf Mitglieder des NVR (die der Öffentlichkeit namentlich nicht bekannt waren) unter Leitung von Partei- und Staatschef Walter Ulbricht (Sekretär des NVR 1968: Erich Honecker) tagten unter Ausschluß jeglicher Öffentlichkeit, ohne jede Kontrolle der Volkskammer und faßten geheime Beschlüsse.[156]

In der 33. Sitzung des NVR am 29. Juli war der Bericht über den Stand der militärischen Vorbereitung der NVA nur noch zu bestätigen. Die von Innenminister Dickel und MfS-Minister Mielke vorgelegten Einsatzpläne erhielten eben-

---

154 Vgl. Befehl 73/68 des Ministers für Nationale Verteidigung der DDR, NA, MZAP, VA-01/5607, Bl. 183, zit. nach: Wenzke: Die NVA, S. 101; vgl. Die Nationale Volksarmee im Kalten Krieg, S. 68f.

155 Vgl. Pauer: Die sowjetische Intervention, S. 211f.

156 Vgl. Wenzel, Otto: Kriegsbereit. Der Nationale Verteididungsrat der DDR 1960 bis 1989. Mit einem Vorwort von Günter Kießling, Köln 1995.

falls volle Zustimmung und wurden über die jeweiligen Dienstinstanzen noch am selben Tag als Befehle der Minister umgesetzt. Die politischen Maßnahmen der Parteiführung wurden ebenfalls zustimmend zur Kenntnis genommen.[157] Für das MfS erließ Minister Mielke am 29. Juli zwei Befehle, die die Bildung von speziellen Einsatzgruppen, die „ständige Einsatzbereitschaft" und die Urlaubssperre für leitende Kader und Spezialisten anordneten. In einem dieser Befehle wies Mielke an: „1. Bis auf Widerruf haben alle Angehörigen Ihrer Dienststelle am 29. 07. 1968 im Dienst zu verbleiben."[158]

Das Innenministerium hatte unter anderem die Aufgabe zu erfüllen, alle DDR-Bürger zu erfassen, die die tschechische Sprache beherrschten und für die eventuelle „Betreuung" von zu internierenden tschechoslowakischen Staatsbürgern und andere Aufgaben eingesetzt werden konnten.

Die erhöhte Einsatzbereitschaft betraf außer der NVA, dem MfS und das MdI auch alle Führungskader und Mitarbeiter des Staatsapparates und der gesellschaftlichen Massenorganisationen der DDR.

Am 30. Juli berichtete Ulbricht auf einer Politbüro-Sitzung unter dem zweiten Tagesordnungspunkt „Zu Fragen der Entwicklung in der ČSSR". Aus den gefaßten Beschlüssen geht hervor, daß trotz der abgeschlossenen Interventionsvorbereitung noch immer keine definitive Entscheidung darüber in Moskau beziehungsweise durch die fünf „Bruderparteien" getroffen worden war. Denn das Politbüro bestätigte neben den Beschlüssen des NVR vom Vortag auch die Zusammensetzung einer Partei- und Regierungsdelegation für ein Treffen der Warschauer Paktstaaten in Moskau in der ersten Augustwoche (ein konkreter Termin dafür wurde protokollarisch nicht vermerkt).[159]

Hermann Axen erhielt den Auftrag, für die siebente Tagung des ZK der SED am 7. August den Bericht des Politbüros mit dem Schwerpunkt „Probleme der Tagung der Staaten des Warschauer Vertrages und die Ereignisse in der ČSSR" vorzubereiten. Albert Norden wurde aufgefordert, ein Material über die Lage und die Entwicklungstendenzen in der ČSSR für die ZK-Tagung auszuarbeiten.[160]

---

157 Vgl. Protokoll der 33. Sitzung des NVR, 29. 7. 1968, NA, MZAP, VA-01/39490, Bl. 1ff, zit. nach: Wenzke: Die NVA, S. 104f.

158 Dokument 5: 29. Juli 1968, Schreiben Mielkes, in: Tantzscher: „Maßnahme Donau und Einsatz Genesung", S. 89.

159 Vgl. SAPMO-BArch, ZPA, J IV 2/2/1185. Die KPdSU hatte die Parteiführer aus Bulgarien, der DDR, Polen und Ungarn ursprünglich für den 30. und 31. Juli 1968 nach Moskau bestellt. Das Treffen fand aber nicht statt und sollte am 1. August, nach dem Abschluß der Gespräche zwischen der KPdSU und der KPČ in Čierná, durchgeführt werden. Dann kam es aber am 2./3. August 1968 zum Treffen in Bratislava, statt in Moskau.

160 Ebenda.

Der sowjetische Botschafter in der DDR, Abrassimow, berichtete im Anschluß an die Politbürositzung der SED an seine Moskauer Parteizentrale: „Es wurde beschlossen, die Ergebnisse des Treffens des Politbüros des ZK der KPdSU und des Präsidiums der KPČ abzuwarten und rückhaltlos jene Schritte und Maßnahmen zu unterstützen, die von der sowjetischen Seite in der entstandenen Situation als notwendig erachtet werden. Das Politbüro des ZK der SED erachtet seinerseits als notwendig: a) kollektiv mit allen vorhandenen Mitteln die reaktionären und konterrevolutionären Kräfte in der Tschechoslowakei zu unterdrücken; b) die Fehler der früheren und der heutigen Führung des ZK der KPČ und der Regierung der Tschechoslowakei aufzudecken; c) gemeinsam ein Programm zur Überwindung der Fehler in der Tschechoslowakei und zur Gesundung der Lage im Lande auszuarbeiten, das auch die Hilfe bei der Durchführung von Reformen auf dem Gebiet der Ökonomie, der Wissenschaft, der Kultur usw. umfaßt.

Auf der Sitzung des Politbüros des ZK der SED wurde gesagt, daß sich Dubček und seine Umgebung als hinterlistige Revisionisten und nicht als solche Einfaltspinsel erwiesen haben, wie man sie sich anfangs vorgestellt hatte."[161]

Abrassimow berichtete außerdem über die innerparteiliche Situation in der SED. Wie in der KPdSU, lief in der SED seit Wochen eine innerparteiliche Argumentationskampagne zur Mobilisierung der Parteimitglieder für die Abwehr der „Konterrevolution" in der Tschechoslowakei. Dem KPdSU-Politbüro konnte Andropow schon am 24. Juli melden, die sowjetische Bevölkerung stünde mehrheitlich hinter den Einschätzungen und Beschlüssen der Partei hinsichtlich der Lage in der ČSSR.[162] Nunmehr stellte das Politbüro der SED fest, daß bis zum 30. Juli 75 Prozent der Grundorganisationen der Partei über die Lageeinschätzung zur Tschechoslowakei informiert worden waren und sie „die Einschätzungen und Schlußfolgerungen des ZK der SED in dieser Frage vollständig teilen".[163] Abrassimow übermittelte auch die kritische Einschätzung auf der SED-Politbürositzung, daß unter Teilen der DDR-Bevölkerung „ungesunde Stimmungen" anwachsen. Nach SED und MfS-Einschätzungen gab es vor allem in den Grenzbezirken zur ČSSR Stimmen unter der Intelligenz, unter Jugendlichen und „sogar bei Handwerkern", die ein Nachdenken darüber forderten, „was nach dem Beispiel der Tschechoslowakei auch in der DDR verwirklicht werden", und wie der Weg zu „größerer Freiheit und Demokratie" beschritten werden könne.[164] Die SED-Führung wies ihre Bezirks- und Kreisleitungen an, die politisch-erzieherische Arbeit unter Parteimitgliedern und in der Bevölkerung zu verstärken. Doch

161 Prawda, 18. 2. 1991, S. 6.
162 Vgl. Pichoja: Čechoslovakia, Nr. 1, 1995, S. 36.
163 ÚSD-SK, Z-S/1–42.
164 Ebenda.

sie verließ sich nicht allein auf Agitation und Propaganda. Dort, wo der Marxismus-Leninismus nicht zu überzeugen vermochte, waren die „Organe" angewiesen, „entsprechende administrativ-repressive Maßnahmen" anzuwenden.

Die Information des sowjetischen Botschafters in (Ost-) Berlin vermittelte der KPdSU die rückhaltlose Unterstützung durch die SED. Sie veranlaßte aber sicherlich auch die sowjetischen Militärs, über die „Zuverlässigkeit" ihres deutschen Bündnispartners in den Grenzregionen zur ČSSR nachzudenken. Abrassimow ließ die Moskauer Führung wissen, daß die SED vom kommenden Gipfeltreffen der „Fünf" in Moskau endgültige Klarheit über das weitere Vorgehen gegen die Tschechoslowakei erwarte und bereit sei, die notwendigen Schlußfolgerungen für die DDR zu ziehen.

Doch das geplante Treffen in Moskau fand nicht statt.

Rundfunkpropaganda contra Reformen

Die tschechoslowakischen Rundfunksendungen, insbesondere die in deutscher Sprache, wurden seit Wochen von SED-Beauftragten systematisch abgehört und analysiert. Auf der Grundlage von Mitschnitten hatte die Abteilung „Benachbarte Länder" des DDR-Außenministeriums dem Parteiapparat am 5. Juli eine Einschätzung speziell der deutschsprachigen Sendungen des Prager Rundfunks zugearbeitet.[165] Die SED-Führung kam zu der Schlußfolgerung, daß dieses Massenkommunikationsmittel nicht länger im Dienste der Reformer wirksam werden dürfe. Als erste Maßnahme faßte das Politbüro am 19. Juli folgenden Beschluß: „Die Genossen A. Norden und W. Lamberz werden beauftragt, tägliche Sendungen in tschechischer und slowakischer Sprache beim Rundfunksender Dresden gegen den westdeutschen Imperialismus und seine Einmischungsbestrebungen in der ČSSR zu organisieren."[166] Mit diesem und weiteren, wenig später gefaßten Parteibeschlüssen zur Rundfunkarbeit gegen die ČSSR praktizierte die SED eine Form der propagandistischen Intervention, wie sie schon einmal von deutschem Boden gegen die Tschechoslowakei praktiziert worden war, nämlich vor und während der „Sudetenkrise" 1938 mit der anschließenden Besetzung und Auflösung der tschechoslowakischen Republik durch das Deutsche Reich 1939.[167]

Die anfängliche Orientierung der Sendungen „gegen den westdeutschen Imperialismus und seine Einmischungsbestrebungen in der ČSSR" ging vornehmlich

165 Vgl. SAPMO-BArch, ZPA, J IV 2/202/294, Bd. 3.

166 Ebenda.

167 Vgl. Brandes, Detlef: Die Zerstörung der deutsch-tschechischen Konfliktgemeinschaft 1938–1947, in: Tschechen, Slowaken und Deutsche. Nachbarn in Europa, Lizenzausgabe für die Bundeszentrale für politische Bildung, Bonn 1995, S. 50ff.

auf die erwähnte Rundfunkanalyse vom 5. Juli zurück. Darin verwiesen die namentlich nicht genannten „Analytiker“ wiederholt auf ideologische Zusammenhänge zwischen den Reformen in der Tschechoslowakei und Einflüssen aus dem Westen. Es hieß dort unter anderem: „Die Errungenschaften des Sozialismus in der ČSSR werden nicht verteidigt und propagiert, sondern einer Anbiederung und Anpassung an die westliche Demokratie geopfert. Die Methode des direkten Dialogs mit westdeutschen Gesprächspartnern findet häufig Anwendung.“ Die Vorwürfe an den reformierten tschechoslowakischen Rundfunk und dessen nicht mehr von Parteiinstanzen zensierte Sendungen umfaßten solche Behauptungen wie Akzeptierung revisionistischer Thesen („einheitliche Industriegesellschaft“), „Sozialismus westeuropäischer Prägung“, außenpolitische Orientierung auf den Westen und Abkehr vom Bündnis mit der Sowjetunion, Angriffe auf die Politik der DDR und die Berichterstattung der DDR-Medien, „keine Auseinandersetzung mit der revanchistischen Bonner Regierungspolitik und der USA-Aggression in Vietnam“ und andere. Der Kerngedanke der Analyse spiegelte sich in folgender Anschuldigung wider: „Die deutschsprachige Sendung des Prager Rundfunks scheint ihre Hauptaufgabe darin zu sehen, die gegenwärtige Ordnung in der ČSSR für den westdeutschen Imperialismus als annehmbar darzustellen – u. zwar auch auf Kosten der Beziehungen zur DDR – und die SP-Führung auf die Gleichartigkeit der Ziele hinzuweisen, um dadurch propagandistische Vorarbeit für die Annäherung an Westdeutschland zu leisten.“ Neben der „Hauptaufgabe“ des Prager Rundfunks entdeckte man auch die dazu passende „Nebenaufgabe“. Als solche wurde offensichtlich betrachtet, „der Bevölkerung der DDR das ‚demokratische Modell‘ des Sozialismus schmackhaft zu machen.“[168]

Der Politbürobeschluß konnte sich bereits auf eine technische Prüfung der Möglichkeiten zur Ausstrahlung von Rundfunksendungen in tschechischer und slowakischer Sprache nach der ČSSR durch die ZK-Abteilung Verkehr und Verbindungswesen stützen. Dazu lagen Meßergebnisse aus dem Kontrollzentrum der internationalen Organisation für Rundfunk und Fernsehen in Prag vor. Von der Benutzung des DDR-Langwellensenders „Deutschlandsender“ rieten die Experten ab. Der Langwellenempfang entsprach (im künftigen Empfangsgebiet) nicht den Hörergewohnheiten der Tschechen und Slowaken. „Außerdem würde der Einsatz des Senders zu einer Reduzierung der Wirksamkeit des Deutschen Demokratischen Rundfunks gegenüber Westdeutschland führen.“[169]

Auch der in der DDR und BRD nicht viel gehörte, jedoch in der Tschechoslowakei gut empfangbare Langwellensender „Wolga“ (den die Sowjetunion in Ab-

168 Ebenda.
169 SAPMO-BArch, ZPA, IV A 2/6.05/50.

sprache mit der DDR nutzte) kam aus den genannten Gründen nicht in Frage. Der Mittelwellensender Dresden, der auf der Frequenz 1043 kHz das Programm von „Radio DDR I“ ausstrahlte, hatte die beste Empfangsqualität „in großen Teilen des zu versorgenden Gebietes“ in der Tschechoslowakei.

Die technische Basis des DDR-Rundfunks war aber für einen solchen Einsatz im „Ätherkrieg“ ungenügend. Die erforderlichen Anlagen für den Dresdner Raum sollten deshalb von der „Ostsee-Ferienwelle“, einem mobilen Sender aus dem Bezirk Rostock, abgezogen werden. Für die Umsetzung der Technik wurden fünf bis sechs Tage bis zu ihrem neuen Einsatz veranschlagt.

Die ZK-Abteilungen für Agitation und Propaganda hatten auch schon ein fertiges Konzept zur Hand, um am Montag, dem 22. Juli 1968, mit den Sendungen zu starten (ursprünglich vorgesehener Sendestart war der 23. Juli). Damit begann das wohl schwärzeste Kapitel in der bis zum 26. Oktober 1924 zurückgehenden traditionsreichen Geschichte des Senders Dresden.[170]

Es waren jeweils zwei halbstündige Sendungen geplant, morgens zwischen 5.00 und 5.30 Uhr in tschechischer und anschließend in slowakischer Sprache sowie abends ab 18.00 Uhr in gleicher Reihenfolge. Die Ausstrahlung in slowakischer Sprache verzögerte sich aber und begann erst eine Woche später. Das Sendeschema sah vor: sechs Minuten für Nachrichten, neun Minuten für Kommentare, acht Minuten Berichte aus dem Leben der DDR, die restlichen sieben Minuten für Musik und Programmansage. Auch die Gliederung der einzelnen Sendeblöcke war exakt vorgegeben. Diese „Gliederung“ war ein getreues Spiegelbild der dogmatischen Politik der SED und verkörperte genau das Gegenteil vom politischen Erneuerungsprozeß in der KPČ und in der Tschechoslowakei. Am deutlichsten wurde das bei den Vorgaben für propagandistische Sendungen, die am Beispiel der DDR solche Probleme behandeln sollten, wie die „führende Rolle der Partei“, „proletarischer Internationalismus“, der „demokratische Zentralismus“, „Planwirtschaft oder Marktwirtschaft“. In diesem Block sollte „gleichzeitig dargestellt werden, wie die sozialistische Demokratie in der DDR entwickelt wird, welche positiven Ergebnisse wir auf der Grundlage der allgemeinen Prinzipien des sozialistischen Aufbaus auf allen Gebieten des gesellschaftlichen Lebens erzielt haben“.[171]

Das Redaktionskollektiv unterstand dem ZK-Verantwortlichen für Auslandsinformation Manfred Feist. Es war folgendermaßen zusammengesetzt: Hans Herzberg, Leiter der Redaktion (stellvertretender Chefredakteur des Senders „Radio Berlin International“ – RBI), Roman Rubinstein, verantwortlich für

---

170 1924 begann die Rundfunsprechstelle Dresden mit ihren ersten Rundfunkübertragungen.

171 SAPMO-BArch, ZPA, IV A 2/6.05/50.

Nachrichten und aktuelle Sendungen (Leiter der französischen Redaktion von RBI), Guido Zamisch, zuständig für propagandistische Sendungen (Leiter der italienischen Redaktion von RBI), Dr. Günter Pohlenz, verantwortlich für Musik (Leiter des Deutschen Kurzwellenprogramms). Hinzu kamen zwei Aufnahmeleiter, drei Übersetzer und zwei Sprecher für die tschechischen Sendungen, zwei Übersetzer für die slowakischen Sendungen, die gleichzeitig als Sprecher wirken sollten, und als Verantwortliche für die politische Autorisierung der Übersetzungen sowie als Sprecherin Vera Lützkendorf (Ministerium für Auswärtige Angelegenheiten der DDR).

Nach der Politbürositzung vom 19. Juli berichtete Albert Norden darüber ausführlich an Ulbricht, der außerhalb Berlins zur Erholung weilte.

Die Rundfunkpropaganda gegen die tschechoslowakische Reformpolitik, zur Unterstützung der „gesunden“ Kräfte in der KPČ, wurde nicht allein vom Territorium der DDR aus betrieben. Zumindest die Sowjetunion nahm ebenfalls im Juli Sondersendungen auf.

Zeitweise wußten die tschechoslowakischen Rundfunkhörer nicht, ob sie den sowjetischen oder den Sender aus der DDR hörten, weil sich die Frequenzen überlagerten. Doch die Rundfunkmacher aus (Ost-) Berlin gaben eine Adresse für Zuschriften interessierter Hörer bekannt. In der Folge erhielt die Redaktion vorwiegend ablehnende Meinungsäußerungen aus der Tschechoslowakei. Doch es war nicht schwer, auch Zuschriften von „gesunden“ Kräften zu „organisieren“, um den Hörern das gewünschte Bild über die Resonanz des Senders zu vermitteln.

Keiner der Mitarbeiter von RBI wußte bei Sendebeginn, wie lange ihr Sonderstatus aufrechterhalten bleiben würde. Sie ahnten auch nicht, daß nach diesem „offenen“ Kapitel ihrer Rundfunkarbeit nur vier Wochen später ein „geheimes“ Kapitel folgen sollte.

Die letzten Treffen mit der KPČ – „Auszeit“

Der Schwerpunkt der Geschehnisse verlagerte sich für kurze Zeit nochmals in die Politik. Am 22. Juli wurde eine Zusammenkunft der Präsidien der KPdSU und der KPČ in Čierná nad Tisou vereinbart, einem tschechoslowakischen Eisenbahn-Grenzübergang an der sowjetischen Grenze. Der Vorschlag der sowjetischen Seite erfolgte einerseits im Geist der Warschauer Vereinbarungen, andererseits berücksichtigte er den Standpunkt der KP Italiens und Frankreichs, den kurz zuvor Luigo Longo und Waldeck Rochet in Moskau vorgetragen hatten. Beide hatten sich bemüht, die Tschechoslowakei vor dem Schlimmsten zu bewahren und ursprünglich für eine Konferenz der europäischen kommunistischen Parteien plädiert[172], die Dubček – offenbar ein Fehler – aber ablehnte.

Die tschechoslowakische Partei nahm das sowjetische Angebot an, aber nur unter der Bedingung, daß die Zusammenkunft auf tschechoslowakischem Boden stattfände. Es gab einen internen Beschluß, daß in der Vorbereitungsphase des Außerordentlichen Parteitages der KPČ alle führenden Politiker in der Tschechoslowakei verbleiben sollten. Insofern fiel die Wahl auf Čierná nad Tisou[173], nur ein paar Kilometer von der sowjetischen Grenze entfernt.[174]

Da beide Delegationen in Sonderzügen anreisten, kam es zu der berühmten „Zusammenkunft in Waggons" – in der Geschichte der Weltmacht Sowjetunion etwas ganz Unglaubliches.

Über das Treffen zwischen der KPdSU und der KPČ waren die SED wie auch die BKP, PVAP und USAP vorab aus Moskau informiert worden. Die SED erhielt am 28. Juli eine „streng geheime" Analyse des sowjetischen Politbüros mit dem Titel „Zur Lage in der ČSSR". Das Dokument wurde als unkorrigierte Rohübersetzung nur in sechs Exemplaren im SED-Politbüro vorgelegt.[175] Darin hieß es in Ergänzung zu allen bisherigen übermittelten Einschätzungen, daß das ZK der KPdSU und die Sowjetregierung die Lage in der Tschechoslowakei „als ernst" einschätzen. Sie betrachteten es als Hauptaufgabe des Treffens in Čierná, an die tschechoslowakischen Genossen zu „appellieren, alles für die Liquidierung der Gefahr zu tun, die den sozialistischen Errungenschaften droht", und ihnen „dabei jede notwendige Hilfe zu leisten".[176] Auf der Grundlage des sowjetischen Materials entstand im Politbüro der SED bis zum 31. Juli eine eigene vierzig Seiten(!) umfassende Information „Zur Entwicklung der politischen Kampagne der konterrevolutionären Kräfte in der ČSSR".[177]

Das Treffen zwischen den Parteipräsidien der KPdSU und der KPČ am 29. Juli sollte ursprünglich innerhalb eines Tages die Entscheidung zugunsten der sowjetischen Forderungen bringen. Die KPdSU stellte folgenden Katalog auf: erstens, die Wiederherstellung der Kontrolle der Partei über die tschechoslowakischen Massenmedien – das hätte faktisch die Rückkehr zur Zensur bedeutet; zweitens, die Verabschiedung eines Gesetzes durch das tschechoslowakische Parlament

---

172 Die SED wurde darüber am 17. 7. 1968 telegraphisch aus Paris von der KP Frankreichs informiert. Am 19. 7. informierte Abrassimow darüber, daß die KPdSU alle Maßnahmen getroffen habe, „damit die von der KPF vorgeschlagene Konferenz nicht zustande kommt". Vgl. SAPMO-BArch, ZPA, J IV 2/202/294, Bd. 3.

173 Čierná nad Tisou: Schwarzau an der Theiß.

174 Vgl. Dubček: Leben, S. 246f.

175 Vgl. SAPMO-BArch, ZPA, J IV 2/202/295, Bd. 4.

176 Ebenda.

177 Vgl. SAPMO-BArch, ZPA, IV A 2/20/1167.

zum Verbot „antisozialistischer“ Klubs und Organisationen, insbesondere der Sozialdemokratischen Partei; drittens, die uneingeschränkte Wiederherstellung der führenden Rolle der kommunistischen Partei in allen Sphären des Staates und der Wirtschaft sowie die Festigung ihrer Führungsrolle auf der Grundlage des Leninschen Prinzips des demokratischen Zentralismus; viertens, die Entfernung von „radikalen“ Reformern – sogenannten „rechten“ und „konterrevolutionären“ Kräften – aus wichtigen Funktionen. Die kaderpolitische Forderung war für das KPdSU-Politbüro der eigentliche Prüfstein für das Verhalten von Dubček und der restlichen KPČ-Führung. Es erwartete die sofortige Ablösung von Kriegel, Špaček, Císař, Šik, Pavel, Prchlik und Pelikán. Die ersten drei galten bei den Sowjets als die Initiatoren des „zweiten Zentrums“ in der KPČ. Innenminister Pavel mit seinem Vorgehen gegen die Residenten des KGB in seinem Ministerium und General Prchlik mit seinen Forderungen nach Revision des Warschauer Pakts wurden zu unerwünschten Personen in Führungsgremien von Partei, Staat oder Armee erklärt. Der Generaldirektor des tschechoslowakischen Fernsehens Pelikán gehörte nach sowjetischer, aber auch nach ostdeutscher Auffassung zu den „Konterrevolutionären“ auf dem Gebiet der Massenmedien.

Der Verlauf der Konferenz in Čierná nad Tisou entbehrte nicht der Dramatik[178] und ungewollten Komik[179]. Für die sowjetische Seite erwies sich der Widerstand der Reformkräfte in der tschechoslowakischen Delegation als überraschend stark. Die „gesunden“ Kräfte traten nicht so offensiv auf wie erwartet. Die KPdSU-Delegation stand vor der Wahl, das Treffen am Abend des 29. Juli ergebnislos abzubrechen oder auf den nächsten Tag zu hoffen. Ein Abbruch hätte unweigerlich die bereits vorbereiteten „äußersten Maßnahmen“ in Gang gesetzt. Nach tschechoslowakischen Beobachtungen sollen während der Gespräche in Čierná allein auf dem Territorium der DDR 650.000 Soldaten mobilisiert worden sein.[180] Insgesamt erreichte die militärische Konzentration von Truppen der fünf „Bruderarmeen“ an den Grenzen zur ČSSR am 29. und 30. Juli ihren Höhepunkt.

178 Vgl. die ausführliche Analyse der Umstände und des Verlaufs der Verhandlungen in Čierná in: Pauer: Die sowjetische Intervention, S. 215ff.

179 Vgl. die Beschreibung des „Pyjamagesprächs“ zwischen Dubček und Breshnew während des Treffens der KPdSU und der KPČ in Čierná vom 29. bis 31. 7. 1968, in: Dubček: Leben S. 248.

180 Aussage von General Karel Rusov, zit. nach: Pauer: Die sowjetische Intervention, S. 219. Der Militärhistoriker Wenzke beschreibt in seiner Studie „Die NVA und der Prager Frühling“, daß „in den Vormittagsstunden des 30. Juli 1968 sowjetische Truppen des Kalingrader Militärbezirkes an fünf Stellen, u.a. in Kietz, Frankfurt/Oder und Guben, die Staatsgrenze Polen-DDR überschritten [hatten]. Die Truppentransporte, mit dene ursprünglich vier Divisionen in die DDR kommen sollten, wurden an den folgenden Tagen weitergeführt, dann jedoch vorerst gestoppt.“, in: ebenda, S. 105.

Die Intervention war militärisch möglich geworden, die sowjetischen Generäle warteten auf die politische Zustimmung der KPdSU-Führung.[181]

Dubček und seine Delegation gerieten in eine äußerst ungünstige Lage. Informationen über die Standpunkte der westlichen Länder sagten deutlich aus, diese nichts zur Verteidigung der Tschechoslowakei unternehmen würden, um keinen Zusammenstoß zu riskieren, der am Ende eine nukleare Katastrophe auslösen könnte. Beide Seiten verständigten sich so auf eine Fortsetzung der Gespräche, die bis zum 1. August 1968 dauerten. Mit verteilten Rollen versuchten die sowjetischen Politbüromitglieder in den offiziellen Gesprächsrunden wie auch in persönlichen Gesprächen zu erreichen, daß die anwesenden „gesunden" Kräfte auf tschechoslowakischer Seite, Bil'ak, Kolder, Rigo und Švestka, die sowjetischen Forderungen durchsetzen halfen. Auch der an dem Treffen teilnehmende tschechoslowakische Staatspräsident Svoboda sollte durch die „Argumente" der KPdSU in seiner prosowjetischen Haltung bestärkt werden.

Angesichts der Spaltung innerhalb der KPČ-Führung war es von den Sowjets beabsichtigt, die Position der Mitglieder des Prager Präsidiums vor Ort zu testen. Sie schlugen deshalb vor, daß jeder einzeln auftreten sollte. Sie wollten verhindern, daß ein Vertreter der Reformkräfte für alle spricht und die Konservativen nicht zu Worte kämen. In der Hoffnung, daß es vielleicht gelänge, Kriegel zu isolieren und die schwankenden Barbírek und Piller zu gewinnen, um den „gesunden" Kräften im Präsidium ein Übergewicht zu schaffen. Auch der versöhnliche Standpunkt Svobodas schien dieser Möglichkeit Vorschub zu leisten.

Trotz des ungünstigen Kräfteverhältnisses verfügten die Dubček-Anhänger über einen großen Vorteil: die feste Unterstützung durch die tschechoslowakische Gesellschaft. Der Aufruf „Sozialismus-Gemeinschaft-Souveränität-Freiheit!", der im Einverständnis mit Smrkovský vom Schriftsteller Pavel Kohout verfaßt worden war[182], symbolisierte die große Zustimmung der tschechoslowakischen Bevölkerung zur Reformbewegung. Er wurde spontan von mehr als einer Million Bürger unterzeichnet.

Die Verhandlung der Delegationen, später nur von „Vier" und noch später nur von Breshnew und Dubček bestritten (wobei der sowjetische Führer im Schlafanzug erschien und eine ernsthafte Erkrankung vortäuschte), mündete schließlich in einem Kompromiß, der wiederum politische Mittel zur Lösung der Krise in den Vordergrund rückte. Es wurde vereinbart, eine Zusammenkunft der Parteien der Warschauer „Fünf" und der KPČ für den 3. August 1968 nach Bratislava einzuberufen. Auf der Schlußsitzung beider Delegationen wurden der KPČ allerdings einige Verpflichtungen als Bedingung für die weitere politische Regelung

181 Benčik: Operace „Dunaj", S. 75ff.

182 Vgl. Norden: Prag. 21. August, S. 179f.

der Streitpunkte auferlegt. Die KPdSU setzte damit wesentliche Punkte ihres Forderungskataloges durch wie: den Massenmedien energisch Zügel anlegen, die Tätigkeit politischer Klubs außerhalb der Nationalen Front einstellen, Versuche für eine Erneuerung der Sozialdemokratie unterbinden und Kriegel, Čisař, Pavel und Pelikán aus ihren Funktionen im Präsidium des ZK und dem Sekretariat der KPČ respektive der Leitung des Innenministeriums und des Fernsehens entfernen. In die Funktion des Chefs der Staatssicherheit sollte dagegen Šalgovič eingesetzt werden. Vermutlich – die Protokolle sind hier nicht eindeutig – erklärte sich die Delegation der KPČ mit diesen Forderungen einverstanden; die Bil'ak-Anhänger dankbar für diese „Bruderhilfe“, der Personenkreis um Dubček dagegen gezwungenermaßen. Breshnew bestand auf den Verpflichtungen und drohte, falls sie nicht eingehalten würden, „werden wir euch zu Hilfe kommen“ – offenkundig also militärisch.

Sehr schnell begann ein Streit über die Interpretation der Verpflichtungen. Der Kreis der KPČ-Führung um Dubček war der Ansicht, die erwähnten Punkte beinhalteten alle Erwartungen der KPdSU und ihrer Verbündeten; die „Fünf“ und die Bil'ak-Anhänger dagegen betrachteten sie als Impuls und Beginn eines Prozesses, der zur Niederlage des „Prager Frühlings“ führen sollte. Dubčeks Anhänger wollten diese Punkte der Tagung des Zentralkomitees der KPČ am 29. August unterbreiten, die Gruppe um Bil'ak verlangte ihre sofortige Erfüllung.

Im ganzen schien es den Reformern, die Verpflichtungen seien nicht so horrend, daß man sie nicht geschickt umgehen könnte, damit sie den nur mehr kurzen Weg zum „letzten Gefecht“ nicht bedrohten – zum Außerordentlichen XIV. Parteitag der KPČ. In Wirklichkeit hatte jedoch der Kreml diese Gefahr scharfsinnig einkalkuliert. Allein schon die Einlösung ihrer minimalisierten Forderungen sollte nämlich eine Welle der Empörung hervorrufen und so die Bindungen unterbrechen, die sich zwischen Dubčeks Führung und der tschechoslowakischen Bürgergesellschaft gebildet hatten. Und dann – so die Kalkulation Breshnews – wäre es ein verhältnismäßig einfacher Schritt, den Außerordentlichen XIV. Parteitag und seine befürchteten „sozialdemokratischen“ Folgen zu verhindern – sei es durch einen inneren Umsturz oder mit Hilfe der „brüderlichen“ Armeen, die die alte oder irgendeine neu entstandene Führung herbeirufen würde.[183]

Dementsprechend wurden auch die anderen „Bruderparteien“ aus Moskau instruiert. Noch am 30. Juli erhielten die sowjetischen Botschafter in Budapest, Sofia, Warschau und (Ost-) Berlin den Auftrag, die jeweiligen Parteiführer über die veränderte politische und damit wohl auch militärische Situation zu informie-

183 Ebenda, S. 137.

ren und für den 2. August nach Bratislava zum gemeinsamen Treffen mit der KPČ-Führung einzuladen.

Über das Sechsertreffen in Bratislava berichteten Axen und Ulbricht am 7. August 1968 auf der 7. Tagung des ZK der SED. Es war die erste ZK-Tagung, die einzig dem Thema Tschechoslowakei gewidmet war.[184] Sie gaben die Information über die Ergebnisse der Verhandlungen zwischen den Parteipräsidien von KPdSU und KPČ in Čierná wieder, wie sie Breshnew am Abend des 2. August bei Abwesenheit der tschechoslowakischen Politiker an die anderen Parteiführer vermittelt hatte. In dieser „Vorbesprechung" hatte Breshnew auch die grundlegenden Forderungen wiederholt, die der KPČ-Führung in Čierná gestellt worden waren.[185] Die Zusammenkunft in Bratislava diente nur dem Zweck, ein gemeinsames Kommuniqué zwischen den „Fünf" und der KPČ zu verabschieden, das die gemeinsamen Positionen demonstrieren sollte.[186] Axen und Ulbricht lobten die Erklärung von Bratislava, die nach stundenlangen Verhandlungen auf der Grundlage des sowjetischen Entwurfs verabschiedet wurde, als das „erste marxistisch-leninistische Dokument seit Januar", das die tschechoslowakischen Genossen unterschrieben hätten.[187]

Die „Erklärung von Bratislava"[188] war zusammen mit den Ergebnissen der Gespräche von Čierná von besonderer Bedeutung für beide Konfliktparteien. Dubček war aus Bratislava nach Prag in der Überzeugung zurückgekehrt, die Erklärung hätte den Reformen in der ČSSR eindeutig den „weiteren notwendigen Spielraum" eröffnet.[189] Die KPdSU und ihre Verbündeten waren dagegen der

---

184 Die SED veröffentlichte weder den Bericht des Politbüros von Axen, noch die Rede von Ulbricht, sondern nur die „Entschließung des Zentralkomitees zur Beratung der Vertreter der kommunistischen und Arbeiterparteien der sozialisten Länder", in: Dokumente der SED, S. 117ff.

185 Dubček stritt später ab, die Forderungen der KPdSU als gemeinsame Vereinbarung akzeptiert beziehungsweise unterschrieben zu haben. Vgl. Dubček: Leben, S. 251. Richtig ist, daß Breshnew diese Forderungen während der Gespräche in Čierná klar ausgedrückt hatte, aber beide Seiten getrennt voneinander Mitschriften beziehungsweise stenographische Protokolle dieser Gespräche anfertigten und keine derartige Vereinbarung von allen Beteiligten unterschrieben wurde. Vgl. auch Pichoja: Čechoslovakia, Nr. 1, 1995, S. 38.

186 Vgl. Dubček: Leben, S. 248.

187 Vgl. SAPMO-BArch, ZPA, IV 2/1/217.

188 Vgl. Neues Deutschland, 4. 8. 1968, S.1; Deutschland Archiv, Nr. 6, September 1968, S. 638ff.

189 Vgl. Dubček: Leben, S. 250. Der ehemalige Dubček–Anhänger und 1969 in die BRD emigrierte tschechoslowakische Politologe Adolf Müller schätzte die Zustimmung der KPČ zum Kommuniqué von Bratislava als einen Kardinalfehler ein. Er schrieb dazu 1977: „Außerdem, in diesem Falle offenbar unbewußt, unterschrieb der Prager Frühling sein Todesurteil damit, daß er sich mit der sowjetischen Auffassung über ‚proletarischen Internationalismus', mit ‚*Breschnews* Doktrin' identifizierte, und dies in dem irrtümlichen Glauben, daß es nur um lee-

Meinung, sie hätten erreicht, was ihnen mit dem „Warschauer Brief“ noch nicht gelungen war. Die KPČ war nun anscheinend an die Prinzipien des sozialistischen Internationalismus gebunden, das heißt, an die bedingungslose Unterordnung unter den Willen Moskaus und der konservativen Mehrheit im Warschauer Pakt. In den Diskussionen der Redaktionskommission um die Formulierungen, an der auch die Ersten Sekretäre der Parteien teilnahmen, konnten die KPČ-Teilnehmer nicht durchsetzen, das Recht auf Eigenständigkeit in der inneren Entwicklung der einzelnen Länder im Text zu verankern.[190] Axen informierte auf dem 7. Plenum die ZK-Mitglieder seiner Partei sehr ausführlich über die Arbeit in der Redaktionskommission von Bratislava. Dabei ließ er nicht unerwähnt, daß sich die Diskussionen „sämtlich aus Abänderungsanträgen der tschechoslowakischen Delegation ergaben“.[191] Als größten Erfolg wertete Axen die Abwehr des tschechoslowakischen Anliegens, den Begriff der „Nichteinmischung“ in die Definition der Normen für die Beziehungen zwischen den sozialistischen Staaten einzubringen. Es entsprach auch dem Willen der SED, die KPČ auf eine gemeinsame Position festzulegen. Somit kam der Formulierung, daß es die gemeinsame internationale Pflicht aller sozialistischen Länder ist, die sozialistischen Errungenschaften „zu unterstützen, zu festigen und zu verteidigen“[192], eine gewisse Schlüsselstellung in der Erklärung von Bratislava zu. Axen interpretierte das so: „Damit macht die Erklärung von Bratislava die gemeinsame Bekämpfung der Konterrevolution zur Pflicht der kommunistischen und Arbeiterparteien.“[193] Diese Auslegung war auch für die SED bedeutsam. Damit hatte sie eine Legitimation für ihre offenen und verdeckten ideologischen und propagandistischen Aktivitäten zur Unterstützung „gesunder“ Kräfte und zur Bekämpfung der Reformen in der Tschechoslowakei von der KPČ-Führung erhalten.

Ulbricht hatte sich in der Redaktionskommission in Bratislava auch vehement gegen die tschechoslowakische Auffassung von den „fortschrittlichen Kräften“ in Westdeutschland ausgesprochen. Denn in Belgrad, Bukarest und Prag würde man darunter die SPD-Minister verstehen.[194] Er setzte dafür eine andere Formulierung durch, die vor allem der in der BRD verbotenen KPD Unterstützung ver-

---

re Phrasen gehe und daß die wirklich sich daraus ergebende Gefahr durch die Verhandlungen in Čierná und die Einstellung der Polemik gegen andere Staaten *praktisch* ausgeschlossen sei.“ in: Müller: Die Tschechoslowakei, S. 300.

190 Ebenda.

191 SAPMO-BArch, ZPA, IV 2/1/217.

192 Erklärung der kommunistischen und Arbeiterparteien sozialistischer Länder, in: Dokumente der SED, Bd. XII, S. 110.

193 SAPMO-BArch, ZPA, IV 2/1/217.

194 Vgl. ebenda.

sprach und „allen jenen Kräften, die gegen Militarismus und Revanchismus, für den demokratischen Fortschritt kämpfen".[195]

Mit dieser Fassung war Ulbricht sehr zufrieden. Zum einen gab er damit den tschechoslowakischen Annäherungsversuchen an die BRD einen Dämpfer und bezog die KPČ in die Kritik der Haltung der rumänischen und jugoslawischen Kommunisten zum anderen deutschen Staat mit ein, wohl kalkulierend, daß sich Dubček wenige Tage nach Bratislava mit Tito und Ceauçescu treffen wollte. Zum anderen sah Ulbricht eine „positive Seite" darin, daß mit dieser Formulierung und der Bekräftigung der sicherheitspolitischen Grundsätze des Ostblocks in der „Bukarester Deklaration" vom Juli 1966[196] und der „Erklärung der Konferenz der europäischen kommunististischen und Arbeiterparteien von Karlovy Vary" vom April 1967[197] der „neuen Ostpolitik" ein Riegel vorgeschoben werden konnte. Wörtlich sagte er auf dem 7. Plenum: „Die Ostpolitik des westdeutschen Imperialismus kann nach der gemeinsamen Erklärung von Bratislava nicht mehr so weitergeführt werden wie vorher."[198]

Für Ulbricht waren die Zusammenkünfte von Čierná und Bratislava ein Zeichen der „Entwarnung" in den spannungsgeladenen Beziehungen zwischen der Fünferkoalition und der Tschechoslowakei. Dafür sprach auch die Tatsache, daß am 3. August die letzten sowjetischen Teilnehmer des längst beendeten Manövers „Šumava" aus der Tschechoslowakei abzogen. Die Ergebnisse von Bratislava wurden von der SED als ein Sieg der Grundprinzipien des Marxismus-Leninismus gefeiert. Daß Ulbricht offensichtlich zufrieden war, ist an einer für ihn untypischen Bemerkung vor dem SED-Plenum abzulesen: „Und außerdem waren wir die fröhlichste Delegation in Bratislava".[199]

Dieser „Frohsinn" der SED-Führung beruhte auf drei Tatsachen: Erstens schien die Gefahr einer militärischen Intervention abgewendet; zweitens war das Hauptziel aus ihrer Sicht erreicht – die KPČ sollte die „Säuberung" in der Partei, vor allem an der Spitze, zugunsten der „gesunden" Kräfte umgehend nach den Anweisungen aus Moskau durchführen und somit das Konzept der Reformkräfte für die Kaderauswahl auf dem Außerordentlichen Parteitag durchkreuzen; drittens mußte die SED ihr politisches Hauptaugenmerk nicht mehr auf den südlichen Nachbarn der DDR richten, sondern konnte sich innen- und außenpolitisch wieder anderen drängenden Fragen zuwenden. Die SED stellte, wie auch die

195 Dokumente der SED, Bd. XII, S. 113.

196 Vgl. Dokumente der Außenpolitik der DDR, Bd. XIV, 1. Halbband, Berlin 1970, S. 553ff.

197 Vgl Für den Frieden und die Sicherheit in Europa. Konferenz der kommunistischen und Arbeiterparteien Europas zu Fragen der europäischen Sicherheit, Karlovy Vary, 24. bis 26. April 1967, Berlin 1967.

198 SAPMO-BArch, ZPA, IV 2/1/217.

199 Ebenda.

KPdSU, ab dem 1. August ihre Pressekampagnen gegen den Reformkurs in der Tschechoslowakei schlagartig ein.[200] Ulbricht entwickelte auf dem 7. Plenum auch gleich ein Programm für die nächsten Schritte der SED. Innenpolitisch sah er dringenden Handlungsbedarf, die Arbeit „politisch-ideologisch qualitativ weiter [zu] verbessern". Darunter verstand er, Lehren ziehend aus den tschechoslowakischen Ereignissen der jüngsten Zeit, „eine solche Verbundenheit der Partei mit dem Volk herbeizuführen, daß die Ideen der Partei in das Denken der ganzen Bevölkerung eingehen".[201] Auf ökonomischem Gebiet verlangte er, „die ökonomischen und die politischen Fragen enger zu verbinden", was nur eine Erhöhung des Parteieinflusses in der Wirtschaft zur Folge haben konnte.

Außenpolitisch hielt Ulbricht in Anbetracht der veränderten Situation die Zeit für reif, eine neue Initiative „im Sinne der Herbeiführung der europäischen Sicherheit" ergreifen zu können. Sein erklärtes Ziel lautete: Die „ Herstellung normaler diplomatischer Beziehungen zwischen der DDR und jenen Staaten, die bisher – dem Druck der westdeutschen Imperialisten nachgebend – die Normalisierung ihrer Beziehungen zur DDR abgelehnt haben oder dieser Normalisierung der Beziehungen unter diesen oder jenen Vorwänden ausgewichen sind".[202] Auf der Grundlage des „Vertrauensvotums" der DDR-Bevölkerung zur Verfassung im April 1968 und der Einführung der Paß- und Visapflicht für alle BRD-Bürger und die Bürger Westberlins beim Besuch in der DDR im Juni 1968 konnten nach Ulbrichts Auffassung auch die Westmächte und die BRD nicht mehr länger der DDR die Daseinsberechtigung als „sozialistischer Staat deutscher Nation" absprechen und die Normalisierung der Beziehungen verhindern.[203]

In diesem Sinne standen auf der zwei Tage später stattfindenden 10. Volkskammertagung der DDR ein Bericht über Fragen des Kampfes um europäische Sicherheit und die Verabschiedung von sieben Vorschlägen für die Gewährleistung von Frieden und Sicherheit in Europa im Mittelpunkt.[204] In erster Linie si-

---

200 Vgl. Lehmann: Innen- und außenpolitische Aspekte, S. 143f.

201 Ebenda.

202 Ebenda.

203 Dabei konnte sich die SED auch auf Diskussionen in der BRD stützen, in denen über die mögliche Anerkennung der DDR nachgedacht wurde. So veröffentlichte z. B. der Publizist Peter Bender im Juli 1968 einen Vorabdruck seiner Studie „Zehn Gründe für die Anerkennung der DDR", in: Der Spiegel, 1. 7. 1968, Nr. 27, S. 28ff. Darüber hinaus gab es über sowjetische Kanäle aus Bonn die von Abrassimow an Ulbricht am 5. 8. 1968 übermittelte Information, daß „Willy Brandt beabsichtige, mit Gen. Ulbricht vertraulich – als Parteivorsitzende – zusammenzukommen, um über gegenseitig interessierende Fragen zu beraten". Vgl. SAPMO-BArch, ZPA, J IV 2/202/80, zit. nach: Staadt: Die geheime Westpolitik, S. 245.

204 Vgl. Ulbricht, Walter: Die friedliche Koexistenz zwischen beiden deutschen Staaten – eine Grundbedingung der europäischen Sicherheit, in: Neues Deutschland, 10. 8. 1968, S. 3f. Die sieben Vorschläge der DDR beinhalteten folgende Punkte: Herstellung normaler diplomati-

gnalisierte die SED der BRD-Regierung ihre Verhandlungswilligkeit. Ulbricht erklärte die Bereitschaft der DDR, einen Staatssekretär zur Vorbereitung eines Dialogs über die Normalisierung der Beziehungen zur BRD zu benennen und Verhandlungen zwischen den Außenhandelsministerien aufzunehmen. Tatsächlich bot der DDR-Außenhandelsminister Horst Sölle am 16. August dem Bundeswirtschaftsminister Karl Schiller Gespräche in der zweiten Augustwoche in (Ost-) Berlin oder Bonn beziehungsweise ein Treffen während der Leipziger Herbstmesse an.[205]

Das SED-Angebot vom 9. August wurde nach der Intervention gegen die ČSSR vom 21. August fast nur noch als „geschickte Verschleierung der Invasionsvorbereitungen" durch den Taktiker Ulbricht betrachtet.[206] Doch andere Beobachter sprachen dem Angebot Ernsthaftigkeit durchaus nicht ab. Der Zeitpunkt der Bekanntgabe dieser Vorschläge war von Ulbricht nicht zufällig so kurzfristig gewählt worden. Erst auf der außerordentlichen Politbürositzung des ZK der SED vom 2. August wurde die Vorbereitung der Volkskammersitzung beschlossen[207], und die Parlamentarier mußten kurzfristig ihren Urlaub unterbrechen. Ulbricht wollte die „entspannte Situation" im Ostblock nutzen, um seiner eigenen Politik gegenüber dem Westen wieder mehr Gewicht zu verleihen. Damit erhoffte er sich auch eine gewisse Wirkung auf die nächsten Wahlen in der BRD. Mit Blick auf die Sowjetunion, die ohne Konsultationen mit der SED Verhandlungen mir der SPD anstrebte, wollte sich Ulbricht einen gewissen Freiraum für seine Politik verschaffen. Der KPČ, mit der am 12. August Gespräche auf höchster Parteiebene stattfinden sollten, signalisierte die SED, daß diese der DDR den Vortritt bei der Normalisierung der Beziehungen zur BRD lassen müsse. Insgesamt vermittelte die SED mit der Zurücknahme der öffentlichen Polemik gegen die ČSSR und ihre außenpolitischen Offerten das Bild einer allseits verhandlungsbereiten Partei.[208]

---

scher Beziehungen zwischen allen europäischen Staaten, Aufnahme beider deutscher Staaten in die UNO und ihre Organisationen, Unterzeichnung des Vertrages über Nichtweiterverbreitung von Kernwaffen durch die Bundesregierung, Abschluß eines Vertrages über die Nichtanwendung von Gewalt in den Beziehungen zwischen beiden deutschen Staaten, Anerkennung der bestehenden Grenzen in Europa und des Status quo, Vertrag über die Normalisierung der Beziehungen zwischen der DDR und der Bundesrepublik, Schaffung bevollmächtigter Missionen.

205 Vgl. Spittmann, Ilse: Die SED im Konflikt mit der ČSSR, in: Deutschland Archiv, Nr. 6, September 1968, S. 668.

206 Ebenda.

207 Vgl. SAPMO-BArch, ZPA, J IV 2/2/1187.

208 Vgl. Bollinger: Die DDR kann nicht über Stalins Schatten springen, S. 46f.; Lehmann: Innen- und außenpolitische Aspekte, S. 151f.

Die KPČ ihrerseits gab der Koalition der fünf „Bruderparteien“ zu verstehen, daß sie sich nicht allzuweit vom Bratislaver Kompromiß entfernen wolle. Am 6. August appellierte das Parteipräsidium an die einheimischen Massenmedien, ihre Polemik gegen die Teilnehmerländer des Treffens von Bratislava möglichst einzustellen. Doch eine Rückkehr zu irgendeiner Form von Vor- oder Nachzensur wollte keiner der Reformkommunisten. Die KPČ-Führung signalisierte der Koalition der Antireformparteien „Normalität“ in den Parteibeziehungen, indem sie kurzfristig das Treffen mit der SED-Führung in ihren dichtgedrängten Terminkalender vor dem Parteitag aufnahm. Sie wollte damit auch den Verdacht entkräften, die ČSSR würde mit Jugoslawien und Rumänien eine „kleine Entente“ schmieden und den Warschauer Pakt schwächen. Zwischen den schon zuvor fest verabredeten, aber verschobenen Treffen mit Tito (9. bis 11. August) und Ceauçescu (15./16. August) vereinbarten SED und KPČ ihre Zusammenkunft für den 12. August 1968. Die SED hatte sich ja schon auf dem Warschauer Treffen der „Fünf“ für bilaterale Gespräche mit der tschechoslowakischen Parteiführung als Druckmittel gegen die „rechten“ Kräfte ausgesprochen. Sie hatte dazu auch die Zustimmung des Politbüros der KPdSU erhalten. Somit war das erste offizielle Treffen in der Dubček-Ära zwischen den beiden Parteiführungen der SED und KPČ im Jahr 1968 durchaus nicht Resultat einer kurzfristigen Entscheidung zur „Verschleierung“ der Interventionsvorbereitung, wie später oft interpretiert wurde. Außerdem reiste Ulbricht nicht in dem Wissen über eine Entscheidung oder gar einen konkreten Termin für einen militärischen Einmarsch in die Tschechoslowakei nach Karlovy Vary. Diese Entscheidung fiel erst einige Tage später in Moskau. Doch noch vor der Reise nach Karlovy Vary gab es neue Verstimmungen. Aus SED-Sicht war die Annahme des Entwurfs des neuen Parteistatuts der KPČ auf der Präsidiumstagung am 6. August ein erneutes Alarmsignal. Das Statut wurde vor dem Parteitag den Parteiorganisationen der KPČ zur Diskussion übergeben. Die SED sah in dem Statut eine ernsthafte Gefahr. Eine schon im Juli angefertigte Analyse des früheren Arbeitsentwurfs des „revisionistischen“ Statuts durch die Parteihochschule des ZK der SED bestärkte die Partei-Führung in dieser Auffassung.[209] Darin kamen die SED-Parteischuldogmatiker zu der Einschätzung, daß die KPČ weitgehend die führende Rolle der Arbeiterklasse aufgebe, die Trennung der Partei von Staat Wirtschaft herbeiführt und damit die Prinzipien des demokratischen Zentralismus aushöhle. Das „Recht der Minderheit“, seine Meinung in der Partei frei äußern zu können, wurde als Freibrief für „Fraktionsbildung“ interpretiert. Die einhellige Schlußfolgerung lautete: Die Reformkräfte in der KPČ betreiben einen Prozeß der Sozialdemokratisierung der kommunistischen Partei!

209 Vgl. SAPMO-BArch, ZPA, J IV 2/202/296, Bd. 5.

Der ideologische Kampfbegriff „Sozialdemokratismus" bündelte mit Blick auf den Reformkurs der KPČ die innen- und außenpolitischen Interessenlagen der SED-Führung im Frühjahr und Sommer 1968. Er diente ihr maßgeblich als Legende dafür, um auf dem Feld der Ideologie die politische und propagandistische Auseinandersetzung mit dem „revisionistischen" Kurs der Prager Reformkommunisten und seinen Trägern, namentlich im Bereich der Kultur und der Massenmedien, offensiv zu führen.

Die Wurzel der tschechoslowakischen Parteikrise suchte die SED von Anfang an auf ideologischem Gebiet. Alarmiert wurde die SED, als aus ihrer Sicht die KPČ nach dem Januar in den Reihen ihrer Parteiführung einen „revisionistischen Flügel" zuließ. Das war ein klarer Verstoß gegen das Fraktionsverbot, das in den kommunistischen Parteien seit den zwanziger Jahren zu den marxistisch-leninistischen Organisationsprinzipien gehörte.

Am Vorabend der Intervention sprach die SED offen von der „Sozialdemokratisierung" der KPČ. Nach der Intervention hatte Ulbricht keinen Zweifel mehr, daß die Führung der KPČ unter Alexander Dubček die Kommunistische Partei ideologisch-politisch diskreditieren und in eine sozialdemokratische Partei umwandeln wollte. Als Analogie benutzte Ulbricht die Situation in Deutschland nach der Spaltung der SPD. 1917 wurde die „Unabhängige Sozialdemokratische Partei Deutschland" gegründet. Auf der 8. Tagung des Zentralkomitees der SED am 23. August 1968 sagte Ulbricht: „Aber es wurde offenkundig, daß die Führung der KPČ eine feste Konzeption hatte, die Kommunistische Partei auf dem Parteitag bis zu Ende, soweit es geht, zu diskreditieren, Dokumente durchzubringen, die zumindest revisionistischen Charakter haben, die ein Mittelding zwischen sozialdemokratischer Politik und USP-Politik sind. Wir kennen das ja alles aus der Vergangenheit. Das hätte zum Ergebnis gehabt, daß das Übergewicht der antisozialistischen Clubs und Organisationen nach dem Parteitag offen in Erscheinung getreten wäre und daß dann die Offensive dieser Kräfte verschärft weitergeführt worden wäre. So war die Lage am Vorabend des Einmarsches der verbündeten Armeen in die Tschechoslowakei."[210]

Die Angst der SED vor dieser Gefahr war real, besaß die SED-Führung doch genug Informationen darüber, wie in der Partei und in der DDR über die Prager Reformen gedacht wurde. Besonders die sozialdemokratische Transformation der KPČ wirkte wie ein Menetekel. Gerade weil das Feindbild „Sozialdemokratismus" eine ideologische Konstruktion war, bündelte es Erfahrungen und Interessenlagen der SED. Das Schlagwort war gleichermaßen politisch funktional und geeignet, die Konfrontation gegen die tschechoslowakischen Reformkommunisten zu legitimieren, eine Verbindung zwischen dem Prager Reformprozeß mit

---

210 SAPMO-BArch, ZPA, IV 2/1/219.

westlicher Einmischung herzustellen und die neue Ostpolitik der Bundesrepublik unter Federführung des sozialdemokratischen Parteivorsitzenden Brandt zu bekämpfen. Außenpolitisch hatte die Durchsetzung der Anerkennung der DDR als zweiter deutscher Staat für die Führung der SED die absolute Priorität. Die „neue Ostpolitik“ der Großen Koalition unter Bundeskanzler Kurt-Georg Kiesinger veränderte seit 1966 die außenpolitische Haltung der Bundesrepublik.

Die Einschätzung der SED von einer „Sozialdemokratisierung“ der KPČ konnte auch der Erste Sekretär der Prager KPČ-Stadtleitung, Šimon, nicht entkräften, der bei einem Zwischenaufenthalt in (Ost-) Berlin am 9. August seinem Gesprächspartner Konrad Naumann[211] versichert hatte, daß “hinsichtlich des Statuts kein Anlaß zur Besorgnis zu bestehen brauche, das neue Statut würde auf den bewährten marxistisch-leninistischen Grundsätzen beruhen, auf die nicht verzichtet würde“.[212]

Vor der Abreise nach Karlovy Vary erhielt Ulbricht noch eine Sonderinformation aus Moskau, denn die SED-Delegation war die erste aus der Fünferkoalition der „Bruderparteien“, die nach Bratislava mit der KPČ-Führung über die Durchführung der im Kommuniqué gemeinsam vereinbarten Vereinbarungen beraten würde. Auf Beschluß des KPdSU-Politbüros vom 10. August wurde Abrassimow beauftragt, Ulbricht persönlich die neuesten Informationen über die Lage in Prag zu vermitteln.[213] Dazu gehörten die Nachrichtenübermittlungen des sowjetischen Botschafters aus Prag nach Moskau und die Information über das Telefongespräch zwischen Breshnew und Dubček vom 9. August.[214] Der Zeitpunkt von Breshnews Anruf in Prag war überlegt gewählt. Denn an diesem Tage traf Tito in Prag ein. Einerseits sollte das Telefonat wohl eine Art Warnung an Dubček sein, keine „Extratouren“ mit Jugoslawien zu vereinbaren, und andererseits wollte Breshnew wissen, wieweit die KPČ-Führung mit der Verwirklichung der sowjetischen Forderungen von Čierná sei. Breshnew ließ Ulbricht mitteilen, daß er von Dubček vor allem zwei Fragen beantwortet haben wollte: Welche Maßnahmen wurden zur Wiederherstellung der Parteiherrschaft über die Medien ergriffen, und was wurde zur Unterbindung der Tätigkeit der Sozialdemokratischen Partei der Tschechoslowakei und zum Verbot der Klubs getan? Breshnew hatte sich im Telefonat kritisch zur Pressereaktion in der ČSSR über die Ergebnisse von Čierná und Bratislava und dem öffentlichen Auftreten von Císař geäußert.[215] Abrassi-

---

211 Naumann, Konrad: Erster Sekretär der Bezirksleitung Berlin der SED.

212 Vgl. SAPMO-BArch, ZPA, J IV 2/202/298. Bd. 7.

213 Vgl. Vypiska iz protokola Nr. 94 zasedanija politbjuro ZK KPSS ot 10 avgusta 1968 goda, in: ÚSD-SK, Z/S 227.

214 Vgl. Dubček: Leben, S. 252.

215 Vgl. Telefonnyj rasgovor L. I. Brežneva s A. Dubčekom 9. 8. 1968, in: ÚSD-SK, Z/S.

mow übermittelte unter anderem wörtlich: „Gen. Breshnew hofft, daß Sie, Genosse Ulbricht, während des bilateralen Treffens mit den tschechoslowakischen Genossen ebenfalls Hauptaufmerksamkeit auf die Notwendigkeit der exakten Erfüllung der Erklärung der Bruderparteien legen werden, auf die Erfüllung der Vereinbarungen, die während des Treffens in Čierná nad Tisou erzielt wurden und über die Gen. Breshnew die Bruderparteien im Beisein von Gen. Dubček und Gen. Černík in Bratislava informiert hat.“[216]

Der Besuch der SED-Delegation, der neben Ulbricht und den Politbüromitgliedern Stoph, Honecker und Mittag auch Axen und Florin angehörten, zählte für Dubček zu den weniger angenehmen. In seiner Autobiographie schrieb er: „Walter Ulbricht war ein Besucher einer anderen Art [als Tito und Ceauçescu – die Verf.]. Er war in der Tschechoslowakei neben Breschnew der unpopulärste ausländische Staatsmann. [...] Sich mit dem spitzbärtigen Ulbricht über irgend etwas zu einigen, erforderte eine ganz besondere Toleranz. Ulbricht war ein irgendwann in der stalinistischen Zeit versteinerter Dogmatiker, und ich fand ihn persönlich abstoßend.“[217]

Die Auftritte Ulbrichts in den bilateralen Gesprächen am 12. und während der Pressekonferenz am 13. August lieferten Dubček anschauliche Beweise für seine spätere Einschätzung. Ulbricht trat in der Rolle eines Oberlehrers in Sachen sozialistischer Ideologie und eines Musterschülers in Sachen erfolgreichen Aufbaus des Sozialismus auf deutschem Boden auf. Er beschuldigte die KPČ gröbster Versäumnisse in der ideologischen Arbeit „zur Erziehung der Arbeiterklasse und im Kampf gegen die bürgerliche Idologie“. Dem stellte er die Leistungen der SED gegenüber: „Im Kampf zwischen zwei Systemen in einem Lande mußten wir den ideologischen Kampf Tag und Nacht führen, bei offener Grenze!“ Er fügte hinzu: „ Bei Ihnen ging das ideologisch etwas gemütlicher. Das war Ihr großer Nachteil, und das hat Ihnen große Schwierigkeiten geschaffen.“[218] In seiner Rede lobte er die Aufbauleistungen der SED nach 1945, die Wirtschaftspolitik und die Lösung der Jugendfragen in der DDR, sekundiert durch Zwischenrufe von Stoph, Honecker, Mittag und Florin. In Fragen der Demokratie empfahl Ulbricht den tschechoslowakischen Gesprächspartnern, die er fast zu ungelehrigen Schülern degradierte, das Studium der Verfassung der DDR. Zum Pluralismus im Pressewesen und der Zulassung von Westzeitungen bot Ulbricht eine verblüffend einfache Antwort: „Ein normaler Mensch kann doch ohne die Springerpresse leben. Wozu brauchen wir sie also?“[219] Bevor Ulbricht zu Fragen der Außenpolitik und

---

216 Vypiska iz protokola Nr. 94.
217 Dubček: Leben, S. 253.
218 SAPMO-BArch, ZPA, J IV 2/201/703, Bd. 1.
219 Ebenda.

der euopäischen Sicherheit überging, faßte er seine „Lektion“ folgendermaßen für seine Zuhörer zusammen: „Wir sind ein oder zwei Stufen höher in der sozialistischen Demokratie, als das gegenwärtig in der Tschechoslowakei der Fall ist. Die sozialistische Demokratie funktioniert, und nicht einmal der Gegner ist in der Lage, das Gegenteil zu beweisen.“[220]

Außenpolitisch belehrte Ulbricht die tschechoslowakischen Genossen vor allem über die westdeutsche Sozialdemokratie und deren Wesensverwandschaft mit den tschechoslowakischen Sozialdemokraten. Er polemisierte gegen die Auffassung, daß die SPD zu den fortschrittlichen Kräften in der BRD zu rechnen wäre. Für ihn existierten zwischen SPD- und CDU-Ministern nur „Nuancen“.

Im zweiten Teil der Zusammenkunft standen wirtschaftliche Fragen im Vordergrund, vor allem die Probleme im osteuropäischen Wirtschaftsverbund RGW.

Eine hitzige Debatte entbrannte insbesondere über die unterschiedliche Einschätzung des Verhältnisses zur BRD sowie über die ideologische Arbeit und die Tätigkeit der Massenmedien in der ČSSR. Die SED-Politiker richteten Vorwürfe um Vorwürfe an die tschechoslowakischen Gesprächspartner und stellten deren Geduld auf eine harte Probe. Sie ließen beim Selbstlob der Errungenschaften der DDR und bei der Kritik an der tschechoslowakischen Vergangenheit und aktuellen Politik kaum ein Sachgebiet aus. Immer wieder erinnerten Ulbricht und Genossen an die „Erklärung von Bratislava“ und die auch von der KPČ unterschriebenen politischen Grundsätze. Der Gesprächsverlauf offenbarte die unüberbrückbaren Gegensätze in den gesellschaftlichen Grundfragen zwischen den Reformern aus der ČSSR und den „besten“ deutschen Marxisten-Leninisten der Gegenwart. Trotzdem unterbreitete Ulbricht nicht ohne Hintergedanken zum Abschluß der Gespräche den folgenden Vorschlag: „Selbstverständlich könnten wir einen ganz großen Coup machen, wenn wir morgen früh gemeinsam vor der Presse auftreten, dann demonstrieren wir vollständige Gemeinsamkeiten.“[221]

Die tschechoslowakische Seite wies darauf hin, daß sie mit der jugoslawischen Delegation auch keine gemeinsame Pressekonferenz veranstaltet habe. Jeder könne den Pressevertretern sagen, was er wolle. Doch hartnäckig forderte Ulbricht, direkt an Dubček gewandt: „Wir legen Wert darauf, daß wir gemeinsam vor der Presse auftreten.“ Ulbricht wollte gemäß dem Auftrag von Breshnew konkret prüfen, wie es mit der Erfüllung der Forderung von Čierná nach Parteikontrolle über die Medien bestellt war. Deshalb ließ er in diesem Punkt nicht lokker und setzte nach dem Abendessen das Streitgespräch über eine gemeinsame Pressekonferenz fort. Dubček verwies darauf, er würde lediglich eine kurze positive Würdigung des Treffens mit der SED vornehmen. Aber wenn Ulbricht auf

220 Ebenda.
221 Ebenda.

der Pressekonferenz bestünde, müsse er mit unbequemen Fragen rechnen, zum Beispiel nach dem „Warschauer Brief" der „Fünf", zu dessen Initiatoren die SED ja gehörte. Dubček wörtlich: „Sie können sicher sein, daß die Journalisten damit kommen werden. Ich werde Warschau selbstverständlich negativ einschätzen, wie das unser Präsidium und unser Volk getan haben."[222] Damit brachte er Ulbricht in eine schwierige Lage. Er wollte nicht allein für den „Warschauer Brief" in aller Öffentlichkeit an den Pranger gestellt werden, zudem mußte er im „Geist von Bratislava" und nach sowjetischem Wunsch alles vermeiden, was zu einer erneuten Konfrontation und Verhärtung der Fronten zwischen den „Bruderparteien" führen könnte. Er lenkte also ein und betonte: „Man muß vorwärts schauen." Trotz dieser Bedenken wischte er mit konsequenter Hartnäckigkeit auch noch das letzte Argument der Gastgeber vom Tisch, daß keine Übernachtungsmöglichkeiten für die Journalisten reserviert worden seien. Ulbrichts entwaffnende Antwort: „In Karlovy Vary ist doch alles möglich. Also wird man auch die Journalisten unterbringen können."[223] Die Pressekonferenz fand statt.

Damit verzögert sich die Abreise der SED-Delegation bis in die Vormittagstunden des 13. August. Tags darauf erschien unter der Überschrift „Für gute Zusammenarbeit im Geiste des Marxismus-Leninismus" im „Neuen Deutschland" die Wiedergabe der Verlaufs der gemeinsamen Pressekonferenz der Delegationen der SED und der KPČ in Karlovy Vary. Sie sollte nach außen hin demonstrieren, daß die KPČ in den Gesprächen mit der SED nochmals darauf verpflichtet wurde, die vereinbarten Aufgaben von Bratislava zu erfüllen. Ulbricht stilisierte die Erklärung von Bratislava zum „bedeutendsten marxistisch-leninistischen Dokument der Gegenwart" hoch.[224] Ansonsten ließ er über die Entwicklung in der Tschechoslowakei seit Januar 1968 überraschenderweise keine Kritik hören. Er verwies auf den erprobten Grundsatz der SED, Problemlösungen „im Vorwärtsschreiten" zu suchen und zu finden. Stoph ergänzte diese Aussage durch den Spruch „Vorwärts immer, rückwärts nimmer".[225] Dafür nutzte Ulbricht ausgiebig die Gelegenheit zur Darstellung der Erfolge und Leistungen der SED und der DDR in Vergangenheit und Gegenwart. Er verwies auf die sozialistische Verfassung der DDR, die schon immer in der Partei gepflegte demokratische Praxis geheimer Abstimmungen (im Gegensatz zu der bisherigen Praxis in der KPČ), die „normalen" Beziehungen zwischen der Arbeiterklasse, den Genossenschaftsbauern, den Wissenschaftlern und auch den Handwerkern und Unternehmern. Er ersparte der tschechoslowakischen Öffentlichkeit nicht einmal die Erfolgsmeldung

222 Ebenda; vgl. SAPMO-BArch, ZPA, J IV 2/202/298, Bd. 7.
223 Ebenda.
224 Vgl. Neues Deutschland, 14. 8. 1968, S. 3.
225 Ebenda, S. 4.

über die „Einbeziehung ehemaliger Hitlergeneräle" in die NVA, mit dem Zusatz allerdings, daß sie nun „gegen die USA und den westdeutschen Imperialismus" auftreten.[226] Ulbricht unterstrich, die SED sei von Anfang an „den demokratischen Weg zum Sozialismus" gegangen. Mit zwei Darstellungen erntete er sogar eine gewisse Heiterkeit bei den tschechoslowakischen Journalisten, nämlich mit seiner Einschätzung der Lage unter den DDR-Studenten und über die Pressezensur. Die Studenten in der DDR seien so sehr mit der Universitätsreform beschäftigt, daß sie gar keine Zeit hätten, sich mit der bürgerlichen Ideologie zu befassen, „lieber singen sie fröhliche Lieder". Im Zusammenhang mit seinen Ausführungen zur Rolle der ideologischen Arbeit ließ Ulbricht das Auditorium wissen: „Als wir aus der Presse erfuhren, daß Sie eine Pressezensur abgeschafft haben, waren wir bei uns erstaunt, weil wir so etwas nicht kannten. Wir haben nie eine Pressezensur gehabt, und Sie sehen, wir sind ganz gut vorwärts gekommen auch ohne Pressezensur."[227]

Die Pressekonferenz war der letzte gemeinsame öffentliche Auftritt von Vertretern der beiden Konfliktparteien, einem Mitglied der Antireformkoalition der fünf „Bruderparteien" und der KPČ. Ulbricht hatte sein „Bestes" gegeben, um, in der Form flexibel, im Wesen der Sache jedoch unnachgiebig, politischen Druck auf die Vertreter des Reformflügels in der KPÈ auszuüben. Er reiste aus Karlovy Vary mit dem Hinweis ab, daß es für ihn Zeit wäre „endlich mal in Urlaub [zu] fahren".[228]

Für die tschechoslowakischen Reformer in der KPČ schien das ein günstiges Zeichen, denn auch die Führungsspitze der KPdSU befand sich schon auf der Krim im Urlaub. Bis zur Eröffnung des Außerordentlichen Parteitages am 9. September standen in Prag und in der ganzen Partei noch große Aufgaben an. Das Präsidium des ZK der KPČ hatte für den 13. und den 20. August die letzten beiden Sitzungen für die unmittelbare Vorbereitung des Parteitages einberufen. Nach den Gesprächen mit den „Dinosauriern" (Dubček) in Čierná, Bratislava und Karlovy Vary erhofften sich Dubček und seine Anhänger eine ungestörte Parteitagsvorbereitung und ebenfalls ein paar Tage der Entspannung.

226 Ebenda.
227 Ebenda.
228 Ebenda.

Kapitel 5

Die Intervention

Die Entscheidung des Politbüros der KPdSU über die Intervention

Die Zeit zwischen dem Treffen in Čierná und dem 21. August 1968 war, nur oberflächlich betrachtet, eine Art „Ruhepause". Die politischen und die Sicherheitsapparate der fünf „Bruderländer" arbeiteten auf Hochtouren; vorrangig die sowjetischen waren darum bemüht, die „gesunden Kräfte" in Prag und Bratislava zum Entschluß einer Aktion zu bewegen.[1]

Die Politik sollte den Einsatz der militärischen Kräfte möglichst gut vorbereiten und international begründen sowie das Szenario für ihren Erfolg liefern.

Zunächst konzentrierte man sich auf die Aufgabe, einen sogenannten Hilferuf vorzubereiten und eine kompetente Gruppe zu gewinnen, diesen zu unterzeichnen. Der Text dieses „Hilferufs" war ursprünglich scheinbar sehr breit und ambitiös konzipiert, wie die ersten Entwürfe zeigen.[2] Die KPdSU erhielt in der Tat einige Gesuche tschechischer und slowakischer Konservativer um „Gewährung militärischer Hilfe". Sie kamen jedoch von untergeordneten oder völlig einflußlosen Personen. Breshnew hatte schon in Čierná darauf verwiesen, die KPdSU hätte Tausende Briefe von aufrechten tschechoslowakischen Kommunisten erhalten, aber ebenso auch Schreiben von Anhängern der Reformideen, die die sowjetischen Kommunisten dafür gewinnen wollten. Für die Verschleierung der Intervention benötigten die KPdSU-Strategen jedoch ein „Papier" von führenden politischen Repräsentanten, möglichst von der Mehrheit des Präsidiums des ZK der KPČ unterschrieben.

Die Arbeit der sowjetischen Apparate hatte schon in Čierná ein erstes Ergebnis gezeitigt. Ein direkt an Breshnew gerichteter „Hilferuf" wurde zu Beginn der bilateralen Verhandlungen zwischen KPČ und KPdSU übergeben.[3] Das Schreiben ließ jedoch nicht erkennen, welche Kräfte der KPČ hinter der „Bitte" um „brü-

---

1 Vgl. Pichoja.: Čechoslovakia, Nr. 1, 1995, S. 36; Československo 1968, I, S. 144f.

2 Pichoja.: Čechoslovakia, Nr. 1, 1995, S. 45.

3 Vgl. Prieß, Lutz: Der „Einladungsbrief" zur Intervention in der ČSSR, in: Deutschland Archiv, Nr. 12, Dezember 1994, S. 1252ff.

derliche Hilfe“ standen. Der Brief begann mit den Worten: „Sehr verehrter Genosse, ich verstehe, daß es ungewöhnlich ist, sich einfach so mit einem Brief an Sie zu wenden.“[4] Er war nur von einer einzigen Person unterschrieben, nämlich von Antonín Kapek, Kandidat des Präsidiums des ZK der KPČ. Wahrscheinlich war selbst Breshnew überrascht, denn eine Reaktion oder gar Antwort ist nicht bekannt. Die Anti-Reformer in der KPČ-Führung ließen sich nicht dadurch entmutigen, daß der von Antonín Kapek unterschriebene Brief nicht den erhofften Erfolg hatte, und formulierten bis zum Treffen in Bratislava einen neuen Brief, den nunmehr Bil'ak, Erster Sekretär der KP der Slowakei und Präsidiumsmitglied des ZK der KPČ, Indra, Sekretär des ZK, Kolder, Präsidiumsmitglied und Sekretär des ZK, Švestka, Mitglied des Präsidiums des ZK und Chefredakteur der „Rudé Právo“, sowie Kapek unterschrieben.

Bil'ak übergab den Brief Schelest, mit dem er bereits seit einiger Zeit konspirierte. Mit ihm, Bil'ak, rechneten die Sowjets besonders. Aber die weitere Arbeit wurde vor allem vom Prager Tandem Indra-Kolder geleistet, das sich im Zentrum der Geschehnisse befand. Zunächst begannen die Unterzeichner, praktische und politische Schritte zu konzipieren, um den Erfolg einer militärischen Intervention zu sichern. Ihr Brief fand in Bratislava nach dem erzielten Kompromiß mit dem Präsidium der KPČ vorerst auf sowjetischer Seite keine weitere Beachtung. Doch in den letzten Tagen vor der Entscheidung über die Intervention besann sich die KPdSU-Führung auf ihn. Gemeinsam mit der Gruppe um Indra und Bil'ak wurde die konspirative Arbeit beschleunigt fortgesetzt. Das Ergebnis war der dritte und wichtigste „Einladungsbrief.“ Seine definitive Form erhielt er bei einer Wochenendzusammenkunft der Spitzen des „gesunden Kerns“ in dem unrühmlich bekannten Erholungszentrum des ZK der KPČ in der Nähe des Moldauschlosses Orlík, südlich von Prag. Am Abend des 16. August übergab Indra den überarbeiteten Brief in der Prager Botschaft der UdSSR einem „Journalisten Sascha“.

Die Verfasser richteten ihre Erklärung „im Bewußtsein der vollen Verantwortung für unseren Entschluß“ direkt an Breschnew und verfaßten sie aus Gründen “höchster Geheimhaltung“ in russischer Sprache. Sie beschrieben die politische Situation des Landes aus ihrer Sicht und schätzten ein: „Die rechten Kräfte schufen günstige Bedingungen für einen konterrevolutionären Umsturz.“[5]

Ihren eigenen Machtverlust vor Augen und unfähig, die Notwendigkeit von grundlegenden Reformen zu erkennen, suchten die einheimischen Reformgegner den Schulterschluß mit den orthodoxen Gralshütern des realsozialistischen Mustermodells in der KPdSU. „In dieser schwierigen Situation wenden wir uns an Sie, als sowjetische Kommunisten, als führende Vertreter der KPdSU und der

4 ÚSD-SK, Z/S-21.
5 Vgl. Prieß: Der „Einladungsbrief“, S. 1253.

UdSSR, mit der Bitte, uns mit allen Mitteln über die sie verfügen, wirksame Unterstützung und Hilfe zu leisten. Nur mit Ihrer Hilfe können wir die ČSSR vor der drohenden Konterrevolution retten."[6]

Die Kernaussage des Briefes geht in seiner Bedeutung über seinen Anlaß hinaus: hier wird eine grundsätzliche Position eingenommen, die für die Geschichte des sowjetischen Imperiums von entscheidender Bedeutung ist. Es wird deutlich, daß der politische Zusammenhalt des Ostblocks auf der Kooperation der von der KPdSU geführten Kommunistischen Parteien beruht. Wird dieser Mechanismus nur von einer Partei gestört, hat das Auswirkungen auf alle anderen Parteien und Staaten. Das SED-Verdikt über den „Sozialdemokratismus" der KPČ trifft hier auch den Kern des tschechoslowakischen „Revisionismus", beanspruchte doch die KPČ für die eigene Partei und das von ihr regierte Land das Recht auf Selbstbestimmung. Das Selbstbestimmungsrecht trennt aber Sozialdemokraten und Kommunisten seit Gründung der Komintern 1919.

Diesem Brief war ein anderes Schicksal beschieden als dem Schreiben von Kapek. Der Brief und seine Autoren, es hatten sich noch Rigo, Barbírek und Piller angeschlossen[7], wurden fester Bestandteil des Szenarios für die militärische Aktion gegen den Reformkurs in der ČSSR. Indra übermittelte der sowjetischen Seite bei dem geheimen Treffen am 16. August den Plan der politischen Entmachtung von Dubček und den anderen Reformkräften im Präsidium des ZK der KPČ: In der Präsidiumssitzung des ZK am 20. August 1968, der letzten Diskussionsrunde zur Vorbereitung des Außerordentlichen XIV. Parteitages der KPČ, sollte ein endgültiges Zerwürfnis zwischen den Reformern und den sogenannten „gesunden" Kräften herbeigeführt und eine Mißtrauenserklärung gegen Dubček durchgesetzt werden. In der Nachtsitzung vom 20. zum 21. August wollten die Kräfte um Bil'ak und Indra faktisch die Führung der Partei und der Regierung übernehmen.

Breshnew erhielt den „Einladungsbrief"[8] entweder noch in der Nacht oder am Morgen des 17. August – was genau in den Gang der Geschehnisse paßte.

---

6 ÚSD-SK, Z/S-21

7 Vgl. Pichoja.: Čechoslovakia, Nr. 1, 1995, S. 44.

8 Der Brief, obzwar unveröffentlicht, ging als „Einladungsbrief" zur Invasion gegen die ČSSR in die Geschichte ein. Das Original bekam im September 1968 in Moskau den Vermerk „Streng geheim". Eine undatierte handschriftliche Anweisung von Konstantin Tschernenko besagt: „Aufzubewahren im Archiv des Politbüros. Nicht ohne meine Zustimmung zu öffnen." Nach der samtenen Revolution beauftragte der tschechoslowakische Präsident Havel die Regierungskommission von Historikern mit der Untersuchung der Ereignisse von 1968. Trotz mehrfacher Bitten der tschechoslowakischen Regierung und der Kommission an den sowjetischen Präsidenten Gorbatschow wurden der ČSSR wichtige Dokumente nicht ausgehändigt. Erst im Juli 1992 übergab ein Sonderbotschafter des russischen Präsidenten Jelzin dem tschechoslowakischen Präsidenten den sogenannten „Einladungsbrief".

Die Nachrichten, die Breshnew in seinem Feriendomizil in Jalta aus Prag nach dem Telefonat mit Dubček vom 9. August empfing, stimmten ihn sehr nachdenklich. Die Informationen über das Treffen zwischen der SED und KPČ besagten auch nichts Positives über die Erfüllung der sowjetischen Forderungen. Am 13. August griff Breshnew erneut zum Telefonhörer und rief in den Abendstunden Dubček in Prag an.[9] Nach kurzen einleitenden Worten sagte Breshnew, er wolle gleich zur Sache kommen. Er warf Dubček vor, die Abmachungen von Čierná und Bratislava nicht eingehalten zu haben. Breshnew wörtlich: „Ich meine die Vereinbarungen, die zwischen uns im Gespräch eins zu eins, die Vereinbarungen, die im Gespräch beim Treffen vier zu vier, die Vereinbarungen, die zwischen dem Politbüro unserer Partei und dem Präsidium des Zentralkomitees Ihrer Partei erzielt wurden."[10] Im Gegenteil, in den tschechoslowakischen Medien würden antisowjetische und antisozialistische Ideen verbreitet und die „gesunden" Kräfte attackiert.

Dubček wiederholte seine „Ausflüchte" vom Telefonat am 9. August und verwies darauf, er könne nichts übers Knie brechen, und alles brauche seine Zeit. Breshnew redete sich fast in Rage, weil er das Gefühl hatte, Dubček wolle ihn hinhalten. Um so mehr bohrte er in der Frage der Kaderveränderungen und der Medien weiter. Breshnew wollte Dubček die Zusage abringen, noch auf der am selben Abend stattfindenden Präsidiumstagung die Kaderfragen zur Zufriedenheit Moskaus zu klären. Das betraf auch die heikle Angelegenheit der Trennung von Innenministerium und Staatssicherheit der ČSSR und damit der Entmachtung von Minister Pavel. Die ausweichenden Antworten von Dubček, der für die Vorbereitung des Außerordentlichen Parteitages Zeit gewinnen wollte, ließen Breshnew zu der Äußerung hinreißen, daß er darin „Betrug" sehe. Breshnew sprach eine eindeutige Warnung an Dubček aus: „Wenn Du die Fragen heute dem Präsidium vorlegst, dann ist das vielleicht die letzte Chance, die Sache ohne große Kosten, ohne große Verluste zu retten. Geht das schlecht aus, dann werden die Verluste gewaltig werden."[11]

Breshnew versuchte im Gespräch mehrfach eine „Brücke für Dubček" zu bauen. Er verwies ihn darauf, mit den „guten" Genossen im Präsidium zusammenzuarbeiten, erwähnte namentlich Bil'ak, versprach Dubček jegliche Hilfe bei entsprechender Anforderung und versicherte ihn seines persönlichen Vertrauens in der schwierigen Situation. Doch Breshnew forderte Zustimmung zum sowjeti-

9 Vgl. Beseda tov. L. I. Brežneva s tov. A.S. Dubčekom, 13. avgusta 1968 goda, in: ÚSD-SK -Z/S.

10 Dubček schrieb in seiner Autobiographie über das Telefonat vom 13. 8. 1968: „Breshnew erwähnte in diesem Gespräch mit keinem Wort die nicht existierenden ‚Abmachungen' von Čierná [...].", in: ders., Leben, S. 254f.

11 Pichoja: Čechoslovakia, Nr. 1, 1995, S. 42.

schen Kurs. Die bekam er nicht. Zu Breshnews größter Überraschung deutete Dubček sogar an, daß er vom Posten des Ersten Sekretärs zurücktreten würde. Das verwirrte Breshnew für einen Augenblick, denn bisher hatte er darauf gesetzt, mit Dubček an der Spitze der KPČ das Kräfteverhältnis zugunsten der „gesunden" und moskautreuen Kräfte in der Partei zu ändern. Er beschwichtigte „Sascha", wie er Dubček freundschaftlich ansprach, und bot ihm nach der Präsidiumssitzung eine Aussprache unter vier Augen mit Tscherwonenko an, um sich Rat zu holen.

Das Gespräch hatte für die KPdSU-Führung entscheidende Bedeutung hinsichtlich der endgültigen Beschlußfassung über die Intervention. In ihren Augen bot die Zusammensetzung des Präsidiums keine Garantie mehr für eine Rückkehr der KPČ zum gemeinsamen politischen Kurs. Dubček erschien als zu schwach für die notwendigen Entscheidungen und mit der Führung der Partei überfordert. Ohne schnelle Kaderveränderungen befürchteten die sowjetischen Genossen eine vernichtende Niederlage für die Konservativen bei der Neuwahl des Zentralkomitees und Präsidiums auf dem bevorstehenden Sonderparteitag. Die sofort nach dem Ende der KPČ-Präsidiumssitzung übermittelte Nachricht, daß Dubček die ultimativen Kaderfragen nicht entschieden habe, bekräftigte diesen Standpunkt nur noch.

Breshnew und die Politbüromitglieder Kossygin, Woronow, Pelsche, Podgorny, Suslow, Schelepin, Schelest sowie die Kandidaten des KPdSU-Politbüros Grischin, Kunajew, Masurow, Mascherow und Raschidow bildeten auf der Krim weniger eine „Ferienkolonie", sondern eher schon einen „Krisenstab". Sie berieten über die tschechoslowakische Situation aber nicht nur im engen Zirkel; an ihrer Seite stand in diesen Tagen (12. bis 15. August 1968) auch der ungarische Parteichef Kádár. Dieser hatte sich ja schon Anfang Juli bei seinem Aufenthalt in Moskau (27. Juni bis 4. Juli 1968) für die „Okkupation" der Tschechoslowakei ausgesprochen und damals den Sowjets versichert: „Wenn es notwendig wird, dann werden wir ohne Zögern handeln."[12] Kádár gehörte zwar zu jenen, die wie Breshnew die politische Konfliktlösung der militärischen vorgezogen hätten, aber auch er verlor das Vertrauen in die Fähigkeit Dubčeks, das Ruder noch einmal herumzureißen und die KPČ wieder in das Moskauer Fahrwasser zurückzubringen. Er fühlte sich auch persönlich durch die Veröffentlichung eines Artikels in der tschechoslowakischen Zeitschrift „Literárny listy" getroffen, in dem der Ungar Imre Nagy anläßlich seines zehnten Todestages zum Vorbild für die Tschechoslowakei erklärt wurde. Die Rolle Kádárs als ein „liberaler" Kommunist sowie Vermittler zwischen den Konservativen in Moskau und den Reformern in Prag 1968 ist wahrscheinlich von allen Seiten überschätzt worden. Wenn er auch

---

12 Vgl. Rabočaja zapis sasedanij Politbjuro. 1968, l. 357ff., zit. nach: Pichoja: Čechoslovakia. 1968 god, Nr. 6, 1994, S. 20.

nicht so vehement wie Ulbricht für die „Kaderüberprüfung" der „gesunden" und der „konterrevolutionären" Kräfte in der KPČ auftrat beziehungsweise „konspirativ" gegen die Reformer an der Spitze der KPČ wirkte, so ließ er sich doch von den Sowjets in gewissem Sinne für ihre Zwecke instrumentalisieren. Somit war auch Kádár seit Juli 1968 ein „Komplize vor und nach der Tat".[13] Er übernahm noch die Aufgabe, im sowjetischen Auftrag ein letztes Treffen mit Dubček vor der Intervention zu arrangieren.

In den Tagen nach dem 13. August gab es zwischen Moskau und der Krim ständige Konferenzschaltungen über das weitere Vorgehen gegenüber der Tschechoslowakei. Um eine Entscheidung treffen zu können, mußte das KPdSU-Politbüro die Sommerpause unterbrechen. Unter der Leitung von Kirilenko begann es in Moskau schon am 16. August seine Beratungen, bevor einen Tag später Breshnew und die anderen Krimurlauber in der Hauptstadt eintrafen.

Doch schon vor dem 17. Juli war die sowjetische Militärmaschinerie bereits in Gang gesetzt worden. Der Armeegeenral Schtemenko erteilte am 11. August dem Chef des Hauptstabes der NVA der DDR, Generalmajor Fritz Streletz, die Weisung, die an der laufenden Nachrichtenübung beteiligten Truppen bis „voraussichtlich zum 20. August 1968 in ihren Konzentrierungsräumen" zu belassen, worüber SED-Politbüromitglied Honecker noch am 12. August informiert wurde.[14] Am 13. August inspizierte der sowjetische Verteidigungsminister Marschall Gretschko nach entsprechenden Besuchen bei den einheimischen Truppen in den Westgebieten der Sowjetunion, die im Süden der DDR dislozierten sowjetischen Divisionen. Das geschah selbst für die DDR-Militärs unangemeldet und überraschend.[15]

Am 16. August wurde der sowjetische Armeegeneral Pawlowski vom sowjetischen Verteidigungsminister Gretschko zum Oberbefehlshaber der Interventionsstreitkräfte in der „Operation Donau" ernannt.[16] In gewissem Sinne wurde Marschall Jakubowski nunmehr „entlastet". Die „Operation Donau" war nämlich, streng genommen, keine Aktion des Warschauer Pakts, sie erfolgte ohne die Teilnahme Rumäniens. Somit konnte Marschall Jakubowski als Oberkommandierender der Vereinten Streitkräfte des Warschauer Pakts nicht an die Spitze der miliärischen Intervention gestellt werden.

Auf der Tagung des vollzählig versammelten Politbüros der KPdSU am 17. August fiel die Entscheidung, definitiv eine Intervention in der ČSSR durch-

---

13 Fehér, Ferenz/Heller, Agnes: Die Stellung des Prager Frühlings in der Typologie der osteuropäischen Emanzipationsbewegung, in: Osteuropa-Info, Berlin, Hamburg, Nr. 1, 1982, S. 18.

14 Vgl. Wenzke: Die NVA, S. 108.

15 Ebenda.

16 Vgl. ÚSD-SK, Československo 1966–1971. Chronologie, S. 233.

zuführen, und zwar ohne Verzögerung in der Nacht vom 20. zum 21. August und nach dem politischen Szenario, das der Prager und Bratislaver „gesunde Kern“ unterbreitet hatte. Die Gründe für die Eile waren militärischer (man konnte die Armeen nicht allzu lange in den Aufmarschräumen halten) und politischer Natur; unter letzteren überwog die Befürchtung vor dem rasch näherrückenden Außerordentlichen XIV. Parteitag der KPČ.

Breshnew selbst leitete die entscheidende Politbürositzung. Er berichtete den Politbüromitgliedern von seinen Konsultationen mit Kádár auf der Krim. Der ungarische Parteichef hatte Breshnew völlige Unterstützung für alle Aktionen zur „Hilfe des tschechoslowakischen Volkes“ zugesichert.[17]

Die Begründung für ihre Interventionsentscheidung formulierte die sowjetische Parteiführung klar und eindeutig im Beschluß „Zur Frage der Lage in der Tschechoslowakei“. Unter Punkt eins heißt es[18]: „Nach umfassender Analyse der Lage und der Ereignisse der letzten Tage in der Tschechoslowakei und Beratung der Bitte der Mitglieder des Präsidiums des ZK der KPČ und der Regierung der ČSSR an die UdSSR, die VRP, die VRB, die UVR und die DDR, ihnen militärische Hilfe im Kampf gegen die konterrevolutionären Krafte zu erweisen[19], ist das Politbüro des ZK der KPdSU der Meinung, daß die Entwicklung der Ereignisse der letzten Tage in der Tschechoslowakei einen äußerst gefährlichen Charakter angenommen hat. Rechte Elemente, die sich auf die offene und geheime Unterstützung der imperialistischen Reaktion stützen, haben die Vorbereitung eines konterrevolutionären Umsturzes abgeschlossen und gefährden die sozialistischen Errungenschaften der tschechoslowakischen Werktätigen, das Schicksal der Tschechoslowakischen Sozialistischen Republik.

Unter Beachtung dessen, daß von seiten der KPdSU und der anderen Bruderparteien bereits alle politischen Mittel zur Einwirkung auf die Führung der KPČ ausgeschöpft wurden, um sie von der Abwehr der rechten, antisozialistischen Kräfte zu überzeugen, ist das Politbüro des ZK der KPdSU der Auffassung, daß der Moment für die Anwendung aktiver Maßnahmen zur Verteidigung des Sozialismus in der ČSSR gekommen ist, und es beschließt einstimmig: der Kommuni-

---

17 Vgl. Pichoja: Čechoslovakia, Nr. 6, 1994, S. 44.

18 Der Auszug aus dem Protokoll Nr. 95 der Sitzung des Politbüros des ZK der KPdSU vom 17. August 1968 umfaßt insgesamt zehn Festlegungen. Vgl. Vypiska na protokola Nr. 95 zasedanija Politbjuro ZK ot 17 avgusta 1968 g., in: ÚSD-SK, Z/S.

19 Bisher konnte weder im SED-Archiv noch von Wenzke in seiner Studie „Die NVA [...]“ nachgewiesen werden, daß sich die tschechoslowakischen „gesunden“ Kräfte außer an die KPdSU auch an die SED oder die Parteiführungen in Bulgarien, Polen und Ungarn gewandt hätten. Auf Grund der nachgewiesenen geheimdienstlichen Informationsstränge zwischen dem KGB und der Gruppe um Bil'ak und Indra, kann davon ausgegangen werden, daß es wahrscheinlich nur eine „Einladung“ gab, nämlich die an die Sowjetunion.

stischen Partei und dem Volk der Tschechoslowakei wird geholfen und Unterstützung durch bewaffnete Kräfte gewährleistet."[20]

Das Politbüro erachtete es gleichzeitig als „zweckmäßig", die Parteiführungen aus Bulgarien, Ungarn, Polen und der DDR für den 18. August nach Moskau einzubestellen, um mit ihnen abschließend über die getroffenen Maßnahmen zu „beraten".

Unter Punkt neun wurde dann lapidar das Wichtigste festgehalten: „Die Information des Gen. Gretschko, A. A., wurde einstimmig vom Politbüro des ZK der KPdSU bestätigt." Dahinter verbarg sich das gesamte Projekt der militärischen Intervention unter dem Geheimcode „Operation Donau". Doch darüber mußten sich die Politbüromitglieder keine Gedanken mehr machen. Für die politische Arbeit der KPdSU wurden verschiedene Arbeitsgruppen gebildet beziehungsweise sollte das Sekretariat des ZK weitere Maßnahmen für den Einsatz der Politfunktionäre festlegen.

Zwischen Moskau und den Prager „gesunden" Kräften bestand ein direkter Informationsaustausch in den Tagen zwischen dem 17. und 20. August. Einer der tschechoslowakischen Verbündeten für die Durchführung des Szenarios war Šalgovič. Ihn instruierten sowjetische KGB-Spezialisten in Bulgarien für geheimdienstliche Operationen während der Nacht der Intervention gegen sogenannte rechte Kräfte in der tschechoslowakischen Parteiführung.[21]

Der zu Dubček stehende Teil der Führung der KPČ war im Unterschied zur Bil'ak-Gruppe über diese Entscheidung nicht informiert. Es gab zwar eine telefonische Warnung aus Budapest, die war jedoch nicht überprüfbar; gewisse Andeutungen enthielten auch Breshnews Telefonate mit Dubček. Sie riefen zwar Befürchtungen hervor, die Kriegel mit dem Gleichnis eines „Damoklesschwertes über unseren Köpfen" zum Ausdruck brachte, mündeten jedoch eher in dem Schluß, es handele sich dabei immer noch um eine Einschüchterungstaktik, und daher sei es um so notwendiger, das Land in Ruhe zu halten, damit der Außerordentliche XIV. Parteitag, an dessen Verhinderung Moskau so gelegen war, gut vorbereitet und durchgeführt werden könne.

Es gelang, dieses Vorhaben zu verwirklichen. Die Intensität der Polemik sank merklich, und es kam zu keinen provokativen Anlässen, die die Spannung hätten steigern können. In den vom ZK der KPČ eingesetzten Arbeitskommissionen wurde intensiv an den Dokumenten für den Parteitag gearbeitet, wobei sich häufig Auseinandersetzungen mit den Anhängern Indras und Bil'aks ergaben. Dabei wurden die Konservativen von einer Mehrheit überstimmt, dennoch gelang es ihnen, die Regie für ein wichtiges Dokument an sich zu reißen.

---

20 Vgl. Pichoja: Čechoslovakia, Nr. 6, 1994, S. 44.

21 Vgl. Benčik: Operace „Dunaj", S. 109ff.

Es ging um die Stellungnahme zu einem Situationsbericht[22] über die Lage in der Tschechoslowakei vor dem Parteitag. Dem Land drohe die Konterrevolution hieß es da, und dementsprechend müsse gehandelt werden. Das Dokument wurde jedoch auf der Sitzung des Präsidiums des ZK am 13. August nicht gebilligt und sollte auf einer weiteren Sitzung, die für den 20. August geplant war, erneut diskutiert werden. Im wesentlichen ging es den Verfassern dieser Stellungnahme, Kolder und Indra, darum, die Gefahr einer „Konterrevolution" zu beschwören. Die Diskussion und Abstimmung über dieses Dokument sollte dazu genutzt werden, die „rechten" Kräfte um Dubček in einer Art „Palastrevolution" zu stürzen. Man erwartetet, daß sie die darin enthaltenen unwahren Einschätzungen nicht teilen würden, um dann von den „gesunden" Kräften mit mindestens einer Stimme überstimmt und entmachtet zu werden.

In der Slowakei verlief die Entwicklung hinter den Kulissen ziemlich dramatisch. Bil'ak bereitete eine Aktion vor, die zur Deklaration der slowakischen Selbständigkeit, zur Verhaftung Dubčeks und zur „Einreichung eines Gesuches" um militärische Hilfe der UdSSR führen sollte. Er plante dies im Zusammenhang mit einem Außerordentlichen Parteitag der KP der Slowakei. Der Zustand der slowakischen politischen Szene ließ allerdings die Annahme zu, Bil'ak würde diesen Parteitag nicht in der Funktion des Parteichefs überleben und höchstwahrscheinlich von Husák abgelöst werden, dessen Stern in der Slowakei schnell aufstieg.

Inzwischen steigerte die sowjetische Seite ihren Druck. Breshnew sandte am 16. August einen Brief an Dubček, in dem er nochmals die Absetzung von Kriegel, Čisař und Pelikán forderte.[23] Am 17. August verabschiedete das KPdSU-Politbüro einen weiteren Brief.[24] Der schwer bedrängte Dubček hielt aber dennoch an der Verzögerungstaktik fest, um den außerordentlichen KPČ-Parteitag nicht zu gefährden. Breshnew begriff die Gefahr, die sich daraus ergab: Der Parteitag durfte nicht statttinden. Dennoch versuchte Breshnew, durch Vermittlung Kádárs Dubček dahin zu bringen, sich endlich anzupassen. Offenbar war dies ein letzter verzweifelter Versuch, durch innere tschechoslowakische Kräfte eine Wende herbeizuführen. Er scheiterte jedoch, als Dubček bei einer Zusammenkunft in Komárno am 17. August Kádárs Zureden nicht akzeptierte,[25] den Tag, an dem das sowjetische Politbüro die Intervention beschloß.

22 Die Stellungnahme von Kolder und Indra trug den Titel: „Vorschlag eines Beschlusses des Präsidiums des ZK der KPČ zur innenpolitischen Lage nach der Beendigung der Verhandlungen in Čierná nad Tisou und in Bratislava und vor dem Außerordentlichen Parteitag" und sollte dazu dienen, eine „konservative Mobilisierung" in der KPČ vor dem Außerordentlichen XIV. Parteitag zu erreichen. Vgl. Pauer: Die sowjetische Intervention, S. 357f.

23 Vgl. ÚSD-SK, Z/M 18.

24 Vgl. Dubček: Leben, S. 258.

25 Ebenda, S. 254.

Wie Breshnew am 18. August 1968 bei einem streng geheimen Gipfeltreffen der „Fünf" in Moskau mitteilte, ging dem sowjetischen Beschluß über die Intervention ein tschechoslowakisches Memorandum voraus – der bereits erwähnte „dritte Einladungsbrief" aus Prag, den Indra am 16. August der Sowjetbotschaft übergeben hatte. Breshnew las aus einem Bericht über ein Geheimtreffen zwischen Indra und einem sowjetischen Beauftragten vor, weil es seiner Meinung nach am konzentriertesten die Pläne der verbündeten „gesunden" Kräfte zum Ausdruck brachte: „Heute kam ich (d.h. entweder Botschafter Tscherwonenko oder der „bevollmächtigte Journalist Sascha" – die Verf.) mit Indra zusammen. Er bat um dieses Gespräch und kam mit Pavlovski. Indra teilte mit, ihre Gruppe aus den zuverlässigsten Vertrauenspersonen habe soeben den Plan für ihr Auftreten bei der Tagung des Präsidiums des ZK der KPČ (am 20. August – die Verf.) gebilligt, und zwar unter der Voraussetzung, daß sie am Montag (19. August – die Verf.) die Zusicherung erhalten, daß in der Nacht vom 20. zum 21. August die Aktion unserer Streitkräfte beginnt. Sie werden gegen Mitternacht vom 20. zum 21. August bei der Tagung des Präsidiums versuchen, eine endgültige Spaltung hervorzurufen sowie einen Beschluß durchzusetzen, daß den Rechten das Mißtrauen ausgesprochen wird, und sie werden faktisch die Führung der Partei und Regierung in ihre Hände nehmen. In einem vorbereiteten Dokument werden sie sich an das Volk wenden und die Bruderparteien um Hilfe für die gesunden Kräfte ersuchen. Dieses Dokument werden sie uns am Montag übergeben [...], es sollte am Morgen des 21. August veröffentlicht werden, wenn unsere Streitkräfte in die Tschechoslowakei einmarschieren. Indra garantierte die Unterschrift von 50 Personen aus den Reihen des ZK und der Regierung [...]. Am 21.–22. August wird ein Plenum des ZK der KPČ einberufen sowie eine Tagung der Nationalversammlung, die zweifellos ihre Aktion unterstützen und einen Appell an die Bruderländer mit dem Ersuchen um militärische Hilfe billigen wird. In der Nacht nach der Sitzung des Präsidiums werden die Druckerei und die Redaktion der ‚Rudé právo' besetzt und eine Extraausgabe vorbereitet. Einer der wichtigsten Mitglieder der Gruppe wird die Ausschaltung der Rundfunk-, Fernseh-, Telefon- und telegrafischen Verbindung sichern."[26]

Weitere Schritte nach der Besetzung Prags durch die Sowjetarmee sollten das Auftreten der „Einlader" im Fernsehen und die Installation einer „revolutionären Arbeiter- und Bauernregierung" sein – entweder mit „ernik an der Spitze oder ohne ihn, um mit dem Umsturz im Zentrum auch die Machtübernahme im ganzen

---

26 ÚSD-SK, Z/P 3, polnische Niederschrift aus derselben Sitzung; M/19, Niederschrift aus der Sitzung des ungarischen ZK und Regierung. Im Bestand des SED-Archivs konnte kein Protokoll des Moskauer Treffens der „Fünf" vom 18. August 1968 gefunden werden.

Land zu sichern. Gleichlaufend mit Prag sollte auch das Machtzentrum in Bratislava übernommen werden.

Das „Moskauer Treffen“ am 18. August 1968 diente nur einem einzigen Zweck: Die Partner der KPdSU sollten sich bedingungslos den getroffenen Maßnahmen anschließen. In ihren Reden stimmten Ulbricht, Shiwkow, Gomułka und Kádár den Einschätzungen und Schlußfolgerungen der KPdSU über die Lage in der Tschechoslowakei zu.[27] Durch ihre Unterschriften unter ein Geheimprotokoll, neben der von Breshnew, garantierten die anderen Parteichefs die Teilnahme ihrer Staaten und Armeen mit allen Anforderungen, Aufgaben und Folgen, die mit der militärischen Aktion gegen den „Prager Frühling“ verbunden waren.

Der Beitrag der SED zur „kollektiven Hilfe“ der Interventen

Die am 13. August aus Karlovy Vary zurückgekehrte SED-Delegation hatte vollauf damit zu tun, ihre „Reiseeindrücke“ zu verarbeiten. So mußte Breshnew auf der Krim über den Verlauf , den Ausgang und die persönlichen Eindrücke der Gespräche mit der tschechoslowakischen Parteiführung informiert werden, ebenso das restliche Politbüro und der Apparat des ZK der SED in Berlin. Am 14. August traf sich das SED-Politbüro in einer durch Sommerurlaub verringerten Zusammensetzung. Ulbricht hatte seine Ankündigung auf der Pressekonferenz in Karlovy Vary wahrgemacht und sich zur Erholung verabschiedet. Außer ihm fehlten zehn weitere Mitglieder und Kandidaten des Politbüros. Erich Honecker gab einen Bericht über die Besprechungen mit der KPČ in Karlovy Vary.[28] Die Schlußfolgerungen des Berichtes flossen in die Vorschläge und den Beschluß zur Auswertung der 7. ZK-Tagung und der 10. Volkskammertagung vom 7. beziehungsweise 9. August ein. Das Bemerkenswerteste an dem Beschluß war die Tatsache, daß in ihm kein einziges Wort über die ČSSR und die KPČ gesagt wurde. Die SED-Führung orientierte ihre gesamte innerparteiliche Arbeit auf ökonomische Wettbewerbsanstrengungen der Werktätigen mit Blick auf den 20. Jahrestag der Gründung der DDR „in enger Verbindung mit den Fragen der Bewußtseinsbildung“ sowie die neuen Initiativen der DDR für europäische Sicherheit. Die ideologische Hauptstoßrichtung war wieder gegen die „Aggressionspolitik der Bonner Regierung“ gerichtet.[29]

---

27 Vgl. Pichoja: Čechoslovakia, Nr. 6, 1994, S. 45.

28 Vgl. SAPMO-BArch, ZPA, J IV 2/2/1186.

29 Ebenda, J IV 2/2/1189.

Erst am 17. August, nach der Politbüro-Sitzung des ZK der KPdSU in Moskau, wurde der SED-Führung über die sowjetische Botschaft eine Einladung zugestellt. Bis dahin gab es keine neueren Informationen oder Anweisungen aus Moskau. Die ausgewählten NVA-Truppen der DDR waren ohnehin in die permanenten Manöver integriert und unterstanden schon seit Ende Juli sowjetischem Oberbefehl. Von DDR-Seite waren ebenso wie in den verbündeten Nachbarstaaten der ČSSR alle logistischen Vorbereitungen für den möglichen Ernstfall getroffen worden. Die SED hatte sogar vorausschauend die Südbezirke angewiesen, möglichst frühzeitig die Ernte von jenen Feldern einzuholen, die im Bereich künftiger Durchmarschgebiete sowjetischer und eigener Truppen liegen würden.

Die SED hatte zwar unter sowjetischer Kontrolle, aber durchaus in Eigenverantwortung vor allem in den Grenzbezirken zur ČSSR für ein System der Grenzüberwachung beziehungsweise Grenzsicherung unter den Bedingungen der Intervention zu sorgen. Dafür bereiteten die zuständigen Organe im Verteidigungsministerium schon seit Mai 1968 die Aktion „Sperrmauer“ vor.[30] Hierzu gehörte die Bildung einer neuen Grenzbrigade und die erhöhte Gefechtsbereitschaft aller Grenztruppen für den „Tag X“.

Welche konkreten Maßnahmen das SED-Politbüro und die ihm unterstellten Arbeitsgruppen am 19. und 20. August in anderen Bereichen ergriffen, ist aus den bisherigen Aktenüberlieferungen nicht vollständig zu rekonstruieren. Jedoch ist dabei zu berücksichtigen, daß am 18. August in Moskau allerhöchste Geheimhaltungsstufe verordnet wurde. In der SED besaßen ja gerade Ulbricht und Honecker die besten konspirativen Erfahrungen aus den Zeiten des Mauerbaus vom August 1961. Die Politbürositzung der SED vom 20. August 1968 war ein solches Verschleierungsmanöver für Freund und Feind. Die Tagesordnung umfaßte folgende Punkte: „1. Protokollbestätigung; 2. Maßnahmen zur Umgestaltung der Ingenieur- und Fachschulen der DDR; 3. Einrichtung einer Fluglinie der sowjetischen Luftfahrtgesellschaft zwischen Moskau und Frankfurt/Main; 4. Empfang zum 23. Jahrestag der Gründung der Demokratischen Republik Vietnam“.[31]

Laut Protokoll „Nr. 40/68“ der Politbüro-Sitzung wurde nicht einmal das gesamte Führungsgremium der Partei über die folgenschweren Beschlüsse der Moskauer Beratung der „Fünf“ vom 18. August informiert! Ulbricht, Honecker, Stoph und Axen schwiegen. Sie hielten sich diszipliniert an ihre Moskauer Verpflichtungen.

In der auch am gleichen Tag stattfindenden Sitzung des ZK-Sekretariats standen siebenundzwanzig Punkte auf der Tagesordnung, davon hatten zwei „operativen“ Charakter im Zusammenhang mit der Tschechoslowakei: „25. Maßnah-

---

30 Vgl. Wenzke: Die NVA, S. 120ff.

31 SAPMO-BArch, ZPA, J IV 2/2/1190.

men zur Verhinderung von Störungen in der Produktion und Versorgung der DDR, die durch Ausfall von Importen aus der ČSSR und durch Störungen im Transportverkehr eintreten könnten; 26. Vorschläge für die direkte operative Leitung der politisch-ideologischen Arbeit in der gegenwärtigen Situation."[32]

In seiner Eigenschaft als Vorsitzender des Nationalen Verteidigungsrates der DDR unterschrieb Ulbricht am 20. August den Grundsatzbefehl für die Teilnahme der NVA an der kollektiven Militäraktion der fünf Armeen der UdSSR, Polens, Bulgariens, Ungarns und der DDR. Darin waren auch Anweisungen für entsprechende Maßnahmen des Innenministers der DDR, Dickel, und des Ministers für Staatssicherheit, Mielke, enthalten.[33]

In den späten Abendstunden des 20. August 1968 setzten die Interventen ihre Militärmaschinerie gegen die friedlichen tschechoslowakischen Reformen in Bewegung.[34]

Mehr als zwei Jahrzehnte wurde das Bild vom „Prager Frühling" und seinem Ende vor allem von den „rollenden Panzern" der Interventen dominiert. Dabei stand die Frage nach dem Anteil der NVA der DDR am Truppeneinmarsch am 21. August und der nachfolgenden Besetzung der ČSSR und militärischen Niederschlagung der Prager Reformen bei fast allen Betrachtungen mit im Vordergrund. Die DDR – Geschichtsschreibung folgte dabei den Vorgaben der SED – Propaganda. Für sie war die militärische Einmischung in die inneren Angelegenheiten der souveränen ČSSR ein „Akt der internationalen Solidarität". Von offizieller Seite wurde vom August 1968 bis zum Ende der Honecker-Ära die Version aufrechterhalten, daß die NVA an der Seite der verbündeten Armeen aus der UdSSR, Bulgariens, Polens und Ungarns unmittelbar auf tschechoslowakischem Territorium „erfolgreich" am Einmarsch und bei der Besetzung des Landes teilgenommen habe.

Die Anwesenheit von Tausenden Soldaten der NVA und ihren Panzern auf tschechoslowakischem Territorium galt auch in den Medien und der Historiographie der BRD als gesicherte Tatsache. Zu diesem Thema veröffentlichte der Historiker Rüdiger Wenzke 1995 in einer fundierten Studie neue Erkenntnisse, die unter deutschen Militärhistorikern eine Kontroverse auslösten. Erstmals konnten vom Autor für diese Arbeit geheime Akten des Ministeriums für Nationale Verteidigung (MfNV) der DDR ausgewertet werden. Sie vermitteln detaillierte Angaben über die Einbeziehung der NVA in die Planung, Vorbereitung und Absicherung des Einmarsches der Warschauer-Pakt-Truppen in die ČSSR. Sie belegen aber auch die Tatsache, daß die NVA-Truppen nicht direkt an der militärischen

32 Vgl. SAPMO-BArch, ZPA, J IV 2/3/1439.
33 Vgl. BA, MZAP, VA-01/12824, Bl. 2, zit. nach: Wenzke: Die NVA, S. 120.
34 Vgl. Benčik: Operace „Dunaj", S. 113ff.; Wenzke: Die NVA, S. 126ff.

Besetzung der ČSSR teilgenommen haben. Dieser Umstand mildert aber in keiner Weise die völkerrechtswidrige Intervention und ihre Folgen

Die SED-Führung, vor allem ihr engster Führungszirkel, das Politbüro, war für die politische Entscheidung verantwortlich, die NVA bedingungslos dem Kommando der sowjetischen Militärs zu unterstellen. Die „Armee des Friedens" der DDR wurde somit in die bis dahin größte Militäroperation in Europa nach dem Zweiten Weltkrieg einbezogen. Zu keinem Zeitpunkt gab es Vorbehalte, Einwände oder gar Widerstände in den obersten politischen und militärischen Kreisen der DDR gegen die Teilnahme ostdeutscher Soldaten an der Vorbereitung und Durchführung der Intervention gegen die Tschechoslowakei. Auch die Erinnerungen an die deutsche Besetzung der Jahre 1938/39 bis 1945 und an das „Protektorat Böhmen und Mähren" waren kein politischer Hinderungsgrund für die Partei- und Staatsführung des ersten deutschen Arbeiter-und-Bauern-Staates.

Die 7. Panzerdivision (PD) und die 11. Motorisierte Schützendivision (MSD) der NVA waren vom 29. Juli bis zum 16. Oktober 1968 operativ direkt dem sowjetischen Kommando unterstellt.

Die Truppenteile der NVA erfüllten als Bestandteil einer „sozialistischen Koalitionsarmee" alle an sie gestellten Anforderungen und Aufgaben, die die sowjetischen Militärbefehlshaber der Intervention ihnen übertrugen. Die Entscheidung darüber, daß keine NVA – Gefechtstruppen die Grenzen zur ČSSR überschritten, war wohl eher eine militärische Zweckentscheidung als politische Rücksicht auf das Völkerrecht und auf die Gefühle der Bürger im Nachbarland. Die sowjetischen Militäreinheiten erfüllten ihre Aufgaben so „gut", daß die direkte Unterstützung der 7. PD und des 11. MSD der NVA nicht notwendig wurden. Aus den geheimen NVA – Akten wurde von Wenzke rekonstruiert, welche NVA – Soldaten und wieviel sich tatsächlich in der ČSSR aufhielten. Zu diesem Personenkreis gehörten der nicht befehlsberechtigte und handlungsunfähige DDR – Militärattaché in Prag, eine vierköpfige Beobachterdelegation zur Teilnahme an einer planmäßigen Übung der ČSSR – Armee in Böhmen sowie ca. 30 Mann eines Nachrichtentrupps im Führungsstab der Interventionstruppen in Milovice. Es kam auch zu vereinzelten Grenzübertritten, aber zu keiner Beteiligung an Kampfhandlungen.

Die 11. MSD und die 7. PD waren aber jederzeit bereit, einen Befehl zum Einmarsch in die Tschechoslowakei zu erfüllen. Die 11. MSD erhielt am 23. August auch den Befehl, sich in Richtung tschechoslowakische Grenze in Marsch zu setzen.[35] Sie bezog im Raum Oelsnitz, Adorf, Auerbach ihren neuen Konzentrierungsraum. Für den ursprünglich geplanten Vormarsch in Richtung Sokolov[36]

---

35 Vgl. Wenzke: Die NVA, S. 141; 256.

36 Sokolov: Falkenau an der Eger

und die Besetzung tschechoslowakischen Territoriums blieb der sowjetische Befehl aber aus. Die 7. PD blieb in Reserve.[37] Für den Fall der möglichen Besetzung tschechoslowakischer Gebiete hatte die NVA „Vorsorge" getroffen. In Anlehnung an die Erfahrungen der sowjetischen Besatzung nach dem Ende des Zweiten Weltkrieges sollten in der ČSSR Militärkommandanturen eingerichtet werden. Dafür schulte die Militärakademie der NVA in Dresden Offiziere und zivile Spezialisten auf einem geheimen Lehrgang[38]. Unter Leitung von Oberst Gerhard Kunze, Stellvertreter des Chefs des Hauptstabes für Mechanisierung und Automatisierung der Truppenführung, wurden die etwa 160 Teilnehmer für militärische, politische und wirtschaftliche Aufgaben in vier geplanten Kommandanturen auf tschechoslowakischem Territorium (Česká Lípa[39], Děčín, Litoměřice[40], Kamenický Senor) geschult.

Die Operation „Donau", sprich: die Intervention, war für die sowjetischen Militärs erst am 15. November 1968 beendet.[41] Im Zusammenspiel von Politik und militärischer Gewalt hatte der sowjetische Generalstab seine ureigensten militärischen Ziele durchgesetzt, nämlich die dauerhafte Stationierung eigener Truppen in der ČSSR. Der militärische Sieg der Intervention wurde durch sowjetisches Diktat in einem Stationierungsvertrag am 16. Oktober 1968 besiegelt. Unter Leitung des Oberkommandierenden, Generalleutnant Majorow, wurde eine „Zentralgruppe" der sowjetischen Streitkräfte in der ČSSR geschaffen.[42]

Neben der militärischen Unterstützung der Intervention leiteten die SED-Führung und insbesondere ihre Sicherheitsdienste eine Reihe von Maßnahmen ein, um auch innenpolitisch den Erfolg des Truppeneinmarsches in die ČSSR abzusichern. So waren in der Nacht der Invasion und in den folgenden Tagen in den ZK-Abteilungen und Ministerien sowie den wichtigsten Dienststellen operative Gruppen oder Stäbe leitender Mitarbeiter und Spezialisten tätig. Sie hatten in erster Linie für den reibungslosen Durchlaß der sowjetischen Truppen zu garantieren, die über das Territorium der DDR in die Tschechoslowakei einmarschierten. Die Armeeverbände der „Gruppe der sowjetischen Streitkräfte in Deutschland" (GSSD) bezogen am 20. August bis 22.30 Uhr die Bereitstellungsräume an der

37 Am 17. Oktober 1968 erteilte Armeegeneral Hoffmann die Befehle für die Rückverlegung der 7. PD und der 11. MSD in ihre Stammobjekte, nachdem am Vortag die operative Unterstellung unter sowjetischen Befehl aufgehoben wurde. Vgl. Wenzke: Die NVA, S. 287.

38 Ebenda, S. 136ff. Vgl. Wenzel, Otto: Kriegsbereit: Der Nationale Verteidigungsrat der DDR 1960 bis 1989, Köln 1995, S. 219f.

39 Česká Lípa: Böhmisch Leipa.

40 Litoměřice: Leitmeritz

41 Ebenda, S. 289.

42 Vgl. Dubček, Leben, S. 327ff.
Erst am 13. 6. 1991 verließ der letzte Sowjetsoldat den Boden der Tschechoslowakei.

Grenze DDR-ČSSR. Die Grenztruppen der DDR sicherten, daß die sowjetischen Spitzeneinheiten zwischen 23.30 und 24.00 Uhr die „Staatsgrenze der DDR“ zur Tschechoslowakei zügig überschreiten konnten.[43]

Das Mitglied des Nationalen Verteidigungsrates der DDR, Staatssicherheitschef Mielke, befahl in der Nacht zum 21. August um 0.40 Uhr den Verkehrsminister Arndt und die Verantwortlichen für die zivile Luftfahrt (Interflug) und den grenzüberschreitenden Transportverkehr in sein Dienstzimmer. Sie erhielten den Befehl, den Militärverkehr UdSSR-Polen-DDR-ČSSR zu sichern, den Personenverkehr und die Binnenschiffahrt in die ČSSR sofort einzustellen. Die Weiterfahrt internationaler Züge unterlag der Kontrolle des MfS. Der internationale Grenzverkehr kam erst ab dem 1. September wieder in Gang. Das Ministerium für Verkehrswesen, insbesondere dessen Politische Verwaltung, berichtete in täglichen Sondermeldungen dem ZK der SED über die Lage. Ähnliche Sondermeldungen flossen auch aus allen anderen gesellschaftlichen Bereichen über die staatlichen Leiter und die Parteileitungen an die jeweilige Fachabteilung im zentralen Parteiapparat. Das MfS vervollständigte das so gewonnene Bild der Parteiführung durch seine Berichte.

Das MfS und das Innenministerium waren in erster Linie am 20. und 21. August für die „allseitige Sicherstellung der Bewegung und Konzentrierung“ der sowjetischen Truppen in der Interventionsnacht und der nachfolgenden polnischen Truppen sowie für die Maßnahmen in der „Tiefe des Territoriums“ verantwortlich, die mit der Grenzsicherung zusammenhingen. Das bedeutete ein striktes Einreiseverbot in die grenznahen Ortschaften zur ČSSR für Ausländer und für DDR-Bürger. Darüber hinaus waren MfS und MdI für die innere Sicherheit zuständig. Das MfS sammelte und analysierte Reaktionen der Bevölkerung der DDR zu der militärischen „Bruderhilfe“ und übte die „operative Kontrolle“ über das Verhalten der bereits bekannten feindlichen bzw. negativen Elemente (zum Beispiel Schwerpunkte der schriftlichen Hetze, negative Gruppierungen) aus.[44] Vom MdI erhielt das MfS bis zum 4. September 1968 insgesamt 479 Vorgänge im Zusammenhang mit „Vorkommnissen“ nach dem Truppeneinmarsch in die ČSSR am 21. August.[45] Die Hauptabteilung Aufklärung des MfS erhielt spezifische Aufträge zur Aufklärung der Reaktionen der Westmächte und eventuell geplanter militärischer Maßnahmen der NATO-Staaten. Das MdI hatte ab Mitternacht zum 21. August auf allen Zufahrtsstraßen zur Grenze DDR-ČSSR Kontrollpassier-

---

43 Vgl. 1. Meldung über die Handlungen der Vereinten Streitkräfte und die von der Nationalen Volksarmee durchgeführten Maßnahmen vom 21. 8. 1968, BA MZAP VA 01-/12828, Bl. 1–3, zit. nach: Wenzke: Die NVA, S. 247.

44 Vgl. Tantzscher: „Maßnahme Donau und Einsatz Genesung“, S. 32.

45 Vgl.. SAPMO-BArch, ZPA, IV A 2/12/25.

punkte errichtet und „die Weiterreise von Ausländern, Westdeutschen und Westberlinern nicht zugelassen“.[46] In der ersten Sonderinformation über die eingeleiteten Maßnahmen des MdI vom 21. 8. 1968 hieß es dazu: „Die in Richtung ČSSR aufgehaltenen Personen wurden mit ihren Kraftfahrzeugen in Sammelräume überführt. Ein Verlassen dieser Räume wird nicht zugelassen.“ Im August 1968 weilten Tausende Bürger aus der ČSSR, aus Ungarn, Bulgarien, Rumänien, Jugoslawien und andere Ausländer in der DDR, die vor ihrer Ausreise über die Grenze der DDR-ČSSR in fünfzig „Sammelräumen“ festgehalten wurden. In Zusammenarbeit zwischen MfS und MdI konnten zwischen dem 22. und dem 30. August über die Grenzübergangsstellen zur ČSSR 15.089 Bürger ausreisen. 2.015 tschechoslowakische Bürger wurden mit der Bahn von Dresden bis Děčin befördert. Über die Grenzübergangsstelle in Görlitz reisten 3.027 ungarische, bulgarische, rumänische und jugoslawische Staatsbürger via Polen und die UdSSR in ihre Heimat zurück.[47] Darüber hinaus trug das MdI im gesamten Gebiet der DDR dafür „Sorge“, daß sonstige „Ausländer ihren derzeitigen Aufenthaltsort nicht verlassen, bzw. die Weiter- oder Ausreise nicht in Richtung des durch die Autobahn begrenzten Sperrgebietes erfolgt“.[48] Den Reisenden auf den Transitstrecken und in den Interzonenzügen zwischen der BRD und Berlin galt erhöhte Aufmerksamkeit.

In Zusammenarbeit von Polizei, Staatssicherheit und gesellschaftlichen Kräften (freiwillige Helfer der Volkspolizei, Mitglieder der Kampfgruppen, der GST, der SED, der FDJ u.a.) bestand eine wichtige Aufgabe darin, Straftaten, „die im Zusammenhang mit den am 21. 08. 1968 eingeleiteten Maßnahmen stehen“, „operativ-vorbeugend“ zu verhindern beziehungsweise aufzuklären.

Sympathiebekundungen für den tschechoslowakischen Reformweg zu einem „Sozialismus mit menschlichem Antlitz“, Proteste gegen den völkerrechtswidrigen militärischen Einmarsch in die ČSSR und Kritik an den politischen Zuständen in der DDR erfüllten für die Sicherheitsorgane den Tatbestand von kriminellen „Straftaten“ und „Staatsverleumdung“.

46 SAPMO-BArch, ZPA, IV A 2/12/25.

47 Vgl. Ebenda.

48 Das Sperrgebiet verlief entlang der Autobahn ab Frankfurt/Oder, Leipzig, Hermsdorfer Kreuz bis Hirschberg in Richtung zur tschechoslowakischen Grenze. Der Stadt- und Landkreis Leipzig durfte nach sowjetischer Zustimmung am 30. 8. 1968 aus den befohlenen Sperrmaßnahmen herausgelöst werden. Ebenfalls am 30. 8. wurde die Sperrung der Grenzübergangsstellen für den grenzüberschreitenden Verkehr aufgehoben. Mit der Aufhebung der erhöhten Gefechtsbereitschaft der NVA und dem Übergang zur planmäßigen Dienstdurchführung in allen bewaffneten Organen der DDR erfolgte auch die Aufhebung der restlichen Sperr- und Sicherungsmaßnahmen auf dem Territorium der DDR, die seit dem 21. 8. in Kraft waren. Vgl. Befehle von Walter Ulbricht vom 30. August und 11. September 1968, in: Wenzke: Die NVA, S. 270 und 277.

Eine Vielzahl von Protesten, von einzelnen Bürgern oder kleinen Gruppen, vorwiegend Jugendlicher, erfolgte spontan. Das MfS mußte anerkennen: „In der Regel waren uns die als Täter bekannt gewordenen Personen vorher auch nicht als feindliche oder negative Elemente bekannt ...“. Die nachträglich gewonnene Erkenntnis lautete, daß es „nicht unerhebliche Schwächen in der Klärung der Frage ‚Wer ist wer‘“ gab.[49]

Die Proteste waren in Form und Inhalt vielfältig. Selbstgefertigte Handzettel und Flugblätter („Hetzschriften“), an Hauswände, auf Straßen und an Eisenbahnwaggons gemalte Losungen („Schmierereien“), Unterschriftensammlungen gegen die bewaffnete „Hilfe“ und organisierte Sympathiebekundungen bei verschiedensten Zusammenkünften, anonyme Briefe oder Telefonanrufe bei SED-Funktionären oder Angehörigen der bewaffneten Organe. Über ungenügend kontrollierte Fernschreiber gab es Aufrufe zur Unterstützung von Dubček und sogar die Ausrufung zum Generalstreik in der DDR. Ein solches Fernschreiben erreichte auch die Redaktion des „Neuen Deutschland“. Es lautete:

> „die kollegen und kolleginnen aller volkseigenen betriebe sind aufgefordert, mittwoch den 28.8. von 9.00 uhr bis 9.15 uhr die arbeit in gedenken an die opfer in der ČSSR niederzulegen und ihrer in schweigen zu gedenken.
> sozialistische demokratie
> organ des staatsrates der ddr, berlin
> gez. mueller-reinicke“

Es gab zahlreiche Bekundungen der Solidarität mit den unterdrückten Reformern in der ČSSR vor dem tschechoslowakischen Kultur- und Informationszentrum in Berlin und vor der tschechoslowakischen Botschaft, wo zum Beispiel Rudi Dutschke gemeinsam mit Gerd Poppe und anderen gegen den Einmarsch in die ČSSR protestierten.[50] Poppe berichtete rückblickend über die Aktion: „Auch für mich wurde die Formulierung eines Protestschreibens und dessen Übergabe am 21. August 1968 in der Botschaft zum ersten eindeutig und öffentlich vorgetragenen Protest gegen das SED-Regime.“[51]

An der Grenze DDR-ČSSR kam es auf beiden Seiten zu Protesten von Einwohnern, insbesondere wiederum Jugendlicher. Auf tschechoslowakischem Territorium wurden die Flaggen halbmast gehißt und gut sichtbar Losungen, wie zum Beispiel „Hitler 1939 – Ulbricht 1968“ angebracht. Tschechoslowakische Zeitzeugen berichteten, daß DDR-Grenzer oder NVA-Soldaten die Grenze über-

49 Vgl. Tantzscher: „Maßnahme Donau und Einsatz Genesung“, S. 34.
50 Rathenow, Lutz: Nichts gewußt und nichts dazugelernt, in: Berliner Zeitung, 3. 07. 1995.
51 Protokoll der 47. Tagung der Enquete-Kommission „Aufarbeitung von Geschichte und Folgen der SED-Diktatur in Deutschland“ am Dienstag, dem 13. Oktober 1993, Berlin, Protokoll Nr. 47, S. 21.

schritten hätten, um gewaltsam derartige Transparente und Losungen zu beseitigen.

Unter der älteren Generation in der DDR gab es auch Befürchtungen vor dem Ausbruch eines neuen Krieges. Aus der Sicht der SED-Funktionäre zogen etliche ältere Bürger „formale, nichtklassenmäßige Vergleiche zu München 1938".[52] Andere erinnerten an den 15. März 1939, den Tag des Einmarsches der deutschen Wehrmacht in die tschechischen Länder. Frauen fragten besorgt, ob ihre Männer nun wieder zur Armee eingezogen werden würden. Nicht nur in den Grenzgebieten kam es vorübergehend zu Angsteinkäufen. In den Grenzkreisen ging zudem die Furcht vor einer Zwangsaussiedlung um. Die Sicherheitsorgane der DDR hatten ja bekanntlich schon in früheren Zeiten und in anderen historischen Zusammenhängen rigoros und „erfolgreich" Zwangsaussiedlungen an der deutsch-deutschen Grenze durchgesetzt, so 1952 in der Aktion „Ungeziefer" und 1961 in der Aktion „Kornblume".[53]

Die SED-Propagandisten und Agitatoren bekämpften diese und andere Ängste, Sorgen und Befürchtungen „offensiv". Enthüllungen über die „Konterrevolution" und die „aggressiven" Absichten des Imperialismus füllten die Zeitungsspalten.[54] In allen Massenmedien kamen „progressive Parteimitglieder", „Blockfreunde" und parteilose Werktätige mit Zustimmungsbekundungen für die „Bruderhilfe" und mit neuen Wettbewerbsverpflichtungen zur Stärkung des Sozialismus und des Friedens in der DDR zu Wort. Über Befehlsverweigerungen bei Armee und Polizei, Austritte aus der Partei, den Kampfgruppen der Arbeiterklasse, der Gesellschaft für Deutsch-Sowjetische Freundschaft (DSF) oder der FDJ durfte nicht öffentlich berichtet werden. Dafür wurden Erfolgsmeldungen bei der Neuwerbung von Parteimitgliedern , für die Kampfgruppen und die Gesellschaft für DSF geliefert.

In den SED-Analysen wurde am 21. August noch anerkannt, daß in vielen Diskussionen ein „Bedürfnis nach Informationen" bestand. Aber ab den Mittagsstunden dieses Tages rechnete die Abteilung Parteiorgane des ZK der SED viele in den Diskussionen gestellte Fragen bereits dem Einfluß von Argumenten zu, „die von westdeutschen Rundfunkstationen verbreitet werden".[55]

---

52 SAPMO-BArch, ZPA, J IV 2/202/298, Bd. 7.

53 Vgl. Bennewitz, Inge, Potratz, Rainer: Zwangsaussiedlungen an der innerdeutschen Grenze. Analysen und Dokumente, Berlin 1994.

54 Rudi Singer, Chefredakteur des „Neuen Deutschland", teilte am 19. 9. 1968 an Werner Lamberz mit: „Vom 21. August bis zum 18. September sind im Zentralorgan des ZK der SED 25 Leitartikel, 28 Dokumentationen und 69 Kommentare im Zusammenhang mit den Vorgängen in der ČSSR erschienen." Vgl. SAPMO-BArch, ZPA, J IV A 2/902/85.

55 SAPMO-BArch, ZPA, J IV 2/202/298/ Bd. 7.

Für Kinobesucher der Abendveranstaltungen am 21. August und den nachfolgenden Tagen konnte der Widerspruch zwischen Propaganda und Realität nicht größer sein. In der DEFA-Wochenschau, dem „Augenzeugen“, liefen die Bilder der Begegnung Dubčeks und Ulbrichts in Karlovy Vary am 12. August über die Leinwand, während die Tschechoslowakei bereits mit DDR-Unterstützung militärisch okkupiert war. Es gab Proteste und Pfeifkonzerte bei den Bildern mit der SED-Delegation

Die Anzahl der unorganisierten und unkoordinierten Protestaktionen war größer, als von den Partei- und Sicherheitsorganen erwartet.[56] Das MdI meldete in seinem „16. Bericht über die seit dem 21. 08. 1968, 00.00 Uhr eingeleiteten Maßnahmen“ bis zum 4. September 1968 1802 festgestellte „Vorkomnnisse“ der Kategorien „Staatsfeindliche Hetze“, „Widerstand gegen staatliche Maßnahmen“, „Staatsverleumdung“, „Mißachtung staatlicher und gesellschaftlicher Symbole“, „Beschädigung öffentlicher Bekanntmachungen“. Von 1075 festgestellten „Tätern“ konnte die Polizei 412 auf „frischer Tat“ fassen, sie erließ 468 Haftbefehle und überstellte 479 Personen an das MfS.[57]

In einem MfS-Bericht von Anfang Oktober 1968 zog die Staatssicherheit ebenfalls Bilanz.[58] Ihre Zahlen waren höher als die des MdI, änderten aber nichts an der Grundeinschätzung: Die innere Ordnung und Sicherheit in der DDR war jederzeit gewährleistet. Es gab keine ernsthaften, einen größeren Bevölkerungskreis umfassenden Mißstimmungen, Unruhen oder Vorkommnisse, die sich zu politischen Aktionen gegen die DDR und die Maßnahmen der fünf Warschauer Vertragsstaaten hätten ausweiten können.“[59]

Trotzdem ging die SED innerparteilich und mittels der Justiz rigoros gegen Menschen vor, die von ihrem am 6. April 1968 durch Volksentscheid sanktionierten Verfassungsrecht auf Meinungsfreiheit[60] Gebrauch gemacht hatten. Mitglieder der Partei erhielten Parteistrafen oder wurden als „Parteifeinde“ ausgeschlossen. Die „Strafgerichte“ der Partei waren die Kontrollkommissionen in den Kreisen, Bezirken und auf der Ebene des Zentralkomitees. Bis Dezember 1968 wurden 223 Ausschlüsse, 55 Streichungen, 109 strenge Rügen und 135 Rügen

56 Vgl. Wenzke: Die NVA, S. 160ff.; Wolle: Die DDR-Bevölkerung und der Prager Frühling, S. 40ff.; Mitter/Wolle: Untergang, S. 451ff.

57 Vgl. SAPMO-BArch, ZPA, IV A 2/12/25.

58 Vgl. Tantzscher: „Maßnahme Donau und Einsatz Genesung“, S. 35f.

59 ZAIG, Hinweise für Kollegiumssitzungen – Dienstbesprechungen, Anfang Oktober 1968: BstU, ZA, ZAIG4725, zit. nach: ebenda.

60 Artikel 27 der Verfassung der DDR: „1. Jeder Bürger der Deutschen Demokratischen Republik hat das Recht, den Grundsätzen dieser Verfassung gemäß seine Meinung frei und öffentlich zu äußern. Dieses Recht wird durch kein Dienst- oder Arbeitsverhältnis beschränkt. Niemand darf benachteilgt werden, wenn er von diesem Recht Gebrauch macht.“

beschlossen. Hinzu kamen Verwarnungen, Mißbilligungen und „politisch-ideologische Aussprachen und Klärungen“ mit Mitgliedern und Kandidaten der SED.[61] Die innerparteilichen Auseinandersetzungen mußten unter Angehörigen aller Schichten und aller Berufsstände, einschließlich der Funktionäre des Partei- und Staatsapparates sowie der bewaffneten Organe, geführt werden. Sie dienten sowohl der Aburteilung „revisionistischer“, parteischädlicher Auffassungen als auch der „politisch-ideologischen Festigung“ der Parteiorganisationen. Dabei registrierten die Parteigerichte auch frühere „Abweichungen“ von Mitgliedern, wie zum Beispiel am 17. Juni 1953 und aus dem Jahr 1956, als zusätzlich belastende Momente. In (Ost-) Berlin mußten nach einer Information des Vorsitzenden der Zentralen Parteikontrollkommission des ZK der SED, Hermann Matern, von zweiundzwanzig aus der SED ausgeschlossenen Mitgliedern neun „wegen ihres feindlichen Verhaltens inhaftiert werden“.[62]

Die Aburteilung von Reformbefürwortern und „Hilfe“-Gegnern betraf auch eine Gruppe von Jugendlichen, „die zum Teil aus Kindern hoher SED-Funktionäre und bekannter Intellektueller bestand“.[63] Zu ihnen gehörten Erika Berthold (18 Jahre), Tochter des Direktors des Instituts für Marxismus-Leninismus beim ZK der SED, Prof. Dr. Lothar Berthold, Thomas Brasch (23 Jahre), Sohn des stellvertretenden DDR-Kulturministers Horst Brasch, Florian und Frank Havemann (18 Jahre), Söhne des Kommunisten und Reformers Robert Havemann, und andere.[64] Oppositionelle Meinungsäußerungen wurden im Auftrag der SED von der politischen Justiz der DDR kriminalisiert. Politischer Protest wurde nicht politisch, sondern mittels der Strafjustiz beantwortet.[65]

Die SED-Funktionäre bemühten sich ebenfalls sehr darum, kritische Meinungsäußerungen der Evangelischen Kirche in der DDR zum 21. August zu verhindern beziehungsweise zu beeinflussen.[66] Der zielgerichtete Einsatz Informeller Mitarbeiter des MfS sollte hierbei Unterstützung leisten.[67]

---

61 Vgl. NL 76/157.

62 Ebenda.

63 Wolle: Die DDR-Bevölkerung und der Prager Frühling, S. 41f.; Wenzke: Die NVA, S. 169ff.; Mitter/Wolle: Untergang, S. 451ff.; Tantzscher: „Maßnahme Donau und Einsatz Genesung“, S. 42.

64 Vgl. Dokument 215, in: Fricke, Karl Wilhelm: Politik und Strafjustiz in der DDR. Zur Geschichte der politischen Verfolgung 1945–1968, Bericht und Dokumentation, Köln 1990 (2. Auflage), S. 557ff.; ders.: Opposition und Widerstand in der DDR. Ein politischer Report, Köln 1984, S. 147ff.

65 Vgl. Werkentin, Falco: Politische Strafjustiz in der Ära Ulbricht, Berlin 1995, S. 287ff.

66 Vgl. Besier, Gerhard: Der SED-Staat und die Kirche. Der Weg in die Anpassung, München 1993, S. 684ff.

67 Vgl. Tantzscher: „Maßnahme Donau und Einsatz Genesung“, S. 37.

Ein geheimer Schwerpunkt des politischen Kampfes der SED gegen die tschechoslowakische Reformbewegung war die direkte Einflußnahme auf die Bevölkerung im nunmehr okkupierten Nachbarland.

Die SED organisierte in nicht geringem Umfang eine besondere Form der ideologischen Diversion: den Druck und Vertrieb von Propagandaschriften in tschechischer und slowakischer Sprache, Störsendungen gegen tschechoslowakische Rundfunksender und die Installation einer geheimen „Radiostation“, die als Sender „Vltava“ ein unrühmliches Kapitel Rundfunkgeschichte schrieb.

Der Rundfunksender „Vltava“

Am 21. August 1968, dem ersten Tag der Intervention, hörten nicht wenige tschechoslowakische Bürger überrascht eine neue Radiostation im Äther. Sie sendete in tschechischer Sprache. Die Erkennungsmelodie ließ zuerst auf einen einheimischen Sender schließen. Es ertönten Takte aus dem Satz „Die Moldau“ der weltbekannten symphonischen Dichtung „Mein Vaterland“ von Smetana. Das musikalische „Moldau“-Motiv war gleichzeitig Namensgeber für den Sender. Er stellte sich den Hörern als Sender „Vltava“ (Moldau) vor.[68]

Der tschechoslowakische Rundfunk und das Fernsehen besaßen dank der neuen Medienpolitik des „Prager Frühlings“ eine ungeheure Popularität unter der Bevölkerung. Die Sender übernahmen seit den Nachtstunden die Aufgabe, über die Invasion zu informieren und die Menschen zum zivilen Ungehorsam aufzurufen. Der Sender „Vltava“ wich jedoch von dem Verhalten der bisher bekannten einheimischen Sender grundlegend ab. Davon kündete schon seine erste Sendung. Er verbreitete einen Aufruf an die tschechoslowakischen Soldaten und Offiziere, der sich im Namen des „Kommandos der Truppen“ der fünf Interventionsstreitmächte an die „Waffenbrüder“ richtete. In dem Aufruf wurde die seit Stunden von TASS und den Nachrichtenagenturen der DDR, Polens, Bulgariens und Ungarns verbreitete Mär wiederholt, „treue leitende Funktionäre der Kommunistischen Partei und der Regierung der Tschechoslowakei“ hätten „angesichts der sich verschärfenden Aktionen der konterrevolutionären Kräfte“ die ausländischen Armeen „zu Hilfe geholt“. Es wurde an die „Lieben Genossen und Waffengefährten“ appelliert: „Seid wachsam! Fallt nicht auf Provokateure herein, die Unruhe und Zwietracht in den Reihen der Verteidiger des Sozialismus

68 Vgl. Diskussionsbeitrag von L. Prieß auf der internationalen Konferenz „Die tschechoslowakische Entwicklung des Jahres 1968 und ihre internationalen Zusammenhänge“, Liblice, 2.–6. 12. 1991; Püschner, Manfred: ČSSR 1968: Radio „Vltava“, Sendung von „Deutschlandsender Kultur“ am 19. 12. 1993.

stiften wollen." Es folgte eine Aufforderung zu „gemeinsamen Aktionen zum Schutz der revolutionären Rechtsordnung und zum Schutz der tschechoslowakischen Grenzen gegen jegliche Angriffe des internationalen Imperialismus und seiner Agenturen auf die Souveränität und Unabhängigkeit der Tschechoslowakei".[69] Der Inhalt dieses Aufrufs und die schlechte Sprachqualität entlarvten ihn schnell als einen von mehreren Propagandasendern der Okkupanten. Außer Sender „Vltava" waren noch die Stationen „Drushba", „Sara" und „Arbeiterstimme der Republik" zur gezielten Desorientierung und Falschinformation der Bevölkerung mit Sendungen in tschechischer und slowakischer Sprache tätig.[70]

Tschechoslowakische und westliche Spezialisten konnten den Standort von „Vltava" schnell orten. Die Sendeanlagen mußten sich in der Nähe von Dresden, also auf dem Territorium der DDR, befinden.[71] Doch niemand konnte mit Gewißheit sagen, wer den Mittelwellensender betrieb, ob die Sowjetunion oder die DDR. Darüber herrschte offizielles Stillschweigen in den „Bruderstaaten".[72]

Der Sender „Vltava" war von Anfang an eine Schöpfung der Abteilungen Agitation sowie Auslandsinformation des ZK der SED. Werner Lamberz und Manfred Feist brachten ihre ganze Tatkraft ein, um mit Beginn der militärischen Invasion dieses politische Instrument der Einflußnahme der SED auf die tschechoslowakische Öffentlichkeit zu einer scharfen Waffe im Kampf gegen die „Konterrevolution" zu machen. Das Team von „Radio Berlin International", welches schon im Juli mit Sendungen in tschechischer und slowakischer Sprache seine Arbeit aufgenommen hatte, wurde nun zu einer geheimen „Sonderredaktion" mit höchster Geheimhaltungsstufe umgewandelt. Es begann das „Kapitel zwei" in der Geschichte der DDR-Radiopropaganda gegen das Nachbarland ČSSR.

---

69 Die Texte "Aufruf an die Bürger der Tschechoslowakischen Sozialistischen Republik" und „Aufruf an die Tschechoslowakische Volksarmee" hatte die KPdSU „in erster Lesung" schon im Juli vorbereitet und sie dann in der Politbürositzung vom 16./17. August endgültig verabschiedet. Auf der geheimen Zusammenkunft der „fünf" Parteichefs am 18. August in Moskau stimmten die anderen vier diesen Texten zu. Die SED-Führung machte die Mitglieder ihres Zentralkomitees erst am 23. August auf der 8. ZK-Tagung mit diesen Papieren vertraut.

70 Darüber informierte zum Beispiel die RIAS-Sendung „Rundschau am Abend" vom 16. 9. 1968, vgl. SAPMO-BArch, ZPA, IV A 2/6.05/53.

71 Der Standort des Senders „Vltava" wurde beim Funkamt Dresden, Sitz Dresden-Wilsdruff, vermutet.

72 Die Teilnehmerstaaten an der militärischen Niederschlagung des „Prager Frühlings" hatten sich im Jahr 1989 vordergründig für den völkerrechtlichen Truppeneinmarsch in die ČSSR entschuldigt, aber nicht für die ideologische Diversion gegen die ČSSR. Im Zusammenhang mit den tschechoslowakischen Ereignissen von 1968 wurde das Thema „Krieg im Äther" nicht thematisiert.

Wenige Stunden vor dem militärischen Einmarsch in die Tschechoslowakei instruierte Honecker den Chef des Staatlichen Rundfunkkomitees der DDR, Reginald Grimmer über die geheime „Rundfunkmission". Ab Mitternacht sollte der Sender „Vltava" einsatzbereit sein. Die Weisung Honeckers lautete: „Über den Inhalt mach Dir keine Sorgen, das ist nicht Deine Sache."[73] Der Sender nahm am 21. August um 5.00 Uhr seine Tätigkeit auf. Er gab sich als ein tschechoslowakischer Sender aus. Diesen Anschein vermittelten auch die Rundfunkstationen der Interventen. Die deutschsprachige Nachrichtensendung von „Radio Moskau" berief sich am selben Tag auf „Vltava" als einen neuen Sender in der Tschechoslowakei. Doch die Verwirrung unter den Zuhörern hielt nicht lange an. Die „Botschaft" der Sendungen von „Vltava" war leicht zu entschlüsseln. Seine Hauptaufgabe bestand darin, „Verleumdungen, Lügen und stalinistische Propagandaphrasen" (Mlynář) zur Unterstützung der Okkupanten und ihrer Handlanger in der ČSSR zu verbreiten. Die Anhänger von Reformen sollten desinformiert und die „gesunden Kräfte" auch mittels Rundfunkpropaganda gestärkt werden. Besonders bösartig waren die persönlichen Angriffe gegen Bürger der ČSSR, die auf Seiten der Reformer standen. So mußte der vom illegalen Außerordentlichen XIV. Parteitag der KPČ für die Dauer der Abwesenheit von Dubček in das Amt des Ersten Sekretärs gewählte Vénék Šilhán[74] im Sender „Vltava" über sich und seine Tätigkeit hören, daß er „das schwarze Pferd der Konterrevolution" sei, „die Tschechoslowakei vom sozialistischen Lager abtrennen" und „die Arbeiterklasse zur Arbeitslosigkeit verurteilen will". Aus dieser und anderen Quellen hatte er auch erfahren müssen, daß er „ein Usurpator, ein Bonapartist und Protz" sei.[75]

Für Inhalte dieser Art waren im ZK der SED Albert Norden, Werner Lamberz und Manfred Feist verantwortlich. Die personelle und technische Sicherstellung der Redaktionsarbeit beim Sender „RBI" in der Berliner Nalepastraße garantierte Reginald Grimmer. In der „Sonderredaktion", von Außenstehenden auch „RBI II" genannt, wuchs der Mitarbeiterstab bis Oktober 1968 auf einundzwanzig politische Mitarbeiter, (Publizisten, Übersetzer, Sprecher), zwei Abhörspezialisten, sechs Sekretärinnen, vier Aufnahmeleiter, zwei Sendefahrer.[76] Für die Ausstrahlung der Rundfunksendungen über den Mittelwellensender Dresden war in der ZK-Abteilung Verkehr und Verbindungswesen der stellvertretende Abteilungs-

73 Grimmer schilderte Püschner des Gespräch mit Honecker vom 20. August 1968, Vgl. Sendung von „Deutschlandsender Kultur" am 19. 12. 1993.

74 Vgl. Pelikán, Jiří (Hr.): Panzer überrollen den Parteitag. Protokoll und Dokumentation des 14. Parteitages der KPTsch am 22. August 1968, Wien, Frankfurt am Main, Zürich 1969, S. 108.

75 Vénék Šilhán in einem Gespräch mit der tschechoslowakischen Zeitung „Mlady Svet", Nr. 36, 1968, S. 9, zit. nach: SAPMO-BArch, ZPA, IV A 2. 6.05/53.

76 Vgl. Püschner: ČSSR 1968: Radio „Vltava".

leiter Calov in Zusammenarbeit mit der Abteilung Rundfunk und Fernsehen im Ministerium für Post und Fernmeldewesen der DDR zuständig.

Während der ersten Wochen der Besetzung der Tschechoslowakei konnte die Sendeleistung beziehungsweise die Empfangsweite von „Vltava" durch die Ausstrahlung über den Sender Altenhain auf der Frequenz 701,8 kHz oder Leipzig-Wiederau verstärkt werden. Am 4. September 1968 fällte Lamberz die Entscheidung, daß der Sender Altenhain wieder auf seiner alten Frequenz das Programm des Berliner Rundfunks ausstrahlen durfte.[77] Die Sendekapazität sollte weiterhin durch die Umsetzung eines fahrbaren Senders in Grenznähe der ČSSR verstärkt werden. Der dafür einsatzfähige mobile 20 kW Mittelwellensender war der einzige seiner Art und in den Sommermonaten als „Radio-DDR-Ferienwelle" im Bezirk Rostock zur „Strandbeschallung" erholungssuchender Urlauber eingesetzt.

Die Entscheidung über die Inbetriebnahme beziehungsweise die Abschaltung der Interventionssender war, wie auch die Intervention selbst, eine kollektiv abgestimmte Maßnahme zwischen den fünf Interventen. In dieser Angelegenheit konsultierte und informierte Lamberz die KPdSU über den sowjetischen Botschafter Abrassimow. Das betraf auch die Bereitstellung von Sendekapazitäten der DDR zur Störung angeblich illegaler Sender in der ČSSR unmittelbar nach der Intervention. So entschied die SED auch über die Störung von „Radio Freies Prag". Lamberz gab dazu am 25. August den Auftrag.[78] Die Experten gaben dabei der Methode der Modulation den Vorrang vor der Methode des Wobbelns.

Der „Operative Stab Funkwesen" hatte seit den Nachtstunden vom 20. zum 21. August noch weitere Aufgaben zu erfüllen. Für alle Amateurfunker galt ab 21. August, 4.30 Uhr, absolute Funkstille. Die Dienstelle „Radicon"[79] hatte den Befehl erhalten, den Funkverkehr der Amateurfunker streng zu überwachen und entsprechende Aufzeichnungen zu führen. Im staatlichen Funkwesen der DDR wurde die „Funkschutzstufe B" und die „Fernmeldeschutzstufe 2" angeordnet.[80]

Unterbrechungen, Störungen oder Abschaltungen durch die tschechoslowakische Seite im Fernsprechverkehr und im Fernschreibwesen mußten unter Kontrolle gehalten und Ersatzlösungen eingerichtet werden. Bei Aufnahme und Annahme von Telegrammen (beziehungsweise Fernschreiben und Ferngesprächen) aus der DDR nach der ČSSR hatten die Dienststellen der Post die Anweisung zum Gebrauch folgender Redewendung erhalten: „Die Übermittlung von Telegrammen nach Orten in der ČSSR ist zur Zeit aus technischen Gründen nicht möglich. Wir bitten, von der Aufgabe Ihres Telegramms vorerst Abstand zu neh-

---

77 Vgl. SAPMO-BArch, ZPA, IV A 2. 6.05/53.

78 Vgl. SAPMO-BArch, ZPA, IV A 2. 6.05/50.

79 Radiocon: Dienststelle des Zentralen Funk-Meß- und Kontrolldienstes der DDR.

80 Vgl. SAPMO-BArch, ZPA, IV A 2/6.05/52.

men.“[81] So lautete die parteiliche Umschreibung der SED für den Tatbestand der Okkupation des tschechoslowakischen „Bruderstaates“ gegenüber Postkunden in der DDR!

Das Kapitel der ideologischen Rundfunkdiversion gegen die Tschechoslowakei war mit dem Abschluß der Moskauer „Verhandlungen“ zwischen der KPdSU und der KPČ am 26. August nicht beendet. Nach dem „Moskauer Diktat“ verstärkte auch die SED ihre Propaganda auf allen Gebieten zur Unterstützung der Konservativen in der Tschechoslowakei. Für eine Beratung zu Fragen der Koordinierung der Rundfunkarbeit der fünf Interventionsstaaten nach der ČSSR erarbeiteten die zuständigen ZK-Abteilungen eine Direktive. Die SED übernahm darin die Verpflichtung, „vor allem den westlichen Teil der ČSSR einschließlich der Hauptstadt zu versorgen“, den befreundeten Rundfunkredaktionen „regelmäßig Faktenmaterial über die Rolle des westdeutschen Imperialismus bei der Organisierung der Konterrevolution in der ČSSR zu Verfügung zu stellen“ und beim Programmaustausch „besondere Sendungen für die Jugend zu gestalten“.[82]

In der ČSSR riefen die Sendungen von „Vltava“ immer stärkere Proteste hervor. Öffentliche Stimmen konfrontierten die Interventen mit ihrer Behauptung, daß die tschechoslowakischen Sender, die während der ersten Tage der Okkupation nicht unter Militärkontrolle gebracht werden konnten, illegale Sender der Konterrevolution gewesen seien. Um so mehr traf nunmehr der Vorwurf der Illegalität und Unrechtmäßigkeit den Sender „Vltava“. In der Tschechoslowakei wurde lautstark die Forderung nach Einstellung von „Vltava“ erhoben. Die SED registrierte solche Stimmen und vermerkte sogar im September 1968: „ Die gegnerische Propaganda hatte zur Folge, daß auch Resolutionen in tschechoslowakischen Betrieben gegen Vltava angenommen wurden.“.[83] Ein Informationsbericht aus dem Betrieb „České Loděnice“ in Prag-Libeň vom Oktober gab folgende Stimmung wieder: „Mehrere Redner wandten sich in der Diskussion energisch dagegen, wie sie sagten, ausgerechnet vom Territorium der DDR aus, über den Sender ‚Vltava‘ und durch die angeblich in Dresden gedruckte Zeitung ‚Zprávy‘ Lügen über die ČSSR verbreitet würden. Beide Publikationsorgane wurden als ‚illegal‘ bezeichnet. [...] vom Sender ‚Vltava‘ wurde gesagt, sein Programm seit dem 21. August habe nur drei Ziele gehabt: Desinformation – Einsetzung einer Kollaboranten-Regierung – Schaffung von Kriegstribunalen!“[84] Ältere Bürger der Tschechoslowakei erinnerten an den Nazi-Sender „Die Wahrheit siegt“[85] von

81 Ebenda.

82 Vgl. SAPMO-BArch, ZPA, IV A 2/6.05/52.

83 SAPMO-BArch, ZPA, IV A 2/6.05/53.

84 SAPMO-BArch, ZPA, IV A 2/902/86.

85 Die Wahrheit siegt – Das war ein Leitspruch von Jan Hus.

1938. (Dieser Sender wurde nach der deutschen Okkupation im Protektoratsrundfunk legalisiert.) Sie warnten nunmehr davor, daß sich das nicht auch mit „Vltava" wiederholen dürfe.

Die tschechoslowakischen Proteste und die Kommentare in ausländischen Medien Westeuropas fochten die SED-Ideologen nicht an. Lob und Dank aus Moskau für die Rundfunkarbeit spornten sie noch zusätzlich an. Dabei erhielten sie auch Unterstützung von Kollaborateuren aus der ČSSR. Im Zuge der Einflußnahme der SED auf den Prozeß der „Normalisierung" in der Tschechoslowakei berieten Manfred Feist und Reginald Grimmer am 30. September und 1. Oktober 1968 in Prag unter anderem über die Verbesserung der Tätigkeit des Senders „Vltava". Im Beisein von Botschafter Florin fand eine Aussprache mit dem ehemaligen Generaldirektor des tschechoslowakischen Rundfunks, Karel Hoffmann, statt. Feist und Grimmer berichteten darüber: „Gen. Hoffmann betonte die Wirksamkeit des Senders. Er legte besonderen Wert darauf, daß die Kommentierung stärker als bisher vom Standpunkt der Hilfe für verwirrte ČSSR-Bürger erfolgen müsse. Das Anprangern der Konterrevolution solle seiner Meinung nach weniger in lautstarken Termini als vielmehr mit überzeugenden Fakten erfolgen, wobei er jedoch hervorhob, daß der Nachweis der Existenz der Konterrevolution immer wieder geführt werden muß."[86] Es kam zu konkreten Vereinbarungen zwischen Hoffmann und den SED-Vertretern. Hoffmann „benannte einen tschechischen Genossen als Berater sowie einen tschechischen Sprecher und eine slowakische Sprecherin". Er versprach, aus dem Kreis „gesunder" Kräfte Informationen und Autoren für „Vltava" zu gewinnen. Beide Seiten überlegten, wie es möglich sei, einen Korrespondenten für den Sender mit legalem Status in Prag zu „installieren". Dafür sollte eine freie Stelle bei der internationalen Rundfunkorganisation OIRT in Prag mit einem DDR-Korrespondenten besetzt werden.

Einer aus den Reihen der „gesunden" Kräfte, der sich als Autor für „Vltava" zur Verfügung stellte, war Dr. Jiří Hajek, der der SED schon von anderen Begegnungen her vertraut war. Er vertrat im Oktober 1968 die Auffassung, daß der Sender „eine wichtige Hilfe für die gesunden Kräfte in der Partei ist".[87] Feist berichtete Norden Anfang 1969 vom „Genossen Šedivý": er war „unser wichtigster Verbindungsmann zwischen dem Sender ‚Moldau' und aufrichtigen Genossen in der ČSSR. Er verfügt über weitreichende Verbindungen zu führenden linken Genossen in der Parteispitze. Über ihn erhielten wir unter anderem Texte der Reden auf dem Novemberplenum sowie Tonbänder mit der Rede des Genossen Strougal vor der Aktivtagung der Volksmiliz am 24. 1. 69."[88]

---

86 SAPMO-BArch, ZPA, J IV 2/202/300, Bd. 9.
87 Ebenda.
88 Zit. nach: Püschner: ČSSR 1968: Radio „Vltava".

Die KPČ-Führung ergriff im Dezember 1968 eine außergewöhnliche Initiative. Sie wollte und konnte es nicht länger hinnehmen, daß führende Genossen durch den Sender „Vltava“ angegriffen und die Entwicklung in der ČSSR entstellt wurde. Das Exekutivkomitee des Präsidiums des ZK der KPČ ließ am 30. Dezember 1968 durch Botschafter Kolář[89] einen Brief an den Ersten Sekretär des ZK der SED übermitteln. Paul Verner, der darüber einen Vermerk anfertigte, hielt dazu fest: „Genossen Kolář wurde geantwortet, daß der Brief übermittelt würde. Ihm wurde weiter gesagt, daß es nicht darauf ankomme, eine Liste von ‚Angriffen‘ aufzustellen, sondern die gemeinsam gefaßten Beschlüsse durchzuführen.“[90] Der Brief der KPČ war die deutlichste Kritik an der SED-Haltung zu den Vorgängen in der ČSSR im Jahre 1968 überhaupt und war von Dubček persönlich unterschrieben. In ihm hieß es: „In den Augusttagen wurde vom Gebiet der Deutschen Demokratischen Republik die Radiostation ‚Moldau‘ eröffnet, deren inhaltliche Gestaltung in unserem Lande eine Reihe politischer Probleme hervorruft, unser Bemühen, schrittweise die Bedingungen zur Erneuerung guter Beziehungen zwischen der ČSSR und der DDR herauszubilden, gefährdet und über einen längeren Zeitraum das Verhältnis unseres Volkes zur DDR negativ beeinflussen könnte.

Eines der Hauptprinzipien, die in den Dokumenten der internationalen kommunistischen Bewegung verankert sind, ist das Prinzip der Nichteinmischung in die inneren Angelegenheiten anderer sozialistischer Staaten und ihrer kommunistischen Parteien. Wir müssen leider feststellen, daß dieses Prinzip der gegenseitigen Beziehungen vom Sender ‚Moldau‘ nicht respektiert wird, in seinen Sendungen erscheinen oftmals Standpunkte, die einen Eingriff in innere Fragen des Lebens unserer Partei bedeuten und es werden unzulässige Urteile über ihre führenden Persönlichkeiten ausgesprochen.“[91] Im Brief gab es reihenweise Beispiele von Angriffen des Senders gegen führende Politiker der KPČ, sogar gegen Dubček. Das SED-Politbüro enthielt sich einer Antwort, und „Vltava“ sendete weiter. Am 28. Januar 1969 bezeichnete der Sender Professor Goldstücker als den geistigen Vater der Konterrevolution. Daraufhin gab dieser in einem Interview mit der Zeitschrift „Svět Prace“ zur Antwort: „Ich denke, daß diejenigen, die am Sender ‚Vltava‘ wirken, sich – wenn sie überhaupt eines Schamgefühls fähig sind – über das, was sie jetzt machen, schämen werden.“[92] Die tschechoslowakische Presse verstärkte ab Januar 1969 ihre Proteste gegen die Rundfunksta-

89 Der tschechoslowakische Botschafter Kolař beendete am 31. 12. 1968 seine Tätigkeit als Botschafter in der DDR.

90 SAPMO-BArch, ZPA, J IV 2/202/300, Bd. 9.

91 Ebenda.

92 SAPMO-BArch, ZPA, IV A /902/87.

tion. Die Zeitung „Tribuna" forderte: „Stellt die Sendungen ein." Sie begründete diese Forderung damit, daß der Sender eine „störende Komponente" in den beiderseitigen Beziehungen zwischen der DDR und der ČSSR sei, die nationalen und sprachlichen Gefühle der Menschen in der Tschechoslowakei nicht achte beziehungsweise sogar provoziere. Die Fortsetzung der „ideologischen Hilfe" würde nur das Mißtrauen fördern.[93] Andere Zeitungen forderten ebenfalls ein Ende des „Piratensenders".

Am 14. März 1969(!) antwortete Ulbricht auf den Dezember-Brief von Dubček und nahm bezug zum Sender „Vltava". Er berief sich einleitend auf die Grundsätze und den Geist des proletarischen Internationalismus und ließ dann gewissermaßen die Katze aus dem Sack: „Die Frage des Senders ‚Vltava' schien uns deshalb nicht das wesentliche Problem in den Beziehungen zwischen unseren Parteien und Staaten zu sein. Der Sender ‚Vltava' war niemals nur Sache des ZK der SED und der Regierung der DDR. Die Aufwerfung dieser Frage verwunderte uns um so mehr, da wir uns davon überzeugen konnten, daß die Sendungen des Senders ‚Vltava' auf die Stärkung der Einheit der sozialistischen Staatengemeinschaft und auf die gedeihliche Entwicklung des Sozialismus in der ČSSR gerichtet waren und damit der Sache des Friedens in Europa gedient haben."[94]

Im Frühjahr 1969 traf die SED die Entscheidung zur Einstellung des Senders „Vltava". In der Rundfunkpolitik der SED spielte er eine wichtige Rolle. Er offenbarte nämlich auch die inneren Schwachpunkte auf diesem Gebiet. Die SED mußte von Anfang an erkennen, daß sie über nicht genügend materiell-technische Reserven verfügte. Die eigenständige Tätigkeit eines zusätzlichen Propagandasenders wie der Radiostation „Vltava" sowie die zusätzlichen Anforderungen an Störsender im August und September 1968 überstiegen die Kapazitäten in der DDR. Die SED machte die KPdSU mehrfach darauf aufmerksam, daß sie neben den Versorgungsleistungen für die eigene Bevölkerung unter „besonderen politischen und geographischen Bedingungen" Rundfunkarbeit zu leisten hätte. Denn die DDR befand sich nach SED-Auffassung „als ein Hauptobjekt des psychologischen Kriegführung des westdeutschen Imperialismus gegenwärtig großem ideologischem Druck ausgesetzt".[95] Außerdem erfüllte die SED „besondere Verpflichtungen bei der Unterstützung der KPD und der anderen fortschrittlichen Kräfte in Westdeutschland". Eine Reduzierung der Sendungen nach der BRD konnte die SED nicht akzeptieren. Im Auftrag der UdSSR betrieb die DDR auch noch den Langwellensender „Wolga".

---

93 Ebenda.

94 SAPMO-BArch, ZPA, J IV 2/202/302, Bd. 11.

95 SAPMO-BArch, ZPA, IV A 2/6.05/52.

Schon am 11. September 1968 befaßte sich das Sekretariat des ZK der SED mit der Vorlage „Die gegenwärtige und weitere Profilierung und Spezialisierung der Rundfunkprogramme der DDR". In diesem internen Papier mußte zur materiell-technischen Basis des Hörrundfunks der DDR konstatiert werden: „Die Deutsche Post verfügt auf diesem Gebiet über keine strategischen Reserven."[96] Zusätzliche Maßnahmen zur Verstärkung der materiell-technischen Basis und Schaffung einer strategischen Reserve des DDR-Hörrundfunks sahen Ausgaben in einer Gesamthöhe von mehr als 103 Millionen Mark der DDR vor.

Im Rahmen einer internationaler Beratung der Ideologiesekretäre der Zentralkomitees der fünf Interventionsparteien gab es im Oktober 1968 kritische Worte über die eigene Rundfunkpropaganda. Der sowjetische Vertreter Demitschew erklärte: „Unsere Kapazität reicht offensichtlich nicht aus, uns fehlt die Fähigkeit, den Rundfunkkrieg operativ unter Berücksichtigung der Besonderheiten der Psychologie der Tschechen und Slowaken zu führen."[97] Es wurde dort auch die Idee diskutiert, ein sozialistisches Pendant zu „Radio Freies Europa", mit möglichem Standort in der DDR, zu schaffen.

Der 21. August 1968: militärischer Sieg – politische Niederlage

Militärisch war die Intervention ein Erfolg, politisch war sie zu einer Katastrophe für die UdSSR und ihre Verbündeten geworden.

Die Kommandeure der Besatzungstruppen wußten, daß ihre Streitkräfte auf keinen breiten und organisierten militärischen Widerstand seitens der tschechoslowakischen Armee stoßen würden. Die rund 300.000 Soldaten, deren Zahl rasch auf eine halbe Million erhöht wurde, ausgestattet mit 7.500 Panzern, 1.000 Flugzeugen und ca. 2.000 Geschützen, sollten die politische Kontrolle der Sowjetunion über die Tschechoslowakei wiederherstellen und einer Politik der Restauration kommunistischer Parteiherrschaft den Weg öffnen. Die Anwesenheit der Interventionstruppen sollte den reibungslosen Übergang der Macht in den legalen Partei- und Staatsorganen der tschechoslowakischen Republik auf die moskautreue Gruppe in der Parteiführung sichern, den Sturz der Reformer und die Verhaftung der widerständigen Mitglieder der Parteiführung ermöglichen, die potentiellen Zentren des Widerstandes, die unabhängige Informations- und Kommunikationsstruktur besonders in den Massenmedien unterdrücken und alle Ansätze eines spontanen oder organisierten Widerstandes im Keim ersticken.

96 SAPMO-BArch, ZPA, J IV 2/3/1445.
97 SAPMO-BArch, ZPA, J IV 2/209/300, Bd. 9.

Das politische Ziel dieser Militäraktion der Warschauer Pakt-Truppen gegen einen Mitgliedsstaat und damit gegen einen Verbündeten wurde auch durch das Verhalten der sowjetischen Führung gegenüber der westlichen Führungsmacht unterstrichen. Um jeden Verdacht zu vermeiden, diese militärische Großaktion richte sich gegen den Westen, hielten die intervenierenden Truppen einen Sicherheitsabstand zur Grenze der Bundesrepublik. Und während der Anwesenheit der Okkupationsarmee auf dem Gebiet der ČSSR verblieb die Grenzsicherung in den Händen der tschechoslowakischen Grenzverbände. Am 19. August 1968 übergab der damalige Sowjetbotschafter in den Vereinigten Staaten, Dobrynin, dem amerikanischen Präsidenten Johnson eine diplomatische Note, die die sowjetische Absicht einer Verständigung mit den USA nachdrücklich unterstrich. Neben einem Vorschlag, Abrüstungsverhandlungen aufzunehmen, wurde dem amerikanischen Präsidenten eine offizielle Einladung zu einem Besuch in die Sowjetunion übermittelt. Mit diesem Schritt signalisierte die Sowjetunion, daß, unabhängig von allen Truppenbewegungen an den Grenzen zur Tschechoslowakei, die Blockgrenzen in Europa nicht verletzt würden. Jalta galt.

Jan Pauer berichtet über die Opfer, die die militärische Besetzung der Tschechoslowakei gekostet hat, obwohl die gesamte Aktion ohne militärische Auseinandersetzungen verlief. „72 Tschechen und Slowaken" verloren ihr Leben, „267 wurden schwer und 222 leicht verletzt. Im Verlauf der folgenden Monate stieg die Zahl der Opfer infolge der Okkupation auf 94 Tote. Über die Anzahl der Opfer auf der Seite der intervenierenden Staaten gibt es keine zuverlässigen Angaben. Ein Teil der seltenen Todesfälle von Angehörigen der Okkupationsarmeen ist auf das Konto von Verkehrsunfällen und individuell verursachten Zusammenstößen mit der Bevölkerung zurückzuführen."[98]

Der gewaltige militärische Aufwand, mit dem die Sowjetunion ihre Kontrolle über die Tschechoslowakei 1968 befestigte, ließ den politischen Mißerfolg der Aktion in den Hintergrund treten.

Die „gesunden" Kräfte versagten. Im Präsidium des ZK der KPČ hatten sie in der Nachtsitzung des 20. August nicht den erwarteten kompromißlosen Kampf gegen die „rechten" Kräfte geführt und Dubček nicht entmachtet. Rundfunk, Fernsehen und Presse wurden nicht wie vorgesehen ausgeschaltet. Im Gegenteil – sie verbreiteten am 21. August die noch in der Nacht verfaßte Resolution des Parteipräsidiums, in der die Intervention als Verletzung der Normen des Völkerrechts angeprangert wurde. Der Generalstreik, der das ganze Land am 23. August um 12.00 Uhr für eine Stunde erfaßte, war in der Planung der Invasoren überhaupt nicht einkalkuliert worden. Der tschechoslowakische Präsident Svoboda weigerte sich, eine neue Regierung zu bilden, und die Nationalversammlung ver-

98 Pauer: Die sowjetische Intervention, S. 350f.

urteilte die Okkupation. In Prag trat unter illegalen Bedingungen ein Außerordentlicher Parteitag zusammen, einige der prosowjetischen KP-Funktionäre suchten Zuflucht in der UdSSR-Botschaft oder in den diplomatischen Vertretungen der anderen vier Invasionsteilnehmer.

Der zivile Widerstand richtete sich gegen die Invasion und ebenso kompromißlos gegen jegliche Form von Kollaboration.[99] Diese Haltung „schüchterte" unter anderem die „gesunden" Kräfte derart ein, daß sie wenig Mut zeigten, sich offen zu den Zielen und Mitteln der Invasion zu bekennen. Nicht Nationalismus und Antisowjetismus waren die eigentlichen Bindeglieder des Widerstandes, sondern das Bekenntnis zum reformierten Sozialismus, zur sozialistischen Demokratie und Staatssouveränität der Tschechoslowakei.

Dem zivilen Widerstand, so Jan Pauer in seiner Analyse, war es zu verdanken, daß

- die Bildung der geplanten Kollaborationsregierung und eines aktionsfähigen Okkupationsapparates, der die politischen Ziele der Intervention in die Praxis umsetzen konnte, verhindert wurde;
- eine effiziente Propaganda der Okkupationsarmee und damit die Desinformation der Bevölkerung, die eine bewaffnete Auseinandersetzung provozieren und damit den militärischen Einsatz a posteriori legitimieren könnte, vereitelt wurde;
- alle Versuche, die Bevölkerung einzuschüchtern, das Gefühl der Resignation auszubreiten und gezielte und großangelegte Verhaftungsaktionen durchzuführen und damit Vorausetzungen für die Pazifizierung des Widerstandes zu schaffen, fehlschlugen;
- durch seine Massenhaftigkeit und Kompromißlosigkeit alle Kollaborateure diskreditiert, einzelne Widerstandszentren nicht isoliert, der gesamtnationale politische Konsens vereinheitlicht und der Wille zur Verteidigung der erreichten Freiheit gestärkt wurde;
- die Produktion, das Transportwesen, die Versorgung und die Kommunikation nicht zusammenbrachen, sondern die materiellen Voraussetzungen des Widerstandes gesichert wurden;
- die fremden Truppen isoliert, desorientiert und zum Teil sogar demoralisiert wurden;
- vor der internationalen Öffentlichkeit die Verlogenheit der offiziellen Begründung der Okkupation enthüllt und der Aggressor einem starken Legitimationsdruck ausgesetzt wurde;

---

99 Vgl. Horský: Prag 1968, S. 243ff.; Ebert, Theodor: Der zivile Widerstand in der Tschechoslowakei. Eine Analyse seiner Bedingungen und Kampftechniken, in: ders.: Ziviler Widerstand. Fallstudien aus der innenpolitischen Friedens- und Konfliktforschung, Düsseldorf 1970, S. 296.

– durch die Ungleichheit der Mittel im Konflikt die militärische Invasion aufgefangen, die Panzer zum „toten Eisen" verwandelt und der Sturz der Dubček-Führung verhindert wurde.[100]

Wie reagierte die SED in der Nacht der Intervention und unmittelbar darauf auf die Ereignisse?

Der Tagesablauf am 21. August war für den Ersten Sekretär, die Politbüromitglieder und Sekretäre sowie die hauptamtlichen Mitarbeiter des Apparats des ZK der SED von operativer Arbeit geprägt gewesen. Es herrschte höchste Alarmstufe.[101] Erst gegen 16.30 Uhr informierte das Büro des Politbüros alle Sekretariate der Bezirksleitungen, einschließlich der Wismut, darüber, daß die Mitglieder und Kandidaten des Zentralkomitees am folgenden Tage Post erhalten würden. Es handelte sich bei dieser Post um die Einladung für die 8. Tagung des ZK der SED am 23. August. Erst fünf Tage nach der Interventionsorder in Moskau und zwei Tage nach der Intervention versammelten sich die Mitglieder des zwischen den Parteitagen höchsten Organs der Partei. Bis dahin hatten seit dem 20. August auch keine offiziellen Sitzungen des Politbüros oder Sekretariats des ZK der SED mehr stattgefunden.

Am Spätnachmittag versammelten sich die SED-Funktionäre in gespannter Erwartung im „Großen Haus" des ZK in Berlin. Seit ihrer letzten Zusammenkunft am 7. August hatten sich gravierende Veränderungen ereignet. Die DDR stand nunmehr nicht mehr mit den sieben Volkskammervorschlägen vom 9. August für die Gewährleistung von Frieden und Sicherheit[102] oder der Meldung über bevorstehende Verhandlungen zwischen DDR-Außenhandelsminister Sölle und BRD-Wirtschaftsminister Schiller im internationalen Blickpunkt der Medien. Jetzt war die DDR mit ihrer Armee nach eigenem Sprachgebrauch an einer „militärischen Hilfsaktion" beteiligt, die von der tschechoslowakischen Öffentlichkeit und der ganzen Welt als Intervention und Okkupation bezeichnet wurde. Doch das ZK-Plenum lief in der gewohnten „Routine" ab. Ulbricht erstattete den Bericht des Politbüros.[103] Er rückte die Gefahr des Machtverlustes für die KP-Führung im Nachbarland in den Mittelpunkt seiner Ausführungen. Seiner Meinung nach war in der Tschechoslowakei „eine legale antisozialistische Opposition organisiert worden, die darauf zusteuerte, die Macht an sich zu reißen".

---

100 Pauer: Die sowjetische Intervention, S. 432f.

101 Aus den Reihen der SED hat bisher kein Mitakteur an den politischen und militärpolitischen Entscheidungen und Aktivitäten der DDR im Verlauf der Intervention gegen die ČSSR am 20./21. August 1968 die unmittelbaren Ereignisse geschildert.

102 Vgl. Gesetzblatt Teil I, Nr. 14, S. 277.

103 Vgl. SAPMO-BArch, ZPA, IV 2/1/219; Bollinger, Stefan: Dritter Weg zwischen den Blökken? Prager Frühling: Hoffnung ohne Chance. – Mit einem Anhang bisher nicht veröffentlichter Dokumente zur Haltung der SED-Führung zum Prager Frühling, Berlin 1995, S. 114ff.

Indikatoren dafür waren der angebliche Besitz der tschechoslowakischen Massenmedien in den Händen des Gegners, Schwächen in der ideologischen Arbeit der KPČ, der „revisionistische" Charakter des Aktionsprogramms vom April, die drohende Zerschlagung des Ministeriums für Staatssicherheit (und die Ausschaltung der sowjetischen Vorherrschaft des KGB), die Demokratisierung der Strukturen und Mechanismen des innerparteilichen Lebens der KPČ sowie die Reformen in der gesellschaftlichen und ökonomischen Sphäre des Landes.

Ulbricht informierte über keine Einzelheiten der Moskauer Geheimberatung vom 18. August und der dort gefaßten Maßnahmen. Dafür lieferte er wortreiche Begründungen dafür, warum die Entscheidung über die „militärische Hilfsaktion" eine Entscheidung „von strategischer Bedeutung" war: „Für die Deutsche Demokratische Republik ist das besonders wichtig, weil die Maßnahmen der verbündeten Streitkräfte der Sicherung des Friedens dienen und einen Einbruch imperialistischer Kräfte in die Tschechoslowakei und damit eine Bedrohung der Südgrenze der Deutschen Demokratischen Republik verhindern."[104]

Mit gewisser Genugtuung setzte sich Ulbricht mit Vorwürfen aus der „gegnerischen" Presse, das heißt mit Meldungen aus der BRD, auseinander, die behauptete, die SED hätte geschickt manövriert und ganz genau gewußt, daß der Einmarsch kommt, und aus diesem Grunde der BRD Anfang August ein überraschendes Verhandlungsangebot unterbreitet.[105] Ulbricht beteuerte: „Wir können ja nichts dafür, daß zur selben Stunde, wo der Einmarsch erfolgte, die ganze westdeutsche Presse über die bevorstehenden Verhandlungen zwischen Sölle und Schiller schrieb. Das ist Sache der westdeutschen Presse, das haben wir ja nicht organisiert. Wir hatten ja über die Verhandlungen in dieser Frage keine Zeile geschrieben! [...] Daß die anderen so dußlig sind und sich selber reinlegen, ist sozusagen ihr eigenes Patent. Bis morgens 4 Uhr haben sie sich mit Schiller und Sölle beschäftigt. Aber da war schon eine ganz andere Lage."[106]

Ulbricht setzte sich im Kontext mit der Diffamierung der tschechoslowakischen Reformpolitik weiterhin mit der „neuen Ostpolitik" der Bundesregierung auseinander. Während sich die SED im März 1968 noch darauf beschränkte, der SPD zu unterstellen, sie wolle die DDR beseitigen, machte Ulbricht nach dem Einmarsch der Warschauer Pakt-Truppen in die ČSSR die Sozialdemokraten auch als „Drahtzieher" in der tschechoslowakischen Entwicklung aus. Ulbricht

---

104 Ebenda.

105 Herbert Wehner, Minister für gesamtdeutsche Fragen in der BRD, in einem Spiegel-Interviev dazu: „Das war nur bezeichnend für Ulbricht und seine Art und Fähigkeit, Kurven zu nehmen und an schwierigen Kreuzungen zu operieren, daß er nicht abgedrängt werden kann. [...] In Wirklichkeit war Ulbrichts Kurve in der Volkskammer die Suche nach einem Alibi undzugleich ein gelungenes Täuschungsmanöver." in: Der Spiegel, Nr. 35, 26. 8. 1968, S. 31f.

106 SAPMO-BArch, ZPA, IV 2/1/219.

wörtlich: „Die faktisch wiederhergestellte Organisation der Sozialdemokratischen Partei der Tschechoslowakei handelte auf Anweisung gewisser Kreise der österreichischen sozialdemokratischen Führung sowie der westdeutschen Sozialdemokratie.“[107] Der Kern der sozialdemokratischen Gefährdung für die kommunistische Herrschaft war für Ulbricht das Auftauchen des „Revisionismus“ in den eigenen Reihen. Die tschechoslowakische Krise hatte bewiesen, es war möglich, eine kommunistische Partei zu „sozialdemokratisieren“ und zum Verzicht auf das politische Machtmonopol und die damit verbundene zentrale Lenkung von Ökonomie, Staat und Kultur zu bewegen. Aber in der Fixierung der SED auf die sozialdemokratische Gefahr spiegelte sich zweifellos auch ihre besondere Lage in Deutschland wider. Hier war die Systemauseinandersetzung in zwei Staaten einer Nation verfestigt, und der Systemvergleich fand tagtäglich zwischen Bundesrepublik und DDR über die Medien statt. Wenn Ulbricht also von der Gefahr der „Aufweichung“ der sozialistischen Ordnung durch die sozialdemokratische Politik sprach, so war das für ihn nicht in erster Linie eine Frage einer raffinierten ideologischen Politik der Sozialdemokraten, sondern die Folge dieser tagtäglichen Systemauseinandersetzung. Im tschechoslowakischen Reformprozeß sah Ulbricht aber nun, seiner Sichtweise vom Warschauer Treffen folgend, eine neue Variante der konterrevolutionären Strategie des Westens gegen den Sozialismus. Er zog vor dem 8. Plenum der SED mit dem Blick nach vorn, die Lehren aus der gerade abgewendeten Gefahr: für ihn war es ausgemacht, die Tschechoslowakei, Ungarn und Polen sollten „von innen heraus“ unterminiert werden. „Die Hauptmethode für die Durchführung dieser Politik war nicht wie in Ungarn der konterrevolutionäre Putsch, sondern bestand darin, durch die Beherrschung der Massenmedien – der Presse, des Rundfunks, des Fernsehens – die Bevölkerung irrezuführen, den marxistisch-leninistischen Kräften die öffentliche Wirksamkeit zu entziehen, mit Hilfe der Massenmedien eine Pogromstimmung gegen die kommunistische Partei und gegen die Kommunisten durchzuführen und damit von innen heraus die antikommunistische Bewegung so anzuheizen, daß den antisozialistischen Kräften, die in verschiedenen Organisationen formiert sind, dann sozusagen die Macht in die Hände fällt.“[108]

Überraschend ging er im zweiten Teil seine Berichts auf Fragen der wissenschaftlich-technischen Zusammenarbeit im Ostblock ein. Dabei betonte er die Notwendigkeit, daß die Sowjetunion und die DDR gemeinsam den anderen sozialistischen Ländern helfen müßten, das ökonomische System des Sozialismus schneller zu entwickeln Ausdrücklich hob Ulbricht hervor, „wie ausgezeichnet die Kooperation mit der Sowjetunion geht“. Vermutlich versuchte er damit neue

107 SAPMO-BArch, ZPA, IV 2/1/219.
108 SAPMO-BArch, ZPA, IV 2/1/219.

Brücken zu den Sowjets zu bauen, weil er damit rechnete, daß nach der „Normalisierung" der Lage in der ČSSR die Fragen der ökonomischen Zusammenarbeit im RGW stärker in den Vordergrund rücken und dann die Sowjets auch die Perspektive des ökonomischen Weges der DDR neu betrachten würden.

Die 8. ZK-Tagung geriet zum Abschluß eigentlich zu einer politischen Farce: Nach langanhaltendem Beifall der Anwesenden für die Ausführungen Ulbrichts fragte der Tagungsleiter Hermann Matern den Referenten „Was machen wir denn jetzt?" Ulbricht war dafür, gleich in die Diskussion einzutreten. Matern sprach die obligatorische Aufforderung: „Genossen! Treten wir in die Diskussion ein! Wer wünscht das Wort?" Außer Gemurmel und Papiergeraschel erfolgte keine Reaktion aus dem Saal. Ulbricht und Matern reagierten etwas ratlos und mit Kopfschütteln. Bevor Matern zur Abstimmung über die vorliegenden Materialien übergehen konnte, unterbrach ihn Ulbricht mit den leise geflüsterten Worten: „Warte, es kommt schon noch!" Doch es kam nichts! Ulbricht sprach nun ins Saalmikrofon: „Also, wir haben noch Zeit." Im Präsidium der ZK-Tagung herrschte eine gewisse Ratlosigkeit. Bei einem solch außergewöhnlichen Anlaß wie ihn diese Tagung bot, hatte die oberste Parteiführung wohl nicht mit einer derart schweigenden Parteidisziplin gerechnet.

Aber auch die Abstimmung war eine Farce. Denn den Tagungsteilnehmern lagen die bereits veröffentlichten Aufrufe des eigenen ZK an die DDR-Bürger und der Interventionsstaaten an die Bürger der ČSSR beziehungsweise die tschechoslowakische Volksarmee sowie die TASS-Mitteilung vom 21. August zur „Bestätigung" vor. Diese Materialien, wie auch der Politbürobericht, wurden von den Teilnehmern einstimmig beschlossen. Das veröffentlichte Kommuniqué über die 8. Tagung des ZK der SED war wie üblich nichtssagend.[109]

Ulbricht, Stoph und Honecker flogen gegen Mitternacht von Berlin nach Moskau, um dort während der Verhandlungen zwischen den Vertretern der KPdSU und der tschechoslowakischen KP für Konsultationen zur Verfügung zu stehen. Breshnew war schon am 22. August gezwungen, eine Entscheidung zu treffen: entweder eine gewaltsame Durchsetzung der politischen Invasionsziele oder mit dem militärischen Pfand in der Hand eine Rückkehr zu politischen Lösungen.

Die Verhandlungen zwischen Vertretern der KPdSU und der KPČ vom 23. bis zum 26. August 1968 in Moskau zeugten von der Sackgasse, in die die sowjetische Politik mit der Invasion geraten war. In einer eiligst zusammengerufenen Beratung mit den Parteiführern der SED, PVAP, BKP und USAP mußte Breshnew am 24. August konstatieren, daß das Mißlingen der beabsichtigten Pläne sich negativ auf die Stimmung der „Freunde" in der Tschechoslowakei auswirkte und bei ihnen ein Gefühl der Unentschlossenheit und Unsicherheit hervorgerufen

109 Vgl. Neues Deutschland, 24. 8. 1968, S. 1.

habe. „Wir konnten nicht sofort die politische Arbeit entfalten“, umschrieb er den politischen Fehlschlag des so einfach errungenen militärischen Sieges.[110]

Nach Ulbrichts Meinung hatte das tschechoslowakische Volk die wirkliche Lage noch nicht begriffen. Für ihn ging es vordergründig auch nicht darum, die nach Moskau verschleppten tschechoslowakischen Reformkommunisten für eine Erklärung zu gewinnen: „Es geht nicht nur um die Aufforderung zur Ruhe, sondern darum, daß die Kräfte der Arbeiterklasse, die Kommunisten und die anderen fortschrittlichen Kräfte sich zusammenschließen und alle konterrevolutionären Aktionen verhindern.“[111] Er forderte: „Es kommt darauf an, die gesunden Kräfte zur Aktivität zu bringen und den Kampf gegen die konterrevolutionären Kräfte zu führen. Aber wir können nicht den Kampf gegen die Konterrevolution führen unter dem Banner von Dubček in Prag.“[112]

Die am Vormittag des 21. August verhafteten und in die Sowjetunion verschleppten Mitglieder der Dubček-Führung[113], der nach Moskau fliegende tschechoslowakische Präsident Svoboda und die in seiner Begleitung sich befindenden Funktionäre[114] sowie eine weitere aus Prag eingeflogene Delegation mit den prosowjetischen Parteifunktionären Švestka, Lenárt, Jakeš, Barbírek, Rigo und dem Reformer Mlynář[115] unterzeichneten am 26. August 1968 das als „Moskauer Diktat“[116] charakterisierte „Protokoll über die Verhandlungen der Delegationen der Union der Sozialistischen Sowjetrepubliken und der Tschechoslowakischen Sozialistischen Republik“, allein Kriegel verweigerte seine Unterschrift. Dubček bezeichnete das „Verhandlungsergebnis“ von Moskau als klassisches Beispiel „eines ungleichen, durch Gewalt und Drohungen aufgezwungenen Vertrages“. Er schrieb: „Für die Tschechoslowakei hatte ein solcher Vertrag den unheimlichen Charakter eines déjá-vu-Erlebnisses: Der Vertrag wirkte wie ein Durchschlag jenes früheren Vertrages über die Errichtung des Protektorats Böhmen und Mähren, den Hitler am 15. März 1939 dem letzten Vorkriegspräsidenten der Tschechoslowakei, Dr. Emil Hacha, aufgezwungen hatte.“[117]

---

110 Vgl. SAPMO-BArch, ZPA, J IV 2/201/795.

111 SAPMO-BArch, ZPA, J IV 2/201/795.

112 Ebenda.

113 Am 21. August 1968 verhafteten sowjetische und tschechoslowakische Staatssicherheitsmitarbeiter den KPČ-Vorsitzenden Dubček, den Regierungschef Černík, den Parlamentsvorsitzenden Smrkovský, den Vorsitzenden der Nationalen Front Kriegel und die zwei Mitglieder des Parteipräsidiums der KPČ Šimon und Špaček.

114 Die Begleitpersonen von Svoboda bei seinem Flug am 23. August 1968 nach Moskau waren Bil'ak, Indra, Piller, Dzúr, Kučera und Husák.

115 Vgl. 261ff.

116 Vgl. Dubček: Leben, S. 297ff.

117 Ebenda, S. 302.

Das als „Moskauer Protokoll" bezeichnete Geheimdokument[118] wendete die drohende Gefahr einer sowjetischen Militärdiktatur in der Tschechoslowakei ab. Deshalb kann es schwerlich als eine bloße Kapitulation bezeichnet werden. Aber es war auch kein Kompromiß zwischen annähernd gleichberechtigten Partnern. Schon gar nicht war es ein Sieg, für die Reformer. Doch die militärische Option der Sowjetunion auf dauerhafte Militärpräsenz in der Tschechoslowakei wurde vorerst noch „eingeschränkt". Denn im Protokoll kamen beide Seiten überein, daß, „nachdem die bestehende Gefahr für die Errungenschaften des Sozialismus in der Tschechoslowakei, die Gefahr für die Sicherheit der Länder der sozialistischen Gemeinschaft beseitigt ist, der etappenweise Abzug der verbündeten Truppen von ihrem Territorium erfolgen wird".[119] In die unmittelbaren Verhandlungen zwischen der KPdSU und der KPČ waren die Vertreter der anderen Parteien nicht einbezogen worden. Doch ihnen wurde das fünfzehn Punkte umfassende „Moskauer Diktat", das die Vertreter der ČSSR in russischer Sprache unterzeichnen mußten, zur Kenntnisnahme vorgelegt. Die „fünf" Interventen einigten sich am 26. August 1968 darauf, daß sie „von dem im sowjetisch-tschechoslowakischen Protokoll dargelegten Standpunkt der sozialistischen Bruderländer ausgehen".[120]

Schon kurze Zeit darauf forderte Ulbricht in einem Brief vom 18. September 1968 von Breshnew: „Wir bitten Sie, zu prüfen, ob es nicht zweckmäßig ist, den im Protokoll vorgesehenen Aufenthalt und den Abzug eines Teiles der Truppen vertragsmäßig zu vereinbaren. Wir halten es nicht für zweckmäßig, der tschechoslowakischen Führung Zusicherungen über den Abzug von Truppen zu machen, wenn nicht vorher der Aufenthalt des verbleibenden Teiles der Truppen vertragsmäßig gesichert ist. Auf Grund der Einschätzung der Lage sind wir für die Stationierung sowjetischer Truppen auf unbegrenzte Zeit bei Prag und im Westgebiet der ČSSR – Cheb-Plzeň-České Budějovice-Bratislava – sowie in der Nähe bestimmter Konzentrationspunkte tschechoslowakischer Armee-Einheiten.

Wir sind für den Abzug der polnischen, bulgarischen, ungarischen und DDR-Truppen. Es sollten jedoch Verstärkungen in den Grenzgebieten unserer Staaten zur ČSSR belassen werden.

Auch dann, wenn nur sowjetische Truppen auf tschechoslowakischem Territorium stationiert sind, sollten beim Oberkommando der Vereinigten Streitkräfte die Vertreter der verbündeten Armeen bleiben."[121]

---

118 Der Wortlaut des „Moskauer Protokolls" in: Mlynař: Nachtfrost, S. 342. Eine mit dem russischen Original abgestimmte tschechische Version in: Benčik: Operace „Dunaj". S. 242ff. Eine deutsche Fassung erhielt 1968 auch das ZK der SED, in: SAPMO-BArch, ZPA, J IV 2/201/795.

119 SAPMO-BArch, ZPA, J IV 2/201/795.

120 Ebenda.

121 SAPMO-BArch, ZPA, VI 2/202/299, Bd. 8.

Vier Wochen nach dem „Moskauer Diktat“ der KPdSU kamen die fünf Parteichefs der Interventionsstaaten nochmals zusammen. Sie trafen sich wiederum ohne die Vertreter der KPČ in Moskau. In ihrer Analyse mußten sie eingestehen, daß es, wie es Ulbricht ausdrückte, seit dem 21. August nicht gelungen sei, die kommunistischen Kräfte in der ČSSR zu konsolidieren. Die Schlußfolgerung lautete, den politischen Mißerfolg militärisch zu „kompensieren“. Bei diesem Treffen wurde beschlossen, daß die Invasionstruppen solange aus der ČSSR nicht abgezogen werden, solange die dauerhafte Stationierung sowjetischer Truppen in der Tschechoslowakei nicht vertraglich festgelegt wird. Diese Regelung erfolgte in einem zweiten Diktat am 16. Oktober 1968.[122] Die Politik der „Normalisierung“ war nunmehr militärisch abgesichert.

122 Vgl. Dubček: Leben, S. 327f.

Kapitel 6

Die „Normalisierung“

In der ersten Phase der „Normalisierung“ stand der Streit um die Auslegung des „Moskauer Protokolls“ im Zentrum der Auseinandersetzung. Die Reformer versuchten, seine Auswirkungen auf ein Minimum zu begrenzen, um wenigstens einen Torso des Reformprozesses zu retten. Die „gesunden Kräfte“ dagegen waren bemüht, es zum Ausgangspunkt für den Kampf um die Macht und eine politische Kehrtwende zu machen. Zwischen diesen beiden Polen bewegte sich, wenigstens eine Zeitlang, Husák. Er verordnete einerseits am 27. August der KP der Slowakei einen Außerordentlichen Parteitag, auf dem sie vom Prager Außerordentlichen XIV. Parteitag abrücken und zu den alten Positionen zurückkehren sollte. Andererseits opponierte er gegenüber Bil'ak und den auflebenden Novotný-Leuten, mit denen er aus seiner Haftzeit noch reichlich Rechnungen offen hatte.

Die unterschiedlichen Interpretationen des „Moskauer Protokolls“ und der „Normalisierung“ wurden schon auf der ersten Tagung des ZK der KPČ am 31. August deutlich, bei der es jedoch nach scharfen Zusammenstößen noch gelang, die Hoffnung aufrechtzuerhalten, der Erneuerungsprozeß sei nicht ganz so verloren, wie es „laut Moskauer Protokoll“ scheinen könnte. Zwar mußte Kriegel aus dem Präsidium ausscheiden – Cisař, Pavel, Pelikán, Hejzlar verloren ihre Funktionen, aber ebenso auch Kolder, Švestka, Rigo. Durch Erweiterung des ZK wurden nun auch Svoboda, Husák, Slavík, Mlynář, Josef Zrak sowie weitere Reformer oder wenigstens „gemäßigte“ Mitglieder, so daß von den „Einladern“ (auf Wunsch Moskaus) allein Bil'ak im Präsidium verblieb. Mit einem ähnlichen Ziel wurden aus dem ZK der KPČ aus „Vysočany“[1], da man die Aufhebung des Außerordentlichen XIV. Parteitages schon nicht verhüten konnte, 80 Personen in das Plenum des „alten“ ZK kooptiert. Damit sollte die Mehrheit der Reformer gesichert werden, allerdings unter der Voraussetzung, daß eine Vereinbarung zwischen ihnen und dem Block zustande kam, den Husák in der Slowakei aufzubauen begann. Einen prinzipiellen Zweifel daran, daß es möglich sein könnte,

---

1 Der illegale Außerordentliche XIV. Parteitag der KPČ in Prag-Vysočany wählte am 22. 8. 1968 ein neues Zentralkomitee aus 144 Mitgliedern, von denen nur 25 bereits dem alten ZK angehört hatten. Vgl. Pelikán: Panzer überrollen den Parteitag, S. 108ff.; Hejzlar: Reformkommunismus, S. 270.

eine Reformpolitik im Sinne und im Schatten des „Protokolls" zu verwirklichen, äußerte Jaroslav Šabata – und die Zeit sollte ihm Recht geben.

Die „Warschauer Fünf" und die einheimischen „gesunden Kräfte" aller Schattierungen leiteten nämlich sofort nach der ZK-Tagung konzentrierte Maßnahmen ein. Breshnew entsandte eine Art Kontroll- und Aufsichtskommission unter der Leitung des Vizeaußenministers Kusnezow nach Prag und Bratislava, wo man die tschechoslowakische politische Szene, vor allem die Kader, gründlich ins Visier nahm. Auf der Tagung der Warschauer Fünf vom 24. bis 26. August war eine Strategie allmählicher Schritte ausgearbeitet worden, die zwar nicht zu einer sofortigen, aber zu einer nicht allzu fernen Machtübernahme in der Tschechoslowakei „in verläßliche Hände" führen sollte. Ihr Kern war die Zerschlagung der Einheit von Reformern und Bevölkerung: Einerseits mit der berüchtigten „Salamitaktik", mit deren Hilfe aus der Leitung ein unbequemer Funktionär nach dem anderen „weggeschnitten" werden sollte, andererseits durch Diskreditierung der führenden Reformer und Dubčeks selbst sowie durch Ausnützung der nationalen Widersprüche zwischen Tschechen und Slowaken.

Der erste Schritt bestand in der Durchsetzung eines Vertrages über die „dauernd zeitweilige" Dislokation von 75.000 Mann der Sowjetarmee in der ČSSR, den die Repräsentanten der KPČ und KPdSU am 3. und 4. Oktober 1968 „verhandelten" und der schon am 18. Oktober dem Parlament in Prag zur Abstimmung vorgelegt wurde. Zu diesem Zeitpunkt war der Widerstandswille der Abgeordneten weitgehend gebrochen. Bei Abwesenheit von zwanzig Prozent ihrer Mitglieder nahm die tschechoslowakische Nationalversammlung den Vertrag mit nur vier Gegenstimmen und zehn Stimmenthaltungen an.[2]

Gleichlaufend entfaltete Moskau seine Aktion auch innerhalb der Tschechoslowakei, wo unter Beteiligung sowjetischer Politkommissare aus Milovice und anderen Garnisonen die radikalste „Normalisierungsfraktion" entstand – die sogenannte „Cechie" (nach dem Namen des Saals in Prag-Liben, wo sie gegründet wurde). Ihre Schirmherren wurden Kapek und Bil'ak. Angehörige des KGB wurden enge Mitarbeiter dieser Gruppe, unter deren Mitgliedern sie geeignete Personen für die Errichtung eines Agentennetzes fanden. Breshnew setzte Bil'ak, der in der Slowakei nicht einmal in das ZK der KPS gewählt worden war, auf den Posten des Sekretärs des ZK der KPČ für internationale Angelegenheiten – damit er dieses Ressort mit seinen weitreichenden Möglichkeiten (einschließlich des Kontaktes Prag-Moskau) vollauf unter seine Kontrolle bekam.

2 Cigánek, František.: Postavení a role parlamentu v srpnových dnech 1968, in: Proměny Pražského jara. Sborník studií a dokumentu o nekapitulanzských postojích v československé společnosti, vyd. Pecka, Jindřich/Prečan, Vilém, Brno 1993, S. 161f.

Den Reformkräften gelang es noch, nachdem der Kreml der Errichtung einer selbständigen KP der böhmischen Länder nicht zugestimmt hatte, für diese wenigstens ein tschechisches Parteibüro und auch eine Regierung ins Leben zu rufen und am 28. Oktober die Föderalisierung des Staates zu deklarieren. Der Tag wurde zu einer großen Manifestation der Einwohner Bratislavas für Dubček und weitere – auch tschechische – Reformer und gegen die Sowjetokkupation. Bald darauf sollten jedoch die ansonsten berechtigten Forderungen der Slowakei im Zuge der „Normalisierung" mißbraucht werden.

In der ersten Phase der „Normalisierung" behielt Dubčeks Gruppe noch die Oberhand, weil sie sich auf die Ergebnisse der achtmonatigen politischen Reformarbeit und auf die Unterstützung einer großen Mehrheit in der Gesellschaft stützen konnte. Diese war trotz der Enttäuschung über die Niederlage und den Defätismus mancher Gruppen bemüht, das Wesen des Erneuerungsprozesses zu erhalten und sich gegen die „Normalisierung" zu wehren. Ausdruck dieses aktiven Widerstandes der Gesellschaft waren zum Beispiel die massenhafte Gründung von Betriebsräten, die politische Emanzipation der Gewerkschaften und die nicht einzudämmende Radikalisierung der Jugend, insbesondere der Studenten. Eine aktive, sich auch gegenüber Dubček abgrenzende Rolle spielte die künstlerische Intelligenz, deren Verbände sich in einem Koordinationskomitee zusammenschlossen, das unter dem Namen FITES bekannt wurde. Am 28. Oktober 1968, dem Jahrestag der Gründung der Tschechoslowakei, kam es in Prag zu einer patriotisch und antisowjetisch gestimmten Demonstration. Ähnliches geschah in Bratislava, Brünn und Böhmisch Budweis. Die nicht sehr großen Demonstrationen wurden von der Ordnungspolizei auseinandergejagt, damit war seit dem „Protokoll" das erste ernsthafte Zerwürfnis zwischen der Führung Dubčeks und der Gesellschaft eingetreten.

Gegen diese Verteidigungsbewegung richteten die sich zunehmend konsolidierenden Konservativen ihre Angriffe. Sie erreichten einen bestimmten, obwohl noch nicht entscheidenden Erfolg bei der Tagung des ZK der KPČ am 14. und 15. November. Dubček versuchte wenigstens, sich einen Spielraum für die Fortsetzung seiner progressiven Politik zu bewahren, was ihm in gewissem Maße auch noch gelang, allerdings um den Preis der Unzufriedenheit eines nicht geringen Teils der Öffentlichkeit und mit großen Konzessionen an die Konservativen, die einen Block aus alten Linksradikalen, Novotný-Leuten und den neokonservativen „Einladern" bildeten.

Das erwähnte Novemberplenum verlief abermals unter starkem Druck Breshnews, der eine Verschärfung der ursprünglichen, angeblich sozialdemokratischen Resolution gegen „die Rechte" erzwang. Diese Veränderung registrierte auch Husák aufmerksam, der mit einem eigenen Projekt der „Normalisierung" auftrat, das noch die Januarbeschlüsse anerkannte, aber gerade den Kampf gegen „die

Rechte" betonte und eine feste Lenkung der Politik durch die kommunistische Partei forderte.

Aber auch nach dem November setzten sich die Bestrebungen des aktiven Teils der Gesellschaft für die „Verteidigung des Januar" fort, ja, ihre Aktivitäten steigerten sich zum Jahresende noch. Das zeigte sich insbesondere beim dreitägigen Besetzungsstreik der Hochschulstudenten und im sogenannten Kampf um Smrkrovský.

Der Streik, mit dem sich auch die Fachschulstudenten solidarisierten, begann symbolisch am 17. November, dem Jahrestag der deutschen Repressalien gegen die tschechischen Hochschulen im Jahre 1939. Er war sowohl in seinem Brennpunkt Prag als auch in der Slowakei erfolgreich: Umfragen ergaben eine 86prozentige Unterstützung seitens der Öffentlichkeit.

Der „Kampf um Smrkovský" war ein Kampf um seine Funktion als Parlamentspräsident und um die Souveränität des Parlaments insgesamt, einem wesentlichen Pfeiler des Reformprozesses. Bei einer weiteren Kontrolltagung am 7. und 8. Dezember 1968 in Kiew entfaltete Breshnew nämlich seine Salamitaktik mit einem Angriff gegen Smrkovský, den er – im Unterschied zum Mai – wegen seines Widerstandes gegen die Intervention nun als absolut unannehmbar ansah. Mit seiner Entfernung sollte Dubček einer seiner Hauptstützen beraubt werden. Den Auftrag der Sowjets begann Husák zu erfüllen. Als man am 1. Januar 1969 anfing, föderative Organe zu errichten, forderte er, daß im Rahmen der nationalen Gleichberechtigung neben Dubček noch ein Slowake einen der vier Spitzenposten bekleiden solle. Die Tschechen Svoboda und Černík sollten in ihren Ämtern als Präsident und Ministerpräsident verbleiben, der Parlamentspräsident Smrkovský, ebenfalls ein Tscheche, aber durch einen Slowaken ersetzt werden. Das war eine listige Lösung, die den Wunsch Moskaus mit einem Schleier angeblicher nationaler slowakischer Interessen verdeckte, gegen die schwerlich etwas einzuwenden war. Die Gesellschaft – auch ein nicht geringer Teil der slowakischen – durchschaute dieses Spiel allerdings schnell und begann Smrkovský zu verteidigen, der mit seinem Widerstand gegen die Okkupation ein populärer „Volkstribun" geworden war.

Die Hauptrolle spielten dabei die Gewerkschaften, insbesondere der tschechische Kongreß der Metallarbeiter, der sich für die Rettung der Reformentwicklung einsetzte und die Verteidigung Smrkovskýs an die erste Stelle rückte. Gemeinsam mit den Studenten lehnten die Gewerkschaften die „Politik ständigen Zurückweichens vor äußerem Druck" ab und verlangten die Erneuerung der Souveränität des Staates, den Rückzug der Sowjetstreitkräfte und Wahlen für die Vertretungskörperschaften. Daraus entwickelte sich zur Jahreswende 1968/69 eine Bewegung, an der sich rund zwei Millionen Menschen beteiligten. Die Kampagne wurde abermals aktiv von den Kunst- und Kulturschaffenden sowie ihrer

Organisation FITES, von den Massenmedien und der breiten Öffentlichkeit unterstützt.[3]

Das Präsidium des ZK der KPČ kehrte jedoch dieser Stimmung im Volk weiter den Rücken, als es am 3. Januar 1969 die Abschiebung Smrkovskýs billigte, diese allerdings mit einer Konzession „versüßte“: Smrkovský sollte im Rang des Vorsitzenden der Volkskammer der erste Vizepräsident der Föderalen Nationalversammlung, die noch eine Nationenkammer hatte, Mitglied des engeren Präsidiums des ZK der KPČ bleiben. Smrkovský kam jedoch nach langen und quälenden Überlegungen zu dem Schluß, er könne nicht riskieren, daß seinetwegen Unruhen und Streiks entstünden und insbesondere dürfe keine tschechoslowakische Spaltung provoziert werden. Das gab er am 5. Januar der Öffentlichkeit bekannt und unterwarf sich so der Parteidisziplin.

Damit nahm er ungewollt der größten gesellschaftlichen „Antinormalisierungsbewegung“ den Wind aus den Segeln. Das Zurückweichen bedeutete einen Bruch: Von nun an sollte die „Normalisierung“ nach sowjetischer Auffassung einen relativ leichten und schnellen Weg nehmen. Dubček und Genossen wurden nach der Moskauer Strategie immer häufiger durch weitere Zugeständnisse kompromittiert, und die Verbindung zwischen ihnen und dem Volk, die zwar noch nicht ganz abgebrochen war, wurde schwächer und schwächer. Dubček selbst sollte in diese Entwicklung kaum mehr eingreifen.

Der letzte Schlag wurde der Widerstandsbewegung – und damit auch dem gesamten Erneuerungsprozeß – schon drei Monate später im Zusammenhang mit der sogenannten Hockey-Krise versetzt. Noch zuvor versuchten die nicht an die KPČ gebundenen Kräfte und namentlich die Studenten einen verzweifelten Aufschrei: Auf den Straßen von Prag und Iglau brannten lebendige Fackeln – Jan Palach und noch weitere junge Männer wollten mit ihrer Selbstverbrennung ein verzweifeltes Signal setzen. Das Begräbnis von Palach vereinte ca. 150.000 Menschen in einer Trauerdemonstration. Dubček und Smrkovský konnten an der Demonstration nicht teilnehmen, weil sie vom Kommando der Prager Staatssicherheit kontrolliert, in ihren Büros „gefangen“ blieben in Erwartung eines sowjetischen Putsches. Dieses Ereignis sowie ein lebhafter Gewerkschaftskongreß, auf dem sich eine noch ungebrochene Organisation präsentierte, veranlaßten Moskau zu dem Entschluß, in der Tschechoslowakei nun endlich den entscheidenden Umsturz herbeizuführen. Die Gelegenheit hierfür bot dem Kreml die stürmische Feier anläßlich des zweimaligen Sieges der tschechoslowakischen Eishockeymannschaft über die sowjetische bei der Weltmeisterschaft sowie der Umstand, daß kurz darauf eine Sitzung des ZK der KPČ geplant war. Auf ihr sollte die Entscheidung fallen. Nach dem zweiten Sieg ihrer Nationalmannschaft

---

3 Československo 1968, II, S. 40.

über die der Sowjetunion, mit 4:3 Toren, wurden am 28. März 1969 die Straßen von 69 böhmischen und slowakischen Städten von etwa einer halben Million Menschen überflutet, davon ungefähr 150.000 allein in Prag. Die völlig spontanen Feiern gingen schnell in stürmische antisowjetische Demonstrationen über, bei denen (offenbar dank einer „Initiative“ der Prager Staatssicherheit) das Büro der sowjetischen Fluggesellschaft Aeroflot auf dem Wenzelsplatz demoliert wurde. Es kam auch zu kleinen Scharmützeln mit sowjetischen Soldaten in den Orten ihrer Garnisonen.

Diese in der Sportgeschichte einmalige Situation gab dem Kreml den Vorwand für ein rasantes Einschreiten. Schon am Sonntag, dem 10. April 1969, trat das Moskauer Politbüro zusammen und entsandte Verteidigungsminister Marschall Gretschko, begleitet von Vize-Außenminister Semjonow, als Bevollmächtigten nach Prag, ausgerüstet mit außerordentlichen Kompetenzen. Den Einheiten sowjetischer Streitkräfte in der DDR, Polen und der Ukraine wurde befohlen, sich erneut für die Entsendung weiterer Formationen in die Tschechoslowakei vorzubereiten. Nach seiner Ankunft ordnete Marschall Gretschko den tschechoslowakischen Verteidigungsminister General Dzúr und seinen Militärrat energisch seinem Kommando unter und schuf für seine Zwecke in der tschechoslowakischen Generalität und überhaupt in der Armee einen „Verbündeten“ für einen harten Druck auf Dubček, um ihn zur Abdankung zu veranlassen. Dem schlossen sich Bil'ak und Husák mit ihrer Gefolgschaft, aber auch Präsident Svoboda an. In aller Stille wurde abermals ein Putsch durch die Staatssicherheit und einen Teil des Parteiapparates vorbereitet.[4]

Die Regie der Ereignisse lag schon vollauf in den Händen der moskauorientierten Konservativen. Im Kreml fürchtete man jedoch, nach den unrühmlichen Erfahrungen mit den „Einladern“ im August, ihnen freie Hand zu lassen. So fiel die Wahl auf Husák, der bei den Verhandlungen über das „Moskauer Protokoll“ und mit seiner entschlossenen Art, die „führende Rolle der Partei“ in der Slowakei zu festigen, positiv aufgefallen war. Husák reiste nach Uzgorod zu einer Begegnung mit Breshnew, der ihm anbot, die Funktion Dubčeks zu übernehmen, was dann am 17. April 1969 auf einer Tagung des ZK der KPČ geschah. Dubček wurde „freigestellt“ und Husák an seine Stelle gewählt. Gleichzeitig wurde auch ein neues Präsidium gewählt, das sich vorwiegend aus Personen aus dem Umkreis Husáks, aber auch Bil'aks, zusammensetzte. In kurzer Zeit wurden Dubček und die wenigen Reformer, die noch verblieben waren, aus ihren Positionen entfernt. Es kam zur „Säuberung“ des Zentralkomitees, aus dem Smrkovský und weitere Repräsentanten des Erneuerungsprozesses beseitigt wurden. Dubček

4 Madry, Jindřich: Sovetská okupace Československa, jeho normalizace v letech 1969–1970 a role ozbrojených sil, in: Sešity ustavu pro soubobé dějiny 16/1994, S. 47f.

wurde vorerst in die Funktion des Präsidenten der Föderalversammlung abgeschoben, unter der Kuratel der zugehörigen Abteilung des Apparates des ZK der KPČ sowie des Klubs kommunistischer Abgeordneter.

Am 21. August 1969, dem ersten Jahrestag der Intervention, bäumte sich aus Protest gegen diese Entwicklung der aktivste Teil der Gesellschaft noch einmal in stürmischen Protesten gegen die Okkupation auf. Demonstrationen gab es in Bratislava[5], Brno[6], Liberec[7], Havířov und einer Reihe weiterer Städte, vor allem in solchen, wo Sowjetgarnisonen untergebracht waren (Mladá Boleslav[8] u.a.); ihr Schwerpunkt war freilich unübersehbar Prag. Überall wurden Polizei und Armee gegen die Demonstranten eingesetzt. In Prag kam es zu scharfen Zusammenstößen, bei denen auch einige Barrikaden errichtet wurden. Die Armee setzte Panzer und gepanzerte Fahrzeuge ein; die „Normalisierung" der Armee war also schon überraschend weit fortgeschritten. Bei den Aktionen wurden 436 Angehörige der Streitkräfte verwundet, ein Soldat und fünf Demonstranten getötet, die Zahl der Verletzten ließ sich nicht feststellen, denn aus Angst vor Repressalien verheimlichten die meisten Menschen ihre Verwundung.[9]

Die Ereignisse vom 21. August 1969 gaben Husák den Anlaß für eine weitere Verschärfung. Auf Beschluß des Präsidiums des ZK der KPČ traf das Präsidium des Parlamentes außerordentliche Repressionsmaßnahmen, die letztendlich – trotz seiner bei der Sitzung vorgebrachten Einwände – auch Dubček unterzeichnete. Er befürchtete, sein Widerstand könnte neue Unruhen und ein größeres Blutvergießen hervorrufen.

Es folgten eine Aufhebung der gegen die Okkupanten gerichteten Stellungnahme des Präsidium des ZK der KPČ vom 21. August 1968, der Beschlüsse des Parteitages in Prag-Vysočany und weiterer Maßnahmen und Ergebnisse des Erneuerungsprozesses nach dem Januar, der schließlich als Konterrevolution bezeichnet wurde. Dazu kamen im Jahre 1970 noch die Parteiüberprüfungen, bei denen etwa eine halbe Million Aktivisten des „Prager Frühlings" ausgeschlossen oder gestrichen wurden; es folgten Berufsverbote für Aktivisten innerhalb und außerhalb der Partei und schließlich auch politische Prozesse. Anders als in den fünfziger Jahren mit ihren Hinrichtungen und Zwangsarbeitslagern hatten jetzt Arbeitsentlassungen und existentielle Repressionen das Übergewicht, ergänzt durch intensive Polizeiaufsicht und mitunter auch durch warnende Gerichtsprozesse.

5 Bratislava: Preßburg.
6 Brno: Brünn.
7 Liberec: Reichenberg.
8 Mladá Boleslav: Jungbunzlau.
9 Ebenda, S. 113f.

Am Ende konnte Husák 1970 eine volle „Normalisierung" im Sinne des Moskauer „Protokolls" vorweisen. Das Ergebnis glich dem, wogegen sich der tschechoslowakische Erneuerungsprozeß gerichtet hatte: ein Sozialismus sowjetischer Prägung. Die tschechoslowakische Gesellschaft schien dahin zurückgekehrt, wo sie im Januar 1968 so hoffnungsvoll aufgebrochen war. Aber die Geschichte hatte sich nicht im Kreise gedreht, denn die Ereignisse dieser Zeit hinterließen Erfahrungen in diesem Land und in der Welt, die letztlich – wenn auch mit großer Verspätung – im November 1989 ihre „Zinsen" erbrachten.

Fazit

Der tschechoslowakische Versuch, aus dem sowjetischen Modell des Sozialismus auszubrechen, endete ungefähr nach einem Jahr. Er läßt sich einreihen in ähnliche Versuche anderer mitteleuropäischer Länder des sowjetischen Imperiums, unterscheidet sich von ihnen allerdings in wesentlichen Zügen: Er war weder eine so heftige spontane Explosion wie der 17. Juni 1953 in der DDR, noch eine so vehemente bewaffnete Revolte, wie sie im Jahre 1956 in Ungarn entstand, aber auch kein so langer und beinahe permanenter Prozeß wie in Polen nach 1968 und 1970, sondern ein mittelfristiger evolutionärer Versuch, basierend auf einer Kombination theoretischer Erkenntnisse und praktischer Lenkung durch die politische Reformspitze, dem sich allmählich eine Massenaktivität von unten anschloß. Dieser Versuch wurde durch die Lösung der tschechisch-slowakischen nationalen Frage ermuntert und zugleich kompliziert. Innenpolitisch war er auf die Verbindung von Demokratie und Sozialismus sowie die Beseitigung der poststalinschen Diktatur ausgerichtet – was auf seine Art die These Karl Jaspers' widerlegt, die Befreiung von einer Diktatur sei ohne Hilfe von außen unmöglich. Der tschechoslowakische Fall hat angedeutet, daß dies auf evolutionärem Weg möglich ist – wenn es die internationalen Bedingungen nicht verhindern.

Was den „Prager Frühling" anbelangt, so trat letzteres ein: Die Tschechoslowakei erhielt keine internationale Hilfe, der Westen gab dem höheren Interesse, der Vereinbarung mit der UdSSR über die Nichtverbreitung von Kernwaffen und dem Bestreben, wegen Prag keinen Kriegskonflikt zu riskieren, den Vorrang. Aus Washington und Bonn ließ sich praktisch der gleiche Schluß vernehmen: „Das Beste, was wir für die Tschechoslowakei tun können, ist, daß wir nichts tun." (Willy Brandt) Im Westen gab es für die Tschechen und Slowaken große Sympathien, einige Politiker fragten sich aber, ob ihnen die Rehabilitation des Sozialismus, wie sie eine reformierte ČSSR leisten könnte, von Nutzen wäre. Sie wirkten auf Moskau nicht in der Weise ein, die militärische Unterdrückung des „Frühlings" zu verhindern.[10] Praktische Hilfe versuchte der Westen erst nach der Intervention im Rahmen der Vereinigten Nationen zu leisten. Hierzu war es faktisch jedoch schon zu spät, da der Versuch des ČSSR-Außenministers Jiří Hájek, im

10 Hajek: 1968, S. 30 f.

Sicherheitsrat das Vorgehen zu verurteilen, durch das sowjetische Veto und die erzwungene Rücknahme der tschechoslowakischen Beschwerde auf die Aggression vereitelt wurde. Dieser Rückzug war eine der Hauptbedingungen des „Moskauer Protokolls".[11] Auf Grund dieser internationalen Situation konnten die Warschauer Staaten die Intervention in der Tschechoslowakei ohne größeres Risiko durchführen. Die Unterstützung des Prager Frühlings von seiten Jugoslawiens, Rumäniens und den Kräften der kommunistischen Parteien Italiens, Frankreichs u.a. als auch weiterer linksgerichteter Kräfte konnte daran nichts ändern. Somit kann man sagen, daß die internationalen Bedingungen, obwohl sie mit dem Einsetzen der Entspannungspolitik dem „Prager Frühling" halfen die Tür aufzustoßen, im Prinzip – und im Unterschied zur These von Jaspers – den tschechoslowakischen Versuch, die Diktatur zu beseitigen, von außen zunichte machten. Ein wichtiger Umstand war dabei die Tatsache, daß die einzelnen Versuche von Revolten im sowjetischen Block nicht synchron verliefen, so daß Moskau sie nacheinander unterdrücken konnte, nota bene unter Ausnutzung eines Staates und eines Volkes gegen das andere. Besonders markant ist das im Fall der ČSSR.

Warum nahmen die Spitzen der Warschauer Staaten gegenüber der tschechischen Reform einen so negativen Standpunkt ein, sie auch um den Preis einer militärischen Intervention zu unterdrücken? Die These, die tschechoslowakischen Reformer hätte darauf abgezielt den Sozialismus zu vernichten, war ein Irrtum oder eine Lüge. Der Sozialismus als Gesellschaftsordnung sollte erhalten bleiben. Die Industrie- und Handelsbetriebe und die Banken waren in den Händen des Staates, der Kommunen oder Genossenschaften, die ohne einen einzigen Verlust auch auf dem Land von Bestand waren. Die politische Macht blieb weiter in den Händen der KPČ. Der Sozialismus wurde von einer großen Mehrheit der Gesellschaft unterstützt, sogar aufrichtiger als vorher, nach Umfragen vor der Intervention von weit mehr als 90 Prozent der Bürger. Diese Zustimmung blieb im wesentlichen noch eine Zeitlang nach der Intervention erhalten, wie die Prozentzahlen hinsichtlich des Vertrauens für einzelne Reformpolitiker bewiesen: Svoboda – 98 Prozent, Dubček – 96 Prozent, Smrkovský – 92 Prozent usw.[12]

Daß es sich dabei sich nicht nur um abstrakte Deklarationen handelte, bewiesen die Arbeitsleistungen der Bevölkerung. Das Volkseinkommen stieg im Jahre 1969 um (weder vorher noch nachher erreichte) 8,4 Prozent an, die gesellschaftliche Arbeitsproduktivität um 5,7 Prozent, die gesellschaftliche Wirksamkeit der Produktionsfonds um 1,7 Prozent und der Investitionen um 10,4 Prozent – trotz der stürmischen Entwicklung, der politischen Krisen, dem Einfall der Interventionsarmeen und ihrem teilweisen Abtransport aus dem Land am Ende des Jahres

11 Ebenda, S. 66ff.
12 Československo 1968, I., S. 101; II, S. 34.

1969. Gleichzeitig zog die Bevölkerung aus dem Reformprozeß einen praktischen Gewinn: Der persönliche Konsum wuchs um 11,1 Prozent, die Sozialausgaben und Rentensicherung stiegen von 26 auf 30 Milliarden Kčs, der Mutterschaftsurlaub wurde verlängert und die Kinderzulagen erhöht, die Arbeitszeit mit der Einführung freier Samstage verkürzt.

Die Bevölkerung konnte von der sich entfaltenden politischen Demokratie und der sich abzeichnenden ökonomischen Demokratie profitieren – Betriebsräte erhielten auf gesetzlicher Basis das Recht, die Betriebsleitung und Investitionen zu begutachten. Verantwortlich waren die Räte den Angestellten des Betriebes, dessen Direktor sollte von der Kontrolle übergeordneter bürokratischer Organe befreit werden.[13]

In den Dokumenten, die für den Außerordentlichen XIV. Parteitag der KPČ vorbereitet wurden, hieß es: Es handelt sich bei uns um die Befreiung von der „Stalinschen, bürokratischen Deformation des Marxismus und Sozialismus", um das „Auffinden eines neuen sozialistischen Modells", das den Menschen befreit – was der eigentliche Sinn des Sozialismus ist. Der Sozialismus benötigt keineswegs weniger, sondern mehr und realere Freiheiten als jedwede frühere Gesellschaft: „Die Freiheit von Wort und Äußerung, Versammlung, Reisen usw., erfordert keineswegs weniger, sondern mehr und realere Rechte des Menschen – auf Wohnung, Arbeit, Bildung und Gelegenheit zum Einsatz seiner Fähigkeiten, auf Sozialfürsorge und soziale Sicherung, persönlichen Besitz, demokratische Vertretung, auf die Verteidigung seiner Interessen und Beteiligung an Entscheidungen, und zwar für alle Mitglieder der Gesellschaft."[14]

Diese Rechte und Freiheiten sollten auf einem System der Vertreterdemokratie, begründet auf gleichem, geheimem und direktem Stimmrecht, basieren: auf der Verbindung von indirekter mit direkter Demokratie, und auf der Selbstverwaltung, lokal und in den Betrieben. Perspektivisch sollten der Staat und seine Machtrepression abgebaut, die Selbstverwaltung und direkte Aktivität der Bürger verwirklicht werden. Die Orientierung auf einen wirklich demokratischen Sozialismus überwog, mit der die tschechoslowakische Politik, bewußt oder unbewußt, an das Programm des demokratischen Sozialismus anzuknüpfen schien, das von allen wichtigen Organisationen des nichtkommunistischen Widerstands gegen die Nazi-Okkupation im Frühjahr 1941 angenommen wurde. Allerdings blieb im Programm des Jahres 1968 ein „Knüppel im Sack" – die zentrale Rolle der KPČ, die als Bahnbrecher des demokratischen Sozialismus eine Position im politischen System anstreben sollte, die ihr die Kontrolle der Macht auf der Grundlage von Partnerschaft und Opposition ermögliche, einen Wettbewerb von

13 Československo 1968, II., S. 37, 43.
14 Ebenda, S. 198.

Ideen und Menschen zuließ und sich als Garant gegen jeglichen reaktionären Umsturz verstand.

Die Bedeutung der „führenden Rolle der Partei" war jedoch wesentlich abgeschwächter und eröffnete die Möglichkeit eines gewissen politischen Pluralismus. Im ganzen kann gesagt werden, daß der Außerordentliche XIV. Parteitag der KPČ einen demokratischen Sozialismus als wahrscheinlichstes Modell für eine weitere und längere Epoche der Entwicklung der tschechoslowakischen Gesellschaft konzipierte. Daneben war freilich nicht ausgeschlossen, daß diese Entwicklung „mit Bruderhilfe von außen" in den alten Zustand vor dem Januar 1968 oder in eine noch schlimmere Form abgleiten konnte. Andererseits wäre aber auch in der Perspektive eine Entwicklung möglich gewesen, die die tatsächlichen Abläufe nach dem November 1989 vorweggenommen hätte: eine pluralistische Demokratie mit der potentiellen Entwicklung in Richtung eines modernen Kapitalismus.

Eine sozialistische Entwicklung wurde also durch die tschechoslowakische Reform 1968 nicht unmittelbar bedroht. Für die Spitzen der „fünf Bruderparteien" war sie freilich eine Häresie höchsten und gefährlichen Grades, weil sie vom sowjetischen poststalinschen Modell als einzigem und verbindlichem für alle Länder, die von kommunistischer Macht beherrscht wurden, abzuweichen begann. Ein „Sozialismus mit menschlichem Antlitz", die Entwicklung eines demokratischen Sozialismus, das war die entscheidende Motivation für die Intervention. Als besonders gefährlich wurde angesehen, daß der Außerordentliche Parteitag diesen in den Augen der KPdSU-Führung und ihrer Trabanten als „sozialdemokratisch" bewerteten Trend programmatisch und politisch definitiv durchsetzen und kodifizieren könnte. Diese Entwicklung wollten der Kreml und seine Satellitenstaaten in jedem Fall unterbinden.

Die Moskauer, (Ost-)Berliner und anderen „Betonköpfe" identifizierten das demokratisch-sozialistische (oder sozialdemokratische) Modell mit dem Ende des Sozialismus überhaupt, das in ihren Augen den Verlust persönlicher Machtpositionen und Privilegien verkörperte.

Neben diesem politischen Hauptmotiv besaß die Intervention allerdings noch einen speziellen militärischen Hintergrund. Die Tschechoslowakei bildete gemeinsam mit der DDR den westlichen Vorposten des sowjetischen Blocks und damit den zentralen Punkt einer potentiellen Front der NATO gegenüber dem Warschauer Pakt. Im Unterschied zur DDR waren hier jedoch keine Streitkräfte der UdSSR stationiert, so daß die Verteidigungs- und Angriffseröffnung einer Operation auf den Schultern der tschechoslowakischen Armee lag. Diese Perspektive beunruhigte die sowjetischen Marschälle, sie schien ihnen im Ernstfall wenig verläßlich zu sein. Die sowjetische Miltitärführung hatte schon in den sechziger Jahren gegenüber Novotný darauf gedrängt, in der ČSSR sowjetische Divisionen zu stationieren und Lager von Kernwaffen für taktische Raketen zu installieren. Der Druck in dieser Frage den man als Reaktion auf die westliche Strategie der „flexible response" interpretieren kann, nahm ständig zu. Zuerst lehnte Novotný diese Vorschläge ab, die ihm von Breshnew und Andropow schon im Jahre 1964 unterbreitet wurden. Novotný argumentierte damit, daß sowjetische Divisionen erst nach entsprechender ideologisch-politischer Vorbereitung im Jahre 1968 stationiert werden könnten. Doch eine Vereinbarung über die Errichtung von drei Kernwaffenlagern wurde im Jahre 1965 unterzeichnet.

Die politische „Krise" um die Tschechoslowakei, die im Jahre 1968 ausbrach, schuf somit für die Marschälle ein geeignetes Zusammenlspiel politischer und militärischer Interessen, das es ihnen ermöglichte, ihre Streitkräfte unter dringlichsten politischen Vorwänden in die angestrebten Schlüsselpositionen zu entsenden und sie dort in ausreichender Zahl und dauerhaft zu stationieren.

Erst die „samtene Revolution" in der Tschechoslowakei vom Herbst 1989 schuf die Voraussetzungen zum bedingungslosen Abzug aller sowjetischen Soldaten und Offiziere.

In den machtausübenden Parteien der „Bruderstaaten" der ČSSR galt bis Ende der achtziger Jahre die Sprachregelung der TASS-Erklärung vom 21. August 1968 über den „Prager Frühling". Auch in der DDR folgte die SED in Agitation, Propaganda, Bildungswesen und Geschichtsschreibung diesem Deutungsmuster. Beginnend mit dem „Aufruf des Zentralkomitees der SED, des Staatsrates der DDR und des Ministerrates der DDR" vom 21. August 1968 bis hin zum letzten SED-offiziösen Kommentar „Unsere Verbundenheit mit der ČSSR und der 21. August 1968" am 18. August 1989 im „Neuen Deutschland", verfälschte und verschleierte die SED-Führung die Wahrheit über die Reformbewegung in der ČSSR und ihren eigenen Beitrag zu deren Unterdrückung.

In der Auseinandersetzung mit den tschechoslowakischen Reformvorstellungen wurde der konservative Gehalt der SED-Politik deutlicher denn je. Die SED verfolgte eine orthodoxe „marxistisch-leninistische" Politik des uneingeschränkten Machtanspruchs der Parteioligarchie in allen gesellschaftlichen Bereichen, selbst bei Gefährdung eigener Reformansätze beziehungsweise in der Folge sogar um den Preis der Aufgabe der Reform.

Für die SED-Führung ist dieses Parteienverständnis auch der „Schlüssel" für ihre Bewertung und Bekämpfung der Reformen in der ČSSR. In der Tschechoslowakei hingegen trugen das Fortwirken demokratischer Traditionen der tschechischen und slowakischen Arbeiterbewegung, der Ersten Republik und der Zeit zwischen 1945 und 1948, bis in Führungskreise der Kommunistischen Partei hinein, zu einem neuen Parteienverständnis und Gesellschaftsmodell bei. In der SED waren zu diesem Zeitpunkt bereits diese sozialdemokratischen Traditionen aus der deutschen Arbeiterbewegung ausgelöscht. Es herrschte uneingeschränkt das seit den dreißiger Jahren geprägte stalinistische Partei- und Politikverständnis der KPD.

Daraus leiteten sich auch alle anderen Bewertungsmaßstäbe der SED ab, wie zum Beispiel das Verhältnis zu den Medien als Instrumenten der Machtpolitik der Partei. Die Pressefreiheit in den tschechoslowakischen Medien, als wesentlichen Katalysatoren des Reformprozesses im Frühjahr/Sommer 1968, war für die SED-Ideologen die Verkörperung der „Konterrevolution". Der ČSSR wurde das souveräne Recht auf Meinungsfreiheit, Pluralismus der Anschauungen und Offenheit in allen innen- und außenpolitischen Fragen abgesprochen. Die führenden Akteure der reformierten Medien gerieten in das SED-Kreuzfeuer der Kritik, sie wurden geächtet und die Staatssicherheit der DDR eröffnete „operative Vorgänge" und nahm „Personenkontrollen" vor. Die führenden Akteure der Medien gehörten im Zuge der „Normalisierung" zu jenen Personen, denen in der ČSSR auch auf Betreiben der SED Berufsverbot, Parteiausschluß oder Vertreibung drohte, denen sie sich nur durch Flucht ins Exil entziehen konnten.

Erstmals konnte die Führungstätigkeit der SED an Hand der Originalakten des Politbüros und des damaligen Ersten Sekretärs des ZK der SED, Walter Ulbricht, sowie des ZK-Apparats der SED untersucht werden. Als Ergebnis der Analyse erweist sich, daß die SED in allen Entscheidungen gegen die ČSSR die immer wieder beanspruchte „führende Rolle" in der DDR auch tatsächlich ausgeübt hat. Die NVA, das MfS, das Außenministerium sowie andere Ministerien der DDR wurden nicht in die grundsätzlichen Entscheidungen der Parteiführung einbezogen. Sie waren lediglich administrative Vollstrecker des Willens des Politbüros. Weder die Volkskammer noch der Ministerrat hatten irgendeinen Einfluß auf die Entscheidungen des Politbüros und Ersten Sekretärs des ZK der SED. Der Staats- und Ministerrat der DDR hatten lediglich die Aufgabe, am 21. August öffentlich die Beteiligung der DDR an der Intervention bekannt zu geben.

Die Konfrontation der SED mit dem Prager Reformprozeß läßt im Handeln der Partei auch die nationalen Besonderheiten der politischen Stellung der DDR im sowjetischen Bündnissystem deutlich hervortreten. Die DDR war vom Schutz der Führungsmacht UdSSR abhängig. Aufgrund der Teilung Deutschlands in zwei Staaten mit gegensätzlichen Gesellschaftsordnungen brauchte die SED die Sowjetunion, um ihre internationale Anerkennung durchzusetzen. Die offene deutsche Frage war Bestandteil der Staatsraison der DDR, die das Agieren und Reagieren der SED gegenüber den gesellschaftlichen Entwicklungsprozessen in der ČSSR bestimmte. Die DDR folgte einerseits der Führungsmacht, und andererseits artikulierte sie eigene Interessen für die Existenzsicherung als deutscher Teilstaat und bei der Abwehr der neuen Ostpolitik der BRD. Letztere Aspekte verknüpfte die SED mit der Stigmatisierung der Entwicklung und der innerparteilichen Veränderungen der KPČ als Prozeß der „Sozialdemokratisierung". Sie beschwor die Gefahr einer Allianz einer reformierten ČSSR mit der BRD zum Schaden der DDR. Das Verhalten der DDR in der tschechoslowakischen Krise verdeutlicht die Staatsräson, wie sie durch die Politik der Partei geprägt wurde: das Festhalten mit allen Mitteln am Alleinherrschaftsanspruch der SED in der DDR und an der Geschlosssenheit des sozialistischen Lagers, die durch die Erosion der Parteiherrschaft in der ČSSR in Gefahr geriet.

Die SED war aktiver Teilnehmer mehrerer offizieller wie geheimer Treffen der Parteichefs mit und ohne Teilnahme der Vertreter der KPČ zwischen März und September 1968. Die KPdSU war anfangs bemüht, kollektive Lösungen in der tschechoslowakischen Krise zu suchen. Die KPČ-Führung unter Dubček sollte „konsultativ" zum aktiven Kampf gegen die „Revisionisten" in den eigenen Reihen gedrängt werden, sie beugte sich aber nicht dem politischen Druck. Erst diese Weigerung und das Beharren auf dem Selbstbestimmungsrecht der KPČ und der ČSSR schuf eine Lage, in der die KPdSU gemeinsam mit der SED und den Parteiführungen Bulgariens, Polens und Ungarns die offene militärische Gewalt als Weg zur Krisenlösung wählte. Die „Gipfeldiplomatie" der Parteiführungen der Staaten des Warschauer Vertrags (bei Nichtteilnahme Rumäniens) war ein Novum in den Partei- und Staatsbeziehungen des Ostblocks. Der hierarchische Entscheidungsprozeß über die tschechoslowakische Intervention offenbarte, daß auch zu diesem Zeitpunkt die DDR kein souveräner Staat war. Die westliche DDR-Forschung ging davon aus, daß sich in den 60er Jahren der außenpolitische Spielraum der DDR auch im Ostblock erhöht hatte. So schrieb Hermann Weber: „Endete nach der Verdammung Stalins der Satellitenstatus der DDR, so gelangte sie nunmehr sogar zu einer gewissen Selbständigkeit in ihrer Innen- und Außenpolitik. Während der Stalin-Ära, wo jeder politische Schritt von Moskau diktiert wurde, fungierte die DDR-Regierung als reiner Befehlsempfänger der UdSSR. Das änderte sich schrittweise unter Chruschtschow und seinem Nachfolger. Ihm genügte es, die große Linie der Politik zu bestimmen, Einzelheiten und Ausführungen blieben der DDR- bzw. der SED-Führung selbst überlassen."[15] Dies galt sicher für die alltägliche Politik, aber wie die Entscheidung im August 1968 belegt, nicht für den Fall, daß Interessen des Imperiums tangiert waren; über diese Fragen entschied ausschließlich die sowjetische Führung. Die deutschlandpolitische Initiative, die Ulbricht nach Bratislava unternahm, deutet darauf hin, daß er in Bezug auf die Deutschlandpolitik bestrebt war, ein Stück reale Souveränität für seine DDR durchzusetzen. Aus seiner Sicht bedurfte die SPD der Prager Lektion, um zu verstehen, daß die „Annäherung" an die sozialistischen Staaten nicht deren „sozialdemokratischen Wandel" zur Folge haben würde. Der Verlauf des Entscheidungsprozesses über die Intervention in der ČSSR unterstreicht auch eine Kritik an der gegenwärtigen Geschichtsschreibung über die DDR, die ausgerechnet Günter Mittag 1993 kurz vor seinem Tode geäußert hat: „Die DDR war

15 Weber, Hermann: Die DDR 1945–1986, München 1988, S. 67.

ein Staat, der ohne die Sowjetunion zu keinem Zeitpunkt existenzfähig war. Das ist ein entscheidender Punkt, der gegenwärtig in der Geschichtsschreibung von den politischen Kräften völlig verschleiert wird. Die Geschichtsschreibung allein auf die DDR zu reduzieren, wäre völlig falsch."[16]

Aus der Analyse der Akten der SED entstand ein konkretes Bild über die „internen" Abläufe der politischen Entscheidungen in der Hierarchie der SED-Führung. Das Politbüro und das Sekretariat das ZK der SED waren die wichtigsten Gremien der Entscheidungsfindung. Die Abteilungen des ZK der SED sowie die eigens geschaffenen „Arbeitsgruppe KPČ" arbeiteten dem Politbüro zu bzw. erfüllten deren Weisungen. Sie hatten somit eine zentrale Funktion bei der Umsetzung der Beschlüsse und Weisungen des Politbüros.

Die Analyse der SED-Parteiakten ergänzt die bereits vorliegenden Forschungen anderer Wissenschaftler zu Teilfragen, wie der Mobilisierung der NVA für die Teilnahme an der Invasion am 21. August 1968, den geheimen Operationen des MfS sowie der Verfolgung der Menschen in der DDR, die ihre Sympathie und Solidarität mit den Prager Reformern öffentlich bekundeten.

Die politische Einmischung der DDR, insbesondere der SED, gegen den Reformprozeß 1968 in der ČSSR kann anhand der Akten des SED-Politbüros und des zentralen Parteiapparates der SED nach Abschluß unserer Arbeit nunmehr in fünf Phasen eingeteilt werden:

Erste Phase: von Anfang Januar bis Mitte März 1968. In dieser Zeit findet die Ablösung Novotnýs durch Dubček an der Spitze der KPČ statt, sie wird von der 5. Tagung des ZK der SED am 21. März 1968 kritisch bewertet. Die SED hatte schon verstanden, daß der Personalwechsel an der Spitze der KPČ auch einen Kurswechsel beinhaltete.

Zweite Phase: von Ende März bis Mitte Juli 1968. Ausgangspunkt ist das Dresdner Treffen der Partei- und Staatsführer Bulgariens, Ungarns, der DDR, Polens, der UdSSR und der ČSSR am 23. März. Am 8. Mai findet die erste Beratung der Parteichefs in Abwesenheit der KPČ in Moskau statt. Diese Phase endet mit einer Beratung der Partei- und Staatschefs in Warschau am 14./15. Juli ohne die Vertreter der ČSSR. Der Konvent der Parteiführer der künftigen Interventionsstaaten richtet eine Warnung an die Adresse der tschechoslowakischen Reformer, den sogenannten „Warschauer Brief". Die These von der „begrenzten Souveränität" der sozialistischen Staaten wird formuliert.

Dritte Phase: von Mitte Juli bis Anfang August 1968. In der Zeit von der Warschauer Beratung der „Fünf" bis zum gemeinsamen Treffen mit der Führung der KPČ am 3. August in Bratislava laufen bereits die militärpolitischen und operati-

16 Pirker, Theo/Lepsius, M. Rainer/Weinert, Rainer/Hertle, Hans-Hermann: Der Plan als Befehl und Fiktion. Wirschaftsführung in der DDR. Gespräche und Analysen, Opladen 1995, S. 20.

ven Vorbereitungen der Besetzung der ČSSR durch die Armeen der Interventionsstaaten. Es ist das letzte Ultimatum für Dubček, einen entschiedenen Kurswechsel vorzunehmen und vor allem mit Kaderveränderungen in den Massenmedien ein deutliches Zeichen zu setzen.

Vierte Phase: von Anfang August bis zum Beginn der militärischen Intervention der „Warschauer Fünf" gegen die ČSSR in der Nacht vom 20. zum 21. August 1968. In Moskau faßt das Politbüro der KPdSU in seiner Sitzung am 17. August den entscheidenden Beschluß. Die anderen Parteiführungen erhalten am 18. August in Moskau die entsprechende Order für die Durchführung der Intervention.

Fünfte Phase: vom 21. August 1968 bis zum Dezember 1970, die Zeit des Beginns und der Durchsetzung der „Normalisierung" in der ČSSR. Die SED und die von ihr angeleiteten Organe und Dienststellen der DDR leisteten indirekte und direkte „brüderliche Hilfe" bei der Säuberung der KPČ und der Wiederherstellung ihrer ideologischen, politischen und organisatorischen Handlungsfähigkeit auf der Grundlage des „Marxismus-Leninismus". Die „normalisierte" KPČ nahm auf der Dezember-Tagung des Zentralkomitees 1970 das Dokument „Die Lehren aus der krisenhaften Entwicklung in der Partei und der Gesellschaft nach dem XIII. Parteitag der KPČ" an. Diese längste Phase, deren Langzeitwirkung bis in das Jahr 1989 reicht, ist noch unerforscht.

Die SED – Führung, die von sich behauptete, nächst der KPdSU im Besitz der einzig wissenschaftlichen Weltanschauung zu sein und ihre Meinung als ewige Wahrheiten verkündete, duldete keine systematische Erforschung und tiefgehende Klärung der Ursachen, die zu gesellschaftlichen Konflikten und Krisen im Sozialismus führten. Es gab in der mehr als vierzigjährigen DDR Geschichte eine Reihe von Brüchen, von krisenhaften Erscheinungen und Konfliktsituationen, auf die die SED reagieren mußte. Dabei sind einschließlich des Jahres 1989 besonders kritische Zeitpunkte 1952/53, 1956, 1960/61, 1968, 1970/71 und 1980/81 gewesen. Vor 1968 hatte die SED – Führung einen innen – und einen außenpolitischen Lernschock zu verarbeiten gehabt. Im Arbeiteraufstand vom 17. Juni 1953 in der DDR, vor allem aber im Aufstand in Poznań (Polen) im Juni 1956 und in der darauf folgenden von der polnischen Parteiführung eigenmächtig vorgenommenen Neubesetzung der Parteiführung im Oktober, sowie in der Revolution in Ungarn im Oktober 1956 – dem dramatischen Höhepunkt der ersten Ostblockkrise – gerieten das Machtmonopol der Partei und ihr Führungsanspruch in Bezug auf Reformen von oben ins Wanken.

Die eigene Ohnmacht angesichts der ersten innenpolitischen Herrschaftskrise im Sowjetblock umschrieb die SED später als „Die Zerschlagung des konterrevolutionären Putschversuches 1953"[17]. Auch die Revolution vom Oktober 1956

17 Vgl. Geschichte der SED. Abriß, Berlin 1978, S. 288ff.

in Ungarn wurde von der SED als konterrevolutionärer Putsch charakterisiert.[18] In ihrer Argumentation verband die SED ihr Unverständnis für die eigentlichen Ursachen und Triebkräfte innerer krisenhafter Erscheinungen mit dem klassenkämpferischen Terminus von der Einheit der inneren und äußeren Konterrevolution. Was anfänglich nur Parteipropaganda war, wurde sehr schnell zum offiziellen Geschichtsbild erhoben. So geschah es auch mit den Ereignissen in der ČSSR im Jahr 1968. Die „Wahrheit" der SED und ihrer Historiker bestand in der Erkenntnis, der Imperialismus, insbesondere der der USA und der der BRD, habe gemeinsam mit der inneren Konterevolution den Sozialismus in der ČSSR liquidieren wollen.[19]

Das Menetekel von 1968 war den führenden SED-Genossen zwölf Jahre später angesichts der polnischen Entwicklung sehr gegenwärtig. Im Oktober 1980 wurde für sie in Polen die „Konterrevolution auf dem Vormarsch" erkennbar. Joachim Herrmann[20] erläuterte in einem Gespräch mit Simjanin, seinem Amtskollegen aus der KPdSU, die Meinung der SED-Führung: „Die Lage in Polen ist schlimmer als 1968 in der ČSSR, schlimmer als unter Dubček."[21]

Für die Geschichtsschreibung in der DDR hatte das zur Konsequenz, daß die Lehren der tschechoslowakischen Krise nach SED-Lesart analog dem Abriß der „Geschichte der SED" festgeschrieben werden mußten.

Diskussionen über einen „Sozialismus mit menschlichem Antlitz", eine theoretische Debatte über „demokratischen Sozialismus", Forderungen nach Versammlungs-, Organisations-, Reise- und Informationsfreiheit oder Abschaffung der Zensur wurden in das Arsenal der Konterrevolution verbannt.

1989 sollten die Lehren der tschechoslowakischen Ereignisse von 1968 für die DDR noch einmal sehr aktuell werden. Denn angesichts eines rasanten Verlusts an politischer Glaubwürdigkeit in der eigenen Bevölkerung, der Konfrontation zwischen der dogmatischen Honecker-Führung der SED und der reformwilligen KPdSU-Führung unter Gorbatschow, sowie wachsender Spannungen im ganzen Ostblock verwies die SED auf die Gefahren, wie sie analog im Jahr 1968 in der ČSSR bestanden hätten und beispielhaft „gelöst" worden seien.[22] Noch im

18 Ebenda, S. 356f.

19 Ebenda. S. 517f. Vgl. auch Geschichte der DDR, Berlin 1981, S. 280.; Armee für Frieden und Sozialismus. Geschichte der Nationalen Volksarmee der DDR, Berlin 1985, S. 368ff.; Geschichte der Außenpolitik der DDR, Berlin 1984, S. 236ff.

20 Herrmann, Joachim: 1976–89 Sekretär des ZK der SED, seit 1978 verantwortlich für Agitation und Propaganda (Nachfolger von Werner Lamberz), 1973–78 Kandidat, dann Mitglied des Politbüros des ZK der SED.

21 SAPMO-BArch, ZPA J IV 2/2/A–2361.; Vgl. Kubina/ Wilke (Hg.) „Hart und kompromißlos durchgreifen": Die SED contra Polen 1980/81, S. 97.

22 Vgl. Neues Deutschland, 18. 8. 1989, S. 2.

August 1989 erinnerte die SED-Führung an die Möglichkeit erfolgreicher „kollektiver Maßnahmen", wenn es die Situation erfordere.

Aber im November 1989 gab es keine interventionsbereite Sowjetunion mehr, die den Schutz der DDR mit militärischer Gewalt gesichert hätte. Nur wenige Tage nach dem Fall der „Berliner Mauer" bereitete die „Sanfte Revolution" in der Tschechoslowakei der „Normalisierung" ihr Ende.

Quellen- und Literaturverzeichnis

a) Quellenverzeichnis

Stiftung Archiv der Parteien und Massenorganisationen der DDR im Bundesarchiv, Zentrales Parteiarchiv der SED (SAPMO-BArch, ZPA),

Bestand IV 2/1:	SED, Tagungen des Zentralkomitees
Bestand J IV 2/2:	Politbüro des ZK der SED
Bestand J IV 2/3:	Sekretariat des Politbüros des ZK der SED
Bestand J IV 2/3/A:	Arbeitsprotokolle des Sekretariats
Bestand J IV 2/201:	Zentralkomitee der SED, (Internes Parteiarchiv) Büro Ulbricht
Bestand J IV 2/202:	Zentralkomitee der SED, Büro Ulbricht
Bestand J IV 2/202/292 bis 303:	Materialien zur Politik der KPČ und der Regierung der ČSSR unter dem Titel „Konterrevolutionäre Ereignisse in der ČSSR"
Bestand IV 2/12:	Zentralkomitee der SED, Sicherheitsfragen
Bestand IV 2/20:	Zentralkomitee der SED, Internationale Verbindungen
Bestand IV A 2/20:	Zentralkomitee der SED, Internationale Verbindungen
Bestand IV A 2/6.05:	Zentralkomitee der SED, Abteilung Transport und Nachrichtenwesen (frühere Bezeichnung: Verkehr und Verbindungswesen)
Bestand IV A 2/9.02:	Zentralkomitee der SED, Abteilung Agitation
Bestand NL 76:	Nachlaß Hermann Matern
Bestand NL 182:	Nachlaß Walter Ulbricht

Ústav pro soudobé dějiny, Sbírka Komise ČSFR pro analýzu události let 1967–70 (ÚSD-SK)[1]

1 Archiv des Instituts für Zeitgeschichte (Prag), Sammlung der Kommission der ČFSR zur Untersuchung der Ereignisse der Jahre 1967–1970.

ÚSD-SK, Československo 1966–1971/Přehled událostí/ Chronologie, K. Uriánek, M. Michálková, Listopad, Praha 1991.
ÚSD-SK, L 1353.
ÚSD-SK, Z/M 12.
ÚSD-SK, Z/M 13.
ÚSD-SK, Z/M 18.
ÚSD-K, Z/M 3.
ÚSD-SK, Z/M 5.
ÚSD-SK, Z/P 3.
ÚSD-SK, Z/S.
ÚSD-SK, ZS 07/15.
ÚSD-SK, Z/S/1–42.
ÚSD-SK, Z/S–21.
ÚSD-SK, Z/S 227.
ÚSD-SK, Z/S III/42.
ÚSD-SK, Z/S. materiály ÚV KSSS, projev Brežneva na zasedání ÚV KSSS 17. 7. 1968.

b) Literaturverzeichnis

Agde, Günter: Kahlschlag. Das 11. Plenum des ZK der SED 1965. Studien und Dokumente, Berlin 1991.
Auswärtiges Amt (Hg.): 40 Jahre Außenpolitik der Bundesrepublik Deutschland, eine Dokumentation, Stuttgart 1989

Beer, Manfred R./Goess, Franz: Prager Anschläge. Bilddokumente des gewaltlosen Widerstandes, Frankfurt am Main/Berlin 1968.
Beistands- und Kooperationsverträge der DDR, hrsg. und eingeleitet von Hans-Heinrich Mahnke, Köln 1982.
Benčík, Antonín/Domanský, Josef/Hájek, Jiří/Kural, Václav/Mencl, Vojtěch: Osem mesiacov Pražskej jari. 21. srpen 1968, Bratislava 1990.
Benčík, Antonín/Navrátil, Jaromír: Vojáci a „Pražské jaro“ 1968, Praha 1990.
Benčík, Antonín: Operace „Dunaj“. Vojáci a Pražské jaro 1968, Studie a dokumenty, Praha 1994.
Bender, Peter: Neue Ostpolitik. Vom Mauerbau zum Moskauer Vertrag, München 1986.
Bender, Peter: Zehn Gründe für die Anerkennung der DDR, in: Der Spiegel, 1. Juli 1968, Nr. 27.

Bennewitz, Inge/Potratz Rainer: Zwangsaussiedlungen an der innerdeutschen Grenze. Analysen und Dokumente, Berlin 1994.

Bericht der Enquete-Kommission „Aufarbeitung von Geschichte und Folgen der SED-Diktatur in Deutschland“, Deutscher Bundestag, 12. Wahlperiode, Drucksache 12/7820, 31. 05. 94.

Bericht des Politbüros an das 5. Plenum des ZK der SED, in: Neues Deutschland, 19. Jg. , 13. 2. 1964.

Besier, Gerhard: Der SED-Staat und die Kirche. Der Weg in die Anpassung, München 1993.

Bollinger, Stefan: Die DDR kann nicht über Stalins Schatten springen. Reformen im Kalten Krieg – SED zwischen NÖS und Prager Frühling, hefte zur ddr-geschichte, Berlin 1993.

Bollinger, Stefan: Dritter Weg zwischen den Blöcken? Prager Frühling: Hoffnung ohne Chance. – Mit einem Anhang bisher nicht veröffentlichter Dokumente zur Haltung der SED-Führung zum Prager Frühling, Berlin 1995

Brahm, Heinz: Der Kreml und die ČSSR, Stuttgart 1970.

Brahm, Heinz: Die Intervention in der ČSSR. Berichte des Instituts für ostwissenschaftliche Studien, Heft 15/1969.

Brandes, Detlef: Die Politik des Dritten Reiches gegen die Tschechoslowakei, in: Funke, Manfred (Hg.): Hitler, Deutschland und die Mächte. Materialien zur Außenpolitik des Dritten Reiches, Düsseldorf 1976.

Brus, Wlodzimierz: Geschichte der Wirtschaftspolitik in Osteuropa, Köln 1987.

Burens, Peter-Claus: Die DDR und der „Prager Frühling“. Bedeutung und Auswirkungen der tschechoslowakischen Erneuerungsbewegung für die Innenpolitik der DDR im Jahr 1968, Berlin 1981.

Cigánek, František.: Postavení a role parlamentu v srpnovýc dnech 1968, in: Proměny Pražského jara 1968–1969, Pecka, Jindřich /Prečan Vilém, Brno 1993.

Crusius, Reinhard/Kuehl, Herbert/Skála, Jan/Wilke, Manfred: ČSSR: Fünf Jahre „Normalisierung“. 21. 8. 1968/21. 8. 1973 Dokumentation, Hamburg 1973.

Československo roku 1968, 1. díl: obrodný proces, Praha 1993.

Československo roku 1968, 2. díl: počátky normalizace, Praha 1993.

Činkarëv, Leonid: Avgustovskoe bezumie, in: Izvstija, 21. 8. 1993, S. 10.

Die Nationale Volksarmee im Kalten Krieg: militärisches Denken und Handeln an Schnittpunkten des Kalten Krieges; zur Rolle der NVA in Internationalen Krisen- und Konfliktsituationen; (wissenschaftliches Seminar vom 13.–15. Juni 1994), Karl-Theodor-Molinari-Stiftung, Bonn. Andreas Prüfert (Hg.) Bonn: Karl-Theodor-Molinari-Stiftung, 1995.

Diller, Ansgar: Der Rundfunk als Herrschaftsinstrument der SED, in: Materialien der Enquete-Kommission „Aufarbeitung von Geschichte und Folgen der SED-Diktatur in Deutschland“ (12. Wahlperiode des Deutschen Bundestages), hrsg. vom Deutschen Bundestag, Band III/1–3, Baden-Baden 1995.

Dokumente der Außenpolitik der Deutschen Demokratischen Republik, Bd. XIV, 1. Halbbd., Berlin 1969.

Dokumente der Sozialistischen Einheitspartei Deutschlands, Beschlüsse und Erklärungen des Zentralkomitees sowie seines Politbüros und seines Sekretariats, Band XII, Berlin 1971.

Dubček, Alexander: Leben für die Freiheit Übertragen aus dem Amerikanischen von Andrea Galler, Birgit Kaiser und Ursel Schäfer, München 1993.

Ein deutscher Kommunist. Rückblicke und Perspektiven aus der Isolation, hrsg. von Manfred Wilke, Hamburg 1978.

Eisler, Jerzy: Marzec 1968: Geneza, przbieg, konsekwencje, Warszawa 1991.

Féhér, Ferenz, Heller, Agnes: Die Stellung des Prager Frühlings in der Typologie der osteuropäischen Emanzipationsbewegung, in: Osteuropa-Info, Berlin, Hamburg, Nr. 1, 1982, S. 18.

Foitzik, Jan: Zur aktuellen Archivsituation in Polen und in der Tschechoslowakei, in: Vierteljahreshefte für Zeitgeschichte Heft 2, April 1991, S. 329ff.

Fragen – Antworten – Fragen. Aus der Biographie eines deutschen Marxisten, München 1970.

Franz Kafka aus Prager Sicht 1963, Prag 1965.

Franz Kafka. Liblická konference 1963. Praha 1963.

Fricke, Karl Wilhelm: Opposition und Widerstand in der DDR. Ein politischer Report, Köln 1984.

Fricke, Karl Wilhelm: Politik und Strafjustiz in der DDR. Zur Geschichte der politischen Verfolgung 1945–1968, Bericht und Dokumentation, Köln 1990 (2. Auflage).

Geschichte der deutschen Arbeiterbewegung in 8 Bänden, insbesondere Bd. 6: Von Mai 1945 bis 1949, Berlin 1966.

Gesetzblatt der DDR 1967, Teil I.

Grau, Roland: Aufgaben und Funktion der Kampfgruppen der Arbeiterklasse der DDR beim umfassenden Aufbau des Sozialismus in den Jahren 1961 bis 1970. Dissertation B, Berlin 1989.

Gysi, Klaus: Für die Größe, die Schönheit und die Entwicklung des realen Humanismus. In: Sonntag, 1968, Nr. 44, S. 11.

Hacker, Jens: Der Ostblock. Entstehung, Entwicklung und Struktur 1939–1980, Baden-Baden 1983.

Haefs, Hanswilhelm (Hg.): Die Ereignisse in der Tschechoslowakei vom 27. 6. 1967 bis 18. 10. 1968. Ein dokumentarischer Bericht, Bonn/Wien/Zürich 1969.

Havemann, Robert: Dialektik ohne Dogma, Reinbek 1964.

Havemann, Robert: Warum ich Stalinist war und Antistalinist wurde: Texte eines Unbequemen, Hrsg. von Dieter Hoffmann und Hubert Laitko, Berlin 1990.

Hejzlar, Zdeněk: Reformkommunismus: Zur Geschichte der Kommunistischen Partei der Tschechoslowakei, Köln/Frankfurt am Main 1976.

Hodos, Georg Hermann: Schauprozesse: Stalinistische Säuberungen in Osteuropa 1948–54, Aktualisierte Lizenzausgabe für die Deutsche Demokratische Republik und die sozialistischen Länder mit Genehmigung des Campus Verlages Frankfurt am Main-New York, Berlin 1990.

Hoffend, Andrea, Tessmer, Carsten: 25 Jahre nach dem „Prager Frühling". Eine Auswahlbibliographie der im Westen erschienenen Literatur zum „Sozialismus mit menschlichem Antlitz" und seiner Zerschlagung, in: Jahrbuch für Historische Kommunismusforschung 1993, Berlin 1993.

Holzweissig, Gunter: Die Presse als Herrschaftsinstrument der SED, in: Materialien der Enquete-Kommission „Aufarbeitung von Geschichte und Folgen der SED-Diktatur in Deutschland" (12. Wahlperiode des Deutschen Bundestages), hrsg. vom Deutschen Bundestag, Band III/1–3, Baden-Baden 1995.

Horlacher, Wolfgang: Zwischen Prag und Moskau: Augenzeugenbericht, Analyse, Dokumente, Stuttgart-Degerloch 1968.

Horský, Vladmír: Prag 1968. Systemveränderung und Systemverteidigung, München 1975.

Ihme-Tuchel, Beate: Das „nördliche Dreieck". Die Beziehungen der Tschechoslowakei und Polen in den Jahren 1954 bis 1962, Köln 1994.

Janáček, František/Moravec, Jan: Leden 1968 a spor o jeho smysl, in: Československo roku 1968. 1. díl: obrodný proces, Praha 1993.

Janáček, František/Moravec, Jan: Mezník i rozcestí reformního hnutí. In: Československo roku 1968. 1. díl: obrodný proces, Praha 1993.

Kaplan, Karel: Politische Persekution in der Tschechoslowakei 1948–1972, Wien 1983.

Kaplan, Karel: Tschechoslowakische Sozialdemokratie und Tschechoslowakische Kommunisten 1944–1948, in: Staritz, Dietrich/Weber, Herrmann, (Hg.):

Einheitsfront, Einheitspartei, Kommunisten und Sozialdemokraten in Ost- und Westeuropa 1944–1948, Köln 1989
Kissinger, Henry A.: Die Vernunft der Nationen. Über das Wesen der Außenpolitik, Berlin 1994.
Kosta, Jiří: Bemerkungen zum Aktionsprogramm, in: Crusius/Kuehl/Skála/Wilke: ČSSR: Fünf Jahre „Normalisierung“. 21. 8. 1968/21. 8. 1973 Dokumentation, Hamburg 1973.
Kowalski, Lech: Kryptonim „Dunaj“, Ksažka i Wiedza, Waršawa, 1992.
Kramer, Mark: New Sources on the 1968 Soviet Invasion of Czechoslovakia, in: Cold War International History Project Bulletin, Woodrow Wilson International Center of Scholars, Washington, D.C., Issue 2, Fall 1992 und Issue 3, Fall 1993.
Kubina, Michael/Wilke, Manfred (Hg.): „Hart und kompromißlos durchgreifen“. Die SED contra Polen 1980/81, Berlin 1994.
Kuby, Erich: Hoffnung Prag, in: Prag und die Linke, Hamburg 1968.
Kuhn, Heinrich: Der Kommunismus in der Tschechoslowakei. I. Organisationsstatuten und Satzungen, Köln 1965.

Lehmann, Klaus D., Innen- und außenpolitische Aspekte des DDR-Beitrags zur Krisenbewältigung in der sozialistischen Staatengemeinschaft zwischen 1968 und 1971 unter besonderer Berücksichtigung der ČSSR-Krise und der neuen Moskauer Westpolitik, Inaugural-Dissertation, Fachbereich Politische Wissenschaft der Freien Universität Berlin 1992.
Liehm, Antonin J.: Gespräche an der Moldau. Das Ringen um die Freiheit der Tschechoslowakei, Wien/München/Zürich 1968.
Ludes, Peter: Das Fernsehen als Herrschaftsinstrument der SED, in: Materialien der Enquete-Kommission „Aufarbeitung von Geschichte und Folgen der SED-Diktatur in Deutschland“ (12. Wahlperiode des Deutschen Bundestages), hrsg. vom Deutschen Bundestag, Band III/1–3, Baden-Baden 1995.

Machonin, Pavel: Sociální struktura Českolovenska v předvečer Pražského jara 1968, Praha 1992.
Machonin, Pavel: Sociální struktura socialistické společnosti, Praha 1966.
Madry, Jindřich: Sovetská okupace Československa, jeno normalizace v letech 1969–1970 a role ozbrojenych sil. in: Sešity ustavu pro soubobé dìjiny 16/1994.
Materialien (ungedruckt) der internationalen Konferenz „Die Tschechoslowakische Entwicklung des Jahres 1968 und ihre internationalen Zusammenhänge“, Liblice, 2.–6. Dezember 1991 (Mitschriften von L. Prieß).

Mencl, Vojěch: Die Unterdrückung des „Prager Frühlings“ im Lichte der neuesten Archivforschungen, in: Jahrbuch für Historische Kommunismusforschung 1995, Berlin 1995.

Mencl, Vojtěch: Historiké lednové plénum, Praha 1968.

Mencl, Vojtěch (a kol.): Osm měsicû Pražského jara 1968, Praha 1991.

Mitter Armin/Wolle Stefan: Untergang auf Raten. Unbekannte Kapitel der DDR-Geschichte, München 1993.

Mlynář, Zdeněk: českolovenský pokus o reformu 1968. Analyza jeho teorie a praxe, Köln 1975.

Mlynář, Zdeněk: Nachtfrost: Erfahrungen auf dem Weg vom realen zum menschlichen Sozialismus.– Köln, Frankfurt am Main 1978.

Müller, Adolf: Die Tschechoslowakei auf der Suche nach Sicherheit, Berlin 1977.

Müller, Silvia: Der Rundfunk als Herrschaftsinstrument der SED, in: Materialien der Enquete-Kommission „Aufarbeitung von Geschichte und Folgen der SED-Diktatur in Deutschland“, (12. Wahlperiode des Deutschen Bundestages), hrsg. vom Deutschen Bundestag, Band III/1–3, Baden-Baden 1995.

Nachrichten aus der ČSSR: Dokumentation der Wochenzeitung „Literární Listy“ des Tschechoslowakischen Schriftstellerverbandes, Prag, Februar–August 1968, hrsg. von Josef Skvorecký, Frankfurt am Main 1968.

Navrátil, Jaromir: Vyvrcholení vnitřní vnější krize, in: československo roku 1968, 1. díl: obrodný proces, Prag 1993.

Norton, Peter: Prag 21. August. Das Ende des Prager Frühlings, München 1977.

Pauer, Jan: Die sowjetische Intervention in der Tschechoslowakei 1968, Dissertation, Hamburg 1993.

Pauer, Jan: Prag 1968. Der Einmarsch des Warschauer Paktes. Hintergründe – Planung – Durchführung, Bremen 1995.

Pelikán Jiří: Das unterdrückte Dossier. Bericht der Kommission des ZK der KPTsch über politische Prozesse und „Rehabilitierungen“ in der Tschechoslowakei 1949–1968, Wien/Frankfurt am Main/Zürich 1970.

Pelikán, Jiří (Hg.): Panzer überrollen den Parteitag. Protokoll und Dokumentation des 14. Parteitages der KPTsch am 22. August 1968, Wien/Frankfurt am Main/Zürich 1969.

Pelikan, Jiří (Hg.): Pervertierte Justiz. Bericht der Kommission des ZK der KPTsch über die politischen Morde und Verbrechen in der Tschechoslowakei 1949–1963, Wien/München/Zürich 1972.

Pelikan, Jiří: Ein Frühling der nie zu Ende geht. Erinnerungen eines Prager Kommunisten, Frankfurt am Main, 1976.

Pichoja, Rudolf G.: Čechoslovakia. 1968 god. Vsgljad is Moskvy. Po dokumentam ZK KPSS, in: Novaja i novejšaja istorija, Nr. 6, 1994

Pichoja, Rudolf G.: Čechoslovakia. 1968 god. Vsgljad is Moskvy. Po dokumentam ZK KPSS, in: Novaja i novejšaja istorija, Nr. 1, 1995

Pirker, Theo/Lepsius, M. Rainer/Weinert, Rainer/Hertle, Hans-Hermann: Der Plan als Befehl und Fiktion. Wirtschaftsführung in der DDR. Gespräche und Analysen, Opladen 1995.

Poerschke, Hans: Gedanken zur Journalismus-Konzeption der SED in den fünfziger Jahren, in: Ansichten zur Geschichte der DDR, hrsg. von Dietmar Keller, Hans Modrow und Herbert Wolf, Bonn, Berlin 1993, Band I.

Politische Ökonomie des Sozialismus und ihre Anwendung in der DDR, Berlin 1969.

Prieß, Lutz/Wilke, Manfred: Die DDR und die Besetzung der Tschechoslowakei am 21. August 1968, in: Aus Politik und Zeitgeschichte, B 36/92, 28. August 1992.

Prieß, Lutz: Der „Einladungsbrief" zur Intervention in der ČSSR, in: Deutschland Archiv, Nr. 12, 1994.

Probst, Peter: ČSSR-Außenminister Hájek in Ostberlin, in: Deutschland Archiv, Nr. 4, Juli 1968.

Protokoll der 47. Tagung der Enquete-Kommission „Aufarbeitung von Geschichte und Folgen der SED-Diktatur in Deutschland" am Dienstag, dem 13. Oktober 1993, Berlin, Protokoll Nr. 47.

Protokoll des VII. Parteitages der Sozialistischen Einheitspartei Deutschlands, 17. bis 22. April 1967 in der Werner-Seelenbinder-Halle zu Berlin, Band I–IV, Berlin 1967.

Przybylski, Peter: Tatort Politbüro: Die Akte Honecker, Berlin 1991.

Püschner, Manfred: ČSSR 1968: Radio „Vltava", Sendung von „Deutschlandsender Kultur" am 19. 12. 1993.

Rathenow, Lutz: Nichts gewußt und nichts dazugelernt, in: Berliner Zeitung, 3. 07. 1995.

Reden zum IV. Schriftstellerkongreß des Tschechoslowakischen Schriftstellerverbandes, Prag, Juni 1967, Nachwort von Pavel Kohout, Frankfurt am Main 1968

Richta-Report. Politische Ökonomie des 20. Jahrhunderts, Frankfurt am Main 1971.

Roesler, Jörg: Das Neue Ökonomische System – Dekorations- oder Paradigmenwechsel?, hefte zur ddr-geschichte, Berlin 1993.

Roesler, Jörg: Zwischen Plan und Markt. Die Wirtschaftsreform in der DDR zwischen 1963 und 1970, Freiburg/Berlin 1990.

Rückantworten an die Hauptverwaltung „Ewige Wahrheiten“, München 1971.

Sbornik studií a dokumentu o nekapitulantských postojích v československé společnosti, Brno 1993.

SED und Stalinismus: Dokumente aus dem Jahre 1956, hrsg. von Josef Gabert und Lutz Prieß, Berlin 1990.

Seibt, Ferdinand: Deutschland und die Tschechen, München 1993.

Selbmann, Erich: Massenmedien in der DDR – die DDR in ihren Massenmedien, in: Ansichten zur Geschichte der DDR, Hrsg. Dietmar Keller, Hans Modrow und Herbert Wolf, Bonn, Berlin 1993, Band I.

Sešity ústavu pro soudobé dějiny, díl 12, Praha 1993.

Šik, Ota: Fakten der tschechoslowakischen Wirtschaft, Wien/München/Zürich 1969.

Šik, Ota: Jarní probuzeníluse a skutečnost, Zürich 1990.

Šik, Ota: Prager Frühlingserwachen. Erinnerungen, Herford 1988.

Skála (Pseudonym für Pauer), Jan: Die ČSSR. Vom Prager Frühling zur Charta 77, Berlin 1978.

Smrkovský, Josef: Das unvollendete Gespräch, in: Skála, Jan: Die ČSSR. Vom Prager Frühling zur Charta 77, Berlin 1978.

Spittmann, Ilse: Die SED im Konflikt mit der ČSSR, in: Deutschland Archiv, Nr. 6, September 1968.

Spittmann, Ilse: Spekulation auf Frost in Prag, in: Deutschland Archiv, Nr. 3, Juni 1968.

Staadt, Jochen: Die geheime Westpolitik der SED 1960–1970. Von der gesamtdeutschen Orientierung zur sozialistischen Nation, Berlin 1993.

Tantzscher, Monika: „Maßnahme Donau und Einsatz Genesung“. Die Niederschlagung des Prager Frühlings 1968/69 im Spiegel der MfS-Akten, in: Der Bundesbeauftragte für die Unterlagen des Staatssicherheitsdienstes der ehemaligen Deutschen Demokratischen Republik, Reihe B: Analysen und Berichte Nr. 1/1994.

Tschechen, Slowaken und Deutsche. Nachbarn in Europa, Lizenzausgabe für die Bundeszentrale für politische Bildung, Bonn 1995.

Tych, Felix: Polens Teilnahme an der Invasion in der Tschechoslowakei 1968, in: Aus Politik und Zeitgeschichte, B 36/92, 28. August 1992.

Ulbricht, Walter: Das Programm des Sozialismus und die geschichtliche Aufgabe der Sozialistischen Einheitspartei Deutschlands. VI. Parteitag der Sozialistischen Einheitspartei Deutschlands Berlin, 15. bis 21. Januar 1963, Berlin 1963.

Valenta, Jiří: Sovětská intervence v Československu 1968, Anatomie rozhodnutí, Praha 1991.

Weber, Hermann: Die DDR 1945–1986, München 1988.

Weit, Erwin: Ostblock intern: 13 Jahre Dolmetscher für die polnische Partei- und Staatsführung, Hamburg 1970.

Wenzel, Otto: Kriegsbereit. Der Nationale Verteidigungsrat der DDR 1960 bis 1989. Mit einem Vorwort von Günter Kießling, Köln 1995.

Wenzke, Rüdiger: Die NVA und der Prager Frühling: die Rolle Ulbrichts und der DDR-Streitkräfte bei der Niederschlagung der tschechoslowakischen Reformbewegung, Berlin 1994.

Werkentin, Falco: Politische Strafjustiz in der Ära Ulbricht, Berlin 1995.

Wettig, Gerhard: Die Sowjetunion, die DDR und die Deutschland-Frage 1965–1976, Stuttgart 1976, 2. Aufl. 1977.

Wolkow, Wladimir K.: Sowjetische Parteiherrschaft und Prager Frühling 1968, in: Aus Politik und Zeitgeschichte, B 36/92, 28. August 1992.

Wolle, Stefan: Die DDR-Bevölkerung und der Prager Frühling, in: Aus Politik und Zeitgeschichte, B 36/92, 28. August 1992.

Wünsche, Wolfgang: Handlungen und Haltungen der NVA in Vorbereitung und Durchführung der Intervention gegen die ČSSR durch die Streitkräfte der Staaten des Warschauer Vertrages, in: Die Nationale Volksarmee im Kalten Krieg: Militärisches Denken und Handeln an Schnittpunkten des Kalten Krieges; zur Rolle der NVA in internationalen Krisen- und Konfliktsituationen; (wissenschaftliches Seminar vom 13.–15. Juni 1994)/Karl-Theodor-Molinari-Stiftung, Bonn. Andreas Prüfert (Hrsg.) Bonn: Karl-Theodor-Molinari-Stiftung, 1995.

Wyschinsky, Andrej J.: Gerichtsreden, Berlin 1951, 2. Auflage 1952.

Zwahr, Harmut: Den Maulkorb festgezurrt, in: Die Zeit, 11. 6. 1993.

Personenverzeichnis